长 城 · 聚 落 丛 书

张玉坤 主编

明长城军事防御体系规划布局机制研究

范熙晅 张玉坤 李严 著

中国建筑工业出版社

图书在版编目（CIP）数据

明长城军事防御体系规划布局机制研究/范熙晅，张玉坤，李严著.—北京：中国建筑工业出版社，2019.7
（长城·聚落丛书/张玉坤主编）
ISBN 978-7-112-23957-3

Ⅰ.①明… Ⅱ.①范… ②张… ③李… Ⅲ.①长城—防御体系—研究—中国—明代 Ⅳ.①K928.77 ②E294.8

中国版本图书馆CIP数据核字（2019）第131441号

　　明长城军事防御体系是中国古代长城文化遗产中十分重要的组成部分，蕴藏着古代中国在规划布局中的聪明才智和宝贵思想。本书着眼明长城军事防御体系内外两侧，以整体性视角从自然因素、社会因素及军事策略三个方面对明长城军事防御体系的规划布局和选址机制进行研究，分析明长城军事防御体系规划布局的内部思想。
　　本书适于建筑历史、城乡规划和遗产保护等领域的专家学者及有关爱好者阅读参考。

责任编辑：唐　旭　杨　晓
责任校对：王　瑞

长城·聚落丛书
张玉坤　主编
明长城军事防御体系规划布局机制研究
范熙晅　张玉坤　李严　著
＊
中国建筑工业出版社出版、发行（北京海淀三里河路9号）
各地新华书店、建筑书店经销
北京锋尚制版有限公司制版
大厂回族自治县正兴印务有限公司印刷
＊
开本：787×1092毫米　1/16　印张：18½　字数：413千字
2019年12月第一版　2019年12月第一次印刷
定价：88.00元
ISBN 978 - 7 - 112 -23957- 3
　　　（34259）

编者按

　　长城作为中华民族的伟大象征，具有其他世界文化遗产所难以比拟的时空跨度。早在两千多年前的春秋战国之际，为抵御北方游牧民族的侵扰和诸侯国之间的兼并扩张，齐、楚、燕、韩、赵、魏、秦等诸侯国就已在自己的边境地带修筑长城。秦始皇统一中国，将位于北部边境的燕、赵和秦昭王长城加以补修和扩展，形成了史上著名的"万里长城"。汉承秦制，除了沿用已有的秦长城，又向西北边陲大力增修扩张。此后历代多有修建，偏于一隅的金王朝也修筑了万里有余的长城防御工事。明代元起，为防北方蒙古鞑靼，修筑了东起辽宁虎山、西至甘肃嘉峪关的边墙，全长八千八百多千米，是迄今保存最为完整的长城遗址。

　　国内外有关长城的研究由来已久，早期如明末清初顾炎武（1613.07—1682.02）从历史、地理角度对历代长城的分布走向进行考证。清末民初，王国维（1877.12—1927.06）对金长城进行了专题考察，著有《金界壕考》；美国人W•E•盖洛对明长城遗址进行徒步考察，著有《中国长城》（The Great Wall of China，1909）；以及英国人斯坦因运用考古学田野调查的方法对河西走廊的汉代长城进行考察等。国内学者张相文的《长城考》（1914）、李有力的《历代兴筑长城之始末》（1936）、张鸿翔的《长城关堡录》（1936）、王国良的《中国长城沿革考》（1939）、寿鹏飞的《历代长城考》（1941）等均属民国时期的开先之作。改革开放之后，长城研究再度兴盛，成果卓著，如张维华《中国长城建制考》（1979）、董鉴泓和阮仪三《雁北长城调查简报》（1980）、罗哲文《长城》（1982）、华夏子《明长城考实》（1988）、刘谦《明辽东镇及防御考》（1989）、史念海《论西北地区诸长城的分布及其历史军事地理》（1994）、董耀会《瓦合集——长城研究文论》（2004）、景爱《中国长城史》（2006）等。同时，国家、地方有关部门和中国长城学会进行了多次长城资源调查，为长城研究提供了可靠的资料支持。概而言之，早期研究多集中在历代长城墙体、关隘的修建历史、布局走向及其地理与文化环境，近年来逐步从历史文献考证向文献与田野调查相结合，历史、地理、考古、保护实践等多学科相融合的方向发展，长城防御体系的整体性概念逐渐形成。丰富的研究成果和学术进步，对长城研究与保护贡献良多，也为进一步深化和拓展长城研究打下坚实基础。

　　聚落变迁一直是天津大学建筑学院六合建筑工作室的主导研究方向。2003年，工作室师生赴西北地区进行北方堡寨聚落的田野调查，在明长城沿线发现大量堡寨式的防御性聚落，且尚未引起学界的广泛关注。自此，工作室便在以往聚落变迁研究的基础上，开启了"长城军事聚落"这一新分支，同时也改变了以单个聚落为主的建筑学研究方法。在研究过程中，课题组坚持整体性、层次性、系统性的研究思路和原则，将长城防御体系与军事聚落视作一个巨大时空跨度的统一整体来考虑，在这一整体内部还存在不同的规模层次或不同的子系统，共同构成一个整体的复杂系统。面对巨大的复杂系统，课题组采用空间分析（Spatial Analysis）的研究方法，以边疆军事防御体系和军事制度为线索，以遗址现场调查、古今文献整理为依托，对长城军事聚落整体时空布局和层次体系进行研究，以期深化对长城的整体性、层次性和系统性的认识，进一步拓展长城文化遗产构成，充实其完整性、真实性的遗产保护内涵。基于空间分析方法的技术需求，课题组自主研发了"无人机空—地协同"信息技术平台，引进了"历史空间信息分析"技术，以及虚拟现实、地理定位系统等技术手段。围绕长城防御体系和海防军事聚落、建筑遗产空—地协同和历史空间信息技术，工作室课题组成员承担了十几项国家自然科学基金项目和科技支撑计划课题，先后指导40余名博士生、硕士生撰写了学位论文，科学研究与人才培养相结合为长城·聚落系列研究的顺利开展提供了有力支撑和保障。

"六合文稿"长城·聚落丛书的出版，是六合建筑工作室中国长城防御体系和传统聚落研究的一次阶段性总结汇报。先期出版的几本文稿，主要以明长城研究为主，包括明长城九边重镇全线和辽东镇、蓟镇、宣府镇、甘肃镇，以及金长城的防御体系与军事聚落和河北传统堡寨聚落演进机制的研究；后期计划出版有关明长城防御体系规划布局机制、军事防御聚落体系宏观系统关系、清代长城北侧城镇聚落变迁、明代海防军事聚落体系，以及中国传统聚落空间层次结构、社区结构的传统聚落形态和社会结构表征与聚落形态关系的分析等项研究内容。这些文稿作为一套丛书，是在诸多博士学位论文的基础上改写而成，编排顺序大体遵循从宏观到微观、从整体到局部的原则，研究思路、方法亦大致趋同。但随时间的演进，对研究对象的认识不断深化，使用的分析技术不断更新，不同作者对相近的研究对象也有些许不同的看法，因而未能实现也未强求在写作体例和学术观点上整齐划一，而是尽量忠实原作，维持原貌。博士生导师作为作者之一，在学位论文写作之初，负责整体论文题目、研究思路和写作框架的制定，写作期间进行了部分文字修改工作；此次文稿形成过程中，又进行局部修改和文字审核，但对属于原学位论文作者的个人学术观点则予以保留，未加干预。

在此丛书付梓之际，面对长城这一名声古今、享誉内外的宏观巨制，虽已各尽其力，却仍惴惴不安。一些问题仍在探索，研究仍在继续，某些结论需要进一步斟酌，瑕疵、纰漏之处在所难免。是故，谓之"文稿"，希冀得到读者的关注、批评和教正。

在六合建筑工作室成员进行现场调研、资料搜集、文稿写作和计划出版期间，得到了多方的支持和帮助。感谢国家自然科学基金的大力支持，"中国北方堡寨聚落基础性研究"（2003—2005）项目的批准和实施，促使工作室启动了长城军事聚落研究，其后十几个基金项目的批准保障了长城军事聚落基础性、整体性研究的顺利开展；感谢中国长城学会和长城沿线各省市地区文保部门专家在现场调研和资料搜集过程中所给予的无私帮助和明确指引；感谢中国建筑工业出版社对本套丛书编辑出版的高度信任和耐心鼓励；感谢天津大学领导和建筑学院、研究生院、社科处等有关部门领导所给予的人力物力保障和学校"985"工程、"211"工程和"双一流"建设资金的大力支持。向所有对六合建筑工作室的研究工作提供帮助、支持和批评建议的专家学者、同仁朋友表示衷心感谢。

目　录

绪　论

一、研究缘起

长城是我国重要的世界文化遗产之一，也是我国悠久历史和深厚文化的象征。在历代长城中，明长城的遗迹保存最为完整，体系结构最为清晰。由于明长城无论在空间、时间上都涵盖了非常广泛的内容，因此关于明长城的诸多研究也涵盖了多门学科，研究成果颇丰。自2010年加入导师张玉坤教授六合工作室起，开始了与明长城考察研究相关的工作，从最初对北京地区明长城军事聚落的调研整理工作，到后来涉及明长城全线整体性研究的深入思考，逐步意识到整体性对明长城研究的重要意义。基于卷帙浩繁的研究资料，在目前建立的关于明长城的宏观研究体系下，着眼大型文化遗产保护基础性研究的重要性，突破以往的研究视角和方法，补充已有的研究成果和资料积累，是本书的初衷。

（一）明长城文化遗产保护的急迫性

明长城作为重要的世界文化遗产，同时也是中国国家历史与文化的象征，却在2004年（北京段）被列为世界濒危遗产名录，无疑使人痛心。随着研究的深入，认识到明长城北京段并非破坏最为严重的一段，在辽宁、甘肃、山西、陕西等地区，更严重的破坏情况尚未被完全掌握。另外，作为明长城重要组成部分，亦是与明王朝覆灭直接相关的"九边之首"——辽东镇长城（今辽宁省），在很多关于明长城的重要官方资料中，尚未被列入，而辽东镇长城的破坏也是全线中最严重的一段。纵使长城一词已是家喻户晓，但其真正的含义却尚未得到足够的认识。

2005年国家制定《长城保护工程（2005—2014年）总体工作方案》十年计划实施长城保护工程；2006年国务院颁布了《长城保护条例》，从宏观角度对长城所包含的范畴进行界定，明确了"原状保护"基本原则，"整体保护、分段管理的方法"，"保护经费的筹措和使用"方案等；同年又启动了长城资源考察，在全国范围内进行大规模的调查活动。到目前为止，长城资源考察工作仍在继续，而长城保护总体规划的编制工作也正在进行。这些工作对长城的保护和发展具有重要意义，但也应看到其中存在的诸多难点。

首先，目前的长城考察是按照现今的行政区划进行工作划分，这样的划分方法打破了明代长城军事防御体系的分区，原本体系内部的复杂关系，在新的结构下表现不清。单就宏观的九大军镇结构来说，甘肃镇就跨甘肃、青海两省分布，宣府镇在山西省和北京市内也有分布。宏观的大结构尚不能完整保持，其下的分路、卫所、堡寨等体系关系更加不明。因此古、今关系的梳理与对应是一个重要的工作。

其次，明长城防御体系结构十分复杂，除了长城本体、聚落堡寨、烽燧敌台外，包括道路交通、耕地屯田等多种要素均是组成防御体系的重要部分。而除了有形的物质遗产外，明长城所蕴含的军事思想、历史文化等非物质因素，具有更大的价值。编制长城保护的总体规划，要将上述诸多要素全部考虑其中，这就需要扎实完备的资料与研究结果作为基础。

除此之外，还存在保护划界、技术手段等诸多难处。但仅就上述两点就可看出，明长城整体性研究对长城保护具有十分重要的意义。明长城军事防御体系的规划布局机制是整个防御体系系统结构、运作机制的潜在内涵，揭示其中的规律、深化长城的整体性意识，才能更有效地保护长城文化遗产。

（二）明长城整体性研究的必要性

目前明长城的研究工作多是分地区、分项的细化研究，鲜少有着眼宏观的整体性研究。明长城各段并非单调一致，各段间均有各自的特色且互相联系和制约，不可以偏概全，可见着眼整体的研究与梳理是十分必要的。诚然，对于如此庞大的研究对象，细化而深入的研究具有十分重要的意义，只有深入细致地了解了各部分、各方面的特征和机制才能进一步掌握全局。正因如此，在学界发展至今，细致深入的研究已经成果颇丰，研究内容也突破历史、军事、建筑而有更广泛的拓展，为整体性研究提供了有利的基础，此时进行各部分的整合研究是十分必要的。

值得注意的是，这里的整体性也不仅仅是指物质形态层面上，组成长城军事防御体系的各构成要素的整体性，抑或是军事结构上的整体性。对整体性认识的视野也应有进一步的拓展，正如前文所提到的，明长城虽由明朝所建，立于明朝辖域，但其形成过程中的影响因素是多方面的，应该"骑"在长城墙头，兼顾内外两侧，边外势力对长城影响的考量亦是长城研究的重要部分。

纵观以往研究，考察调研基础上的时空分布特征与规律研究成果颇丰，主要解决了长城军事聚落以及各镇军事防御体系的外在表现形式，即"是什么"的问题。而对整个体系的规划布局机制，尤其是蕴含在其中的军事策略和人文思想，即"为什么"的问题，研究的深度尚不足。可以说分布特征与规律研究，为相关研究搭起了牢固的骨架，而对规划布局机制和思想的深入研究，更像是"血肉"，只有填充了这一部分认知，才能真正还原一个清晰的明长城军事防御体系形态。而建立在"是什么"和"为什么"基础上发展出的"怎么样"，也正是针对这一大型文化遗产保护的策略研究。因此针对"为什么"而进行的研究正是选题的初衷。

二、研究背景

明长城防御体系是明代重要的防御屏障，传承了秦汉至金的边墙防御工事，在其基础上加以改进，形成了完备的北边防御体系，具有重要的军事、历史及文化价值。多年来，包括历史、地理、经济、文化、建筑等众多学界的专家学者从各个方面对明长城防御体系进行研究，成果丰硕。

（一）长城研究探索阶段（新中国成立前）

中华人民共和国成立以前，国内对长城的研究刚刚起步，主要着重于文献研究，对长城的沿革有了初步的梳理，并开启了对明代都司卫所及地方行政制度的关注。

民国前各种古籍对长城的记述，大多因"文字模糊、缺少精确的调查和统计、缺乏时代及地理的观念"[①]等原因造成一定的纰漏。王国良在《中国长城沿革考》（1930年）一书中，针对这样的问题，提出："所以拙作特地注意这几点：一、古史中有文字含糊及调查和统计不精确的地方，旁征群集，力求他的究竟。二、时代和地理的错误力求矫正。三、地方的古名把他翻作今名，以便对照。"[②]全书共五篇，按时代顺序对历代长城位置及沿革详加考据。其书中第五篇对明修筑长城略史及"九边"概要进行了记述，并附有关明修筑边墙、烽堠、墩堡、关隘、夹道及垣堑城堡等略图数张。《中国长城沿革考》开启了对长城历史的梳理工作，其后由顾颉刚、史念海所著的《中国疆域沿革史》（1937年）及寿鹏飞所著的《历代长城考》（1941年）等书都对长城历史及沿革作了一定的记述。《中国疆域沿革史》一书，对中国疆域的演变作了详述，其中提及了明代都司卫所分布、"九边"建制及边墙修筑等内容，并附地图。而《历代长城考》一书，发展了王国良的《中国长城沿革考》，对历代建筑长城的年代、位置及沿革有更加详细的考证，并附历代长城路线图。此书据北京图书馆所藏清代《万里长城图》，判断："嘉峪关以西以南，青海西藏间，尚有多数长堡，往复交叉，密如蛛网，不知建自何代。"[③]以上书籍可谓开长城研究之先河，虽然仅限于文献资料的整理和研究范畴，但对后来的长城研究具有重要的意义。

同期，对明代军制的研究成果相较而言更为丰硕。卫所制度是明代创立的特殊军制，同时也是明代军队编制的基础，因此研究明代军制多以卫所制度为切入点。从宏观对明代卫所制度进行整体梳理的研究中，吴晗的《明代之军兵》（1937年）具有开创性的意义并影响深远，全文首次清晰地阐述了"军"、"兵"的关系，以及各自体系和演变过程。并结合明代社会、政治及经济背景，分析京

---

① 王国良. 中国长城沿革考 [M]. 上海：商务印书馆，1930.
② 王国良. 中国长城沿革考 [M]. 上海：商务印书馆，1930.
③ 寿鹏飞. 历代长城考 [M]，自刊《得天庐存稿》之二，1941.

军与卫军的废弛、募兵的兴起、军饷等与国家财政的关系。其后，解毓才的《明代卫所制度兴衰考（附表）》（1940年）一文，系统地探讨了卫所的编制、类别、军饷来源以及卫所成立的历史意义等问题，并提出了卫所制度并不始于明代，而是源于元代的禁卫军制。张其昀则在《中国军事史略》（1946年）中称明代都司卫所制度是继承宋代王安石变法的观点。在此之后对明代卫所制度承袭演变的研究，大都未超出吴晗、解毓才等学者的研究框架。与此同时，对于区域卫所制度的研究也掀起了一阵热潮，主要集中在对辽东地区卫所制度的研究上。如张维华《明辽东"卫"、"都卫"、"都司"建制年代考略》（1934年）和《明代辽东卫所建制考略》（1934年）、李晋华《明代辽东卫所归附及卫所都司建制沿革》（1934年）等。

以上研究均未跳出将都司卫所制度禁锢在军制研究的范围内，而谭其骧在《释明代都司卫所制度》（1935年）一文中，从历史地理学的角度出发，为卫所制度的研究另辟蹊径，首次提出了都司卫所是一种行政区划的概念，指出其治土辖民的特点——"置卫所以统辖军伍，设都司以掌一方兵政，其初本与地方区划不相关。洪武初或罢废边境州县，即以州县之任责诸都司卫所；后复循此例，置都司卫所于未尝设州县之地，于是此种都司卫所遂兼理军民政，而成为地方区划矣"[1]。又依据田土分布特点分为"实土卫所"和"非实土卫所"。谭其骧的研究可谓卫所研究史上一大突破，却在当时并未受到应有的重视，直到20世纪80年代以后，才被学界重新关注，并继承和发展了其研究。

此时国外学界，对明代的军屯及兵制也有了一定的研究，如日本学者清水泰次所著的《明初军屯之扩展及其组织》（1936年）和《明代军屯之崩溃》（1936年）、山崎清一著《明代兵制研究》（1941年）等。前者对明代军屯的形成与破坏进行了宏观描述，分析了军屯破坏的原因，后者则对明代兵制及"九边"概要均有论述。英国学者斯坦因在《斯坦因西域考古记》（1936年）一书中，根据自己的考察记叙了中国古代西域地区古长城诸多遗址、遗迹，描述了该地区古长城的分布、走向，对长城的结构、构造、建筑材料以及长城沿线的地形、地貌、生态环境和有关文物作了详细介绍，并以秦汉长城与罗马长城对比，对其功能、作用加以探讨，具有珍贵的参考价值。

这一时期，虽然各方面研究均处于起步阶段，但成果卓著，为以后的研究奠定了坚实的基础。

（二）沿革历史研究阶段（中华人民共和国成立至改革开放前）

中华人民共和国成立后至改革开放前，关于长城的研究进展较为缓慢，20世纪50~60年代，山海关、居庸关、云台、八达岭等地段的长城先后被国务院公布

---

① 谭其骧. 释明代都司卫所制度［J］. 禹贡（半月刊），1935，3（10）.

为"全国重点文物保护单位"。1952年，时任政务院副总理的郭沫若提出开发长城、向国内外开放的建议，承担主持维修长城重任的便是罗哲文。由此开启了关于长城的调查与维修工作，维修的第一站是八达岭。1953年，八达岭长城修复完成并开放。随后，罗哲文又参加了山海关、嘉峪关等段长城的维护工作，1963年罗哲文的《长城史话》出版，书中附大量实地拍摄图片，为长城研究提供了第一手资料。随着研究的深入，罗哲文发现当时对长城的了解存在很多疑问，于是，重新开始实地考察、史料研究的工作，为后来在长城研究中取得的成果奠定了基础。

20世纪60年代起，国内出现了一批有关明代军屯研究的著作，如张仁忠的《论明代的军屯》（1961年）、李龙潜的《明代军屯制度的组织形式》（1962年）、吴缉华的《明代延绥镇的地域及其军事地位》（1970年）等。其中，王毓铨所著的《明代的军户——明代配户当差之一例》（1959年）及《明代军屯》（1965年）具有重要的意义。前者集中讨论了明代军户的来源、承担的义务和社会地位，指出对军户来说，需交纳"一种力役地租和实物地租（有时是货币地租）混合的封建地租"①。后者对明代军屯的制度和作用、军屯的生产关系及破坏等问题都进行了详细的考察，内容宏阔、数据详尽，成为日后军屯研究的基础。

在这一时期，亦有一些学者从其他方面切入研究明代军屯与兵制，为长城研究扩展了视野，如日本学者田村实造在《明代的北边防卫体制》（1963年）中，以九边的设置与发展，讨论明代边防的演变，论述明朝对外政策由强到弱的过程；姚从吾在《东北史论丛》（1959年）中，指出长城、黄河与长江，为国史上的三道防御线，是"中原文化对东北与北方边疆民族势力消长的关键。它（长城）可以说是中原汉民族的前进基地，也可以说是中原民族与儒家文化的门户。"②并对"长城在历史上的重要性"作了具体论述；札奇斯钦在《北亚游牧民族与中原农业民族间的和平战争与贸易之关系》（1973年）中以长城为分水岭，论述游牧与农业两个不同的文化及社会之间，政权力量此消彼长影响下的贸易与战争等问题；又在《蒙古文化与社会》（1979年）一书中，从站在长城外的角度研究描绘游牧民族及其与农业民族关系的历史，二者均成为研究长城的重要文献。

1979年，张维华所著《中国长城建置考》问世，此书根据大量历史文献记载，对历代长城的位置、建置沿革等进行考证。具有很高的学术价值，但此书大部分写于20世纪30年代，未经实地踏勘，有一定局限性。

至此，关于长城的研究仍停留在沿革历史研究阶段，对长城概念的界定十分模糊，关于明代军制、军屯等的研究已初见成果，研究范畴也有新的拓展。以上

---

① 王毓铨著：明代的军户——明代配户当差之一例 [J]，《历史研究》第6期，1959。
② 姚从吾：东北史论丛 [J]，台北：台北正中书局，1959。

学者及研究成果作为长城研究的鼻祖，具有非常重要的意义，至21世纪后，仍为长城研究的重要参考资料。

（三）实地考察积累资料阶段（20世纪80年代）

20世纪80年代以后长城研究进入发展较快的时期，突破了文献研究的范围，从实地考察中获取了更多资料和佐证。

在全国进行第二次文物普查的过程中，长城作为古遗址列入考察范围，此次考察主要针对边墙，寨址、城址为辅，对遗存情况进行了文字记录、拍照及测绘，编制成《中国长城遗迹调查报告集》（1981年），由于这次考察受到资金、技术等的制约，数据仍有许多疏漏，图像记录不足，但是考察留下的大量宝贵资料具有重要的参考价值。

1984年5月4日，董耀会、吴德玉从山海关老龙头出发徒步考察长城，后张元华加入，于1985年9月24日抵嘉峪关，历时508天。此次考察中，相关记录300多万字，拍摄相关照片6000余幅，并收集100多幅碑帖与碑文纪录。1988年，三人以华夏子为笔名出版《明长城考实》一书，记述所见长城遗址的形制、结构、位置、布局、走向及相关遗物；结合历史文献与考察所闻，记述相关战事、典故等，并附大量图片。罗哲文在序言中评价此书为："这一个年代关于万里长城的忠实纪录，成为一个时代的真实史料"[①]。此书为学界研究明长城提供了大量一手资料，具有极高的参考和研究价值。

1984年6月27日，地质矿产部地质遥感中心应用航空遥感技术对北京地区长城现状进行调查的初步解译成果在《北京晚报》发表。这次调查量测出北京长城全长为629公里，全线共有城台（墙台、敌台或战台）827座，关口71座。其中发现圆形城台5座，坡顶城台1座，营盘8座。查明北京境内保存最完好的三个段落：八达岭（居庸关—八达岭—黄楼洼—广坨山）；北京结点（黄花城—北京结点—莲花池）；司马台（古北口—金山岭—司马台—望京楼），认为这三段具有很高的军事价值、建筑艺术价值和旅游开发价值。这一成果的公布，引起学界巨大反响，标志着新技术、新设备在长城考察与研究领域应用的开端。

此后，亦有很多学者与组织，对长城遗迹进行了不同程度的实地考察，记录下宝贵的文字与照片。如齐鸿浩、张继民对陕西省澄城县和黄龙县交界线上的长城遗迹徒步考察；高旺多年对多地的长城徒步踏勘，行程7万多里，并出版《内蒙古长城史话》（1991年）、《长城访古万里行》（1991年）等多部书籍；刘谦从辽东镇长城西段与蓟镇长城交界的山海关东北锥子山起，北至义县，东至黑山，转向开原、昌图，东南至鸭绿江边，对辽东长城作了第一次全面、系统的实地考察。撰写了《明辽东镇长城及防御考》（1989年）一书，附各种示意图118幅，

---

① 华夏子. 明长城考实［M］. 北京：档案出版社，1988.

实物图片191幅。从长城系统、陆路屯兵系统、海防屯兵系统、烽传系统、驿传交通系统、屯田及军需系统六个方面，首次对辽东镇进行全面、系统的考察与梳理，对纠正史书的误载有很大的作用，对重新认识与保护明辽东段长城，有很大参考意义；1987年，中国长城学会成立，由此开展了大量工作，组织多次实地考察，建立中国长城网，出版《长城百科全书》（1994年）、《长城国际学术研讨会论文集》（1995年）、《中国长城年鉴》（2006年）等多部重量级长城研究专著，为长城研究作出了重要的贡献。以上对长城进行的实地考察，突破了拘泥于文献研究的束缚，为长城研究找到确凿的实物考证，是长城研究过程中迈出的重要一步。

1985年，史学家金应熙在第十六届国际历史科学大会中发表了《作为军事防御线和文化会聚线的中国古代长城》一文，受到学界的广泛关注。金应熙在文中指出："以长城而言，会聚线与障碍物并不是一对绝对对立和互相排斥的概念。"[①]文章结合大量史料，对各时期经济、政治、军事、社会、民族关系等因素相互作用进行了辩证的分析，得出长城"不仅是军事防御线，同时又是文化会聚线"[②]，有经济、文化汇聚的作用等具有重要学术价值的结论。同时，金应熙又在《古代史上长城的军事价值》（1986年）一文中，对长城防御线的概念作了进一步修正，"长城并不单只是一条防御线，而是形成了一个防御网的体系……应该把长城防御体系的建设，同掌握运用这一工程的人，以及当时的经济条件，军事制度、战略思想等结合起来研究"[③]，这一论点拓展了长城研究范畴。以上两篇文章，均提到了长城防御体系的概念，并且打破了长城是一条线的局限思想，具有开拓意义，但是对于长城防御体系的认识，还停留在军事体制方面，并未拓展到空间地理概念范畴。

这一时期，关于九边问题的研究也受到了一定的关注，国内以余同元为代表，在《明代九边述论》（1989年）一文中，针对关于"九边"这一概念未有专门论述的现状，对边、镇的含义进行了考证，明确了"九边"的范围、成因、建置及作用等问题。指出"九边是'边'与'镇'的结合"，"是以辽东、蓟镇、宣府、大同、山西、延绥（榆林）、固原、宁夏、甘肃九大军镇为中心的九大防区，分领于九个主要镇守总兵官……九边形成过程是明王朝在北部边地都司、行都司基础上军事化统治进一步加强的过程，也是明代北部边防由积极防御到消极抵抗、由强到弱的演变过程。"[④]美国学者Arthur N. Waldron，在其《The Problem of The Great Wall of China》（1983年）一文中，着重讨论了明代九边制度建置与设施建设问题，又在后来的专著《The Great Wall of China: From History to

---

① 金应熙. 金应熙史学论文集［C］. 广州：广东人民出版社，2006：197.
② 金应熙. 金应熙史学论文集［C］. 广州：广东人民出版社，2006：197.
③ 金应熙. 金应熙史学论文集［C］. 广州：广东人民出版社，2006：216.
④ 余同元. 明代九边述论［J］. 安徽师大学报，1989（2）.

Myth》（1992年）中纠正了美国学界关于长城是中国历代不断修建的结果的观点，指出现存的长城基本为明长城，并对明朝围绕九边防御所形成的权力格局进行了深刻的分析，极大影响了美国学界对九边的研究。

在史学界关于长城的研究进行得如火如荼的同时，建筑规划学界也开始关注长城研究。这些研究大致可分为两类，一类集中关注长城边墙的修筑工事、建筑构造等。如罗哲文根据长期对长城的深入考查及研究，完成的几部著作——《长城》（1982年）、《失去的建筑》（1999年）等书籍，成为了解长城的开拓性书籍；另一类关注古代城池、军事聚落的研究，其中涉及长城沿线边防堡寨，在《中国大百科全书·军事（六）军事工程分册》（1986年）一书中，康宁所著《军事筑城体系与长城》一文，对军事筑城体系进行了系统的说明，指出长城筑城体系是"中国古代构筑的以长城城墙为主体，与其他工程设施相结合的连续线式防御工程体系……由长城城墙、关隘、敌台、峰堠、障碍物和外围关堡组成"[①]。长城筑城体系概念的提出，是对长城概念的新的拓展，将边防堡寨即外围关堡纳入长城筑城体系的范围内，使长城研究与中国古代城池规划产生了密不可分的联系。另外，董鉴泓所编《中国城市建设史》（1980年）、贺业钜所著《中国古代城市规划史论丛》（1986年）等书籍，为长城沿线边防堡寨研究提供了宝贵的基础资料，以建筑规划领域的视角拓展了长城研究。

20世纪80年代后，涌现出大批关于明代军屯及军户的研究成果，大致分为两类，以南炳文、汤纲为代表的一批学者，延续了王毓铨提出的研究范畴，对明代军屯的作用与破坏原因提出了新的见解，如汤纲、南炳文的《略论明代军屯士卒的身份和军屯的作用》（1980年），南炳文的《明初兵制初探》（1983年）、衣保中的《关于明代军屯制度破坏过程中的几个问题》（1984年）、陈家麟的《论明代军屯的几个问题》（1988年）等；另一类以于志嘉等人为代表，对军屯军户数额、军屯制度实施、发展的作用及影响等问题做了更加深入的研究，如于志嘉《明代军户世袭制度》（1987年）及《试论明代卫军原籍与卫所分配的关系》（1989年）；周远廉、谢肇华《明代辽东军户制初探——明代辽东档案研究（一、二）》（1980年）；梁勇《试论明代河北的卫所和军屯》（1987年）等。这些研究大部分沿袭了前人的研究范畴，在此基础上提出了补充与修正，在深度上对军屯、军户的研究做了大量补充，但在广度上还有待拓展。

而同一时期，以顾诚为代表的学者，在卫所制度研究中有了新的观点，顾诚在《明前期耕地数新探》（1986年）和《明帝国的疆土管理体制》（1989年）两文中，从耕地的数字问题入手，提出了明代"全国土地是由行政系统和军事系统分别管辖的"[②]，认为明代都司、卫所在绝大多数情况下是一种地理单位，管辖不属

---

① 康宁. 军事筑城体系与长城［M］//《中国大百科全书·军事》编委会. 中国大百科全书·军事·军事工程分册. 北京：中国大百科全书出版社，2007：35.
② 顾诚. 明前期耕地数新探［J］. 中国社会科学，1986（4）.

于行政系统的明朝疆土，包括军士的屯田和代管民籍人口耕种的土地，也管辖着不属于军籍的大量民户。顾诚的观点，引起了学界的热烈讨论，争论颇多，继而有很多文章也就此提出了自己的观点。顾诚的研究结论虽与谭其骧的关于都司卫所是一种行政区划概念的观点吻合，但其是从疆土管理的角度重新对卫所问题进行研究，从耕地和人口的数字入手，为卫所研究提供了新的研究方法。

至此，关于长城的研究进入了广泛的实地考察阶段，考察成果颇丰，为后期的研究提供了强有力的数据及资料基础。对于长城及防御体系的概念和界定问题已被许多学者所关注，表明这一时期的研究已不单单局限于长城边墙，而开始着眼组成边防的整个体系，这一突破促进了后来长城概念的界定及长城学的建立。另外，这一时期关于九边问题、军屯军户问题、卫所问题的研究主要仍是承袭之前学者的研究方法与角度，但丰富的研究成果有利于清晰地了解长城建立、发展、衰退的社会环境，为以后的研究提供有力的依据。

（四）"长城学"学科建立与系统性研究阶段（20世纪90年代）

20世纪90年代关于长城的研究，突破了长城边墙历史沿革、修建情况等的研究范畴，对长城组成要素的明确划定，促使长城研究向更加系统、综合的方向的发展。

在这一时期，研究学者及长城爱好者依然进行了各种规模的长城考察活动，其中具有代表性的有：彭曦多年对甘、宁、陕、内蒙古四省区进行的全面系统考察，修正了历史典籍中对这段长城的定位偏差，并出版了《战国秦长城考察与研究》（1990年）一书；高凤山长城沿线作了较为详尽的考察，挑选了其中123个关口，著《长城关隘城堡选介（续）》（1992~1998年）；由中国长城学会会员刘树林、王海军、徐学军三人组成的考察队，于1992年8月3日自嘉峪关出发，途经多地，至1993年3月底完成长城考察，对长城的保护情况进行了摄像、摄影和文字记录。这些考察活动都在不同程度留下了大量一手资料，为研究工作打下扎实的基础。

20世纪90年代，九边问题仍为研究的关注点，如范中义在《明代九边形成的时间》（1995年）一文中，提出："除山西、固原二镇外，其他几镇作为一个完全的'镇'，一是要有武职大臣，即总兵的镇守，一是要有文职大臣，即巡抚的提督……每镇都有一个初设和最后完成的问题。"[①]后据此详细论证了九边分别形成的时间，并否定了《九边图论》《皇明九边考》和《明史》中对九边形成的时间顺序的相关记载。由于研究视角不同，此文与此前余同元发表的《明代九边述论》（1989年）一文中关于九边设置时间的论述有明显的出入，以后仍有学者对这一问题深入研究。

---

① 范忠义. 明代九边形成的时间［J］. 大同高等专科学校学报（综合版），1995，4：25.

　　另有一些学者通过对军制的研究，剖析九边问题，如罗东阳在《明代兵备初探》（1994年）一文中，论述了兵备对明代边防和内政的重要作用，与督抚一同构成了明代省级体制和以文统武体制的重要组成部分；赵毅、胡凡在《论明代洪武时期的北部边防建设》（1998年）中对明代初期的兵制、兵备及其与九边的关系进行探讨；梁淼泰在《明代"九边"的军数》（1997年）一文中，在大量古籍资料的基础上，通过对明代九边军数的研究，分析明代政治、军制、边防、经济等多方面的发展与变化。

　　也有一些学者通过对长城的研究，分析九边问题，如史念海在《论西北地区诸长城的分布及其历史军事地理》（1994年）一文中从历史地理角度对西北长城的分布和沿革做了系统的梳理；艾冲在《明代陕西四镇长城》（1990年）一书中对延绥、宁夏、固原、甘肃四镇长城及边防城堡作了系统的介绍，从四镇长城的兴建与分布、四大军镇的建立、组织结构及统辖的城堡、守军兵力及长城地带军用通道等方面详细论述。此书不但将长城与边防堡寨、兵力部署等方面联系在一起进行研究，同时考虑了交通对长城防御体系的影响。

　　这一时期的地理历史学界，以周振鹤为代表的一批学者，继承了谭其骧的历史地理研究视角，对明代的卫所制度深入研究。周振鹤在《体国经野之道——新角度下的中国行政区划沿革史》（1990年）一书中，首次提出"军管型政区"的概念，说明实土卫所"不仅是军事组织，同时也是地方上的一级行政地理区划"①，而无实土卫所"不能自成区域，只是单纯的军事组织"②。在看待卫所的政区性质问题上，区分实土卫所与非实土卫所的观点，与谭其骧一致。

　　20世纪90年代，建筑规划学界对长城的研究，延续了80年代的研究范畴，在其基础上取得了大量成果。《中国军事史》第六卷《兵垒》（1991年）中明清时期的兵垒一节介绍了各镇长城的修筑过程和长城的结构，并着重介绍了几个重要关城，但对九边重镇各级防守屯兵城的介绍并不全面，屯兵城是长城防御的兵力储备资源，具有严密的层次性、系统性，具有重要的研究价值；清代朱璐著，中国兵书集成编委会编纂《防守集成》卷一《城制》（1991年），对城池防御设施的做法进行图文并茂的解释；晚学、王兴明著《浅谈明长城墙台的几种类型》（1998年）一文，对唐山境内的长城墙台类型进行了系统的分析，阐释了墙台建筑的防御功能及建筑特点，附实景照片及分析图，并指出"明长城防御体系是由城墙、敌台、墙台、烽火台、关隘城堡等建筑共同组成的"③。这一时期的建筑规划学界仍以长城的建筑形制、构造特点等为主要的关注点，军事聚落并未成为"建筑史"和"城市建设史"研究中的重点，军事聚落作为长城防御体系中的重要组成部分，需要从建筑规划视角，理清其形成、发展过程，认识体系结构。

---

① 周振鹤. 体国经野之道——新角度下的中国行政区划沿革史［M］. 北京：中华书局，1990.
② 周振鹤. 体国经野之道——新角度下的中国行政区划沿革史［M］. 北京：中华书局，1990.
③ 晚学，王兴明. 浅谈明长城墙台的几种类型［J］. 文物春秋，1998（2）：23.

随着研究的深入、广度的扩展，长城已不仅仅拘泥于与军事、考古、建筑等学科联系，而变成一个涵盖广泛学科的课题。1994年9月，长城学会主办了首届长城国际学术研讨会，在会中彭曦提交《十年来考察与研究长城的主要发现与思考》一文，对长城提出科学界定，"长城是军事工程，攻与守的对立统一。它有三个子系统，即城（墙）、烽（燧）、障（塞），这三者是动态反馈的有机整体，缺一不可称长城"[1]；董耀会、罗哲文等人明确了"长城"的概念，并提出了"长城学"的含义。"'长城'应该是由关隘、城堡、墙体、烽燧等子系统相互联系，按特定结构方式组合而成的具有防御功能作用的有机整体。"[2]具有整体性、结构性和层次性等特点。而长城学则是"从整体去研究长城的一门学问……是一门认识论的学科，是对长城进行综合研究的学科"[3]。涉及历史、军事、民族、经济、政治、地理、考古、建筑、文学艺术、文物保护、旅游开发等多学科，具有个体性、整合性等特征。"长城"概念的明确和科学的界定，有助于更加全面的认识和研究长城问题，拓展研究视野。而"长城学"学科的建立，为学界内学者间互通、信息交流提供了更有利的条件，是长城研究进入一个新阶段的重要标志。

侯仁之对长城国际学术研讨会进行了总结，提出长城问题，"不能以单纯的军事观点去注释，而必须从中华文化的整体时空去把握。长城出现的直接原因是军事的，但深层原因却是文化的和经济的"[4]。他通过沙漠中的古城和长城的遗存状况及建筑年代来研究我国沙漠发展规律及成沙原因，发表了《从考古发现论证陕北榆林城的起源和地区开发》（1976年）、《敦煌县南湖绿洲沙漠化蠡测——河西走廊祁连山北麓绿洲的个案调查之一》（1981年）等文，揭示了历史时期不合理的土地利用是导致沙漠化的重要原因，为沙区的治理，在决策上提出了重要的科学依据；余同元从经济、文化角度入手，对长城沿线区域民族贸易、地域差异等问题进行研究，著有《明代长城文化带的形成与演变》（1990年）、《明后期长城沿线的民族贸易市场》（1995年）等文。另外李三谋著《明代边防与边垦》（1995年）、关真付著《明代长城屯田与冀东开发》（1998年）等文，则从明长城屯田、边垦的角度剖析明代边疆的防守和开发。

关于明代驿递制度的研究，始于20世纪40~50年代，60~70年代后，研究范畴已拓展到对驿站及交通路线的研究，如苏同炳著《明代驿递制度》（1969年）、日本学者　一雄著《明代的交通》（1978年）、日本学者星斌夫著《明清时代交通史研究》（1971年）等。但是，以上研究并未成体系，成果有限。至80~90年代，学术研究飞速进步，关于明代驿递制度及交通的研究受到广泛关注，成果颇丰。

---

① 彭曦. 十年来考察与研究长城的主要发现与思考［C］//中国长城学会. 长城国际学术研讨会论文集，长春：吉林人民出版社，1995.
② 董耀会. 长城学的概念、特征及分类［J］. 文史知识，1994.
③ 董耀会. 长城学的概念、特征及分类［J］. 文史知识，1994.
④ 许嘉璐. 立足中华大文化，尽快发展长城学的研究［EB/OL］.（2005-1-12）. 中国长城网.

如李建才著《明代东北驿站考》（1980年）、杨旸著《明代辽东驿站的设立、管理及其任务》（1988年）、杨正泰著《明代国内交通路线初探》（1990年）、王子今著《中国古代交通文化》（1990年）、臧嵘著《中国古代驿站与邮传》（1997年）等。其中刘广生、赵梅庄编著的《中国古代邮驿史》（1999年）一书，探讨我国邮驿发展史，分析邮驿与政治、经济、军事等方面的联系及作用，包含了明代驿站和交通路线的内容；加拿大学者卜正民（Timothy Brook）著的《明清历史的地理资料》（1988年）收录了大量明清历史资料，为明史及其他历史研究提供了重要的地理历史资料来源，显示了作者有关交通与文化、经济发展的关系的观点；1994年杨正泰著的《明代驿站考》是一部具有极大价值的文献，在地理学、地图学、经济学、历史学、社会学等方面皆有研究参考意义，是了解明代邮驿的必备工具书。其中附图部分（图二十）的长城沿线驿路分布图（嘉靖、隆庆年间）标示出了长城沿线的主要驿站和驿路的分布。关于明代交通驿路的研究，并未引起长城研究者的足够关注，但是作为"脉络"的交通驿路，对明代边防有着至关重要的影响，将明长城与交通驿路结合的研究在这一时期是一个缺环。

聚落考古（Settlement Archaeology）在我国的研究萌芽于20世纪30年代殷墟的发掘。50年代，美国考古学家戈登·威利（Gordon R. Willey）在维鲁河谷进行了区域聚落系统研究，发表了《维鲁河谷聚落形态之研究》（1953年），被誉为美国考古学史上经典性的里程碑；英国地理学家Peter Haggett在1965年将Chris taller的中心地理论引入人文地理学，著有《人文地理学区位分析》（1965年）等著作，他关于聚落等级、抽样方法和六边形市场分布等理论方面的阐述对考古学界产生了巨大的影响。另外，很多人文地理学理论及模型的提出，对聚落考古研究产生了巨大影响，如德国城市地理学家克里斯塔勒（W. Christaller）和德国经济学家　古斯特·廖什（August Losch）分别于1933年和1940年提出的"中心地理论（Central Place Theory）"、美国密歇根大学的Philip J. Clark和Francis C. Evans提出的最近邻体分析方法（Nearest neighbor analysis, NAA）等理论模型。以上成果对世界聚落考古研究都起到了深远的影响，为研究提供了新的思维和方法，受其影响，我国的聚落考古自20世纪50年代开始发展至20世纪90年代已成果颇丰，如著名人类学家、考古学家张光直著《古代中国考古学》（1963年），是一部在中国考古研究领域内产生了世界范围影响的书，其按时间顺序从旧石器时代开始，分别对南、北方的新石器时代文化的发展进行深入分析，再到夏、商、周"三代"，论述"三代"文明的起源发展，此书体现了张光直在中国"三代"文明起源发展问题上的独到见解；严文明著《仰韶文化研究》（1989年）、《中国环壕聚落的演变》（1994年）等从中国新石器时代考古、中国文明的起源等方面进行了深入的探讨。另外20世纪90年代后，日本学者冈村秀典、宫本一夫，美国哈佛大学博士刘莉等人，对郑洛地区新石器时代聚落遗址进行了一定的研究。

至此，长城概念的明确，长城学学科的建立，使关于长城的研究进入了一个系统性的阶段。长城研究的对象有所扩展，研究方向也不拘泥于军事历史、建筑构造等方面，从兵制、军屯的角度对长城沿线进行专门研究的成果大量涌现，从经济、文化、资源等多视角进行的长城研究初露头角，而随着关于驿传交通、卫所制度及聚落考古等方面的研究成果逐步成熟，长城研究开始向跨学科、综合性的研究方向发展。

（五）跨学科综合性研究阶段（21世纪以来）

自2000年以来，明长城研究的对象已扩展到整个明长城防御体系，随着研究技术的快速发展，研究范畴和深度也有很大的进步，一方面沿袭以往的各项研究，另一方面，针对许多重大的缺环，展开了涵盖历史、地理、政治、军事、经济、文化等综合性的、多学科交叉的长城学研究。

1．各学科研究的进一步发展

在实地考察方面，2007年开始的第三次全国文物普查和2009年开始的长城资源调查，基本掌握了我国明长城的遗存情况，对明长城防御体系的各个要素都有所涉及，为实现资源共享、完善长城保护等多种问题奠定了坚实基础。

对明九边兵制的研究，在这一时期有了系统性的成果。肖立军自20世纪90年代起就开始了九边兵制的研究，发表了多篇论文，如《明嘉靖九边营兵制考略》（1994年）、《明代边兵与外卫兵制初探》（1998年），《明初地方军事机构的演变及前后职掌》（2004年）等，其著《明代中后期九边兵制研究》（2001年）一书，针对明代军事演变及明中后期九边兵制进行了研究，系统论述了边兵种类、九边兵制与明朝整体兵制的关系、地方军事机构演变、明末起义与九边关系等多方面内容，许多新见对九边兵制研究影响颇大；赵现海的博士论文《明代九边军镇体制研究》（2005年）对九边军镇体制的渊源和发展进行了系统的研究，提出："大将镇守制度构成了总兵镇守制度的制度渊源，塞王守边制度奠定了总兵镇守制度的地理格局"[①]，随着发展，总兵制度与都司卫所制度逐渐合一，至嘉靖中期，形成了"以文统武"的九边军镇格局；彭勇在《明代北边防御体制研究》（2009年）一书中从明代班军制度和军户制度为切入点研究明代北边的防御体制；日本学者松本隆晴在《明代北边防卫体制的研究》（2001年）中，从明洪武年间至嘉靖年间，针对北边防卫的军官制度、关键人物、整体防卫体系等问题，分析论述了明边防制度的建立过程。以上学者均对明代兵制、兵备及其与九边的关系进行了深入的探讨，明确了九边兵制渊源、建立、演变等多种问题，推进了九边问题研究的进程。

---

① 赵现海. 明代九边军镇体制研究［D］. 长春：东北师范大学，2005.

另有一些学者开始着眼于"九边"各镇的职能转变和社会演进。如屈华《从榆林卫到榆林府》（2006年）、王杰瑜《明代山西北部聚落变迁》（2006年）、张萍《从"军城"到"治城"：北边民族交错带城镇发展的一个轨迹——以明清时期陕北榆林为例》（2006年）、邓庆平《华北乡村的堡寨与明清边镇的社会变迁——以河北蔚县为中心的考察》（2009年）等均对明末清初，九边军镇的职能转化、聚落变迁、制度变革等问题进行研究分析。另外还有学者针对明西北边镇边备及保障体系进行研究，如毛雨辰《明代西北边镇边备及其得失研究》（2005年）、田澍《明代甘肃镇边境保障体系述论》（1998年）等。上述成果多集中于西北地区，以区域性、节点性典型案例为对象。

在历史地理学界，郭红延续了谭其骧和周振鹤关于"实土卫所"的观点，以"军管型政区"的概念，从都司卫所制度、卫所移民与地域文化角度解析"九边"区域管理模式。著有《明代卫所移民与地域文化的变迁》（2003年）、与于翠艳共同著《明代都司卫所制度与军管型政区》（2004年），对卫所类型的划分提出新的见解，认为卫所在行政区划意义上可分为"实土"、"准实土"、"非实土"三种类型，"准实土卫所"概念的提出，使对卫所地理分布模式的研究层次更加明晰，有助于更深刻地理解明代卫所制度与行政区划的关系。

2．建筑学长城研究的突破

21世纪初，建筑规划学界对明长城的研究有了极大的进展，突破了原来单纯关注长城边墙的工事类型及构造特点的局限，明确地将视点关注于长城沿线军事聚落的研究。北京工业大学戴俭关注北京地区长城沿线戍边城堡的研究，与陈喆、董明晋共同发表《北京地区长城沿线戍边城堡形态特征与保护策略探析》（2008年）一文，通过对北京地区长城防御体系、戍边城堡形态、布局特征的研究，揭示军事、生态、经济与城堡演化的关系，并对城堡的更新提出了方法与策略。天津大学张玉坤关注明长城军事防御性聚落与防御体系的基础性研究，指导并发表多篇论文，从多角度对明长城军事防御性聚落及防御体系展开分析，如李严在实地考察和文献查阅的基础上，首次从建筑规划学视角，对明长城"九边"军事防御性聚落的时空分布规律、防御体系的层级及规模、系统内构成因素等多方面进行研究，完成博士论文《明长城"九边"重镇军事防御天性军事聚落研究》（2007年），并发表多篇相关学术论文；薛原以秦晋地区为例，从资源、经济的视角，解读明长城军事聚落变迁的内在机制和政治、经济、自然等外部因素，完成硕士论文《资源、经济角度下明代长城沿线军事聚落变迁研究》（2007年）；刘珊珊博士论文《明长城居庸关防区军事聚落防御性研究》（2011年）立足"防御性"特征，对居庸关防区的起源、历史脉络、防御体系构架等方面进行研究，着重剖析军事聚落的防御性空间，绘制居庸关军事聚落空间分布图，总结长城关隘型军事聚落防御性空间的一般性表达；王琳峰《明长城蓟镇戍边屯堡时空分布研究》（2011年）从聚落选址、历史沿革、军事防御等方面研究明朝嘉靖至万历年间蓟镇戍边屯堡分布，分析长城所属区域不同等级、不同类别屯堡的内在关系。另有一些高校学者从不同角度对长城防御性聚落和防御体系进行探讨，如清华大学李贞娥的《长城山西镇段沿线明代城堡建筑研究》（2005年）、郑州大学李炎的《河南传统堡寨式聚落初探》（2005年）、北京建筑工程学院郭睿的《北京地区长城军事防御体系系统特征与保护研究》、华中科技大学石峰的《湖北南漳地区堡寨聚落防御性研究》（2007年）、西安建筑科技大学王巍的《河西走廊地区寨堡建筑》（2010年）等。以上研究内容涉及明长城军事聚落区域性及整体性研究，主要着重理清发展沿革、层次结构等内容，为明长城军事聚落的深入研究奠定了有力的基础。

3．学科间的拓展

随着学科间交叉互通，学科边界日益模糊，对明长城防御体系的研究涵盖的范围也越来越广，研究成果颇为丰硕。一批学者以长城沿线生态环境土地资源为切入点，进行分析研究，提出方法策略，如刘彦随的《陕北长城沿线地区土地退化态势分析》（2002年）、顾琳的《明清时期榆林城遭受流沙侵袭的历史纪录及其原因的初步分析》（2003年）、陶宏等人著《长城分布与地质关系的探讨》（2005年）等；也有从经济角度入手进行研究，如祁美琴《明后期清前期长城沿线民族贸易市场的生长及其变化》（2008）、赵天福《边疆内地化背景下的蒙汉民族贸易变迁（1368~1949年）——以宁夏地区的蒙汉贸易为例》（2008年）等；另有部分论著涉及九边驿传研究，如王越《明代大运河沿线和与九边地区驿站对比研究》（2007年）、纪慧娟《明代驿传与经济的发展》（2004年）、刘伟《略论明代驿路交通对商品流通的影响》（2006年）等。在这样的背景下，随着文化遗产保护研究的兴起，各学科关于长城的研究找到了一个共通点，为更加广泛的跨学科研究提供了良好的契机。

4．近十年间大型线性文化遗产保护背景下跨学科研究的发展

早在20世纪的世界文化遗产保护中，就提出了"文化线路"、"遗产廊道"等名词，他们所指代的均是大型文化遗产中的一种类别。而就长城而言，这些名词又缺乏更加明确的针对性而无法将其概括。2006年，国家文物局局长单霁翔指出了"大型线性文化遗产"的概念，作为近年来国际文化遗产保护领域提出的新理念，具有重要意义。[①]这一概念将包括"文化线路"、"遗产廊道"及其他未有明确定义的大型文化遗产囊括其中，而长城是十分典型的代表。在此之后的近十年间，围绕长城这一大型线性文化遗产展开的各学科研究，找到了一个共通点，学

---

① 单霁翔. 大型线性文化遗产保护初论：突破与压力［J］. 南方文物，2006（3）.

科间的融合进一步紧密，研究成果更具综合性。

针对长城线性文化遗产的研究，大致有两个方向：其一为针对遗产现状的发掘、保护及展示的方法和策略研究；其二为基于遗产价值认知的基础性研究。两者间关系十分紧密，正确的遗产价值认知为保护和展示提供可靠有力的依据，而遗产现状的发掘与保护又为基础性研究提供方向和框架。

随着技术手段和研究方法的发展，两大研究方向中课题的跨学科综合性进一步突显。如考古学中空间分析技术的发展，为长城保护和研究提供了新的研究方法。空间分析（Spatial Analysis）是考古学研究的一种重要的方法，这一观念早在19世纪中期便开始形成，英国考古学先驱Ian Hodder和Clive Orton提出考古学研究里必须进行空间分析。但国内考古学家真正开始关注这一概念是在20世纪80年代，因聚落考古学（Settlement Archaeology）和景观考古学（Landscape Archaeology）大量兴起，在丰富的成果基础上，由张光直等人倡导的空间分析方法广泛应用于聚落考古研究中，张光直著《考古学专题六讲，谈聚落形态考古》（1986年）中提出了空间分析的概念。

空间分析研究方法使空间体系中的潜在信息得以提取，空间数据库的建立使庞杂的长城体系时空数据可以被高效地管理和调用，为多学科研究提供了强大的技术支持。在何捷、邹经宇著《文化线路遗产原真性保护的GIS 空间分析支持》（2009年）一文，提出一个针对文化线路"原真性"调查和评估的系统，并针对明长城案例，结合GIS技术，展示如何模拟行动路径、设施与空间相关的历史功能及空间表现等方面的现象和阐释方法，具有较高的学术价值；东南大学汪涛硕士论文《明代大同镇长城与自然地理环境关系研究》（2010年）以明代大同镇长城本体及相关附属设施为研究对象，应用GIS、GPS等多种技术，通过对现状地形的坡度和坡向分析、对长城及相关附属设施的视域分析和射程分析等手段，阐释不同自然环境下明长城防御体系的布局特征；天津大学王琳峰博士论文《明长城蓟镇军事防御性聚落研究》（2011年）、刘建军博士论文《明长城甘肃镇防御体系及其空间分析研究》（2013年）、杨申茂博士论文《明长城宣府镇军事聚落体系与演变研究》（2013年）等均从建筑学学科背景出发，通过聚落考古空间分析方法，运用GIS技术对聚落的分布规律做一定的分析研究。

另外，除了历史、地理、军事等已有学科外，生态学、气象学、旅游管理、博物馆等学科也逐渐融入长城研究中。至此，长城学研究真正进入了跨学科、综合性的研究阶段，研究体系更为成熟，而丰硕的研究成果也为进一步发展提供更有利的基础。

结合以往研究的发展可见，目前的研究涉及多学科、多方面，研究成果颇为丰硕。但由于研究对象——明长城本身内涵的丰富性，使目前的研究成果中仍然存在一定的不足：

（1）明长城延袤万里，工事浩大，正因如此对明长城进行整体性研究也具有很大的难度。目前已有的研究成果多以某一重要节点、某一重要防区或某一军镇为研究对象，从明长城整体入手进行的研究不足。明长城"九边十一镇"各军镇虽然其内在的军事体制及层级关系大致相同，但其所处的地理位置、自然环境均有所不同，战略地位也因此各异。因此分段、分区域性的研究，无法代表明长城整体的特点，更不能诠释各军镇间的区别与联系，因此更需要对明长城进行整体性研究；

（2）因明长城为明朝所建，所处的地理位置也属于明廷管辖范围，因此关于明长城的研究多以明朝自身为着眼点，涉及明朝的相关制度、军事将领等对长城的影响研究颇丰。相比之下，关于长城以外的蒙古、女真等边外势力对长城的影响研究相对薄弱。纵使明长城为明朝所建、所有，但却是两方势力相互作用下的结果，因此对明长城的研究不应仅拘泥于长城线以内，而应将影响长城发展的整体环境一并进行分析研究；

（3）目前对明长城的规划布局研究，多由地理分布的形态特征入手，分析地形、地貌对规划布局的影响，但对明长城规划布局，尤其是与时间、空间分布的立体分析未有良好的对接。

综上，对明长城防御体系展开整体性、系统性的分析研究，揭示其规划布局机制的深层规律，是一个重要的研究课题。目前已有的研究成果，为这一研究方向奠定了坚实的数据及理论基础，提供了宝贵的研究理论及方法，在此基础上进行分析研究，对长城学研究深度的深入和研究范畴的扩展，具有重要的意义。

本书着眼影响明长城军事防御体系规划布局机制的不同因素，由自然因素、社会因素及思想策略三方面展开，对明长城军事防御体系的规划布局和选址的机制进行研究，强调防御体系的整体性，着眼明长城军事防御体系内外两侧，将农、牧双方均纳入研究范围，解读不同因素与体系层次结构布局的作用关系，并做数据化、图示化整合与梳理，对明长城防御体系展开整体性、系统性的分析，揭示其规划布局机制的深层规律。

第一章　明长城军事防御体系的主要特征

明长城军事防御体系具有结构复杂、组织严密等特点，在对其规划布局研究之前，要先掌握整个军事防御体系的主要特征，包括体系构成、时间分布规律及内部运作机制等。

第一节　由"九边十一镇"至"九边二十镇"的概念辨析

"九边"一词字面的意思即镇守明代北边长城沿线的九大军镇，后来逐渐演化为长城军事防御体系的代名词。关于"九边"的形成一直颇有争论，主要的分歧为"九边"的建置标志及形成时间，如范忠义依据《明史·兵志》的记述，认为镇守总兵官的设置是军镇初设的标志，巡抚的设置是军镇设置完成的标志[1]；韦占彬认为镇守总兵官的设置就是军镇建立的标志[2]；艾冲认为大将、名臣经略或卫所建置是军镇设置的标志[3]；另外还有认为划分防区、分地守御也是建边的重要参考等观点。

上述几种观点，虽然讨论的是建镇标志，但实际针对的是"九边"一词的概念。虽然在建镇标志和时间上存在很大的争议，但九边的范围是确定的，即：辽东镇、蓟镇、宣府镇、大同镇、山西镇、延绥镇、宁夏镇、固原镇、甘肃镇九个军镇。但实际上明代北边地区并非是九大军镇一以贯之的，在九大军镇形成之后，随着边地形势的不断变化，开始了军镇的析分和增置。

嘉靖年间增置的昌镇和真保镇，主要是为了加强帝陵防守而增设的，其辖域已经超出了原有九镇的范围，较为特殊，因此存在"九边十一镇"的说法，以此来描述明长城军事防御体系的辖域范围。而实际上在增设昌镇、真保镇之时，九边已经开始析分。嘉靖年间明蒙关系剑拔弩张，明朝将密云一带析分出，设置密云镇，此后蓟镇形成东、中、西三大区域防守的格局，并在三大区域设置协守副总兵，最终在明后期，三大区域逐渐析分为山海、永平、蓟州三镇，到明末蓟镇又分化出遵化、通州两镇；而在真保镇一带的太行山前，也在嘉靖、隆庆年间开始逐渐分化，到明末已经析分为保定、易州、井陉、涿州四镇；明后期，随着女真南下形成巨大威胁，辽东镇析分为宁远镇与东江镇，而渤海湾一带又析分出天津、登莱、临清、德州四镇；另外万历年间曾一度在固原一带析分出的临洮镇，在明末又重新恢复设镇；而迫于辽东压力的宣大一带，在明末也各自析出柳沟镇

---

① 范忠义. 明代九边形成的时间［J］. 大同高等专科学校学报（综合版），1995（4）.
② 韦占彬. 明代"九边"设置时间辨析［J］. 石家庄师范专科学校学报，2002（1）.
③ 艾冲. 明代陕西四镇长城［M］. 西安：陕西师范大学出版社，1990.

与阳和镇。由上观之，到明末时，在北边地区出现了二十镇之多的军镇划分。①

因九边军镇的不断析分，在史料中有"九边十三镇"、"九边十四镇"、"九边十六镇"、"九边二十镇"等多种不同的说法，其主要原因是，类似遵化、通州、德州、临清、井陉等明末才析分出的军镇，虽有相关称镇的说法，但其无论在军事制度或是与长城边墙的关系上，都尚未发展成熟，很多观点认为不应作为军镇视之。而像密云、蓟州、永平、山海等镇，虽然分化后各自成镇，但有观点认为其在广泛意义上仍可称为"蓟镇"的相关记载。与用军镇数量来定义长城军事防御体系相比，"九边"在明代就已经是更为权威的长城军事防御体系代名词。在《明史》、《明史稿》中都有"九边"的说法，而很多舆地图集或文集史料更是以"九边"为书名，如《九边图说》、《九边图论》、《皇明九边考》等。②

本书中关于"九边"概念的划分和界定参照《九边图说》一书的相关界定方法，并用广泛意义上的"九边"及"九大军镇"概念来概括和分析明长城军事防御体系。而对于"九边十一镇"的概念，本书暂不提及，仅在必要说明处是指出析分军镇的具体名称。

第二节 明长城军事防御体系的构成

明代修筑的长城是历代长城中体系最严密、留存最完整的部分。明代长城作为一个完整的军事防御体系，由长城本体、军事防御性聚落、信息传递系统等军事工程和其他防御工事组成。

一、长城本体

长城本体是由长城边墙及在边墙上修筑的各种军事防御设施，如女墙、障墙、敌台、马面、关口、城门、瓮城等组成，是战争中前线作战的主要场所。

长城边墙的墙体多就地取材，建筑材料以土、石、砖三种为主，有夯土墙、毛石墙、条石墙、砖墙等不同做法。其中西北一带取材困难，因此甘肃、宁夏、固原、延绥几镇以夯土墙为多。而处于山地地形中的山西、宣府、蓟镇，条石和毛石比例很高，另外辽东、蓟镇、宣府等处，在明后期多有重修加固，外包砖或砖石墙十分普遍。在长城边墙中，除了人为砌筑的墙体外，也不乏因山险置墙的做法，利用险峻的山势，直接砌筑垛口等设施，为"山险"，或人工劈凿成陡峭的崖面，为"劈山墙"。因砖、石材料的抗风化腐蚀能力明显高于夯土材料，因

---

① 关于"九边二十镇"的说法，参考赵现海著《明代九边军镇史——中国边疆假说视野下的长城制度史研究》。赵现海. 明代九边军镇史——中国边疆假说视野下的长城制度史研究 [M]. 北京：社会科学文献出版社，2012.
② 李严. 明长城"九边"重镇军事防御性聚落研究 [D] 天津：天津大学，2007：38.

此东部边墙的保存现状明显好于西部地区，其中蓟镇的八达岭、居庸关等处的砖包石墙在没有受到人为破坏的地段仍保存得十分完整。

女墙是筑于长城墙体顶部内外两侧的矮墙，与今建筑顶部的女儿墙相似，用以保护在城墙上活动的士兵。其中筑于外侧的矮墙，在古代又称作睥睨或雉堞。在女墙上设有用于观察敌情的缺口，成为垛口或女口；又有观测孔、射孔等孔道。

障墙是一种蓟镇长城特有的防御工事。因蓟镇长城修筑于山势陡峭的燕山山脉之上，在坡度较大的山坡上，城墙上活动的军士极易暴露于敌人的视野中，因此在女墙内侧并列连续地加设几段垂直于女墙的短墙。障墙一般与女墙同高，亦开设瞭望口和射孔等。

敌台也称敌楼，是为了防御敌人进攻而建于城墙之上，突出城墙外侧的高台。明代《武备志》中有："两边顾视夹击，贼不得直至城下，且又不能屈矢斜弹以伤我台上之人，故我得以放心肆力敌贼也。谓之曰'敌台'，其义以此。"[①]明代敌台有实心敌台与空心敌台两种形式，其中空心敌台是名将戚继光任蓟镇总兵时创建的，可做成两层或三层，四面开有箭窗，有利于作战军士的隐蔽、窥探及进攻。明代的敌台并非全部设于边墙之上，也有独立于边墙之外的做法。

马面即墙台，是间隔一定距离，依附于城墙外侧设置的台子，一般与城墙同高。其三面凸出于城墙之外，均砌筑有雉堞。马面与敌台的功能十分类似，只是形式不尽相同，在战争中，军士可借马面攻击进犯的敌人。

关口与城门是长城墙体上供车、马、人出入内外的通道。在一些重要的通道处，薄弱的关口和城门不能抵御进犯的敌人，因此在关口的基础上还会建造一定规模的关城。关城并非只靠城墙设置，在一些险隘的山口要塞处也会设有关城。关口与城门是长城边墙上出入的必要孔道，有些关口因地理位置特殊，成为整个防御体系中的冲要之地。

二、军事聚落

军事聚落是指明长城军事防御体系中，具有军事防御特征的大小城池、堡寨、关城等，因其兼具生活和聚居的属性，用军事聚落一词作为其统称。

明代的军事聚落按照军事将领的官职级别差异而有所不同。其中镇城的级别最高，统辖一镇下的所有城池，规模也最大；路城较镇城次一级，辖一路堡寨；卫城和所城是隶属于都司卫所体制下，负责屯兵屯田的城池；堡寨是最基本的防御单位，分布于长城边墙沿线。而关城是由关口和关隘衍生出的城池，其有可能是一镇的镇城，如居庸关、山海关等，也有可能仅是防守的最基本单位。

在沿长城边墙的横向上，军事聚落划归几大军镇分区域管辖，各区域内不同

---

① （明）茅元仪. 武备志 [M]. 刻本. 1621（明天启元年）.

级别类型的聚落完备；在垂直于长城边墙的纵向上，军事聚落又按照防御职能的不同有所差异，一般堡寨多分布于长城边墙沿线，是作战中的前线城池，而负责屯田屯兵的卫所和堡寨则居于后方。其中路城一般为前线城池，而镇城多居于后方。后文有关于军事聚落的详细研究。

三、信息传递与物资运输系统

信息传递系统可分为烽传系统和驿传系统两大类，是保障军情讯息顺利传达的防御工事。

（一）烽传系统

烽燧是一种十分古老的信息传递工事，由表面上看不过是一个个单一的构筑物，但实际上，众多烽燧由无形的线路联系在一起形成了烽传系统。

《说文解字》有："烽燧候表也。边有警，则举火。"[1]因烽传系统受人的可视距离和听力限制，而有一定的距离要求，一般间隔约10里（5公里）筑一台[2]，且烽燧多筑于山顶、高岗或易于瞭望之处。烽燧的位置也有所不同，在长城边墙以外的烽燧，主要负责监测敌军的动向，由远及近分布；边墙以内的烽燧主要保障信息的有效传递，以便组织作战，多与关隘、堡寨相连。烽燧的构造做法与长城边墙类似，建筑材料也以土、石、砖为主。

明代的烽燧点火做法较前代有所进步，加入了硫黄、硝石等助燃，延长了燃烧时间，并使烟火更加浓重，再辅以放炮、雷鼓等措施，使信息传递更加迅速。据明成化二年（1466年）的相关法令："各边墩堠烽炮，务要审实贼势多寡，严立举放之数，仍于总要便于瞭望之所，如数举放，彼若见敌一二人至百余人，举放一烽一炮，五百人二烽二炮，千人以上三烽三炮，五千以上四烽四炮，万人以上五烽五炮。"[3]可见烽传系统有严密的组织模式。

（二）驿传系统

驿传系统是中国古代运输物资、传递信息的道路交通网路的统称。驿传系统并非仅在长城防御体系中存在，而是密布全国的道路网。相比于烽传系统而言，驿传系统结构更为复杂、组织更加严密。更为关键的是，烽传系统的信息传递方向是由外及内，而驿传系统主要是由内及外。

明代的驿传制度与体系十分完善，不但覆盖陆路交通，也包含水路交通网，明代长城军事防御体系覆盖下的驿传系统，除了与防御体系内的道路网重合外，

---

① 许慎. 说文解字：卷十：上［M］. 南京：江苏古籍出版社，2001：210.
② 中国长城学会. 长城百科全书［M］. 长春：吉林人民出版社，1994：701.
③ 明显宗实录：卷三十四（成化二年九月辛巳条）［M］.

驿站建筑也多与卫、所、堡寨等城池结合修筑，在有效利用资源的同时，也保证了信息传递的效率。另外军事防御性聚落与信息传递系统结合，可以保障驿传系统的安全性，降低敌人破坏的风险。关于明代的驿递制度与九边地区驿传系统的研究详见本书第三章。

四、其他要素

除了以上所列几类要素外，明长城军事防御体系中还包括军需屯田、互市贸易市场等要素，在后文中均有详细研究，在此不赘述。

第三节　明长城军事防御体系发展的阶段性

"河冰结合，非一日之寒；积土成山，非斯须之作。"[①]明长城军事防御体系的建造与修缮贯穿明朝两百余年的历史，在时序上是线性发展变化的，具有历时性。纵观明长城防御体系的发展过程，不论明初主动进攻时期，还是中后期被动防御时期，均经历了多次颇具规模的修筑高潮。另外，长城的建造和修缮，并非仅针对单一对象，虽然修建的主要对象有边墙和城堡之别，但每次大规模的修建工程都是针对整个防御体系而进行。

整体而言，明长城的修筑主要分三个阶段，从洪武元年（1368年）至"土木之变"以前，即正统十四年（1449年），主要以修缮和小规模的添筑为主；"土木之变"后至嘉靖以前（1522年），明朝的边防态势和政策发生了突出的变化，在转型期，开始了大规模修建工程；嘉靖以后，明朝的边防政策变为被动防守，修筑工程更为浩繁，期间多地出现修筑的高潮。

一、主动进攻时期的防线建设

明朝立国之初，国家拥有雄厚的军事、经济势力，边防采取主动进攻模式，控厄北元势力的复苏与扩张。辽东镇、蓟镇、宣府镇、甘肃镇的防御体系在这一阶段均开始修筑。

蓟镇山海关附近的边墙修筑最早，据《四镇三关志》载："山海路，边城二十里，洪武年建"[②]。即洪武年间（1368～1398年）已开始着手修筑山海关附近边墙，但并未大范围修筑。另外，蓟镇的城堡和关隘在这一时期也开始修筑。洪武时，"（明太祖）命魏国公达于内，西自古北口东至山海关，增修关隘一道为

---

① （汉）王充. 论衡：状留篇 [M].
② （明）刘效祖. 四镇三关志·形胜考·城障 [M]. 刻本. 1576（明万历四年）.

内边"①。

到永乐时（1403~1424年），边防政策变得更加主动，随着明成祖迁都一举，防线建设更为重要。宣府镇北路、西路中，从长安岭向西至洗马林一段，便是此时最早修筑。《明会要》载："永乐十年（1412年），敕边将治壕垣，自长安岭迤西至洗马林，皆筑石垣，深壕堑，以固防御。"②辽东镇中段也修建于此时，成化时，辽东都指挥使邓钰言："永乐时筑边墙于辽河，内自广宁，东抵开元，七百余里。"

宣德元年（1426年）七月，"命都督山云、都御史王彰自山海、永平、蓟州抵居庸关，凡诸关隘有未完固者……务悉坚完"③，宣德三年（1428年）修居庸关水关水门④。

正统初年，都督佥事史昭以宁夏镇"孤悬河外"、"旷远难守"为由，在花马池一带增设烽堠，筑哨马营，巩固了宁夏镇防线。⑤正统二年至七年（1437~1442年），多次修筑大同、宣府一带边墙与城堡，并增置墩堠。⑥另外，辽东西段边墙、城堡、烽燧也在此时开始大规模修筑。辽东都指挥佥事毕恭，"开设迤西边堡墙壕，增置烽堠"，辽东提督王翱亲自巡边，在开原至山海关一线，"高墙垣，深沟堑，经略屯堡，易置烽燧"，经过正统初年的经营，辽东西段长城体系"珠连壁贯"、"千里相望"⑦。

二、边境局势转型期的防线建设

"土木之变"后，明蒙间的边境局势急速转型，明朝处于被动状态，加强防守成为当务之急。明成化（1465~1487年）至嘉靖以前（1522年），九边沿线多地修筑边墙、城堡，但规模并不大。

成化三年（1467年），辽阳副总兵韩斌，于辽东镇东部，"建东州、马根单、清河、城场、叆阳、凤凰、汤站、镇东、镇夷、草河十堡拒守，相属千里"⑧，成化五年（1469年），都指挥使周俊，"开拓柴河抵薄河界六十余里，改设镇北、清阳二堡。柴河堡增立烽堠，疏挑河道，边人得安"⑨。成化十五年（1479年）开始修筑开原以东至鸭绿江一段的边墙。⑩

---

① （明）魏焕. 巡边总论［M］//陈子龙. 明经世文编：卷二四八.
② （清）龙文彬. 明会要：卷六十三：兵六［M］. 刻本. 1887（清光绪十三年）.
③ 明宣宗实录：卷十九（宣德元年七月癸丑条）.
④ 读史方舆纪要：卷十一：北直二·居庸关［M］.
⑤ （清）张廷玉. 明史·史昭列传［M］.
⑥ （清）张廷玉. 明史：列传［M］第四十八、十四.
⑦ 全辽志：卷四：宦业志［M］.
⑧ 全辽志：卷4：人物志［M］.
⑨ 全辽志：卷4：人物志［M］.
⑩ 明宪宗实录［M］.

另外，延绥镇的边墙与城堡主要修筑于这一时期。最初于成化九年（1473年），由余子俊上奏请求修筑[1]，

东起清水营，西抵花马池，延袤千七百七十里，凿岩筑墙，掘堑其下，连比不绝。每二三里置敌台崖砦巡警。又于崖砦空处筑短墙，横一斜二如箕状，以瞭敌避射。凡筑城堡十一、边墩十五、小墩七十八、崖砦八百十九，役军四万人，不三月而成。

由此可见修筑规模之大，同时修筑时间也短。弘治年间（1488~1505年），抚臣文贵在余子俊所修边墙的基础之上，对原有设施补修，同时以余子俊所筑边墙为二边，在其外修筑大边以防护屯田[2]。

成化至正德（1506~1521年）年间，宁夏、固原、甘肃几镇也均有不同程度地修筑。成化十年（1474年），都御史徐廷章修筑宁夏镇北流黄河以东的河东边墙，正德元年（1506年）三边总制杨一清，对这段边墙进行重修。[3]弘治十五至十七年（1502~1504年），固原镇三边总制秦纮修筑了自饶阳至徐斌水的一段边墙。这段边墙战略位置十分重要，此后不断补修，一直持续至嘉靖年间（1522~1566年）。

三、被动防守时期的防线建设

嘉靖以后，明廷的边防政策彻底转变为以守为主，大修边防体系，九边各镇多地出现大规模的修建高潮，其中嘉靖、隆庆、万历年间（1522~1620年），是边防体系修建的一个重要高潮期。

随着俺答汗的不断南下劫掠，蓟、宣府、大同、山西四镇在这一阶段开始了大规模修建。嘉靖三十年（1551年）修筑蓟镇山海关至居庸关沿线边墙。隆庆年间（1567~1572年），戚继光任蓟辽总兵，对这段边墙又进行了整修，并修建墩台一千余座[4]。嘉靖二十三年（1544年），宣大山西总督翁万达奏请修边，"自大同东路天城、阳和开山口诸处为墙百二十八里，堡七，墩台百五十四；宣府西路西阳河、洗马林、张家口诸处为墙六十四里，敌台十。斩崖削坡五十里。"[5]可见，翁万达主持的宣大山西三镇的这次修筑的规模之大。

除京师一带的大规模修筑外，西北边地也迎来大规模的修筑。嘉靖年间，多次修筑宁夏镇长城。嘉靖十年（1531年），三边总制王琼修宁夏镇河东长城。

自黄河东岸横城起，迤东转南抵定边营南山口，开堑一道，长二百一十里，

① （清）张廷玉. 明史·余子俊传［M］.
② 读史方舆纪要：卷61：陕西十：榆林镇［M］.
③ （明）魏焕. 巡边总论：卷3：论边墙［M］//陈子龙. 明经世文编：卷250.
④ （清）张廷玉. 明史［M］列传一百.
⑤ （清）张廷玉. 明史：翁万达传［M］.

筑墙一十八里。后总制唐龙，改修壕墙四十里，总制王宪接修壕墙一百三十四里。总制杨一清初筑四十里，皆依前墙堑，止于定边营北。嘉靖十五年，总制刘天和因都督梁震奏，筑定边营南至山口一带壕墙，长六十里，亦依前墙堑。十六年，总制刘天和奏筑垒堤一道，亦西自横城，南抵南山口，并壕墙为二道。[①]

嘉靖九年（1530年），佥事齐之鸾建议王琼修筑宁夏北部，由贺兰山东麓至黄河西岸的两道边墙，"由沙湖西至贺兰山之枣儿沟，凡三十五里，皆内筑墙，高厚各二丈，外浚堑，深广各一丈五尺"[②]。除了宁夏镇外，固原、甘肃两镇在嘉靖至万历年间，都陆陆续续进行了多次修筑，嘉靖年间，将固原镇边墙沿黄河向兰州方向修筑了800里；万历年间，修筑甘肃镇东段北边墙等。

至此，从明朝开国之初至万历年间，约200年的时间里，明长城的军事防御体系基本建立，其中以成化、嘉靖两朝修筑规模最大。嘉靖以后，虽然没有大规模的修筑工程，但一些城堡、边墙、烽燧等工程仍在继续。

第四节　明长城军事防御体系内部运作机制解读

在历史上，明代长城被视为中原王朝的边界，农耕与游牧民族的分界线。明代长城虽然地理跨度广，构造狭长，但其并非是单纯的线性分布，而是一个保持一定纵深，组织严密、系统完整、结构复杂，有条理、有层次的军事防御体系，在其内部良好的机制运作下，这个防御体系对外部条件的变化具有一定的自适应性。

一、明长城军事防御体系的层次性、系统性与整体性

从"大道之行也，天下为公"[③]到"体国经野"[④]，分官设职，产生了行政区划的雏形，在中国历史上，行政区划自产生后贯彻始终。恩格斯曾说："国家和旧的氏族组织不同的地方，第一点就是它按地区来划分它的国民……"[⑤]可见行政区划对国家的重要性。行政区划是中央集权的产物，与政权的衰亡与更替有一定的关联。明代行政区划在继承前代的经验教训的基础上，发展了一套复杂严密的行政制度，其行政区划对后世乃至今日均有深远影响。

（一）"军政合一"的区划背景

明代政区实行三司分治，即都指挥使司、布政使司、按察使司分别管理地方的军事、行政及监察事物，其受元代行省、宋代路制乃至汉、唐旧制的影响，发

---

① （明）陈子龙. 明经世文编：卷250 [M]；魏焕. 巡边总论：卷3：论边墙 [M].
② 宁夏新志：卷1：边防 [M]. 嘉靖版.
③ 礼记：礼运篇 [M].
④ 周礼·天官·序官 [M]
⑤ 马克思，恩格斯. 马克思恩格斯选集：第四卷 [M] 北京：人民出版社，1972：166-167.

展而来。明代的常制是设南北二京及山东、山西、河南、陕西、四川、江西、湖广、浙江、福建、广东、广西、云南、贵州十三布政使司。同时，在地方都司与布司分掌军、民二政，因此有明一代，部分都司卫所也是特殊的地方行政区划，周振鹤用"军管型政区"来定义这些具有行政区划意义的都司卫所①，明代卫所又分为实土卫所与非实土卫所，《明史·地理志》载："卫所有实土者附见，无实土者不载"，将实土卫所作为地理意义上行政区划的一部分。在明代都司中，有13个与布司同治一所的都司（山西、陕西、四川、广西、云南、贵州、河南、湖广、福建、江西、广东、浙江、山东都司），均为非实土都司，又有3个与布司无关的实土都司（辽东、万全、大宁都司）。在此16都司之外还于北部边防及东南海防重地设有山西、陕西、四川、湖广、福建5个行都司及中都、兴都2个留守司，共计23个。②

以上各机构最终形成了明代全国疆土行政区划的两大系统，即以六部—布政使司—府—州—县为主线的民政系统和以五军都督府—都指挥使司—卫（守御千户所）—千户所为主线的军事系统。关于明代地方行政制度与行政区划的研究成果颇丰③，不再赘述。

明代长城所处地带为明朝北部边防重地，明时称"九边"，是明朝防御蒙古、捍卫京师及中原的第一道防线。九边所处区域从东北至西北横跨明朝疆域，地域广袤，但由于明朝在边防地带一般不设行政机构，仅京师、山东、山西、陕西布政司管辖九边中部区域，其他部分则由都司（行都司）及其下属卫所管理，这部分机构表现出军政合一的性质。另外，由大将镇守制、塞王镇守制逐渐形成的总兵镇守制度，与都司卫所制度一并形成了明代九边地区特有的双重体制。

据《皇明九边考》载：

"总镇一方者曰镇守，独守一路者曰分守，独守一城一堡者曰守备，有与主将同处一城者曰协守，又有守备、提督、提调、巡视等名。其官挂印专制者曰总兵、次曰副总兵，曰参将，曰游击将军。"④

而晚明颁布的《大明会典》对此又进一步修正：

"凡天下要害地方，皆设官统兵镇戍，其总镇一方者曰镇守，守一路者曰分守，独守一堡一城者曰守备，与主将同守一城者曰协守。又有提督、提调、巡视、备御、领班、备倭等名目，各因事异职焉。其总镇或挂将军印，或不挂印，

---

① 周振鹤. 体国经野之道——新角度下的中国行政区划史［M］. 香港：中华书局，1990. 对此观点郭红、靳润成在《明代都司卫所制度与军管型政区》一文中也进行了详细的分析。
② 关于实土、非实土都司卫所研究参见周振鹤著《中国地方行政制度史》及郭红著《中国行政区划通史·明代卷》。
③ 谭其骧著《释明代都卫所制度》（1935年）、周振鹤著《中国行政制度史》（2005年）、郭红著《中国行政区划通史·明代卷》、顾诚著《明帝国疆土管理体制》（1989年）等，均对明朝的行政区划及都司卫所制度进行了深入的研究。
④ 魏焕. 皇明九边考：卷第一：镇戍统考［M］. 明嘉靖刻本.

皆曰总兵，次曰副总兵，又次曰参将，又次曰游击将军。"①

　　由以上记载可见，总兵镇守制度内部即体现出层次分明、上下节制的体系特点。而总兵镇守制度与都司卫所制度在九边地区进行的军权争夺斗争，以总兵节制都司卫所告终，因此，总兵镇守制度也逐渐地渗透和虚化了都司卫所制度②，两大制度的任职体系逐渐结合，形成"副总兵以下皆兼都司官衔的现象"③，很多都司卫所体系中的将领隶属于总兵镇守制度，同时军队军权也向总兵镇守制体系转移。至洪熙、宣德年间，都司卫所基本已隶属于总兵镇守制之下。

　　至明中后期，由巡抚制度逐渐演变而来的九边督抚制逐渐地方化，掌握了九边军事大权。三总督④节制巡抚及总兵官，并于崇祯九年（1636年）奉旨获得"除镇、道、副将参奏拿问外，其余听该督立正军法，各边一体妨行"⑤之权。同时，通过总督之下各机构官员的设置，在军事及后勤方面均大大加强了总督的掌控权。这样，巡抚与总兵官皆隶属于总督之下，而总督则成为九边最高军政长官。

　　由上，明代九边地区经历了总兵官与都司共治到总兵官节制都司，最后发展为总督节制巡抚与总兵官的格局，实际也是军政合一与军政分离的不断变化，是文官武职之间的互相斗争。虽然至明末，九边总督制度仍未发展得完全成熟，但是九边地区的层次体系已较为分明。

　　明代九边地区为明朝边境要地，军事地位极重，因此诸多研究也从军事角度入手对九边地区进行层次体系的分级，现有分级方法大致集中为两个观点即"镇—路—卫—所—堡"的五级分级方法和"总兵级—参将级—守备级—守兵级"的四级分级方法。这两种方法都是从九边地区军事防御体系的角度入手，对其进行分级，各有侧重。

（二）"镇—路—卫—所—堡"五级分级方法

　　明代九边地区广袤的土地上不但分布了大小的田地、山川、河流及交通，同时作为防御工事的长城及附属设施也成为九边地区特别的组成要素。这些地理要素被划分为大大小小的单元，划归各个城池管辖。"镇—路—卫—所—堡"五级分级方法就是依据防守城池的等级对九边地区进行分级。这种分级方法最早见于刘谦著《明辽东镇长城及防御考》一书："（辽东镇）其兵力驻扎及指挥机关情况，是根据防务及屯田的需要而建立和分派的。这些兵力分别派驻在镇城、

---

① 大明会典：卷一百二十六：兵部九·镇戍一·将领上［M］万历版：1799.
② 这一观点在赵现海《明代九边军镇体制研究》中有深入的研究，在此不赘述。
③ 赵现海. 明代九边军镇体制研究［D］长春：东北师范大学，2005.
④ 景泰二年（1451年）设宣大总督，管辖宣府、大同、山西三镇。弘治十年（1497年）设陕西三边总督，管辖陕西、甘肃、延绥、宁夏四镇。嘉靖二十九年（1550年）设蓟、辽、保总督，管辖蓟州和辽东二镇。
⑤ 卢象异. 请饬兵政疏：卢象异疏牍：卷七［M］：147.

路城、卫城、所城、堡城等地方。"①五级分级方法将总兵镇守制度下的"镇—路—堡"体系与都司卫所中的"都司（一般与镇同治）—卫—所"体系合并在一起，由于路城在一般情况下规模大于卫城，故将路城列于卫城之前。

从上文可知，明中后期都司卫所制度已被总兵镇守制度虚化和渗透，而都司之权列于总兵之下，尽管如此，终明一代都司卫所制度对总兵镇守制度仍有节制之效。首先都司卫所虽然名义上为地方最高军事机构，但军镇的设立使得统率作战等军事大权掌握在总兵手中，而都司仅负责军务管理，如《山西通志》载："国初，大同止设都司，以故军马属卫。至洪熙以后始设总兵、副、参、游等官，粮虽系卫，而军马列伍易卫以营。"②由此可见，卫、所与军镇城池在功能上有一定的差别。另一方面，九边军镇与各都司卫所在辖区上互相交错，有一定差别，如延绥、固原、宁夏及甘肃四镇分别管理陕西都司部分卫所，甘肃管理陕西行都司部分卫所，山西管理部分山西都司卫所，大同与宣府虽然与山西行都司辖区大致重合，但仍有细致的差别，而蓟镇初设时不节制卫所，但九边军镇中，仅辽东一镇军镇与都司完全重合，这也能够解释为何刘谦可将辽东镇层次体系按照五级分级方法来划分。

虽然五级分级方法并不完全符合九边地区的实际情况，但是其存在一定的合理性和优势。首先五级分级方法从城池的防御级别及城池规模入手，进行分类。虽然部分路城与卫城（守御千户所）的守城将领均为参将，但一般情况下，路城比卫城的城池规模及驻兵规模要大，故而路城列于卫城之前有其合理性。而堡城是九边军镇防御体系的最基本单位，其数量最多，规模最小，最接近长城防线，具体负责一段长城边墙及附近的烽燧敌台的防务，理应作为最基础的层级出现。其次，五级分级的方法以客观的地理要素作为划分依据，提供更多的研究线索和参考物，更加形象直接地展示出明代长城"九边"地区的层次体系，为军事防御体系内部机制的研究提供了有力的方法。

（三）"总兵级—参将级—守备级—守兵级"四级分级方法

针对"镇—路—卫—所—堡"五级分级方法存在的问题，有研究者提出了"总兵级—参将级—守备级—守兵级"的四级分级方法。四级分级方法是依据城池驻官官职的综合层级划分的。总兵级包括总兵制下的总兵驻地（镇城）、都司制下的总督驻地；参将级包括总兵制下的参将驻地、都司制下的巡抚（卫城）、户部专司（卫城）等驻地；守备级包括总兵制下的守备驻地、都司制下的千户所等驻地（所城）；守兵级为一般城池，包括总兵制下的一般守兵驻城、都司制下

---

① 刘谦. 明辽东镇长城及防御考［M］. 北京：文物出版社，1989.
② （明）李维桢. 山西通志：卷二五：武备下·将士·官军［M］. 万历版. 稀见中国地方志汇刊据明万历刻后印本排印，中国书店2002年版，第474页。

的百户所驻地等。①

四级分级方法虽然依据官职进行划分，但针对对象依然是城池。如上文述，在总兵镇守制度逐渐虚化和渗透入都司卫所制度之后，许多都司卫所将领皆脱离而隶属于总兵镇守制度之下，形成了杂糅的局面。因此这种分级方法相对五级分级方法，依据更为充足。如据嘉靖时《宣府镇志》载：

"总兵官一员，天顺前多用勋爵，后皆五督府，列衔领制敕，挂镇朔将军印，谓之镇守。副总兵官一员，成化前多用五府堂官，后皆都司列衔领敕，统军三千，谓之协守。左右参将五员，西、北、中三路曰左，东、南二路曰右，都司列衔，各领敕一道，名分守。游击将军二员，例皆于都司列衔领敕，统领官军三千员名，近于东路增置一员。坐营官六员，列衔都司者为都指挥，列衔各卫者为指挥，每营各置一员，今增四员。守备官二十八员，例皆于都司列衔，间有指挥推用者，缺则镇巡官权委，名委守。操守官一十员，例皆于指挥选用，亦有用千户者，各领军守堡。把总官九十八员，指挥、千户内选用，旧规，每十队共二员，一谓之管司，一谓之贴司，后以事不归一，权分为二，每员管五队，同谓之把总，有专管一堡，尽领官军者，谓之大把总。管队官一千三十五员，千百户内选用外，有贴队官，如数同管一队五十人。"②

可见，仅从驻守将领的等级考虑，按照综合层级来划分，层次较为清晰。但是这种分级方法模糊了地理意义上城池等级的概念，较为片面。另外，同为"总兵级"城池，镇守总兵的镇城与镇守副总兵的路城，以及同为"参将级"的路城和卫城，从城池职能、规模以及辖域都有很大的差别。因此，这种分级方法对整个明代长城区域层次体系内部运作机制的研究不利。故本书更倾向于用"镇—路—卫—所—堡"五级分级方法来概括九边地区层次体系的关系（图1-1）。

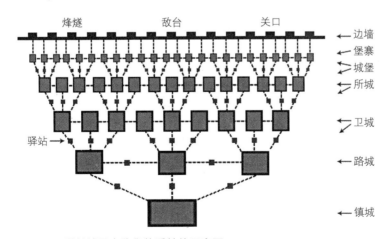

图1-1 明长城军事防御体系结构示意图

---

① 详见王琳峰著《明长城蓟镇军事防御性聚落研究》。
② 宣府镇志：卷二十一：兵籍考·皇明·将领［M］．嘉靖版：231.

（四）长城带状区域内部的独特秩序

作为明代北方的重要保障，蜿蜒绵长的长城边墙及其附属设施、大大小小的屯兵屯田城池以及密布的烽传及驿传系统，如长城带状区域的血肉和骨架，而层层分明的层级结构促进这个小系统的内部运作以应对内外的各种变化。

明代长城这种特殊系统构成与层次体系，形成了独特的网状结构。由于当时兵器、交通及运输等多方面因素的作用，沿长城边墙线性分布着大小关城和堡城，据《居延汉简》载："五里一燧，十里一墩，三十里一堡，百里一城"之说，在明代仍有部分城堡保留这样的布局方式。其内为路城，在内为镇城，这样的分布方式与作战防御及总兵镇守制度的层级体系有密切的关系。而卫城、所城及一些屯田城堡则根据职能及辖区，分布在整个区域内。这样的地理位置关系，结合层层递进的层级结构，组成了"横向分段、纵向分层、层层辐射"的网状结构：横向上各路及防区分段防守，同级之间相互照应，协守联防；纵向上，由于职能各异，根据防御等级在地理分布上体现出了层层递进的层次特点，而各层次之间从上级至下级呈现辐射节制的关系。以辽东镇军镇体系为例，如图1-2，横向上，各路及防区分段防守，同级之间相互照应，协守联防；纵向上，由于防御等级和职能各异，在地理分布上体现出了层层递进的层次性，而各层次之间从上级至下级呈现辐射节制的关系。这种网状结构不但表现在各个军镇内部，同时在军镇结合部及整个长城防御体系中也适用。

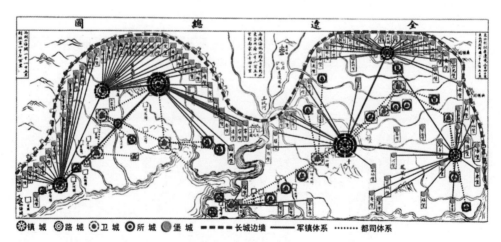

图1-2 明辽东镇军事防御体系层级结构示意图
（图片来源：底图来自《辽东志》之全辽总图）

二、农牧交错背景下经济、文化及生产运作

"长城既是中原王朝的边防线，又是汉族同北方少数民族的融合线，既是农、牧经济的自然分界线，又是农业文化与游牧文化的汇聚线"①。自秦、汉至明，长城的位置不断迁移，形态也发生了很大的变化，但其作为两种文明的分野与汇聚的属性一直未变。游牧民族长期盘踞的蒙古草原，地势开阔，自然延展，与中原腹地之间无明显屏障。正因如此，担负防御游牧民族重大职责的长城地带是人与自然合力作用下的必然结果，其在一次次抵挡入侵战争的同时，也接受了两种文明的碰撞与交融，控制着两种文明之间的信息流通，形成了独特的经济、文化及生产运作模式。

（一）军屯与商屯的兴起与中原文化的融合

明朝发迹于长江流域农耕地带，代元而立，将北方游牧民族建立起的王朝逐回漠北，代表着农耕文明的再度崛起。明朝统治者锐意复古，因袭汉唐，继承了农耕民族重土安民的特性，明太祖对国防秉持"**得其地不足以供给，得其民不足以使令**"②的宗旨，对四方诸夷采取"不征"之策，但对西北边境及"胡戎"之地，"**必选将练兵，时谨备之**"③，将防御重点全部安排在北疆边境地带。

据《明太祖实录》整理洪武年间全国或边地屯田及增垦亩数记载　表1-1

年代	公元纪年	田地种类及所在地	垦田数（亩）	来源
垦田亩数				
洪武元年	1368	天下州县垦田	77,000+	卷三十七
洪武二年	1369	天下州郡县垦田	89,800	卷四十七
洪武三年	1370	山东、河南、江西府州县垦田	213,520	卷五十九
洪武四年	1371	北平府管内之地开田	134,300	卷六十六
洪武四年	1371	天下郡县垦田	10,662,242	卷七十
洪武六年	1373	天下垦田	35,398,000+	卷八十六
洪武七年	1374	天下郡县垦荒田	92,112,400	卷九十五
洪武八年	1375	直隶宁国诸府，山西、陕西、江西、浙江各省垦地	6,230,828	卷一〇二
洪武九年	1376	天下垦田地	2,756,027	卷一一〇
洪武十年	1377	垦田	151,379	卷一一六
洪武十二年	1379	开垦田土计	27,310,433	卷一二八
洪武十三年	1380	天下开垦荒闲田地	5,393,100	卷一三四

---

① 余同元. 长城带经济文化交流述略［J］. 中央民族大学学报（哲学社会科学版），1997（4）.
② 皇明祖训：箴戒章［M］.
③ 皇明祖训：箴戒章［M］.

续表

年代	公元纪年	田地种类及所在地	垦田数（亩）	来源
洪武十六年	1383	垦荒田	126,544	卷一五八
屯田亩数			180,647,818+	
洪武八年	1375	山西大同都卫屯田	264,900	卷九十六
洪武十四年	1381	天下官民田	344,771,549	卷一四〇
洪武三十年	1397	陕西行都司凉州等卫十有一屯	1,630,000+	卷二四九

北疆边境相对于中原腹地，土壤贫瘠，气候恶劣，加之几百年在游牧民族统治之下，至元末战乱纷起，铁蹄踏至，城池空虚，良田荒弃，养兵于此，需要大量军需供给。朱元璋早年征战之时便提出："古者寓兵于农，有事则战，无事则耕，暇则讲武。今兵争之际，当因时制宜。"[1]王毓铨在《明代的军屯》一书中指出，明代军屯自癸卯年（1363年），即朱元璋即位前五年起，开始逐渐推行[2]。洪武三年（1370年），郑州知州苏琦上书，言"适宜三事"之一为"宜于沿边要塞屯田积粟，以立长久规制"[3]；洪武十八年（1385年），宋纳上言："备边固在乎屯兵，实兵又在乎屯田"[4]。洪武年间建立的军屯已有相当规模（表1-1），"东自辽左，北抵宣、大，西至甘肃，南尽滇、蜀，极於交阯，中原则大河南北，在在兴屯矣"[5]，"太祖和太宗以后，军屯还有添设，但没有什么更重要的"[6]。明前期，移民、屯垦、实边的军屯制度在北边地区大规模兴起，而内地也建立军屯，屯戍兼顾，以屯养军的制度不但大大改善了边疆地区的土地资源利用，提高了军民生活质量，同时对边疆地区的生产力提升及农业经济复兴起到了极大的促进作用。

明初经历战争浩劫，"民无宁居，连年饥馑，田地荒芜"[7]，军屯的开展，对荒田弃地的复垦起到了很大的作用，洪武末年至永乐初年，全国直接参加屯垦的军队达到120万人，垦地8930万亩，每年收归政府的屯粮高达2345万石[8]。庞大的军田屯种，带来了巨大的农业收益，起到了"强国之本"与"强兵足食"[9]的作用。与此同时，耕种所需的大批农耕生产资料，却无法在北边地区得到满足。明

---

[1] 明太祖实录：卷6［M］．影印本．台北：中央研究院历史语言研究所，1962：69．
[2] 王毓铨．明代的军屯［M］．北京：中华书局，2009：27-33．
[3] 明史·食货志·田志［M］．
[4] 明史·食货志·田志［M］．
[5] 明史·食货志·田志［M］．
[6] 王毓铨．明代的军屯［M］．北京：中华书局，2009：33．
[7] 续文献通考：卷五［M］．
[8] 李三谋．明代边防与边垦［J］．中国边疆史地研究，1994（4）；《明实录·太宗实录》：卷25［M］．1403（永乐元年）．
[9] 太祖实录：卷十二（癸卯二月壬申）：朱元璋．申明将士屯田令［M］．

初设法规定向屯种旗军供给耕具、耕牛及种子。同时，在上设"屯部"于工部，管理屯田相关事宜，负责提供军屯所需耕具与耕牛。由官府供给农耕生产资料，在保证屯垦生产顺利进行的同时，将农耕技术广泛地传入到北边这个亦农亦牧的地区，极大地促进了这一地带农业生产力的进步，同时激发了农业经济在这一地带的广泛发展。

军屯制度在建立之初就存在一定的弊端，随着军屯的不断扩展，军需的不断增大，加之后世统治者不合理改革，其问题日显。由于权贵豪强侵占屯田，导致军屯屯田的失额；同时，军屯内部征赋愈重，怠耕严重，甚至大批屯军逃亡，因循废弛，导致恶性循环，最终军屯制度逐渐走向了衰败和解体①。

从明初开始，为了弥补军屯的不足，采取了很多措施，开中政策便是其一。"召商输粮而与之盐，谓之开中。其后各省边境多召商中盐，以为军储，盐法边计，相辅而行。"②永乐以后，为了省去路途劳费，商人在边地雇佣耕种，就地取得盐引，从而逐渐形成了"商屯"。"商屯"初行时，商人"自出财力，自招民，自垦边地，自艺菽粟，自筑敦台，自立保伍。岁时屡丰，菽粟屡盈"③。为北边防务及经济发展都带来了很大收益。但随着制度弊端的出现，弘治年间，商屯渐渐衰落解体④。商屯存在的时间较短，但对北边有不小的影响。

首先，开中政策及商屯的出现，为边防军需提供了有力的物质保障，提高了边防生产力水平；其次，商屯的运行，促进了内地经济向边疆地带的流动，将农耕文化进一步传入北边地区；再次，虽然商屯生命期非常短暂，后复兴亦失败，但随着商屯和开中政策而带来的盐、茶及粮食运输与贸易却有强大的生命力，在商屯衰落之后，仍长时间的存在于内地与边疆地区。

明代"屯田遍天下，九边为多"⑤，无论是军屯还是商屯，九边地区的屯田都有举足轻重的作用。一方面，屯田制度促使九边地区生产力大幅提高，从根本上，是九边防卫稳固的基础，是明朝立于中原与北方游牧民族对峙于此的有力保障；另一方面，随着屯田的进行，农耕文明的快速渗透，九边地带形成了独特的经济及生产文化，这种文化成为农、牧间信息流通媒介形成的重要保证。

（二）边地民族贸易带来的以物质为载体的信息流通

边地上的民族贸易是明代长城地带在生产力逐步提高，经济恢复发展的基础上，是一种特殊的战争经济模式。边地上的民族贸易渊源已久，自西汉时与匈奴间的"关市"贸易开始，经唐、宋的"茶马互市"，沿袭至元、明。不论"通贡"

---

① 军屯的衰败问题在王毓铨著《明代的军屯》一书中有详细的分析，在此不再赘述。
② （清）张廷玉. 明史·卷八〇·食货志［M］. 北京：中华书局，1974.
③ （明）霍韬. 哈密疏［M］//陈子龙. 明经世文编：卷一八六.
④ 关于商屯的兴起、发展与衰落问题，已有部分研究，参见《明代商屯述略》《试述明代商屯的变迁》等文，在此不再赘述。
⑤ 顾炎武. 天下郡国利病书：卷六十二：陕西八［M］.

或"互市"，两民族间进行的互通有无、以物易物的交换活动，提供了各自文化下丰富的生产生活物资，对和缓边地局势起到了重要的作用。

游牧民族经济发展比较单一，由于游牧民族迁移的属性，其经济同时具有不稳定性，被驱逐出中原以后，面临着严峻的困境，"生锅破，百计图之，不得已至以皮贮水煮肉以为食"[①]。在这样比较脆弱的经济现状下，与中原农耕民族进行物资交换是必然的趋势。明初，两民族间物资流通主要是通过"通贡"实现的。从中原退居塞外的大元，随着势力的分散形成了瓦剌、鞑靼及兀良哈三卫三足鼎立的局势。由于连年战争，蒙古势力元气大伤，"锅釜针线之具，缯絮米菽之用，咸仰给汉"，[①]急需与中原建立和平的贸易关系，而中原也面临着增加边防军备马匹、发展畜牧业的需求。同时，通过"通贡"对边地少数民族施行"羁縻"之制，以牵制三方势力，则是明朝廷的首要目的。据《明实录》载，自永乐元年（1403年）到隆庆四年（1507年），蒙古贵族向明朝廷入贡达八百余次；正统（1436~1449年）、景泰（1450~1457年）年间，瓦剌赴明贡使四十三次[②]。正统十年（1445年）瓦剌使臣皮儿马黑麻等来朝，"贡马八百匹，青鼠皮十三万，银鼠皮一万六千，貂鼠皮二百"，明廷"以其过多，命马收其良者，青、银鼠皮各收一万，惟貂鼠皮全收之，余悉令其使臣自鬻。"[③]景泰三年（1452年），"总督边储参赞军务右佥都御史李秉奏，迤北差来使臣纳哈赤等三千余名，所带马驼等畜四万余匹"[④]。正统时期，贡使"络绎于道，驼马迭贡于廷"[⑤]，归是"金帛器服络绎载道"[⑥]，"通贡"往来非常频繁。至"土木之变"后，明蒙关系骤然降温，通使中断，其后，明蒙边贸一直未得到很好的恢复，直到"隆庆议和"后，才终止了这样的局面。

在明初的"通贡"贸易中，明朝廷一直占据主导位置，或封官授职、通贡贸易，或军事征伐、限制贸易。另一方面，蒙古势力以明朝廷的册封作为对抗其他部族势力的一种支撑，但当通贡不能满足日益膨胀的需求时，又以武力不断侵扰明朝边地。明蒙之间的关系呈现出此消彼长的势态，而战争的主题主要集中在物资占有与流通上。

明蒙"互市"在明前期已有萌芽，"隆庆议和"之后，边地贸易性质发生了变化，由"朝贡"贸易变为"互市"贸易，由以官市为主过渡到以民市为主导[⑦]，边地民族贸易市场更为自由开放。

永乐年间（1403~1424年），于辽东设三处马市，"一在开原南关，以待海

---

① （明）瞿九思. 万历武功录·俺答列传下：卷八 [M]. 北京：中华书局，1962.

② 白翠琴. 明代大同马市与蒙汉关系刍议 [M]. 北京：中国社会科学院民族研究所，1981.

③ 明英宗实录 [M]. 1445（正统十年十二月丙辰）.

④ 明英宗实录 [M]. 1452（景泰三年闰九月甲申）.

⑤ 胡澄. 论房情疏 [M] //陈子龙. 明经世文编：卷十九. 北京：中华书局，1962.

⑥ 明史纪事本末 [M].

⑦ 余同元在《明后期长城沿线的民族贸易》一文中提出隆庆议和后，马市从官市过渡到民市的观点。

西，一在开原城东五里，一在广宁，皆以待朵颜三卫"①。隆庆五年以后，九边各镇又设十一处，"在大同者三，曰得胜口，曰新平，曰守口在宣府者一，曰张家口在山西者一，曰水泉营在延绥者一，曰红山寺堡在宁夏者三，曰清水营，曰中卫，曰平虏卫在甘肃者二，曰洪水扁都口，曰高沟寨。"② 这些均为官民混杂的"大市"，岁开一次。而月开一次的"小市"，则更为自由，以大同为例，万历时，"边外复开小市，听虏以牛、羊、皮张、马尾换我杂粮、布帛，关吏得税其物，以充抚赏"③，相较大市，小市服务于普通的居民，是纯粹的民市④。大、小市交替开放，分散遍布于九边地区，极大地促进了边地民族贸易的发展，同时随着民族贸易市场规模不断扩大，制度不断完善，交换商品的构成也向多元化发展，从原来"彼得食用之物，我得攻战之具"⑤，发展到铁器、瓷器、织物等生产生活资料。互市的发展，促进了边地民族间矛盾的缓和，九边地区出现了"烽火不惊，三军宴眠，边吾之民，室家相保，农犹二野，商贾夜行"⑥的富庶和平的景象。

终明一世，边地进行的各种方式的民族贸易，不但对农、牧两民族互通有无、各自发展起了促进作用，更重要的是促进了以物质交换作为媒介进行的两民族间的信息流通。互市开通之后，九边一带商业大兴，"各行交易，铺沿长四五里许"⑦，中原的绸缎、布帛、茶叶、谷物及各种杂货，纷纷出现在原本的不毛之地，"其繁华富庶，不下江南"⑧。同时，随着中原农耕生产资料的流入，游牧民族的农耕生产工具得到了改进，推动了农业生产，"今观诸夷耕种，与我塞下不甚相远，其耕具有牛有犁，其种子有麦有谷有豆有黍"⑨。边地民族贸易带

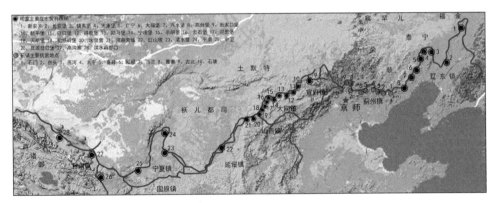

图1-3　明代马市市场空间分布示意图

（底图来源：Google map）

---

① 明史·卷十八·本纪第十八［M］.
② 明会典：卷一〇七：朝贡三·北狄［M］. 万历重修本. 中华书局影印本，1998.
③ 万历武功录：卷八：俺答列传下.
④ 关于"大市"与"小市"的含义和差别在余同元所著《明后期长城沿线的民族贸易》中可见。
⑤ 明孝宗实录：卷一九五［M］. 1503（弘治十六年正月甲午）.
⑥ （明）方逢时. 大隐楼集［M］. 刻本. 1777（乾隆四十二年）.
⑦ 王士琦. 三云筹俎考：卷三：险隘考［M］.
⑧ 谢肇淛. 五杂俎：卷四［M］.
⑨ 宝颜堂秘籍：卷二：夷俗记［M］. 石印本. 上海：文明书局，1922：4（民国十一年）.

动了北边地区的生产力和经济水平的发展，同时将这种贸易信息源源不断地传向农、牧两大地区，促进了更大范围的生产和发展，极大地促进了农、牧文化的相互流通。

（三）战争引发的以人为载体的信息流通

明代九边地区在发展特殊的战争经济的同时，在常年备战，硝烟纷起的背景下，也产生了特殊的人口流动模式。九边地区的人口流动是双向的，除进行正常外交产生的人口流动外，战争过程中大量俘虏以及由战争和饥荒引起的移民成为人口流动的主要来源。

从嘉靖年间至"隆庆议和"前，大批人口从中原迁往长城以北[①]。这些人口中，一部分是以战俘的身份，在战争中被强制迁移，为增加游牧社会劳动人口，成为社会中的最底层。如俺答汗为扩大劳动力，在与明廷数十年的边境战争中，"掠华人以千万计"[②]，万历年间，俺答汗一次就从山西境内掠"俘二十万众"[③]。大量的战俘入塞外，为游牧民族提供劳动力。另外，随着战争而带来的过重徭役，以及自然灾害导致的饥荒，很多不堪重负的军户、民户大量逃亡。正统三年（1438年），"天下都司卫所发册坐勾逃故军士一百二十万有奇。所清出十无二三，到伍未几又有逃故。"[④]成化十年（1474年），户部郎中李炯然等上奏："陕西顷有边事，日支粮草动以万数，皆出于民。有一家用银四两，一县用银五六万两者，公私匮竭，民不聊生，往往流移他方。以一里计之，大率十去其五，未去者，[⑤]惟视催科缓急以为去留。"[⑥]正德十五年（1520年），"边人告饥，又苦于朘削，往往投入虏中。"[⑦]在逃亡塞外的人中，也有一些是"叛入虏中者"，尤以白莲教为多，如嘉靖末年（1566年）在蒙古板升地带的人口中"汉人可五万余人，其间白莲教一万余人，夷二千余人。"[⑧]万历初年，"逃出边者，升板筑墙，盖屋以居，乃呼为板升，有众十余万"。[⑧]大批移民将长城以南的农耕文化带入塞外，并成为游牧民族发展农业的重要生产力，他们定居于牧区，建造房屋，进行耕种，将中原民族的农业及手工业知识技术带到游牧民族，为其经济、生产模式的变革提供了先决条件。

九边地区的人口流动是双向进行的，除了大批流向塞外的中原人口，大量的牧区人口也成为信息传递的承担者。明初，朱元璋为削弱北元的势力，对蒙古施行招抚政策，成为从牧区迁往农区的人口流动的主要原因，仅"洪武、永乐两朝

① （澳）费克光. 论嘉靖时期（1552-1567）的明蒙关系 [M]. 许敏，译.
② （明）方逢时. 大隐楼集·云中处降录：卷十六 [M]. 1921（民国十年）.
③ 李凤山. 长城经济文化交流述略 [M]；据王辅仁、陈庆英著《蒙藏民族关系史略》.
④ 明英宗实录：卷四十六 [M]. 1438（正统三年九月丙戌）.
⑤ （清）顾祖禹. 读史方舆纪要·青山：卷四十四 [M]. 宏道堂，刻本，重修.
⑥ 明宪宗实录：卷125 [M]. 1474（成化十年二月戊辰）.
⑦ 台湾中研院历史语言研究所. 明实录·武宗卷 [M]. 1520（正德十五年二月庚申）. 北京：线装书局，2005.
⑧ 万历武功录 [M].

从蒙古迁入内地的蒙古军民不下70万人"①。大批的蒙古移民被安置于九边地区，"与汉军杂处"②，有些逐渐迁徙于明朝各地。一方面，明廷发挥游牧民族在马背上征战的天性，将部分移民安排在军队中，或令其进行一些必要的外事工作，成为农牧两民族联系的媒介。另一方面，这些游牧人口，发挥其放牧生产的特长，指导汉人从事畜牧生产。永乐年间，"选鞑官闲居老成谦厚者，教民畜牧"③，"宣德五年（1430年），令御马监勇士马，并达官调习马……正统八年（1443年），令直隶真定卫达官，自己马草料住支，其官马照官军例支给。"④这些都充分说明了游牧民族人口的进入，带来了先进的畜牧技术，为明廷的马匹养殖做出了很大的贡献。

在九边地区农、牧民族战争背景下，两民族人口相互流动，将各自的文化、技术和生活习惯传入彼此生活空间中，成为一种独特的信息流动方式。通过这样的信息流动，农、牧两民族均接纳和融合了对方的文化。如蒙古俺答汗统治时期，在蒙古丰州地区出现的大大小小的板升之地，由于大批汉人的迁入，农耕技术快速提高，农业经济蓬勃发展，出现了"时雨既降沙草肥，丁男释甲操锄犁；夫耕妇馌朝复暮，荜门鸡犬皆相依"⑤的繁荣景象。另一方面，大批蒙古移民的迁入，不但缓解了边境的民族压力，同时，蒙汉杂居，共同进行生产和生活，也为促进汉民进行畜牧经济和生产发挥了重要的作用。

三、明长城防御体系是一个有机的整体

综上所述，明代九边地区，以长城为地理依托，在农牧交界的背景下，形成了独特的经济、文化及生产机制。在其内部有严密的组织结构和层次体系，"远斥堠，谨烽燧，设信炮……附城垒"⑥，层层联防，协同合作，形成了一个有机的防御性军事防御体系。这个军事防御体系具有一定的适应能力，随着长城两侧农、牧势力的此消彼长，体系的地理形态也发生相应的变化，其在农、牧两大区域间的摆动，也暗示了农、牧势力间的斗争；另一方面，从长城军事防御体系内部经济、文化及生产机制的不断变化，也表现出农、牧两大区域文化不断融合汇聚的现象。这体现了长城"军事防御"与"文化会聚"⑦的双向属性，而这一属性正是明蒙之间政治、军事、经济、文化等多重关系相互影响、相互制约的局势决定的，符合两者既战争又沟通的共同需求。

---

① 翁独健. 中国民族关系史纲要［M］. 北京：中国社会科学出版社，2005：612.
② 明太祖实录：卷一八二（六月甲戌条）；卷184（八月丙辰条）.
③ 徐学聚. 国朝典汇：卷一七六：兵部附夷官［M］.
④ 大明会典：二十五：会计一下·税粮二·草料［M］.
⑤（明）方逢时. 大隐楼集·塞上谣：卷三［M］. 1921（民国十年）.
⑥ 明太祖实录：卷二五三［M］.
⑦ 金应熙，金应熙史学论文集［C］，广州：广东人民出版社；2006：216.

第二章　自然因素对明长城军事防御体系规划布局机制的影响

自然因素是影响明长城军事防御体系的规划布局的重要因素，主要包括"天时"、"地利"两个方面，体现出静态与动态差别。在影响防御体系规划布局的众多因素中，自然因素是体现得最为直接的影响因素。

第一节　"天时"、"地利"与军事环境中的自然因素

《孙膑兵法·月战》曰："天时、地利、人和，三者不得，虽胜有殃。"[①]其中"天时"、"地利"、"人和"，分别指作战时的自然气候条件，地理环境和人心向背。显然，"天时"与"地利"就是军事环境中的自然因素。

一、中国古代军事思想中的自然观

在中国古代哲学思想中，人与自然是不可分割的统一整体。人源于自然，是自然界重要的组成部分，《庄子·达生》曰："天地者，万物之父母也"[②]，《道德经》曰："故道大，天大，地大，人亦大。域中有四大，而人居其一焉。人法地，地法天，天法道，道法自然"[③]，"天人合一"的哲学思想是中国古代自然观的代表，其所强调的便是人应顺乎自然规律，达到人与自然的和谐关系。

在中国古代军事思想中，自然也是影响战争的极为重要的因素，《孟子》曰："天时不如地利，地利不如人和"[④]，其中的天时则是指适合作战的时令、气候；地利指利于作战的地形，虽然在战争中，人是至关重要的因素，但天时地利对战争的影响却不容小觑。在军事著作《孙子兵法》中开篇就有："经之以五事，校之以计，而索其情，一曰道，二曰天，三曰地，四曰将，五曰法"[⑤]，这里的"天"与"地"均是自然因素，而孙子名言"知己知彼，胜乃不殆，知天知地，胜乃可全"[⑥]，也强调出自然因素在军事战争中的作用。三国时期的著名军事家诸葛亮指出："将有五善四欲。五善者，善知敌之形势，善知进退之道，善知国之虚实，善知天时人事，善知山川险阻。"[⑦]可见在中国古代，尤其是技术落后的冷兵器时代，了解自然、善用自然是一个军事家必备的素质。

① （战国）孙膑. 孙膑兵法［M］//程素红. 中国历代兵书集成. 北京：团结出版社，1999：69.
② （战国）庄周. 庄子·外篇：达生［M］.
③ （春秋）老子. 道德经［M］.
④ （清）阎若璩. 四书释地［M］//文渊阁. 四库全书.
⑤ （春秋）孙武. 孙子兵法·始计［M］//程素红. 中国历代兵书集成. 北京：团结出版社1999：5.
⑥ （春秋）孙武. 孙子兵法·地形［M］//程素红. 中国历代兵书集成. 北京：团结出版社1999：19.
⑦ （三国）诸葛亮. 诸葛亮集·将善［M］//中华国学文库. 北京：中华书局，2014.

在最初军事思想的形成期，人对自然多抱有敬畏之心，追溯到商周时期，在许多军事战争和行动之前，都要举行各种占卜及祭祀活动，并以此决定战争的时间、组织和策略等。由于人的认知水平限制，这一时期军事对自然有着极度的依赖；到了春秋战国时期，多方割据，战事纷争的局面也大幅促进了军事思想的发展，出现了许多军事大家和军事著作。在这一时期"人定胜天"、"天人合一"等军事思想的出现，使原本由自然主导的战争转变为由人为主导，甚至自然可以成为辅助的手段，通过"因势"而帮助取得战争的胜利。秦汉以后，随着军事思想的进一步发展及人对自然认识的进一步提高，军事思想中的自然观已经基本稳定，自然要素在军事战争中的应用也进一步升华。自秦开始便有"因地形，用险制塞"的军事思想，一个"险"字所包含的内涵博大精深，几乎囊括了自然环境中可加以利用的全部要素，而明确的长城军事防御体系也在这一时期应运而生，可以说长城的产生和发展体现了中国古代军事思想中自然观的发展成熟。

二、"天时地利"影响军事布局及选址

《管子·度地》中记载齐桓公询问管仲关于都城选址建设的问题，管仲指出："圣人之处国者，必于不倾之地，而择地形之肥饶者。乡山，左右经水若泽。内为落渠之写，因大川而注焉。乃以其天材、地之所生，利养其人，以育六畜。"[1]即首先应选择平坦稳固、土地富饶的地方，其次应靠山而左右有水源，这样才可以有充足的资源供给民众，繁育六畜；另外，管子也指出城池的建造，需"因天时，就地利，故城郭不必中规矩，道路不必中准绳。"[2]可见先秦时期在城池选址与自然环境的关系问题上已有了相当的考量。

秦汉时期，"因地形，用险制塞"[3]的军事思想成为边防守御的重要指导，秦始皇在战国长城的基础上，修筑了西起临洮，东至辽东，延袤万里的秦长城，用以防御匈奴和东胡的骑兵；汉代在前人基础上，增设亭障、烽燧等设施，发展了长城防御体系，修筑了历史上最长的长城，西汉长城、亭障、列城、烽燧西起大宛贰师城（今吉尔吉斯斯坦西南部马尔哈马特）、赤谷城（今吉尔吉斯斯坦伊塞克湖州伊什提克），经龟兹、焉耆、车师、居延，沿着燕然山（今杭爱山）、胪朐河（今克鲁伦河）达于黑龙河北岸，构成了一道城堡相连、烽火相望的防线。[4]秦汉长城这种"以墙制骑"的策略和以长城为基础发展出的边防体系具有很高的

① （春秋）管仲. 管子·度地［M］//诸子集成. 北京：中华书局，2006.
② （春秋）管仲. 管子·乘马［M］//诸子集成. 北京：中华书局，2006.
③ （西汉）司马迁. 史记：卷88：蒙恬列传［M］. 中华书局校点本：2565-2566.
④ 北京市地方志编纂委员会. 北京志·世界文化遗产卷·长城志［M］. 北京：北京出版社，2008：32.

军事价值，对后世有着深远的影响。

隋唐五代以后，"险"成为自然环境影响军事战争的重要因素，"因险制塞"、"据险养威"的思想成就了许多利用天时地利而出奇制胜的案例。唐高宗李渊父子提出"据险养威"，占领军事要地，并在多次战役中贯彻施行，正是由于占据关中要地，苦心经营，建立坚实的根据地，才能建立大一统的唐朝。而在著名的虎牢关之战中，李世民再次通过据险，抢占先机，控厄要地，占据了虎牢关，围城打援，一举歼灭了王世充、窦建德两个心腹大患。此时，"险"已经从军事布局及选址的限制因素发展为制胜因素，而对"天时地利"和"险"的利用也成为各种兵书中的关注点。

宋元时期，军事防御基本延续"据险"的思想，宋代的防御体系大多利用江河，凭据坚城设防，在南宋抗金抗蒙的过程中，由名将孟珙提出的"藩篱三层"理论就是"据险"的典型案例。所谓"藩篱三层"即"先是沿河设防；后以守汉、淮以蔽长江；后又守上游以固下游，并分区、分层，沿江设点，'控扼险阻'"[①]，其中第一层设在川东的涪州、万州，第二层设在湘西北的鼎州、澧州，第三层则设在湘西南的辰、靖及广西的桂州一带。这种依险设防，多层联防的防线体现了孟珙在军事防御中的远见卓识，对宋与金、元的战争具有重要的意义。

"实边固防"的军事思想在明朝得以进一步升华，贯通北边的长城防御体系，结构严密，层次清晰，点、线、面结合的边防守城体系，使自然环境对军事布局和选址的影响变得更加重要。

第二节 "地利"蕴含的军事地理学思想与明长城军事聚落布局选址规律

军事地理学主要关注地理环境对国防建设、军事行动上的影响以及在军事上运用地理条件的规律，可为制定战略方针、研究军事建设、指导作战行动等提供依据。军事地理学是在战争中形成发展的，早在春秋战国时期，著名军事家孙武就提出了"夫地形者，兵之助也"的观点，此后在中国古代的军事战争中，对于地理环境与军事战争的关系一直受到历代军事家的关注。

所谓"地利"是指在军事战略上有利的地形地势，《孟子·公孙丑下》中有"天时不如地利"之说，东汉赵岐注："地利，险阻。城池之固也。"可以说"地利"所蕴含的正是中国古代军事地理学中的重要思想，而这种思想是指导军事聚落布局与选址的基本原则。

---

① 谢国良. 中国古代军事思想概论［J］. 军事历史研究，2004（4）80-108.

一、明代兵法中的军事聚落布局及选址思想

明代军事思想有了较大的发展，尤其在边防海防方面，明中期以后，兵书的发展出现了一次高潮，不但在数量上有了很大的增长，兵书在内容上也表现出涵盖广泛、分类细致的特点，出现了《武备志》、《筹海图编》等价值很高的著作。在很多著名的兵书中都有关于军事聚落或军事防御设施在自然环境中的选址和布局原则，现将具有代表性的论述列举如下。

明人尹耕于嘉靖年间著《塞语》中《形势》曰：

"天下有形势，得之者胜，失之者败。然有形势之体，有形势之用。何谓'体'？地利险隘、轻重之分是也。何谓'用'？人事规划、缓急之序也……是故险阨莫重于西北，而都邑所在则尤重；经理莫急于边塞，而都邑所屏蔽则尤急。"[①]

《城塞》曰：

"然则举邻胡者悉城之乎？曰：有缓急也。都邑所近则急，田壤膏沃则急，不可以不城也。隔远畿甸则缓，山谷险阻则缓，盖有不必城也。都邑所近城，则甘泉无烽火之通，国势尊矣；田野膏沃城，则耕稼无夺时之苦，民生遂矣。隔远畿甸不城，所谓遗微利以系其贪，山谷险阻不城，所谓诱之死地而歼之也。"[②]

两段文字揭示了边防体系布局的原则，即京都之地、膏腴之地应加强防守，同时也指出了对于自然形势善加利用的重要性。在尹耕的另一部兵书《乡约》中则更加关注选址的原则。《乡约·一约曰堡置》中有：

"堡置者，非无置之难也，置得其所之难也。夫左背山陵，右前水泽。古之行军莫不择地，而况城堡以居乎？"[③]

指出置堡最重要的原则便是背山面水，《乡约》中关于置堡的原则多适用于乡里防御，但背山面水这样的基本原则是具有普适性的。

同为嘉靖、万历年间成书的《投笔肤谈》，继承和发展了《孙子兵法》，具有很高的学术价值。其中《方术》、《物略》、《地纪》、《天经》等篇提出了要利用天时地利，利用各种自然物的性能，要"察物之理，究物之用，总括其利，不遗微小"，以夺取战争的胜利。其中《地纪》中对"地利"作了较为系统的论述：

"凡地之大势，有六：一曰要地，二曰营地，三曰战地，四曰守地，五曰伏地，六曰遨地。

要地者，山川之上游，水陆之都会，可以跨据控引者也。

营地者，背高而面下，进阔而退平，利水草，可依傍者也。

战地者，平原广野之冲，草浅土坚之处，可驰骋突击者也。

---

① （明）尹耕. 塞语 [M]//程素红. 中国历代兵书集成. 北京：团结出版社，1999：2796.
② （明）尹耕. 塞语 [M]//程素红. 中国历代兵书集成. 北京：团结出版社，1999：2798.
③ （明）尹耕. 乡约 [M]//程素红. 中国历代兵书集成. 北京：团结出版社，1999：2785.

守地者，川流环抱之区，山坂峻险之塞，相为联络而不断者也。

伏地者，层山广谷之中，茂林翳蔚之所，可以藏匿诱引者也。

遨地者，间到岐路之乡，关塞要津之扼，可阻绝而横击之者也。

此六者，兵家之善地也。得之者胜，失之者败。得失之机，将当先知也，而地利害不与焉。

……

故建城邑者，择沃塞。襟江河者，占上流。处林麓者，求水泉。屯洲渚者，备樵采。近草楚者，防火攻。依谷口者，忌水激。居洿下者，警决灌。傍冈阜者，虞窃窥。战平易者，设险于其间。值迁隘者，陈兵于其外。

然犹有一定者。山围水绕，不败之规也。居高视下，可胜之基也。绝涧峭峰，必危之方也。卑湿沮洳，丧生之域也。"①

将地形条件分为位置重要地形、便于扎营地形、便于作战地形、便于防守地形、便于埋伏地形、便于截击地形六类，并指出修建城镇都邑要选择肥沃险要的地方，控厄河川要占据上游，处于森林山脚要接近水源，屯居沙洲要有充足的粮草等布局和选址需要注意的事项，同时总结了地形利害的一定规律。在这段文字中，虽未明确指出军事聚落选址和布局的原则，但从其对军事地形的分析可以洞察明代军事聚落选址和布局大概要考虑的因素。

无独有偶，由明朝荆川先生唐顺之编纂的《武编》一书中《地》篇也有与《投笔肤谈·地纪》中类似的兵法记载。《武编》是唐顺之在多次亲督海战积累的丰富经验基础上，针对明廷武备废弛、战斗力不强等问题，根据历代兵书纂辑而成，后被收入《四库全书》中。其中《地》篇从军事地理学角度将两军对峙可能出现的军事地理环境分为八类，即"散地"、"轻地"、"争地"、"交地"、"衢地"、"重地"、"围地"、"死地"。其中"争地"、"交地"、"衢地"都是需要抢占和守备之地。

"便利之地，先居者胜，是为争地。兵法曰：我得亦利，彼得亦利，为争地……争地之法，先据为利。

……

谓之交地，平广卒通。兵法曰：我可以往，彼可以来，为交地。又曰：交地则无绝，吾将谨其守……交地，吾将绝敌，令不得来。必全吾边城，修其守备，绝深道路，固其隘塞。

……

地居要冲，控带数道，为冲地。先据此地，众必从之。故得之则安，失之则危也。兵法曰：诸侯之地三属，先至而得天下之众者，为衢地；衢地则合交。又

---

① （明）何守法. 投笔肤谈［M］//程素红. 中国历代兵书集成. 北京：团结出版社，1999：1653–1654.

曰：吾将固其结。"①

上述三种地理环境均是先据为利的地形，虽未明确说明是设防之地，但实属边地设防布局的原则。另外在此篇中作者对明代边地环境做了阐述，指明了北部和西北边地的地理环境特点与置营的原则：

"详诸兵书安营之法，相视地形，各有所宜。今大河之北至于右北平千余里，三关南北，幽燕恩冀之间，地平如掌。顿军置营，方圆自取其便，惟深沟高垒大车为固。今西北银夏麟府鄜延环庆泾原秦凤，地接陇蜀，南北数千里地无百里之平。置营多在广原大陇高坂之地，或尖斜，或屈曲，或披大山，或临深涧。就其地形，坡坂递互相掩，人马咫尺不相见，可以登高视之，远见人马，易为设备……"②

在明代万历年间另一部重要的兵书《草庐经略》中，对置营的原则有更具体的阐述，其《立营》篇曰：

"立营之法，须据险阻。前阻水泽，右背山林，处高阳，便粮道。前有险巇，可以设伏；后有间道，可以出奇兵。据险阻，则敌不敢攻；就水草，则军用不匮。两营分屯，则互相犄角；三营分屯，则鼎足而居。若兵众分屯数营，或数十营，亦须各择胜地，前后左右互相顾盼，声势联络。毋居卑湿，以防水攻；毋相去太远，毋隔越长水、大泽、崇山、峻岭，以致救应不及。"③

另外，在本书《斥堠》篇中，又着重指出了烽堠布局的原则：

"大抵斥近则敌易至，故贵在远；堠少则来路多，故所贵在周；堠懈则敌潜入，故所贵在严；堠不时时提撕，则人不儆，故所贵在主将之督责。昼则视烟旗，夜则觇烽火。百里之远，顷刻可达。小径溪涧，伏路军人，无不设备。了望探听，更迭不休。出没如神，足无停履，又严而不懈。是以敌人将至，动辄先闻，指挥处分，出奇设伏，明不可攻，暗不可袭矣。"④

而在《筑险》篇中，又与其他兵书有异曲同工之妙，点明了守险设险的重要性：

"险阻之处，在我为要，在敌为害。一或轻忽，使敌得之，便为敌所制矣。故当筑而守之；或扼彼之亢，而使不得进；或牵彼之后，而绝其粮援；或睨彼之劳，而使之力分。敌进则不能入，守则有后患，必懈而引还矣。"⑤

在明代关于城邑防御的辑录体兵书《城守筹略》中，对于如何守险设险有更加独到的见解，其《城堡》篇曰：

"守于险之外，不守于险之内。然有险而内外咸足凭。高城深池，所以凭也。建堡立墩，燎火相望，所以使敌不敢遽窥我。即窥我，有所瞻顾而不敢久困我。

①（明）唐顺之. 武编［M］//程素红. 中国历代兵书集成. 北京：团结出版社，1999：1863.
②（明）唐顺之. 武编［M］//程素红. 中国历代兵书集成. 北京：团结出版社，1999：1860.
③（明）佚名. 草庐经略［M］//程素红. 中国历代兵书集成. 北京：团结出版社，1999：2590.
④（明）佚名. 草庐经略［M］//程素红. 中国历代兵书集成. 北京：团结出版社，1999：2591.
⑤（明）佚名. 草庐经略［M］//程素红. 中国历代兵书集成. 北京：团结出版社，1999：2617.

令我得凭此险也，然事至而图之，其能乘障者寡也。"①

关于"地利"与军事布局和选址原则的关系，在明代大量的兵书中均有所载，但大意无外上述，因此不再一一赘述，通过以上例证，可以将明代关于军事防御和军事聚落选址和布局的原则大致总结为以下几点：

基本布局原则：要害之地必须抢在敌方之前占据并设险，诚如《草庐经略·地形》所言："要害形势，死守不移。倘或难凭，须当设险。地为我得，敌不敢攻，尤应致人，使之自堕。此胜算也。"②在许多兵书中，对"险"都视为战局中至关重要的部分，据"险"是保障胜利的关键，因此在设防中，对于关键要害之地的控制是军事布局最基本的原则。

按照上述兵书中的论述，把握"要害之地"主要包括控制住京畿及重要城池周围的军事布防、占据要冲之地、占领对双方均有利的关键地区等，其主要目的就是在敌我对峙的过程中可以占据优势位置。而细化到具体地理环境时又有一些特殊的选址原则。

选址原则：在遵从设险的基本原则下，边防聚落的选址也有一定的原则，大体无外三点。

（1）依高：所谓依高主要是指山川、丘陵等地形，依高而建城池聚落，一方面出于防御的目的，使敌人不易包围；另一方面占据高点，可以加强对可视范围内的控制力。由于长城城池、边墙、烽燧等设施在功能上的差异，及山川、丘陵地形存在复杂多变的情况，因此具体设置位置又有差异，需具体分析。

（2）临水：水源是古代战争中至关重要的因素，正如前文中引用的兵法所述"就水草，则军用不匮"，防御聚落的设置，必须要考虑水源情况，因此临水也是选址的重要原则。在古代兵法中，临水设防，大多优先考虑水源上游。在实际设防中，河川并不仅为了提供水源，有时可以成为防御的天险，而有时又是敌方出其不意进攻的途径。

（3）守沃土：在前文，很多兵法中都提到了对膏腴之地的控制，一方面，无军需粮草之忧，"耕稼无夺时之苦"；另一方面，在明代，肥沃的耕田往往是蒙军进攻的主要目标，守卫沃土也是保卫边疆稳定的主要任务之一。

综上所述，根据明代几部军事价值颇高的兵书，摘录出与军事防御聚落布局和选址相关的军事思想著述，并大致总结出其中的主旨原则。但明代长城军事防御体系横跨东西，九边军事重镇各自的地理环境存在很大的差异，因此在主旨原则的指导下，各自又有独特的布局与选址特点，需要分别进一步分析。

---

① （明）钱梅. 城守筹略 [M] //程素红. 中国历代兵书集成. 北京：团结出版社，1999：2971.
② （明）佚名. 草庐经略 [M] //程素红. 中国历代兵书集成. 北京：团结出版社，1999：2565.

二、明代北部边疆的军事地理格局

历史学者饶胜文将中国古代军事地理大势形象地概括为"棋盘型格局",并指出关中、河北、东南、四川为棋盘四角,山西、山东、湖北、汉中为棋盘四边,中原为腹地,在这种格局下,历史上的重要军事事件都发生在九大主要区域。[①]以此理论分析明代的军事地理形势,棋盘格局却有所变化,由于明代迁都北京,造成河北军事地位突增,而北方蒙古是终明一代最大的威胁。因此在明代,辽东、关东取代河北、关中成为棋盘"四角",棋盘北边与东边的战略地位明显高于西边与南边。可以说在明代的军事格局中,主要呈现明显的"一点两带"形式,其中"一点"为都城北京,"两带"分别为北带长城及东带海防,两带共同拱卫京师,而长城又强于海防。

长城一带东起辽东,西达甘肃,横亘东西,是农耕经济与游牧经济的过渡地带,历史上多个朝代都在这一区域建立军事防线。明朝在此设立"九边"重镇,戍防并经营此地。对于九大军镇各自的地位,明末清初史学家查继佐在其记述明朝及南明史事的纪传体史书《罪惟录》中道:"若以地之轻重论,诸边皆重,而蓟州、宣、大、山西尤重,何则?拱卫陵寝,底定神京,宣、大若肩背,蓟、晋若肘腋也。以守之难易论,诸边皆难,而辽东、甘肃尤难,何则?辽东僻远海滨,三面皆敌,甘肃孤悬天末,四面受警也。"[②]可见,九边对于护卫京师、守卫重要都有着重要的意义。

(一)明长城九边军镇防御体系的地理位置

明长城九边防御体系分布于明代北部地区,主要指今辽宁、河北、北京、山西、陕西、宁夏、甘肃等七省(市、自治区)境内的大部分地区,及天津、青海、内蒙古的小部分地区,以黄河流域为骨架,形成西窄东阔的带状楔形区。区域内地形多以山地为主,地貌形态自西向东呈阶梯状下降,是中国地貌第二阶梯与第三阶梯的北部结构典型区域。其中第二阶梯内的带状区域起自祁连山北缘外侧,至太行山一线之间,区域辽阔,主要以高原和山地为主,西北地区河西走廊和阿拉善高原海拔在500～2000米之间,东部内蒙古高原和黄土高原海拔在1000～2000米之间,高原之上有六盘山、吕梁山、太行山、阴山等山脉,海拔多在1500～2500米之间,部分高峰在2500～3000米以上。第三阶梯内区域以华北平原、辽河平原为主,平均海拔在50米左右,内有黄河、海河、滦河、淮河、辽河等分布其中(图2-1)。

---

① 饶胜文. 布局天下——中国古代军事地理大势[M]. 北京:解放军出版社,2006.
②(清)查继佐. 罪惟录[M]. 杭州:浙江古籍出版社,2012.

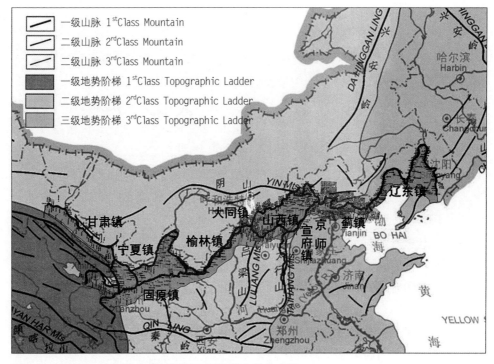

图2-1　明长城九边军镇在中国地形三级阶梯中的分布图
（底图来源：《中国自然地理图集》）

与同为横亘北疆，守卫中原的秦汉长城相比，明长城明显南移（图2-2），尤其是位于第二阶梯内的部分，秦汉长城依阴山山脉而建，而明长城却退居于横山山脉以北，也就是农耕地带的北部边沿，大片河套地区可农可牧之地拱手对方。另外在第三阶梯内，秦汉长城蜿蜒于内蒙古高原之上，而明长城则守于华北平原中，明显的南退。实际上明初北疆军事控制范围较长城边墙范围北扩，但经历多次防线内缩（参见第三章），最终形成如图的北疆控制范围。另外明代北疆在河西走廊部分有相当长一段长城边墙与汉长城重合，可以说这一地区由于沙漠干燥气候决定了长城走向的局限性，但相比汉长城，明长城向西北延伸仅至嘉峪关，而关西地区已是无暇兼顾，特别是秦汉时的居延海和休屠泽等地更是弃之不顾。总体来说，明代北部边疆相对秦汉时期，承受的边疆压力极大，防御范围明显南缩。

（二）明长城九边军镇防御体系的土地资源环境

由前文关于明代兵法的整理可知，明代长城边防聚落修筑的指导原则之一就是"守沃土"，尤其是在游牧与农耕民族对峙的情况下，肥沃的农耕资源是战争的主要目标，明代长城在修筑时应该对土地资源有很大的考量。

由于关于明代土地资源分布情况的地图资料缺失，从今中国耕地分布情况推测，虽然土地资源存在变化，但从全国大尺度范围观察暂可忽略。由图2-3可

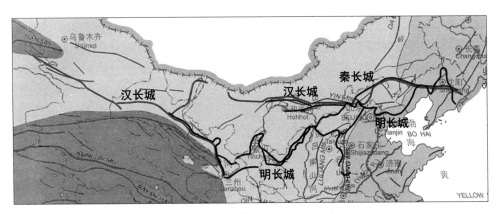

图2-2　秦长城、汉长城、明长城的地理位置关系图
（底图来源：《中国自然地理图集》）

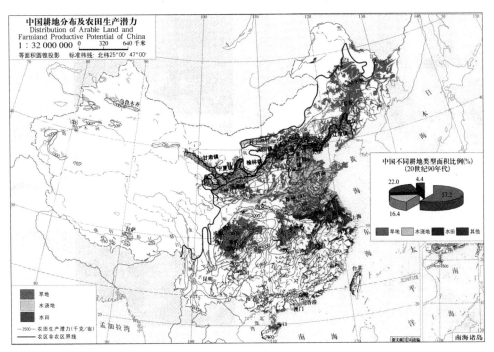

图2-3　中国耕地资源分布图
（图片来源：《中国自然地理图集》）

见，北疆地区的耕地资源主要分布于平原地带，以东北三江平原、辽河平原、华
北平原为主，其他地区耕地资源的分布明显比较零散，关中一带主要分布于渭河
平原、河套平原等地区，另外在甘肃镇一带的沙漠地形中，绿洲也是农耕资源的
主要分布地。

　　对比耕地资源分布观察明长城的分布情况，其对耕地的占据显而易见。自东
向西，明朝占据了辽河平原及华北平原的大部分耕地区，又在渭河平原等农耕区
北部边界修筑边墙。遗憾的是，明时河套地区土地沙化尚不严重，土壤肥沃，宜

农宜牧，明朝退套后，河套地区的农耕资源全部拱手。再向西，宁夏贺兰山脚下的黄河冲积平原被明朝全部纳入版图，左有贺兰山，右有黄河，加上长城防御体系的拱卫，使得塞上小江南这一西北地区重要的粮食产区可以良好的发展。在甘肃地区，几乎所有的耕地资源都集中于河西走廊的绿洲地区。前文中也提到，汉长城与明长城在此段有所重合，也正说明，河西走廊是必须占据的要地，但明朝由于国力的影响，其范围仅至嘉峪关为止，并未继续向西延伸。

总之，明代长城一线与农耕游牧分界线如此接近并非巧合，明朝由东南农耕区崛起而统一中原，朱元璋由南京开始，控制荆襄，巩固三吴，平定江南。而后兴师北伐，攻山东，取河南，步步为营，终于占领元大都，将蒙古势力逼退回游牧区。明初的北伐异常艰辛，而蒙古势力又非一蹶不振，因此两方针锋相对，冲突严重。明朝将大部分军力布置于北部边疆进行防御，就是为了隔绝游牧民族对农耕区的再次入侵，长城的设置也有明显的守卫农耕资源的色彩。另外，自明初起，就开始大范围的军屯屯种活动也说明了农耕资源的重要性（参见第三章）。

（三）明长城九边军镇防御体系的外部军事格局

明朝建国之初，与北元以太行山为界，实行南北分治。其时，明军多次进攻大漠，但仅是出于解除北元对近边威胁的目的而进行军事驱逐。但洪武三年（1370年）岭北之役对明军造成了沉重的打击，此后明朝开始了对边疆防御的经营。当时北元军队的主力大部分居于漠东地区，因此明在太行山"口外"[①]之地设置了大宁都司、开平卫、东胜卫等都司卫所，以此为据点"以攻为守"，构建了漠南攻防体系，控制了漠南地区。另外在大青山至长白山之间，加强了辽东地区的边防力量，用以防御北元的漠东主力东攻。但值得注意的是，这一时期明朝仅是针对北元主要势力而采取应对，边防结构出现东强西弱的现象，使得西域及亚洲内陆东部对明朝的威胁增加。

在洪武、永乐大规模加强中、东部边疆防御的同时，亚洲内陆政治正在发生重大的变化，一方面帖木儿帝国统一了中亚，使西域势力迅速崛起；另一方面，阿里不哥系蒙古部落与瓦剌借北元衰败东进岭北[②]中部；同时北元残余势力由于明军在漠东地区不断施压，而向西迁移至岭北中部。这一局面使明朝的西北边疆，即黄河以西的甘肃、宁夏成了多方势力争夺之地，因此洪武晚期及永乐前期，明朝又将边防建设的重心转移到西北边疆。

---

① 口外：泛指长城以北地区，包括内蒙古、河北北部的张家口承德大部分地区等。
② 岭北：元代行中书省之一。全称岭北等处行中书省，是元朝最北方的行省。治和宁（见和林），北至北海（今西伯利亚北部）之地，包括西伯利亚中部、外蒙古大部，西南至也儿的石河，西接钦察汗国和察合台汗国；东南至哈剌温山（今大兴安岭），以勒拿河，东接辽阳行省。

　　由于军事重心的转移，加之永乐迁都，使辽东地区的军力减弱，这一变化促使了北方兀良哈南下辽河、滦河流域，成为辽东地区的直面威胁。鉴于此，永乐中期开始了辽东镇的军事建设。辽东镇不但要防御北方民族的威胁，尚有东亚海域防御之责，因此是海陆一体的军事防御体系。而随着迁都一事，宣府、大同的建设也相继展开。

　　由上不难看出，即便在明初统治者主动出击塞外的情况下，明朝的边防体系建设大有"捉襟见肘"的被动态势。

　　随着明朝北部防线的内缩，以及"土木之变"的发生，明朝在漠南地区的控制完全丧失。但是由于河套以东防御体系尚算坚固，因此正统以后河套以西又成为明朝的薄弱点。蒙古军队由此占据河套，迫使明朝迅速加强陕西以北的防御体系建设，建立了延绥镇。虽然延绥镇的建立有效地保护了陕西地区的稳定，但其边墙的设立也使明蒙的界线大幅退后，明中期以后，蒙古势力完全占据河套地区。

　　明中后期，蒙古在相继占据阴山南疆、西进河套地区之后，又南下东部边疆地区，因此在北边全线对明朝施压，使明朝在北部边防中处于劣势。与此同时，东北建州女真部开始迅速崛起，并不断进攻辽东地区。万历年间，明朝的军事实力和国际威武已大不如前，以至于受到日本的觊觎，万历二十年，刚刚统一日本的丰臣秀吉出兵朝鲜，以期以朝鲜为跳板进攻辽东。总之，明后期，东北亚地区的战略中心再次转移回辽东，在此压力下，明朝不得不将防御中心集中于辽东镇，并大力加强京师周围防御建设。遗憾的是，明朝最终失去了辽东地区的控制权，导致了明朝的灭亡（图2-4）。[①]

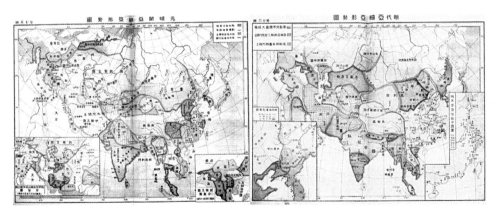

图2-4　元末明初与明中后期亚洲形势对比图
（图片来源：《亚细亚历史地图册》清代1903年（明治三十六年）东京弘文馆藏版）

[①] 关于明朝地缘军事格局的研究主要参考赵现海著《明代九边长城军镇史》一书。赵现海.
　明代九边长城军镇史［M］. 北京：社会科学文献出版社，2012.

三、九边军镇的军事地理环境及规划布局机制

（一）辽东镇——燕京左臂，三面濒夷

据《四镇三关志》载，辽东镇东起鸭绿江与朝鲜一江之隔，西接蓟镇山海关，南起旅顺海口，北抵开元境外旧归仁县，东西延表一千五百七十五里（近800公里），南北九百八十里（490公里）[①]。《读史方舆纪要·辽东边第一》按语曰："辽东为燕京左臂，三面濒夷，一面阻海，山海关限隔内外，亦形胜处也。"[②]

1．空间地理特征

辽东镇地处辽河平原之上，"负山间海，势若悬肒"，"鱼米饶裕足以自给其中"[③]。据相关史料及舆图记载，结合当今区域现状，可将辽东镇的地理特征总结为"两带夹一田"。山地和丘陵分布于东西两侧，其中东部山区范围较大，平均海拔约800米，西部山地面积较小，平均海拔500米左右，中间是肥沃的辽河平原，平均海拔约200米。其地势自北向南，自东西两侧山地向中部平原，呈马蹄形向渤海倾斜。西部渤海湾沿岸的狭长滨海平原地区，是辽东镇向外的唯一通道，也是咽喉要地，称为"辽西走廊"。

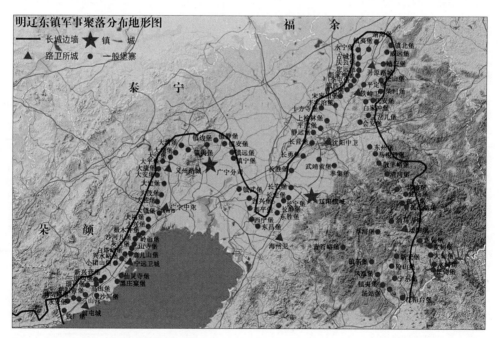

图2-5 辽东镇长城军事防御聚落分布地形图
（底图来源：Google map）

---

① （明）刘效祖. 四镇三关志：卷二：辽镇形胜［M］. 刻本. 1576（万历四年）.
② （清）顾祖禹. 读史方舆纪要·舆图要览［M］. 北京：中华书局，1955.
③ （明）刘效祖. 四镇三关志：卷二：辽镇形胜［M］. 刻本. 1576（万历四年）.

东部山脉主要是长白山支脉的延续，由北部哈达岭、龙岗山余脉和南部顺长白山山势深入辽东半岛的千山山脉两列平行山地共同组成，主要山脉有清原摩离红山，本溪摩天岭、龙岗山，桓仁老秃子山、花脖子山，宽甸四方顶子山、凤城凤凰山，鞍山千朵莲花山和旅顺老铁山等。西部山脉是由内蒙古高原向辽河平原过渡的燕山一太行山山系区，主要有由西南向东北延伸的努鲁尔虎山、松岭、黑山和医巫闾山等构成。

辽东镇境内百川汇集，大小河流约300条，主要有辽河、浑河、大凌河、太子河、绕阳河以及鸭绿江等。辽河是辽东镇的第一大河流，流域面积很大。西辽河发源于怒鲁尔虎山和大兴安岭南部余脉之间，东辽河发源于西部龙岗山余脉，两河在今辽宁省和吉林省的交界处交汇，而自两侧东西山区而下的大部分河流都汇入辽河，汇流后自北向南而行，至南部辽东湾入海。其他河流自东、西、北三个方向往中南部汇集注入海洋。正是大小河流的共同冲击作用造就了中部的冲积平原（图2-5）。

2．军事地理格局

辽东镇三面濒夷，一面阻海，是海陆联合防卫的重要防区。清代顾祖禹从京都防卫角度描述了辽东镇在陆防与海防两方面的外部军事地理格局，"**其外附者，东北则建州毛怜女真也，西北则朵颜、夫余、泰宁也。夫三岔河南北数百里，辽阳旧城在焉。木叶、白云之间，即辽之北京、中京也……若夫海道，则天津上达广宁以西，其东则以登、莱为径。**"[①]中部平原地区平坦开阔，道路四通八达，"广如线耳"，而"靖难之役"以后，明成祖朱棣又将大宁卫之地授予兀良哈，使三卫逐渐南下，造成了辽河平原的腹心之地拱手他人，因此长城边墙就成了阻隔外患的唯一屏障。

根据图2-6中的军事聚落分布的基本情况，结合史料记载，可以发现辽东镇四个主要的受敌区域和十个重要的防守城池。

（1）西部辽西走廊区域：观察辽东镇西部的分布，可见宁远卫、前屯营处为辽东镇之咽喉要地，背山面海，形成狭长的一字形线性受敌区。史料记载大兴堡、椴木冲堡一带的高桥铺、双塔铺等处多有零散的蒙人出没，潜伏截路。但蒙军如果要大举入侵宁远前屯、东关、宁远卫等重要城池，必由西南端三山营、仙灵寺、小团山等处入。因此西部辽西走廊区域的受敌重点为两端，加强两端防御不但有利于"一字形"地形带来的特殊防御体系布局，也是控厄辽东镇咽喉要地的必要保障。

（2）中西部平原地带：广宁、锦州、义州一带共十九座边堡，位于辽东镇中西部平原地带，这里地形平坦，直通兀良哈三卫驻地，长城边墙是唯一的屏障。边墙之外的平原中有几处十分重要的山地，自东向西分别为白云山、九顶莲花

---

①（清）顾祖禹．读史方舆纪要·舆图要览［M］．北京：中华书局，1955．

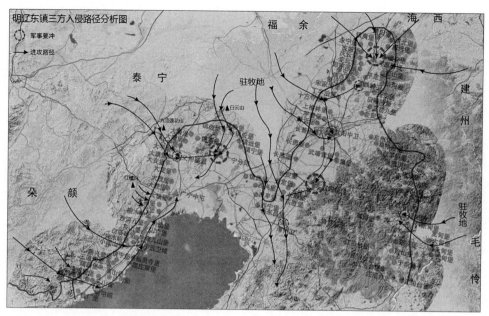

图2-6　辽东镇三方入侵路径分析图

（底图来源：Google map）

山、红螺山。各山离长城边墙皆为四五十里（2000～2500米），是蒙古的聚兵处。如果聚兵于白云山，进攻目标通常为镇安、镇静等堡，并由此而攻广宁一带；如果聚兵于九顶莲花山，攻击对象主要为义州路东部边堡；如果聚兵于红螺山，必犯大福、大镇等堡，进而入犯锦州松山、杏山及广宁右屯一带。可见中西部沿长城边墙一线受敌点较多，战略地位十分重要。

（3）中东部两大驻牧区间：辽阳镇城可说是辽东镇之心脏，所在区域东西两侧都有边墙护卫，西侧边墙外为兀良哈三卫中泰宁、福余两卫的驻牧处，而东侧边墙自会安、抚顺至瑷阳等处，边墙以外直至鸭绿江畔为毛怜、建州女真的驻牧处。西侧边墙外河水充沛，支流综合交错，虽然有太子河、浑河等形成天然屏障，但河滩较浅，可涉水而过，长驱直入，其他支流更不足为恃，尤其是冬季河面结冰之时，入侵更加频繁。兀良哈若由此南下入边，则多攻东昌、东胜等堡，进而攻海州、盖州、复州、锦州一线；若由此东进则多由老虎林、旧辽阳城处聚兵，由十方寺、长营堡、黄泥洼进犯，进而攻沈阳中卫。东侧边墙外属女真地，明万历以前，女真尚未崛起，这一带相对安稳，东部地形以山地为主，地形复杂，瑷阳周边为建州的驻牧地，故时有扰边，后为了防女真崛起后不断入侵，又增设新疆六堡。总之驻牧区因离边较劲，地形平坦，是外族入侵的重要聚兵地，也是沿边防守的重要区域。

（4）孤悬北端的开原路：开原路地处辽东最北端，也是明朝孤悬东北之绝塞，其三面受敌，西部有福余、北部有海西、东部有建州、东北又有同江诸少数民族聚居，可以说开原路被外族团团包围，是辽东镇最"险"的要塞。明之灭亡始于辽东，而辽东之灭亡始于开原，开原的失守对明末摇摇欲坠的朝廷来说无疑是噬脐之痛。

3．守险之辽东镇布局特点

明代史料中记载的聚落所处军事地形有冲缓之分，所谓"冲"即"冲要"，指军事上或交通上的重要地方，往往有"极冲"、"次冲"之分，而"缓"即与"冲"相对，在军事及交通上地位及作用一般的地方，往往有"稍缓"、"缓"之分。聚落所处的军事地形为冲，通常是主要的受敌点或地方军事进攻的主要目标，也就是上文中所分析的重点区域及城池堡寨。

《九边图说》和《四镇三关志》有关于冲缓之地聚落设置比较详尽的资料，其中：

极冲之地（自东向西、由北往南）：辽阳城、广宁城（镇城）；开原路城、义州路城、前屯城（路城）；沈阳中卫、宁远卫城、锦州卫（卫城）； 河中左千户所、懿路中左千户所、塔山中左千户所、中后所（所城）；清河堡、长勇堡、长安堡、西平堡、镇武堡、镇静堡（堡城）。

次冲之地（自东向西、由北往南）：瑷阳堡（路城）；铁岭卫、海州卫、广宁右屯卫（卫城）；中固城、抚顺千户所、蒲河中左千户所（所城）；江沿台堡、险山堡（堡城）。

又次冲之地：金州卫（卫城）。

可以看出史料中记载的冲要之地与前文所分析的战略要地基本吻合，不论极冲、次冲，城池的规模和等级均不同，所以"冲"所代表的并不是道路宽度，也不是人为设置的某种城池级别，而是衡量军事地理中战略地位和作用的形容词，其意与"险"类似，而"因险设塞"正是长城防御体系建立的根本，掌握了冲要之地，防御体系的布局自然自成一体。结合图2-7及上文的分析与史料梳理，总结辽东镇整体布局特点如下：

（1）众星拱卫两大战略要地：辽东镇的布局最特别之处即防御体系呈"M"形分布。一方面与前文提到的地形特点有关，另一方面，"M"形布局形成了两大区域，各自拱卫辽东镇最重要的两座城池——辽阳城与广宁城。两城皆为极冲之地，一旦发生大规模军事入侵，两城是首要进攻目标，包围式的军事布局不但有利于两座城池的军事指挥，也有利于周围堡寨对中心的守卫。

（2）其他"极冲"要地分路设防：辽东镇下设南路、西路、中路、东路辽阳西、北路、东路辽阳东及新疆六堡七路分守。路之所守不仅在绵长的长城边墙，更是守卫战略要地。所有冲要之地不论"极冲"、"次冲"分属各路，各路城池堡寨的密度在一定程度上也显示出区域内冲要之地的密度。如南路、北路中"极冲"要地相对较多，而此两路延边堡寨密度也明显较高。

（3）纵深设防，"冲"常在腹里：明代长城军事防御体系并非线性布局，而是层层递进的纵深设防体系。为了保障冲要之地的安全，边墙往往与其有一段距离，并设边堡守卫，冲要居内，边堡居外，呈扇形拱卫之势，此种设防方法在长城全线均非常普遍。

（4）沿边冲要，领辖周边：并非所有冲要均在腹里，延边堡寨中也有"极冲"、"次冲"之地，在这种情况下，城池驻官驻兵等会高于其他一般边堡，以辽东中路边堡为例，中路六堡镇夷、镇边、镇静、镇安、镇远、镇宁为广宁下辖六边堡，而镇武、镇静两堡均为要冲之地，据《全辽志》载："（镇静堡）官军原额四百九十九员名，嘉靖四十年，抚按奏设守备官一员，驻札本堡，管辖六堡兵马"，"（镇武堡）原额官军五百八十三员名，嘉靖四十二年，抚按题准添设游击一员，调拨各城堡官军二千五百名分驻五堡，镇武堡九百九十六员名，盘山驿三百名，西兴堡四百名，西平堡四百名，西宁堡四百名，俱属管辖本堡"[1]。而其他四堡原额军官均为五百左右，并未有驻官驻军的变动。可见军事地形的冲缓也是在军事对峙与战争的过程中不断总结的，边堡是长城边墙内的第一道防线，也是第一受敌面，仅靠内侧路城卫所的策应不能满足其防御目的，必须多堡联合，互相支援，而一线边堡的军事地位并不绝对一致，会有一座边堡管辖周边几座边堡的线状布局方式。

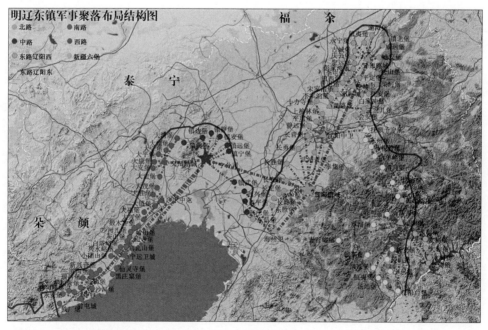

图2-7　辽东镇军事聚落布局结构图
（底图来源：Google map）

① （明）李辅. 全辽志：卷二：边防志［M］. 1565（明嘉靖四十四年）.

4. 依高临水守要道——辽东镇聚落选址特点

由于辽东镇东、中、西三大区域地形的差异，聚落选址也略有不同，但基本尊重依高临水守要道的原则。

镇城选址特点：镇城作为一镇的心脏，所居之地应能掌控全局，交通便利，便于往来调度，同时有很好的自然地理条件，易守难攻。辽东镇镇城辽阳就是典型的例子。据《明一统志》载，辽阳"**负山阻河控制东土，秦筑障塞以限要荒，临间之西海阳之北，地实要冲，东北一都会也。**"[1]辽阳城位于辽东镇腹地，东南两侧群山环绕，如重关叠锁，太子河、汤河、沙河等河流迂回而过，如丝带环绕东、西、北三面，辽阳城居中，凭山依河，依附于四周的天然屏障，成为历代兵家必争之地（图2-8）。辽阳城西部是沃野千里的冲积平原，为辽东镇农产最为富饶之地。辽阳历代为交通要地，南通海州、营口，北通沈阳、开原，交通十分便利。据辽东为镇城，不但有天然的地理优势，又可扼守交通要道，往来策应，四通八达，同时也控制了辽东镇农耕条件最佳之地，实为设镇的理想首选。

路城选址特点：路城管控一路边堡，距离边墙和边堡较近，但通常不似边堡贴近长城边墙，而居后掌控一路局势。路城选址除了占据有利的地理环境外，也需有便利交通以便策应各边堡。

辽东镇各路地理环境有所差异，因此选址略有不同。

南路主要分布于辽西走廊地带，受燕山山脉东延部分的制约，东侧临海，聚落多为三面环山，扼守要道之势。南路路城前屯城，三面环山，东南临海，境内有多条河流，辖境内有四座驿站，即山海关外第一驿站高岭驿、自辽以来的交通要路沙河驿、东关驿和八里铺。在明代《全辽志》中有关于广宁前屯卫的详细地理分布图（图2-9）。南路另一重要城池宁远卫城与前屯卫选址大同小异，不再赘述。

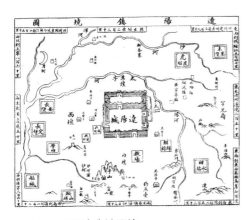

图2-8　辽阳城选址环境
（图片来源：明代《全辽志·卷一·图考志》）

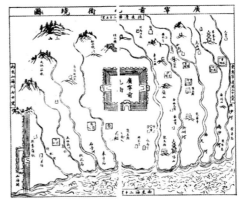

图2-9　南路路城前屯城选址环境
（图片来源：明代《全辽志·卷一·图考志》）

---

[1] 明一统志：卷二十五［M］.

西路所处地区亦多山，但与南路不同，西路不临海，多处于山地丘陵之中，所以城池四面环山，兼顾临水，同时把守交通要道。西路义州路城地处丘陵状平原地区，四面环山，南面为泥河，北面为大凌河，引大凌河水为护城河，城东五十里有牵马岭驿。在明代《全辽志》中有关于义州路城的详细地理分布图（图2-10）。

北路地势东高西低，南北多丘陵地带，东南多山，属长白山支脉，西部地势低平，为清河、辽河冲积平原一部分，中部属于半丘陵半平原地带。路城开原城便位于中部地区，相比义州路城，周围山地较少，山体高度较低，开原四面皆有河川，南侧清河河道较宽（图2-11）。开原自古占据交通要道，水陆两道四通八达。

 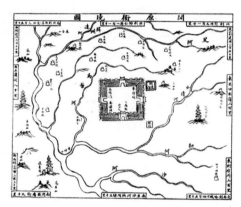

图2-10 西路义州路城选址环境
（图片来源：明代《全辽志·卷一·图考志》）

图2-11 北路开原路城选址环境
（图片来源：明代《全辽志·卷一·图考志》）

总之，路城的选址环境基本大同小异，周围环山，多面绕水，把控交通，往来策应。与之类似，辽东镇卫所的选址也基本遵循这一原则，因此不再赘述。

边堡选址特点：边堡的主要职责是守卫长城边墙，组织敌军进犯。辽东镇边堡在选址中依旧皆依照依山傍水的基本原则，但值得注意的是在《全辽志》一书中，对众多边堡的选址均有特殊记载，如南路永安堡"北瓮圈山可屯兵，堡东背阴障可按伏，烂泥沟空通贼道路，宁远前屯城中前所兵马可为策应"；平川营堡"堡北石河口可屯兵，堡南涝豆沟可按伏，古路口空长宁空镇北台通贼道路，宁远前屯城兵马可为策应"；西路大兴堡"堡北新庄子可屯兵，堡西喇必山沟可按伏，定安墩虹螺县镇平空通贼道路，锦州城兵马可为策应"[1]，类似的记载很多，不再一一举例。由此可见，边堡在选址时需要考虑周边的屯兵和设伏之地，在敌人进攻时用以排兵布阵，另外，长城沿线多有通往边外的道路交通，所设关口划分给各个边堡管辖。

---

① （明）李辅. 全辽志：卷二：边防志［M］. 1565（明嘉靖四十四年）.

辽东镇边堡的间距一般在7～15公里不等，其中南路、西路、北路间距较劲，平均间距为7.5公里左右，东路辽阳西、东路辽阳东、新疆六堡距离相对较远，平均间距在10公里以上，边堡距离长城线约为1～7.5公里，边堡距卫城驿站联络线约为15～50公里。[①]

（二）蓟镇——京都左辅，重峦叠翠

蓟镇东起山海关，西至居庸关，整体呈带状分布，延袤一千七百六十五里（约880公里）[②]。《读史方舆纪要》称蓟镇一带"关山险峻，川泽流通，据天下之脊，控华夏之防。"[③]

1．空间地理特征

蓟镇位于今河北省中东部及北京市境内，在黄河下游华北平原的北端，东临渤海，北依燕山，又有军都山屏蔽于西北，明代京师即为蓟镇西北端所包围，自古就是战略要地。山地是蓟镇辖域内的主要地理要素，以燕山山系为主，其地势西北高，东南低，由西北向东南倾

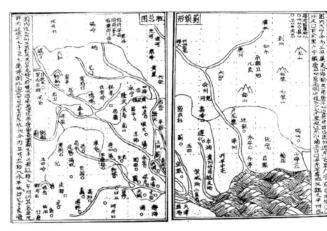

图2-12　蓟镇形胜总图
（图片来源：《卢龙塞略》）

斜，山地海拔多在2000米以下，燕山两侧山坡北缓南陡，北侧接内蒙古高原，南侧为华北平原，两侧高差较大。蓟镇地区由塞外越边而入的河流甚多，形成关隘密集，大小隘口200余座，重要的关隘也有四十余处，著名的山海关、喜峰口、古北口、居庸关等都是历来兵家必争的险关要塞。在众多水系中滦河、潮河是两大主要水系，滦河在蓟镇喜峰口处将燕山切断，形成峡口，潮河则切燕山而过形成古北口，两关口都为历代重要的交通孔道。燕山以潮河为界，潮河以东地区，多低山丘陵，海拔一般 1000米以下，植被茂盛；潮河以西为中低山地，一般海拔1000米以上，植被稀疏，间有灌丛和草地。蓟镇的长城边墙沿燕山山脊而筑，形势险要，燕山南麓向南延伸为山前冲击平原地区，部分城池和堡寨分布于此。

---

① 详细数据参见 魏琰琰. 分统举要，纲维秩序——明辽东镇军事聚落分布及防御变迁研究［D］. 天津：天津大学，2014.
②（明）刘效祖. 四镇三关志：卷二：蓟镇形胜［M］. 刻本. 1576（明万历四年）.
③（清）顾祖禹. 读史方舆纪要：卷十一：直隶二［M］. 北京：中华书局，1955.

值得注意的是，蓟镇西部环绕京师之处，由东北、北、西三面，依群山而环闭，东南为舒展的平原地带，形成由三面向东南展开的"几"字形大山弯，成为"北京弯"，弯内的小平原称北京小平原，内部潮白河、北运河、温榆河、西部的永定河和拒马河自西北贯穿境内，形成"前挹九河，后拱万山"之形胜。[①]由此观之，京师之地依山面海、北据天险、南携水运、土壤肥沃，可谓形势绝佳之地（图2-12）。

2.军事地理格局

《读史方舆纪要》载："蓟州为京都左辅，当大宁未撤时，与宣府、辽东东西应援，诚藩屏重地也。自弃其地以与兀良哈，而宣、辽声援绝，内地之垣篱薄矣。嗣后，朵颜日盛，侵肆有加，乃以蓟州为重镇，建置重臣，增修关堡，东自山海，西迄居庸，延袤千里，备云密矣。"[②]明初建立时，京师东侧蓟州、永平山海关一带本为内地，大宁内迁以后，兀良哈三卫进入滦河流域，迫使京东地区变为边疆，直面鞑靼和兀良哈三卫军队的冲击。

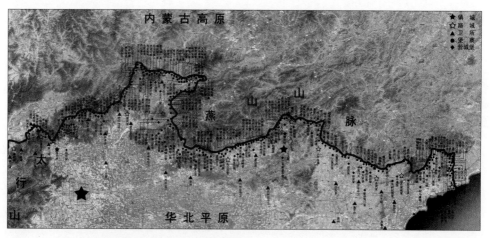

图2-13 蓟镇长城军事防御聚落分布地形图
（底图来源：Google map）

根据军事聚落分布的基本情况，结合史料记载，可以发现蓟镇三个主要的受敌区（图2-14）。

（1）西部通京师之要道：京师之地为蓟镇所屏蔽，蒙军如若进攻京师，突破蓟镇西部的屏障是关键。鞑靼多部驻地皆在宣府镇独石口外一带，如果自此入犯，必由西而东进攻，那么居庸关、黄花镇、大水谷、河防口、石塘岭等处皆首当其冲，另外，密云北部逶迤至黄花镇间多有蒙古各部驻牧，"幹儿古道儿撒只

[①] 北京市地方志编纂委员会. 北京志·综合卷·地理志［M］. 北京：北京出版社，2006.
[②]（清）顾祖禹. 读史方舆纪要·舆图要览［M］. 北京：中华书局，1955.

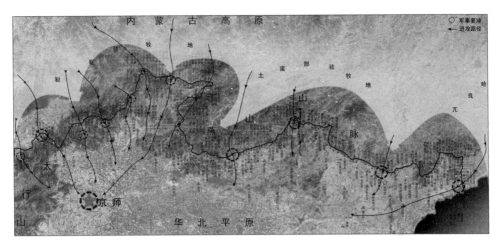

图2-14　蓟镇边外势力入侵路径分析图
（底图来源：Google map）

儿他鲁浑脱桶阿土鲁军脱桶阿克库把秃剌大同脱脱军等诸夷，俱在墙子岭、古北口、白马关以西至黄花镇境外住牧"[1]。因此这段山脉中众多关口也是蒙古进攻的首选，如潮河流经燕山之古北口，即为历来兵家争夺之重地，庚戌之变时，俺答便沿潮河而下，夺取古北口而直逼京师，又如明蒙分界的白马山外是蒙古部族的住牧地，因此其中的白马关也是蒙古进攻的要地。相对前两种情况而言，京师东部马兰峪、太平寨等处虽为战略要地，但受鞑靼入侵的可能性要稍小一些。

（2）东部咽喉要地山海关：蓟镇之东的山海关依山面海，地处京畿之地，扼守辽东通往蓟镇的交通要道，"为边郡之咽喉，京师之保障"[2]。山海关不但控制东北地区进入华北的通道，"验放高丽、女真进贡诸夷"，同时也要防止日本从海路进贡。另外，兀良哈分封于大宁卫旧址，对山海关的防卫也有一定的压力。

（3）中部滦河一带：中部滦河一带，边境压力相对东西两侧较小。燕山以外的滦河沿岸，驻有蒙古土蛮部，虽势小力孤，也时有扰边。加之宣德年间，兀良哈南下住牧此地后，喜峰口、马兰口、潘家口等中部一带诸多关口也相对形成一个受敌面，寇掠之事时有发生。

3．守险之蓟镇布局特点

蓟镇与辽东镇在地形上有很大的不同，蓟镇全镇依高山而设，山地是蓟镇的主要地形，不论边墙、烽燧、关隘、边堡大都建于山地中。蒙古多骑兵，蓟镇地形对骑兵而言是非常不利进攻的地形。早在先秦时期的兵法中就有山地不利骑兵的记述："往而无以返，入而无以出，是谓陷于天井，顿于地穴，此骑之死地

---

[1]（明）魏焕. 皇明九边考：卷三：蓟州镇［M］. 刻本. 1542（明嘉靖二十一年）.
[2]（清）顾祖禹. 读史方舆纪要：卷十：北直一［M］. 北京：中华书局，1955.

也。所从入者隘，所从出者远，彼若可以击我强，彼寡可以击我众，此骑之没地也。大涧深谷，翳茂林木，此骑之竭地也"[1]，岳飞与李成战于襄阳时，岳飞也指出"步兵利险阻，骑兵利平旷"[2]的用兵之法。而明代的兵法更是针对蒙古骑兵的特点指出八种骑兵必避之道，即"敌人佯走，反我轻车，夹我毒弩，骑之致败一也；追北长驱，逾险不止，奇伏或起，直绝我后，骑之致败二也；地势四守，陷如天牢，往入虽易，退不可逃，骑之致败三也；茂林丛木，大溪深谷，驰骤絷缧，战道窄促，骑之致败四也。欲进而隘窄难从，既出而迂远难到，彼之寡弱可以击我之众暴，骑之致败五也；大阜在前，高山在后，左右夹以阨塞，敌处表里，战必艰难，骑之致败六也；既进而不能退，队远而不能收，敌又据我根本，扼我阵头，骑之致败七也；沮泽渐洳，草秽蕃蔓，敌或现隐，扑我聚散，骑之致败八也。"[3]此八条中第三、五、六、七，正是蓟镇燕山之形胜。燕山山脉为东西走向，山阴面山坡较缓，而南侧较陡，驻守于南侧正符合"入易退难"的守御优势，另外燕山通南北之孔道虽多，但大部分通道都狭长深邃，陡峭险峻，无法通车马，仅可步行通过，一旦蒙军进入山谷，扼守关口的兵力极易断其后备，因此在这种地形中，很难深入内部平原地带。从以上所述可以看出，蓟镇的地理环境易守难攻十分利于防守，无怪古人云："蓟镇御虏，以守为先"[4]，其防御体系的整体布局都由一个"守"字为主。

守险之于蓟镇很大程度上就是对关隘的守卫，关隘的重要程度依据便是由外部的军事格局和自身的地理环境所决定了。据《九边图书》载，蓟镇各关隘城堡军事地形的冲缓情况如下：

极冲之地（自东向西、由北往南）：桃林口（镇城）；居庸关（后为昌镇镇城）；山海关（路城，后析分为山海镇镇城）；石门营、台头营、燕河营、太平寨、大喜峰口、松棚堡、马兰谷、墙子岭、曹家寨、古北口、石塘岭（路城）；黄花镇、横岭城（昌镇路城）；一片石、大毛山、义院口（石门路关堡）；界岭口（台头路关口）；冷口（燕河路关口）；擦崖子、榆木岭（太平路关堡）；青山口、董家口（喜峰路关口）；龙井儿关、洪山口、罗文谷（松棚路关堡）；大安口、宽佃谷、黄崖口、将军石（马兰路关堡）；镇虏营（墙子路营城堡）；潮河川（古北路营城堡）；白马关、大水谷（石塘路关堡）；德胜口、石峡峪、八达岭（昌镇居庸路关堡）；渤海所、镇边城、白羊口、长峪城（横岭路关堡）。

次冲之地（自东向西、由北往南）：三屯营（镇城）；永平城、建昌营；蓟州城、密云城、石匣营、怀柔县、遵化城、昌平州、巩华城。

又次冲之地（自东向西、由北往南）：通州、三河城

① （周）姜尚. 六韬［M］//程素红. 中国历代兵书集成. 北京：团结出版社, 1999：204.
② （元）脱脱，等. 宋史·岳飞传［M］. 北京：中华书局, 2008.
③ （明）何良臣. 阵纪［M］//程素红. 中国历代兵书集成. 北京：团结出版社, 1999：2524.
④ （清）顾祖禹. 读史方舆纪要·舆图要览［M］. 北京：中华书局, 1955.

从以上史料记载的军事地形冲缓情况可以看出，除了蓟镇镇城与十二路路城这样重要的城池为极冲之地外，其他的极冲地形全部位于延边重要关隘或关口，这也是蓟镇地理分布的特点："守关"即为"守险"，结合图2-13，即可看出冲要之地在蓟镇的分布以及周围聚落的布局情况，结合前文所述可将蓟镇布局特点总结为以下几点：

（1）与其他镇相比，蓟镇无论关隘或堡寨的数量都可称为九边之首，但其防线跨度在九边中却仅为中等。蓟镇地处山地之中，"沿边山形盘旋，道路崎岖，往来应援，深为不便"[①]，为了克服地理条件的局限性，加强每个节点的自身防御力，蓟镇的关隘堡寨的密度要较其他镇大得多。

（2）蓟镇的整体结构在横向上分东、中、西三大区域，下辖十二路，自东向西分别为：山海路、石门路、台头路、燕河路、太平路、喜峰路、松棚路、马兰路、墙子路、曹家路、古北路、石塘路（图2-14、图2-15）。后来析分增设的昌镇分为三路：黄花路、居庸路、横岭路。横向分路使蓟镇管理更加细化。但是面对如此庞大的体系，仅仅分路并不能进行合理的管理，因此在各路沿边关隘堡寨中，又分成更小的单位以便协调调度，而这些小单位中的核心便是处于极冲地带的重要关城，可以说每一个小单位形成的组团就是为了拱卫一个重要关城而设，这也是蓟镇的独特之处。

图2-15　蓟镇分区分路防守示意图

（3）在前文提到，由边外穿燕山山脉入蓟镇的通道极多，因此蓟镇的大小关隘关口也极多，蓟镇沿长城边墙的防御体系即由这些大大小小的关隘和关口展开，形成面向边外的第一道聚落体系；关隘以内是屯兵屯田的堡寨和营城堡，为关隘提供兵力和物资资源，形成纵深结构，成为第二道聚落体系；在镇域的腹心之地，设有各卫所和指挥中心，成为第三道聚落体系。蓟镇防御体系的布局由于地理因素的影响，形成明显的带状，各层级逐层递进，这与辽东镇的布局方式有着明显的差别（图2-16）。

总之蓟镇在防御体系的布局中，将"守"字贯彻始终，作为防御工事，蓟镇无论在地形还是体系布局都具有突出而鲜明的特点和优势，但是正是固执于守，

① （清）顾祖禹. 读史方舆纪要·舆图要览［M］. 北京：中华书局，1955.

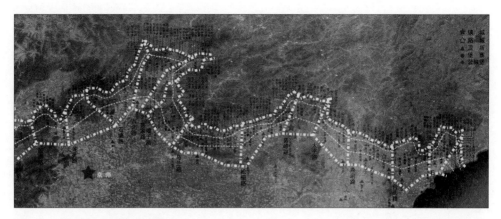

图2-16　蓟镇层次结构布局特点

（底图来源：Google map）

使得蓟镇在两军对峙中处于被动的地位。顾祖禹曾指出，蓟镇中部，东自松棚路龙井关，西至曹家路黑谷关，长城防御体系整体向南部弯回，但是距边六百里一带，"夷地一区，约田千顷，乃在腹里，外有横山一带，止百五十里，相连高峙，窥见内地虚实"[1]，如果在这里修长城筑城池，不但可以据其险，又可耕其地。仅仅百五十里的之距，为何没有这样做呢？笔者大概便是明朝坚持一个"守"字，将自己故步自封于历史边疆燕山山脉而导致的吧。

4. 蓟镇聚落选址特点

蓟镇的聚落选址，与辽东镇聚落选址中存在共同之处，也要遵守城池选址对山、水、交通和农田的基本考量，由于前文以对这种考量有一定的论述，不再重复。但蓟镇选址时又有一些极其特殊的特点，再次仅就特点进行讨论。

（1）三迁镇址

郑书撰《三屯营帅府职官题名碑》记载："蓟润平营则外限戎狄，内属缺辅，乃天下第一重镇也。永乐即命重臣如张隆平、陈遂安俱以侯伯爵充总兵，备御桃林口，继以陈都督敬移镇狮子峪，天顺间又移置三屯营。"蓟镇一带在明初就被太祖视为边防重地，到永乐时，迁都北京，蓟镇的军事地位更加重要，明成祖明重臣备御桃林口（图2-17）。

桃林口位于蓟镇东部，永平府北，燕河营路城西北，东接辽东，扼守青龙河河谷地带的水路关口，为长城沿线的重要关口。从整体布局的角度来看，桃林口之于蓟镇位置太过偏东，距离中部董家口、潘家口、喜峰口等重要关隘尚已太远，更何况京师之地的大小要塞；从镇城位置来看，桃林口紧邻长城边墙，出桃林口过燕山即为出塞，军事位置太过险要，一旦攻破难以回旋，实属不宜作为镇

---

①（清）顾祖禹. 读史方舆纪要·舆图要览［M］. 北京：中华书局，1955.

桃林口关城鸟瞰图

桃林口地理位置卫星图

图2-17　桃林口

（图片来源：卢龙县文保所赵全明提供，王琳峰调研；底图来源：Google earth）

狮子峪地理位置卫星图　　　　　　　　　三屯营地理位置卫星图

图2-18　狮子峪和三屯营

（底图来源：Google earth）

城所在。基于此，永乐二年（1404年）明成祖就将镇址移至狮子峪。

　　狮子峪位于蓟镇中部，汉儿庄营南，在玄武山西侧的峡谷中，周围群峰环列，险崖对峙，恒河流经狮子峪向东注入滦河。相对于桃林口而言，狮子峪的位置更加居中，往来调度要便利许多，另外，狮子峪的地理位置不似桃林口切近长城边墙。但新的问题又应运而生，狮子峪因位于峡谷之中，地形狭窄，不利于屯兵屯田和驻扎卫所，而狮子峪北的喜峰口、潘家口、冷口一带为极冲之地，战争不断。因此天顺年间，蓟镇镇址再次内迁至腹里地方三屯营（图2-18）。

　　三屯营位于蓟镇的中心地带，北距长城边墙30公里，左右所控长城边墙与关隘大致均衡，统驭全镇。三屯营北控扼喜峰口、潘家口、冷口一带的贡路，交通十分便利，陆路、水路皆可到达，城西又有滦阳驿站，可谓交通之枢纽。另外三屯营地势平坦，土地开阔，十分利于屯兵屯田。自蓟镇镇城迁址于三屯营后，直至明末未再迁，终明一代有75任总兵官驻守于此。

　　其实，在九边军镇中，蓟镇并非迁移镇址的个例，但蓟镇镇址在较短的时间内就历经三迁，暴露出镇城选址的众多问题，也说明了"罗马非一日而建"，如此庞大的长城防御体系并非一蹴而就，其中也会存在很多的问题（图2-19）。

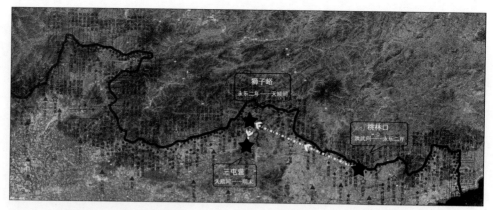

图2-19 蓟镇镇城城址三迁示意图
（底图来源：Google map）

（2）因关设堡

在蓟镇的关隘和堡寨中，关堡同名，但不在一处的情况非常普遍，如石门路的苇子谷关和苇子谷堡、柳罐谷关和柳罐谷堡；台头路乾涧儿口关和乾涧儿口堡；曹家路黑谷关与黑谷关城堡、大角峪口和大角峪城堡；石塘路白道峪关和白道峪堡、鹿皮关于鹿皮关堡、小水峪关和小水峪关堡等等，不胜枚举。其中以石塘路及后析分出的昌镇黄花路为最多。

这种关堡同名不同地的情况，堡往往离关口很近，因关口大都设于山谷之中，把守要道，而这些堡通常就设于沿沟谷向关内延伸的不远处，负责屯驻兵马。从军事设防的角度，这些堡均是为了守卫关口而设，属关口所辖。这种因关设堡、关堡同名的形式可以说是蓟镇独有，究其原因正是前文一再提及的蓟镇特殊的山地地形所致，为了加强关口自身的防御力，克服险山峻岭所带来的不便策应的问题，这样的设置大大增加的蓟镇沿边的防守密度。而石塘、黄花两路掌控整个京师防御的西部要塞，如此设置可以大大加强京师西部的防御强度（图2-20）。

蓟镇沿边的关口堡寨与相邻最近的关口堡寨的平均距离约为1.7公里，最远距离约6公里，营城堡之间的平均距离约为8公里。[①]另外，由于蓟镇防御体系是由关隘展开，关口和堡寨与长城边墙切近，大多关口均与边墙相连，堡寨距边墙也在几百米至几公里不等。总之，与其他镇相比，蓟镇防御体系最大的特征就是密度大，无论关隘堡寨与长城边墙的密切度，还是沿边墙而设的聚落密度都高于其他各镇。

① 详细数据参见：王琳峰. 明长城蓟镇军事防御性聚落研究［D］. 天津：天津大学，2011.

图2-20　因关设堡地理分布示意图
（底图来源：Google earth）

（三）宣府镇——京陵肩背，雄踞上谷

据《宣大山西三镇图说》载，宣府镇镇域为秦汉时上谷郡所在，东接昌镇火焰山，西达大同镇平远堡，延袤一千三百余里（约650公里），"紫荆控其南，长城枕其北，居庸左峙，云中右屏，内拱陵京，外制胡虏"[①]，为京师与帝陵西部的军事重镇（图2-21）。《读史方舆纪要·宣府边第三》按语曰："宣府前望京师，后控沙漠，左扼居庸之险，右拥云中之固，诚边陲重地也。"[②]

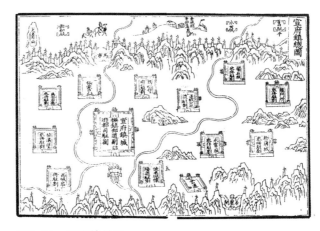

图2-21　宣府镇总图
（图片来源：《宣大山西三镇图说》）

1．空间地理特征

宣府镇大部分边墙与堡寨主要分布于今河北省西北部，地处华北平原与内蒙古高原的过渡地带，自东南向西北地势逐渐抬升。宣府镇西北依阴山余脉大群马山，山北侧是蒙古高原，山南侧为低中山盆地；镇东南为太行山脉，太行山最北

---

① （明）杨时宁. 宣大山西三镇图说·宣府镇总图说［M］. 明万历刻本.
② （清）顾祖禹. 读史方舆纪要·舆图要览［M］. 北京：中华书局，1955.

一条通道军都陉，即为昌镇居庸关所控；镇南连真保镇，紫荆关、倒马关与居庸关一并为内三关，控制进出京师的三条要道（图2-22）。

宣府镇镇域范围不大，在九边中属于面积较小的一镇，辖区内地形复杂，山地、丘陵、盆地交错纵横，海拔在1000～2000米之间。永定河上游的两大支流，源于内蒙古的洋河和源于山西的桑干河，以及发源自河北沽源的白河，自西向东穿境而过。由于河流的冲积作用，洋河—永定河小盆地群、桑干河小盆地以及白河谷地土壤肥沃、灌溉充足，耕地资源丰富。这些耕地资源在沟壑纵横的地形作用下，呈狭长的串状分布。总之宣府镇地形复

图2-22　宣府镇长城军事防御聚落分布地形图
（底图来源：Google map）

杂，形势险要，《九边图考》中称："宣府山川纠纷，地险而狭，分屯建将倍于他镇，是以气势完固号称易守，然去京师不四百里，锁钥所寄，要害可知。"[1]

2．军事地理格局

宣府镇在九边军镇中属中段，为陵京之肩背，所守地形复杂险要。明初大宁、开平、兴和、东胜一线设防，使宣府辽东相互声援，后外线不断内缩，宣府镇成为第一防线。宣府镇所在地方为盆地，其北大群马山外蒙古高原海拔在1500米以上，与宣府盆地形成很大的高差。由高处进攻低处显然要比逆地形走势而向上进攻更加容易，因此宣府面向北侧的蒙古势力威胁极大。另外宣府之西的大同镇是蒙古进攻的要地，一旦攻破大同而转向东，则对京师有很大威胁，这就涉及真保一带的军事防御。总而言之，宣府镇所面临的威胁由北部及西北而来，其任务就是阻止地方势力转向东而进攻京师。

根据军事聚落分布的基本情况，结合史料记载，可以发现宣府镇的几处主要的受敌区，如图2-23。

（1）宣府最北独石城：独石城为宣府全镇的最北端，地处群山之中，独出塞外，三面受敌。作为北路路城，独石城控制进入蒙古的重要通道及重要驿站开平驿。独石城一旦失守，北路其他城堡也垂垂危矣，甚至波及整个宣府镇。正统时"土木之

---

①（明）程道生. 九边图考·宣府［M］. 石印本. 1919（民国八年）：33.

变"正是因为独石被攻破，北路全部沦陷而导致。可以说独石城不但是北路之心脏，也是宣府之咽喉。

（2）与大同镇相邻之宣府镇西部：宣府镇以西便是大同镇，大同盆地北部的山地低谷是蒙古入侵的便捷通道，由此进攻大同东部的一支，多会波及宣府的西部一带。即洗马林、柴沟堡以至万全右卫、张家口堡等地。

（3）东南太行山沿线：同样受到大同镇的波及，一旦大同被攻破，蒙军可以沿桑干河位于山西境内的源头及支流河谷低地一路转向东下，并快速到达宣化、怀来一带的太行山处，进而威胁真保一带太行山脉各隘口，如紫荆关、倒马

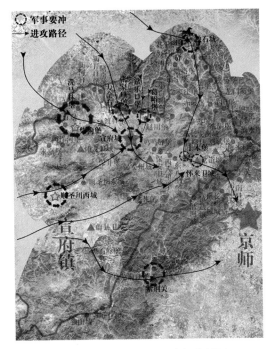

图2-23 宣府镇边外势力入侵路径分析图
（底图来源：Google map）

关，这一带山势较缓，隘口较多，易于突破，一旦攻破直逼京师。

（4）中路守镇城之藩篱：中路在镇城以北，其边墙离镇城最近，依山而建，诚为"镇城北面之藩篱"，其中常峪口、葛峪堡等均接近通往塞北的豁口，一旦此地失守，敌军直逼镇城宣府。

3. 守险之宣府镇布局特点

宣府镇的长城边墙依山而设，镇域境内也多山地，但宣府镇的整体布局却与同处山地地形之中的蓟镇有很大的差别。在蓟镇部分已经指出蓟镇沿边线的关堡密度可称九边之最，宣府镇的聚落密度也非常大，但主要是以堡寨为主，而其聚落分布特点也与蓟镇有很大差别。

依然先根据史料整理关于宣府镇各个聚落的军事地形的冲缓情况。据《九边图说》载：

极冲之地（自东向西、由北往南）：南山路路城柳沟营城；下北路路城龙门所；上北路路城独石城；上西路路城万全右卫；下西路路城柴沟堡；四海冶堡（东路）；滴水崖堡（下北路）；云州堡、赤城堡、马营堡（上北路）；张家口堡、膳房堡、新开口堡、新河口堡（上西路）；洗马林堡、西阳河堡（下西路）。

次冲之地（自东向西、由北往南）：宣府镇城；东路路城永宁城；中路路城葛峪堡；龙门城（中路）；长安岭（下北路）；万全左卫（上西路）；怀安城（下西路）。

又次冲之地（自东向西、由北往南）：南路路城顺圣川西城；岔道城（南山路）；深井堡（南路）、蔚州城（南路）、顺圣川东城（南路）、广昌城（南路）；怀来城（东路）、保安新城（东路）、保安旧城（东路）。

结合宣府镇城池聚落的分布情况，可以发现与辽东、蓟镇不同，宣府镇的冲要之地并非仅在重要城池和沿边堡寨，其腹里堡寨甚至深入之怀来一带也为冲要，正如前文对宣府镇军事地理格局的分析，宣府不但要防御北侧来的蒙古骑兵，同时也受到由大同入边的敌方势力的威胁。针对这种问题，结合地形

图2-24　宣府镇层次结构布局特点
（底图来源：Google map）

特征，宣府镇的防御体系布局有以下几个特点（图2-24）：

（1）虽然蓟镇的沿边关堡密度为九边之首，但是由全镇辖域面积观之，宣府镇可谓无镇可比。由于宣府镇的军事地位十分重要，而外部军事环境又十分复杂，因此设防严密。在全镇所辖范围内，宣府镇的城池密度极大，不仅如此，宣府镇在东西跨度不足200公里的范围内，所设边墙长达900多公里。边墙蜿蜒曲折，城池星罗棋布，可见其军事地位之重。

（2）宣府镇的分守设防十分细化。在较小的辖域面积内，无论横向、纵向，宣府镇都有严密的层级结构。横向上宣府镇本设南、东、西、北四路，后因多路军事压力过大，又进行了细分和增设，于明中后期，先后析分了西路和北路并增设了南山路，形成了南山路、南路、东路、下北路、上北路、中路、上西路、下西路八路分守的格局。而在纵向上，宣府镇又有大边、二边、内边之分，其中东起四海冶堡，西至马市口大同界，包括上北路、中路、上西路、下西路四路在内，为宣府镇的大边。而在一些地势险要处，又修有断续的长城边墙，主要分布于下北路一带，为宣府镇的二边。在内三关之外，南路一带，修筑有很多的墩台设施，拱卫和连接各个城堡，称为内边，因此宣府镇在纵深方向又有三层设防。

（3）宣府镇的聚落布局与蓟辽两镇也略有不同，辽东镇根据城池的军事地位由上级向下级呈辐射状分布，其中最小的辐射结构多呈扇形分布，而蓟镇也与之类似，这种布局方式多适用于沿边堡寨，但宣府镇的结构却略有不同，其腹里堡寨多呈环状包围结构分布。腹里堡寨无边墙可依，环状结构可以保障冲要位置周边兵力分布的均衡性，利于回旋与策应。

4．宣府镇聚落选址特点

宣府镇地处冀西北山区中，山地层峦叠嶂，盆地、平原被交错纵横的山地丘陵分成狭长的块状，长城、堡寨、关隘就在此建立，逐步形成防御体系。与其他军镇相比，宣府镇的聚落选址具有以下三点特点：

（1）大小隘口之设有内外之分。在山地地形中，无论关隘还是关口[①]，都是重要的防御设施，因为山间大小的豁口沟谷是敌人进攻的最佳选择。在蓟镇设防中，提到过蓟镇的防御体系是由沿边的大小关隘和关口展开的。在宣府镇的沿边也分布有大小隘口，但与蓟镇不同在于，宣府的关隘和关口不仅限于边墙附近，在腹里位置也设有很多关隘和隘口。因此宣府镇的关隘关口可分为沿边和腹里两种。沿边的隘口与蓟镇之设差别不大，主要是把守住通往边内的大小通道，以守险为主。腹里隘口则是受到宣府镇境内的山川与丘陵影响，为了防止敌人从大同镇方向入边而来所设。

以东路麻峪口为例，图2-25，据《宣大山西三镇图说》载：麻峪口堡"设在腹里而亦以口名者，以当北路龙门卫之南口也。"[②]如图，麻峪口位于两山之间，与保安新城、怀来城、长安岭相通，是连接沟通三地的小枢纽，口子东南不远处为麻峪口堡。土木之变时，瓦剌大军即由此口入。

腹里隘口通常与堡同设，如德胜口关、浮图峪关、长安岭口等。

（2）耕地资源限制堡寨选址。作为屯兵屯粮之用的堡寨，选址时对耕地资源都有一定的考量。前文指出了宣府镇由于地形的原因，耕地资源呈狭长的串状分布，而宣府镇各路堡寨正是受到这样的限制，分布于各耕地区域内。如东路的堡寨大都

图2-25　麻峪口堡形势图
（图片来源：《宣大山西三镇图说》）

选址于桑干河下游至永定河口的小盆地；北路在边墙环绕的区域中是白河谷地；中路则多选址于怀来盆地中；西路为洋河谷地；南路为桑干河中游谷地和壶流河蔚县盆地；而镇城之所在更是占据了南有河川、北有山峦的宣化盆地。

以南路顺圣川东城为例，图2-26，顾祖禹《读史方舆纪要》称，顺圣川东城"南临大川，北枕崇岗，原壤辽阔，元时牧场也"[③]。可见即便是在山川纵横的

---

① 通常来讲，规模较大、通道较长的称为关隘，名字多为某关，规模较小、通道较短的称为关口，名为某口，但并未有具体的规范来划分两者的差别。

② （明）杨时宁. 宣大山西三镇图说：卷一：宣府镇［M］. 明万历刻本.

③ （清）顾祖禹. 读史方舆纪要：卷十八：北直九［M］. 北京：中华书局，1955.

宣府镇，堡寨在选址时仍然要择草丰水美的便利之地。

（3）因驿站而设堡。在宣府镇的堡寨中有几处因驿站而设的堡，从其堡名中即可窥知一二。如土木驿堡、鸡鸣驿堡、榆林驿堡。这些堡寨不但兼具驿站的功能设于驿路之边，负责递送军情和把守驿路，同时还要兼顾军事防御功能，屯军屯粮。这种功能复合型的堡寨在九边各镇中也很普遍，但名字冠以"驿堡"的却极为少见，也正是强调了这类堡寨驿传功能的重要性。

宣府镇的沿边城堡密度非常大，其程度仅次于蓟镇，一般5～10里（2.5～5公里）设有一堡，城堡与边墙的距离一般在3公里以内[①]。

图2-26 顺圣川东城形势图
（图片来源：《宣大山西三镇图说》）

（四）大同镇、山西镇——外冲内险 京师外屏

据《九边图说》载："大同，古云中地也，西起丫角，东止阳和，边长六百四十余里，东北与诸胡联袂，西接套虏，在九边中称绝塞焉"[②]；又载"山西，自丫角墩起至老牛湾止，边长一百余里，外藉大同以为藩篱，内恃三关以为捍蔽，该镇边患，似非所忧也。"明代大同镇与山西镇在地理位置上均处于今山西省境内，管辖长城属南北两道纵深防御布局，称之为大边与二边。无论在地理分布、空间布局和防守职能上，两者都是相互依存的一个小系统，因此一并分析（图2-27）。

1. 空间地理特征

大同镇管辖的长城军事防御体系主要分布于今山西省北部的大同与朔州两市境内，其北部与西北部皆为蒙古部落之地，西部和南部与山西镇相接，东部的部分地区与宣府镇隔太行山而临。山西镇管辖的长城军事防御体系位于大同之南，紧密相连，位于今山西省中北部，主要在忻州市辖域内，东依太行山，与真保镇相接，西隔黄河与延绥镇为临，其西部的尾端左接大同，右接延绥，北部直面塞外，南达太原一带。

纵观大同、山西两镇，可视为被黄土广泛覆盖的高原地形，其地形结构可分为东中西三个部分：东部是以太行山为主脉，包括恒山、太行山、五台山为主的

① 详细数据参见：杨申茂. 明长城宣府镇军事聚落体系研究［D］. 天津：天津大学，2013.
② （明）兵部编：《九边图说·大同镇图说》，明隆庆刻本。

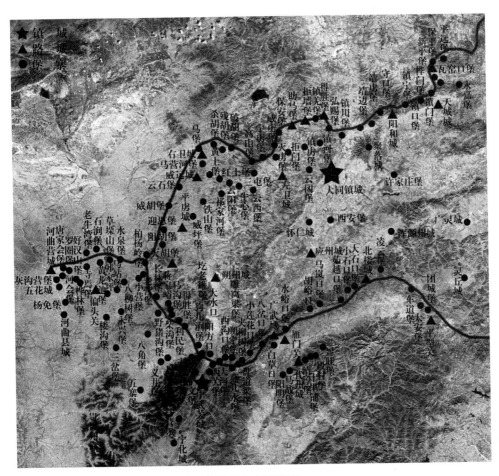

图2-27 大同、山西两镇长城军事防御聚落分布地形图
（底图来源：Google map）

山地地形；中部为断陷盆地；西部是以吕梁山脉为主的山地和黄河东岸的黄土高
原，整体呈现以山地和丘陵为主，断陷盆地居中，黄土广泛覆盖的地貌格局。

　　其中，大同镇位于黄土高原的东北边缘处，为东来燕山、南下阴山、北上吕
梁山及太行山四大山脉的交叉地带，中部属于断陷盆地，西部大部分为高原地
形。其东北部多山，大多属阴山余脉，主要有采凉山、七峰山、云门山等；西北
山地属吕梁山系，东南山脉属太行山系，以恒山山脉为主，整体地形由西北向东
南倾斜，山地间或分布。而山西镇主要位于恒山山脉以南，由东南向西北蜿蜒而
上，最西端延伸至黄土高原之上，连接大同镇与延绥镇的端点。山西镇长城依山
险而建，东部以吕梁山脉为主，西部以恒山、五台山为屏，又隔太行山与华北平
原遥遥相望，中部地区在山脉之间夹杂着断陷盆地。

　　大同、山西两镇地处黄土高原，地形破碎，山脉众多，河流大多流经山区，
河道弯曲，河床狭窄比降大，水量年际变化也大。大同镇境内的河流主要属于永
定河和桑干河水系，其中多条河流如御河、十里河等，均由北向南再转向东南流

经境内。[①]山西镇境内河流以滹沱河及汾河上游为主，黄河由西部边境流过。其次有滹沱河支流清水河，牧马河和注入黄河的蔚汾河、岚漪河、朱家川和偏关河等。[②]

虽然大同与山西两镇境内均有山地分布，但山地特征却相差很大。山西镇境内的山地为太行山的重要支脉，山势险峻，其中恒山为多次造山运动和地壳升降运动而形成的断层山，经过严重的风化，山峰多呈尖形，沟谷切割较深，相对高差达1000米以上，而五台山亦是绵延起伏，群峰耸立，相对高差达到2400多米，其历史之久可被称为"中国地质博物馆"，而其山势之高又被称为"山西屋脊"，峰岭交错，极为险峻。崇山峻岭必有要塞，山西镇的宁武关、雁门关、偏关三关是拱卫京师的重要关隘，合称为"外三关"。而大同镇的山地相比之下就相当和缓，无论在海拔高度、相对高差都远比山西镇的山地要低，山体浑圆，山顶平坦，而且山脉的连续性差，特别是大同镇边墙中部以西，基本没有可以屏障的山脉，《大同县志》中述："大同中路起，西至偏关接界去处止，东西地远六百余里，地势平坦，无险可据。"[③] 同样是面对蒙古的第一道防线，大同镇在地理优势上较蓟镇和宣府镇均处于劣势，因此长城的边墙和堡寨就显得尤为重要。

2．军事地理格局

据《读史方舆纪要》载，大同、山西两镇形势最为顽固，"其东则太行为之屏障，其西则大河为之襟带。于北则大漠、阴山为之外蔽，而勾注、雁门为之内险。于南则首阳、底柱、析城、王屋诸山，滨河而错峙，又南则孟津、潼关皆吾门户也……是故天下之形势，必有取于山西（都司）也。"[④]

大同、山西两镇唇齿相依，协同防守，根据图2-28中的军事聚落分布的基本情况，结合史料记载，可以发现大同、山西两镇的几个主要的受敌区域和重要的防守城池。

（1）西部"套虏"之冲：自明廷退套，弃丰州之地，使蒙古入套驻牧[⑤]，山西、大同两镇的西段，就与驻牧于河套地区的鞑靼、瓦剌等游牧部落隔河相望。而在临近两镇的黄河河道中分布多处浅滩小岛，如娘娘滩、太子滩、羊圈子等地，土壤肥沃，可称为塞上绿洲，为河套地区的蒙古部落往来侵扰的目标。因此，山西镇之老营堡、偏关，大同镇之平虏城、威远城一带，成为套虏扰边的主攻之地。而上述四座城池，作为屏蔽蒙古的第一道藩篱，又是蒙古入边进攻应州、朔州的必经之路，因此西部形势十分严峻。

---

① 大同市地方志编纂委员会. 大同市志［M］北京：中华书局，2000. 详见第二篇，第四章。
② 山西省人民政府官网：http://www.shanxigov.cn/n16/n8319541/n8319597/n8319792/8386894.html.
③（清）黎中辅. 大同县志（道光版）［M］. 太原：山西人民出版社，1992：125.
④（清）顾祖禹. 读史方舆纪要·山西方舆纪要序［M］. 北京：中华书局，1955.
⑤ 参见第四章第二节。

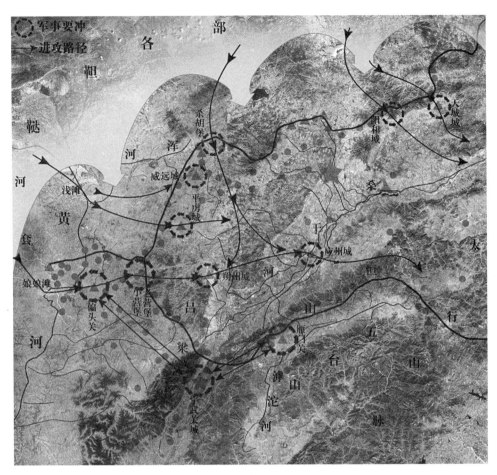

图2-28　大同、山西两镇边外势力入侵路径分析图
（底图来源：Google map）

（2）无险可守的大同中路：上文已经指出，在史料中记述中路以西已无险可守，作为中路重要路城的右卫城和左卫城以及下辖堡寨关隘，是应州、朔州对外的藩篱。而在中路辖域内，有大边中十分重要的关口即杀虎口，杀虎口外两山对峙，山间为开阔的苍头河谷地（图2-29），因此欲由中路攻大同，杀虎口为首选，而由大同镇出击蒙古，此处亦为首选，可以说杀虎口为大同镇中段的要冲之地。

图2-29　大同镇杀虎口形势
（图片来源：王力摄于2010年）

（3）东进宣府之外屏：前文中已经提到宣府镇之军事地理形势，欲入宣府，其中一个选择便是攻大同之东端，如果攻破大同东部山地低谷的天成、阳和一带，即可进入大同盆地，沿桑干河及其支流河谷低地向东，绕过燕山山脉主体，可快速进入燕山山脉与太行山脉交汇之处，即抵达宣化、怀来一带，进而威胁京师。

（4）外三关之险：明初未裁撤东胜、开平时，外三关并非险要之地，但随着北边防线的不断内缩，外三关的军事形势逐渐严峻，军事地位也不断提高。其中偏头之重已在前文指出，而宁武关居三关之中，东西皆为要害之地，为往来策应的重要据点，同时一旦蒙军由偏关入边，宁武关又是杨方、义井等堡的门户，反观之，宁武关则为岢岚州、八角堡之内屏；而雁门关也是同样的道理，对北而言，雁门关为朔州、马邑、大同的门户，对南而言，雁门关又控厄直通忻州、代州、崞县的要道，如果蒙古势力由中路入犯，直取广武营，向东则平型关一带会受到冲击，向西越白草沟，则盘道梁一带会受到威胁，因此雁门关为咽喉要道。另外，外三关以东多隘口，而再东则为居庸、紫荆、倒马三关，即内三关，这段地形，山势连绵，形势险峻，为天然之屏障，外三关即这段天险的门户，也是守卫京师的战略要地。

3. 守险之大同、山西两镇布局特点

大同镇沿边除杀虎口外，基本没有大的山险可守，但由于高原地形作用，边墙沿线小口较多，这些口子的级别很低，在离口子很近处便有堡寨设防，把守重口，可以说大同镇的边墙防御是由沿边堡寨所展开的，堡寨是大同镇防御体系的重要组成要素。与大同镇正好相反，因为山西镇多依山险而建，类比蓟镇，山西镇的军事防御也是由大的关隘所展开，聚落以关城隘口为主，尤其是雁门关以东基本为关城。

根据《九边图说》整理关于大同、山西两镇各个聚落的军事地形的冲缓情况如下：

大同镇：

极冲之地（自东向西、由北往南）：大同镇城；新平堡（新平路路城）、天城城（东路路城）、得胜堡（北东路路城）、助马堡（北西路路城）、大同右卫城（中路路城）、威远城（威远路路城）、平虏城（西路路城）、井坪城（井坪路路城）；平远堡、保平堡（新平路）；镇川堡、弘赐堡、镇羌堡（北东路）；破虏堡、灭虏堡、威虏堡、宁虏堡（北西路）；高山城（不属路）；杀虎堡（中路）；威坪堡、云石堡、威胡堡（威远路）；迎恩堡（西路）；乃河堡（井坪路）。

次冲之地（自东向西、由北往南）：永嘉堡、阳和城、靖虏堡（东路）；镇边堡、镇河堡、镇虏堡（北东路）；大同左卫城、牛心堡（中路）；朔州城（井坪路）。

稍缓地方（自东向西、由北往南）：广灵城、灵丘城、浑源州城（不属路）；应州城、怀仁城、马邑城（井坪路）。

山西镇：

极冲之地（自东向西、由北往南）：宁武关、老营堡（镇城）；北楼口（北楼路路城）、利民堡（中路路城）、偏关（西路路城）、河曲营城（河保路路城）；广武城（东路）；盘道梁堡、神池堡、八角堡（中路）；水泉营、岢岚州（西路）。

次冲之地（自东向西、由北往南）：代州（东路路城）、平型关（北楼路）、汾州。

结合大同、山西两镇城池聚落的分布情况，可以发现，大同镇的镇城和全部路城均为极冲之地，山西镇除代州路外也有这样的特点。而大同镇处于极冲之地的堡寨很多，沿长城边墙自东向西十分平均，山西镇的极冲之地相对比较集中，大部分分布于雁门关以西，集中于中路和西路。根据大同和山西两镇的冲要分布特点，结合军事地理格局和史料的相关记载，将两镇的防御体系布局特征进行总结如下，如图2-30：

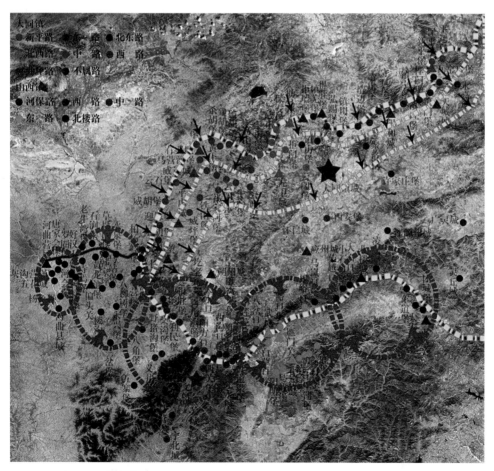

图2-30　大同、山西两镇层次结构布局特点

（底图来源：Google map）

（1）大同镇防御体系由沿边堡寨展开，山西镇防御体系由关隘展开：前文已经提到，大同镇沿边并无大关，多为小口，边墙之外与蒙古各部切近，可谓针锋相对。因此，各沿边堡寨是防卫边墙的重要军事据点，防御体系也是由各沿边堡寨逐渐展开，大同全镇设9路，分别为新平路、东路、北东路、北西路、中路、威远路、西路、井坪路、不属路，辖全境72堡寨分路设防。而山西镇则与蓟镇相仿，因地形的原因，山西镇多关隘，尤以外三关为重，可以看出，山西镇的防御体系中，不但关城隘口居多，整个防御体系也是围绕外三关而逐渐展开，山西全镇设5路，分别为北楼路、东路、中路、西路、河保路，其中东、中、西三路即以外三关各自展开，而北楼路又有平型关为重要关隘设防把守。

（2）大同镇防御体系中堡寨布局的纵深性：与其他镇相同，大同镇的防御体系由外及内大体由预警—边墙、关口—沿边堡寨—腹里城池几个层次构成，但其在后方堡寨部分的纵深设防表现得十分明显。以大同中路为例，其中，破胡堡、马堡、残胡堡、杀胡堡、马营河堡五堡为沿边堡寨，据《宣大山西三镇图说》载，四堡与边墙距离较近，破胡、杀胡两堡距边墙仅500米左右（一里），残胡堡距边墙2.5公里（五里），马堡5公里（十里），马营河堡6公里（十二里）。这些沿边堡寨作为堡寨系统的第一层级，分守边墙、墩台、火炉墩及关口等，其中杀胡堡为本路最重要的先锋堡寨，"分边沿长二十里有奇，边墩二十八座，火炉墩六座"[①]，并扼守杀虎口。在沿边堡寨的后方，沿交通要道分布了四座腹里堡寨，即红土堡、黄土堡、牛心堡、云阳堡。这些腹里堡寨并不管辖长城边墙，仅分管部分火路墩。腹里堡寨是延边堡寨的后续支援和后勤保障，并发挥承前启后的作用，向前线输送兵力物资，向后方传递军情，但更为重要的是，这些腹里堡寨无形中形成第二道防线，增加了前线防御在纵深方向上的强度。这种纵深防御的形式在大同镇十分常见，在北东路、北西路、中路、威远路、井坪路都十分典型。

（3）山西镇外三关团状分布、路下层级细化：由于外三关在山西镇特殊的军事地位，使全镇在宏观的军事布局中表现出明显的三个集团，即以三关为中心的东、中、西三路，三路的堡寨布局有明显的向心性，而核心即为三大关城。另外由于山西镇受山地地形的限制，常见一路下辖堡寨分守不同的交通要道或地形要地，在大的集团下又呈现小的组团分布，为了方便组团的管理，在路下又有层级的细化。如中路路城虽为利民堡，但在路城下由设几座重要堡寨，分领几个小的堡寨组团，各守其险，其中宁武关城领朔宁堡、大河堡、二马营堡、大水口堡、阳方口堡、狗儿涧、宁文堡等；利民堡领得胜堡、勒马沟堡、蒋家峪堡；神池堡领西沟口堡、圪老罐堡、石湖领堡；八角堡领干柴沟堡、长林沟堡、野猪沟堡；盘道梁堡领小莲花堡、夹柳树堡、燕儿水堡、雕窝梁堡、长林堡、云冈口堡。从地理分布中不难看出，正是由于地理环境的限制产生了路下层级细化的布局特点。在其他几路也有类似的情况，十分明显，不再赘述。

4．大同、山西两镇聚落选址特点

大同、山西两镇的聚落选址大体都按照城池选址的基本原则，但细观之下又有特殊之处。

（1）扼守水源、控制水路：大同、山西两镇所在的黄土高原中河流多发源于高山中，其中恒山是桑干河与滹沱河的分水岭；吕梁山为桑干河与汾河水系的分水岭；众多水系与两镇长城垂直而过，形成了密布的水网，在黄土高原的特殊地形下，道路交通网与水网基本一致，因此长城沿线的堡寨选址大多近水，且兼控水陆交通，《读史方舆纪要》中称之为"因山涧之崎岖，为屯守之形势"[①]。如山西镇西路，由老营堡向西，经小营堡、八柳树堡、马站堡、韩家坪堡直至偏关，再到桦林堡，几座城堡呈线性分布，皆因把守关河。关河由大同镇平房堡东入，而老营堡在关河北岸，属关河上游，关河绕城南西下，经过几座城堡，最终由关河口西泻入黄河。几座城堡的布局与河道相当吻合，正有扼守河道之意。又如大同镇之要塞杀虎口，既是高山之中的险峻隘口，又是多条河流交汇之要道。张相文《塞北纪行》称："杀虎口内外，实为数水交汇之处，故其地绾毂南北，自古倚为要塞。"可见杀虎口所扼守的不仅是山险，更是水陆要道。

（2）大同镇沿边堡寨与关口的位置关系：大同镇的沿边堡寨与长城边墙的距离切近，少则几十步，如镇羌堡据边墙仅五十步（约80米），多也不过十里（5公里）。大同镇的沿边堡寨多有镇守关口之责，如《宣大山西三镇图说》载，镇宁堡："分边沿长一十三里，边墩二十一座，火路墩一座，内灭胡口、白羊口，极冲，通大虏"；镇门堡"分边沿长一十三里三分，边墩二十一座，火路墩一座，内榆林、水磨等口俱极冲，通大虏"等[②]。大同镇的大部分关口规模很小，因此一座城堡分管多个关口的情况很多，但也有多堡可守一个关口的情况，如得胜堡与弘赐堡即为共同守卫得胜口。大同镇的关口都是把守联通内外的道路的节点，因此沿边堡寨在选址时更需选址在与边墙和关口切近处，但也要注意堡寨自身的防卫。

（3）选址于山顶之上：大同镇北面虽然多山，但山势较平缓，且顶部浑圆，相比蓟镇和二边的山西镇，这样的山地更易于翻越，同时也易于建筑防御设施。一般情况下，多是烽燧和边墙建于山顶，但也有堡寨建于山顶的情况。大同镇新平路之保平堡与桦门堡均建于山上，把守要道的同时也可以更好地瞭望敌情，图2-31。《宣大山西三镇图说》载：桦门堡"设在山坪，为虏犯瓦窑口必经之处。列垒而居，势甚孤危。然自此堡设后，戍守有人，斥堠有警，虏遂不敢南下牧马，亦扼险之要地云。"[③]但是这种情况下设堡也有一定的风险，一旦遭遇围攻，很难突破，因此与

---

① （清）顾祖禹. 读史方舆纪要·舆图要览［M］. 北京：中华书局，1955.
② （明）杨时宁. 宣大山西三镇图说：卷二：大同镇［M］. 明万历刻本.
③ （明）杨时宁. 宣大山西三镇图说：卷二：大同镇［M］. 明万历刻本.

图2-31　桦门堡选址形势

（图片来源：李严、李哲摄于2003年）

其他堡之间应保持较近的距离。据载该堡"东至永嘉堡30里（15公里），西至本边墙2里（1公里），南至瓦窑口堡10里（5公里），北至保平堡20里（10公里）"[①]。

另外，值得注意的是，大同镇中的明蒙互市贸易市场很多，也非常有代表性，关于马市的选址与布局在第四章中有详细的分析。大同镇各路路城之间的直线距离一般在25～35公里，堡寨间的距离在5～10公里。烽燧预警系统多建于山顶，而沿边堡寨则多控山谷地带的交通要道。

（五）延绥镇——横绝河套　据险卫内

延绥镇，原治延安府、绥德州一带，因而得名。成化中期镇城迁治榆林卫城，因此后也称榆林镇。读史方舆纪要按："榆林旧治在绥德，成化时余素敏（字子俊）广开城垣，增置三十六营堡，其边墙东起黄甫川，西至定边营，长一千二百余里，横绝河套之口焉。"[②]

1．空间地理特征

延绥镇长城军事防御体系主要分布于今陕西省榆林市辖域内，东隔黄河与山西镇、大同镇遥遥相望，南围延安、米脂等膏腴之地，西与宁夏镇相接，北部为广阔的塞外河套平原，如图2-32。

延绥镇地处内蒙古鄂尔多斯高原的南缘，是毛乌素沙漠和黄土高原的过渡地带，地势由东北向西南倾斜，海拔在1000～1300米左右。全镇辖域分为三大区域，西北部为风沙滩地，地势广阔而平坦，黄沙连绵，多有滩地湖泊与沼泽，虽不易修筑防御工事，也不利于大规模的军事行动；中南部为盖沙黄土河谷山道地，无定河及其支流榆溪河南北纵贯；东南部为黄土丘陵沟壑地，山梁沟壑纵横交错，地形起伏较大，既有利于隐蔽性的机动进攻，也有利于军事防御的组织联络。

---

①（明）杨时宁. 宣大山西三镇图说：卷二：大同镇［M］. 明万历刻本.

②（清）顾祖禹. 读史方舆纪要·舆图要览［M］. 北京：中华书局，1955.

延绥镇内的山脉以横山为主，西起定边，东至米脂一带，西高东低，长城边墙在山脉北坡，与山脉基本平行。山脉的北坡河流主要为无定河及其支流，绕横山像东南流入黄河，又有大理河、小理河和淮宁河皆向东流；南坡河流西部为洛河，东部有延河、廷秀河，向东西注入黄河。无定河的河谷地带为开阔的川地，自古便是重

图2-32 陕西省地形图
（图片来源：《陕西省志·地理志》）

要的军事通道，延绥镇东河流众多，黄甫川、清水川、孤山川、窟野河、秃尾河、佳芦河等河川斜穿黄土高原，向东南流入黄河，这些河川的谷地也是重要的军事通道，明蒙两军多次于此交战（图2-33）。[1]

图2-33 延绥镇长城军事防御聚落分布地形图
（底图来源：Google map）

① 榆林地区地方志指导小组. 榆林地区志［M］. 西安：西北大学出版社，1994.

2．军事地理格局

明初延绥镇一带并不是防守的要点，自"土木之变"后，明初防线不断内缩，并放弃对河套的控制权，使得蒙古势力不断进入河套地区并最终入套，使延绥镇的局势迅速严峻。结合《延绥镇志》《九边图说》《读史方舆纪要》等史料记载，根据图2-34中的军事聚落分布的基本情况，可以发现延绥镇的基本军事地理格局。

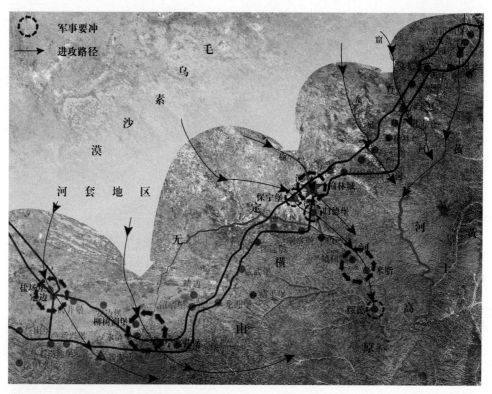

图2-34　延绥镇边外势力入侵路径分析图
（底图来源：Google map）

（1）东部地区以天险为守：延绥镇东部一带河流密集，黄土丘陵沟壑交错，又有黄河天险以为屏，因此在全镇布局中，相对其他地区军事压力相对和缓。《延绥镇志》载："黄甫川堡，与岢楼子营仅一河之隔，迤西至双山一十二城，冈阜交错，深壑高崖，蜿蜒四、五百里，东南逼临大河，故东路之利，利在险也。"[①]可见东路据天险之利，迫使蒙古骑兵难以大举入侵，虽偶有掠边，但规模不大，正是明代兵法中所说的"便利之地，先居者胜"的"争地"。不过正因东路河川较多，冬季结冰后，天险反而成为防守的不利因素，见本章第三节。

（2）中部防守膏腴之地：延绥镇中部边墙堡寨之内正是米脂、鱼河一带"三百里膏腴地"，不但是榆林一镇粮草的主要来源，也为蒙古骑兵大举劫掠的重

---

① （清）谭吉璁. 延绥镇志：卷1：地理志·河套［M］. 西安：三秦出版社，2006.

要目标。虽然怀远至清平一带有恒山可以屏障，但山中冲口很多，川面平衍，不足为恃，一旦由此攻破势必累及其他城池。而常乐堡至波罗堡一带，又受风沙影响，"沿边积沙，高与墙等，时虽铲削，旋壅如故"[1]，大大增加了防守的难度。可见中部地段实属防守要段，尤其延绥镇之镇城榆林又在这一地区，保宁堡与波罗堡之间虽有无定河流过，但河水较浅，如果由此攻入，可直达鱼河、归德一带。鱼河为重要的屯粮堡寨，而归德又把控了向镇城及东部运粮的要道，一旦失守，东西失联，长驱无忌，诚为大患。

（3）西部控厄延安、固原之门户，地理环境十分复杂：延绥镇西部地理环境十分复杂，山地、沙漠、高原等多种地形交错，又控厄多条通往腹里的道路，为防守的重中之重。西部的柳树涧堡、宁塞营为南下延安之门户，虽然自砖井堡至龙州堡一带有恒山山脉可以据守，但柳、宁两堡间川原错杂，而柳树涧以西地形平阔，无险可据，实为防守的薄弱环节。另外定边、花马池一带，黄沙连绵，不易防守，河套一带蒙古部落常由此入犯固原一带。

3．守险之延绥镇布局特点

延绥镇横绝河套之口，自正统之后，毛里孩率部不断向南推进，逐渐入套，成化年间，延绥边境军事压力极大。嘉靖时蒙古右翼吉囊部进驻河套，延绥镇与蒙古势力针锋相对。根据《延绥镇志》整理关于延绥镇各个聚落的军事地形的冲缓情况如下：

极冲之地（自东向西、由北往南）：延绥镇城、保宁堡（中路路城）、神木堡（东路路城）、新安边营（西路路城）；镇羌堡、大柏油堡、柏林堡、高家堡、建安堡（东路）；常乐堡、双山堡、响水堡、波罗堡、怀远堡、威武堡、清平堡（中路）；龙州城、镇靖堡、镇罗堡、靖边营、宁塞营堡、柳树涧堡、旧安边营、砖井堡、定边营、盐场堡（西路）。

次冲之地（自东向西、由北往南）：黄甫川堡、清水营、木瓜园堡、孤山堡、永兴堡（东路）；新兴堡、石涝池堡、三山堡（西路）。

结合延绥镇城池聚落的分布情况，可以发现，西路、中路的堡寨基本均驻守极冲或次冲之地，虽然相比之下东路军事压力较小，但也有众多冲要的受敌点，将本镇的防御体系布局特征进行总结如下，如图2-35：

（1）防御体系以边墙为中心展开：从全镇的地形来看，延绥镇沿边基本无大的山险可守，边墙是隔离蒙古势力的重要藩篱，因此延绥镇的防御体系是由长城边墙展开。如果说大同与山西两镇、宣府与真保两镇均是以两镇联防构成双层防御系统，那么延绥镇则是自身形成双层防御系统。延绥镇的长城边墙分为"大边"和"二边（也称夹墙）"，据《陕西西镇长城》载，大边长城中东路及中路

---

① （清）谭吉璁. 延绥镇志：卷1：地理志·河套［M］. 西安：三秦出版社，2006.

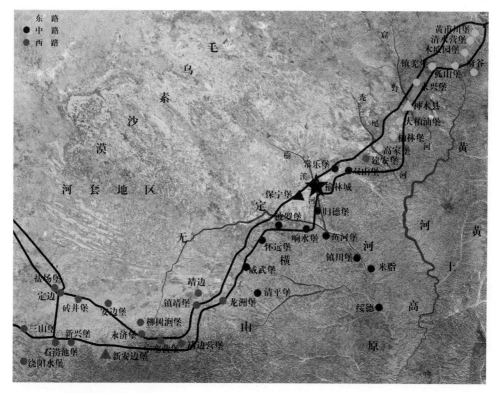

图2-35　延绥镇分路防守分布图
（底图来源：Google map）

基本呈东北——西南走向，长城边墙跨多条河川，长城走向较平直；西路长城边墙较为曲折，且呈东西走向，边墙在白于山处，因地形而走，因此向南突出。二边长城走向基本与大边保持一致，但边墙走向十分曲折，二边长城多因河道和山川而走，如二边在过鱼河堡后，沿无定河南岸陡崖逆流而上向西行；继而由溯芦河而上，过响水堡、波罗堡、怀远堡、威武堡；后又循芦河东侧陡崖而南，再循白于山山脊西延，入定边，最终循山梁止于三山堡处。延绥镇的堡寨大多分布于大边与二边之间，分管不同的边墙。

（2）堡寨布局的均布性：延绥镇的堡寨布局与前文提及的几个军镇不同，堡寨间距具有很强的规律性，基本距离都为40里（20公里），仅在个别处有些微差异。其他军镇的堡寨城池布局受到地形的限制，据险设城，无法保持统一的间距，但延绥镇因地形平坦，基本无险可守，故聚落布局时，间距受策应距离所决定，均为40里设一城，在神木至靖边一线尤其明显。

4．延绥镇聚落选址特点

延绥镇的聚落在选址时相较前几个军镇，受地理环境的制约较小，其中独特之处大致有两点：

（1）控厄水源的上游：明代兵法有言："要地者，山川之上游，水陆之都会，可以跨据控引者也。"[1]控制水源的上游无论对进攻或防御都可占据主动性。延绥镇内尤其东路、中路，河川较为密集，堡寨选址因受自然环境制约小，在扼守河道时，多以占据上游为优。如镇羌堡控孤山川之上游；常乐堡、榆林镇城、归德堡控榆林镇主要河流无定河的上游榆溪河及其支流（图2-36）。

（2）沙滩地形中，边墙与城堡关系密切：沙滩地中地形平阔，无险可

图2-36　榆林城、常乐堡守榆西河而设
（图片来源：Google Earth）

守，且防御工事的建筑十分不易。在榆林镇中段常乐至保宁堡间及西路安边、定边一带，均处沙滩地形中，在这种环境下，边墙与城堡的关系十分密切。据《延绥镇志》载，保宁堡至大边一里（500米）、常乐堡至大边半里（250米）、旧安边营至边墙一里（500米）、砖井堡至大边一里（500米）、定边营至大边五十步（约80米）等，如图2-36。

总体而言，延绥镇基本保持"一里（500米）一小墩，五里（2.5公里）一大墩，十里（5公里）一寨，四十里（20公里）一堡"的聚落布局规律[2]。

（六）宁夏镇、固原镇——控扼山河、四塞险固

宁夏镇与固原镇之形势，与大同镇和山西镇之形势极其类似，同为南北两镇并行，形成内外边联防的军事格局。《边政考》议两镇称："（宁夏）背名山而面洪流，左河津而右重塞……固原山川险阻，旁扼夷落，为中华襟带。"[3]

① （明）何守法撰：《投笔肤谈》，程素红：《中国历代兵书集成》，1999年5月，第1653-1654页。
② 李严. 榆林地区明长城军事堡寨聚落研究［D］. 天津：天津大学，2004.
③ （明）张雨. 边政考：卷3：宁夏卫 固原卫：明嘉靖刻本.

1. 空间地理特征

宁夏镇镇域主要分布于今宁夏回族自治区北部及中部地区，"镇城所据，贺兰山环其西北，黄河在东南，险固可守。"[①]宁夏镇地处贺兰山与黄土高原、鄂尔多斯高原之间的黄河冲积平原上，水利发达，农耕资源丰富，是黄河流域最优越的地方，"鱼盐水利，在在有之"[②]，是著名的塞上江南之地。优越的地理优势使宁夏自古成为兵家的必争之地，也使其成为明代北边的边陲重镇（图2-37）。

早在秦汉时期，宁夏地区便开渠引黄，大兴屯田，明初洪武年间，宁夏卫事何正"修筑汉、唐旧渠，引河水溉田，开屯数万顷，兵食饶足"[③]。据《大明会典》载，永乐年间，宁夏镇在永乐年间，有"田一万五千六百二十四顷七十六亩，征粮一十八万七千四百九十七石"，正统四年（1439年）以后，"田失原额，粮反倍增"[④]。到嘉靖年间，宁夏平原上分布的大小18条正渠，全长已达700公里，灌溉156万亩粮田。[⑤]与北边其他军镇相比，宁夏镇具有优渥的农耕资源和得天独厚的地理优势，成就了其在边防地区的重要地位。

宁夏镇西北为贺兰山，西部长城边墙及堡寨均依附于险山而建。贺兰山为南北走向，西坡较缓，逐渐过渡到内蒙古高原，而东坡则十分陡峭，高差很大，形成一道天然的屏障，使东西两侧气候、植被有着显著的差异，成为内外流域的分水岭，也是温带荒漠草原与荒漠、半农半牧区与牧区的分界线。贺兰山北与狼山、桌子山相邻，控扼乌海、磴口方向，西通河西走廊，成为河西走廊的咽喉之地。《大清一统志》如是评价贺兰山："从首至尾，有象月形，南北约五百余里，真边城之巨防。"[⑥]宁夏镇东南的黄河亦为天险，"两岸峭壁，河狭而水势遄驶，商市山木而下者，日行可二百里，以其流急也。"[⑦]在双方交战过程中，"以水代兵"可形成天然障碍，成为攻防作战中极富地域性的特点。

宁夏镇之南，为东部太行山、南部贺兰山、西部祁连山的连接地带。其地纵卧六盘山脉，起自今宁夏回族自治区西南部，不断向南延伸，贯通陕甘宁三省区，成为关中平原的天然屏障，把控北方进入关中平原及中原地区的交通枢纽。六盘山脉也是西北地区重要的分水岭，同属黄河水系的泾河、清水河、葫芦河均发源于此。六盘山所控地区，山河纵横，水草丰美，是汉王朝经略西北、屯养战骑的重要基地。六盘山脉的第二高峰，属于整座山脉的北部，也称六盘山，海拔2928米，即为固原镇所控地区。固原镇地形与宁夏镇不同，以山地及黄土高原为

①（明）许伦. 九边图论·宁夏［M］. 虞山后知不足斋刊本影印版. 1890（光绪十六年）.
②（明）杨守礼，管律. 嘉靖宁夏新志·序［M］. 刻本. 1540（明嘉靖十九年）.
③（清）张廷玉. 明史：卷134：宁正传［M］. 北京：中华书局，1974.
④（明）李东阳. 大明会典：卷28：会计四［M］. 扬州：广陵书社，2007.
⑤（明）杨守礼，管律. 嘉靖宁夏新志［M］. 刻本. 1540（明嘉靖十九年）.
⑥（清）穆彰阿，等. 嘉庆重修一统志：卷265：宁夏府·山川［M］. 影印本. 上海：商务印书馆，1934（民国二十三年）.
⑦（清）穆彰阿，等. 嘉庆重修一统志：卷265：宁夏府·山川［M］. 影印本. 上海：商务印书馆，1934（民国二十三年）.

图2-37　宁夏、固原两镇长城军事防御聚落分布地形图
（底图来源：Google map）

主，区域内丘陵沟壑交错，清水河、葫芦河等水系由此发源，流经区域形成河谷平原。顾祖禹称固原镇"左控五原，右带兰会，黄流绕北，崆峒阻南，称为形胜"，"据八郡之肩背，绾三镇要膂" [1]。

2．军事地理格局

宁夏、固原两镇位于西北四镇的中段，与甘肃、榆林两镇形成掎角之势，守卫三边总制驻地固原镇城，军事地位十分重要。宁夏镇是蒙古进攻黄河以东平原地带的咽喉要地，"明初既逐扩廓，亦建为雄镇。议者谓宁夏实关中之项

---

① （清）顾祖禹．读史方舆纪要：卷58：陕西七［M］．北京：中华书局，1955．

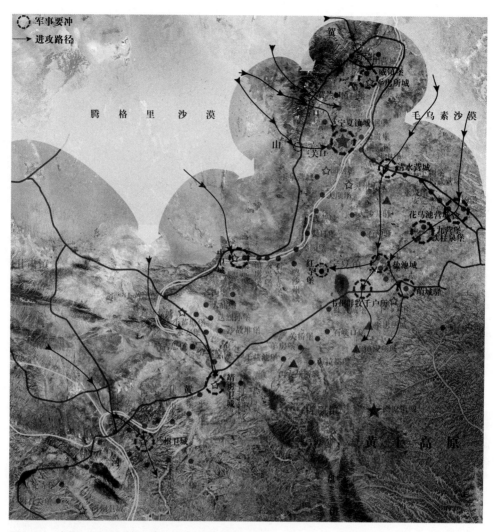

图2-38　宁夏、固原两镇边外势力入侵路径分析图
（底图来源：Google map）

背，一日无备，则胸腹四肢，举不可保也。"[1]固原镇东接榆林，西连甘肃，北负宁夏，"三镇者，其固原之门墙，固原者其三镇之堂奥"。[2]结合《边政考》、《九边图说》、《读史方舆纪要》等史料记载，根据图2-38中的军事聚落分布的基本情况，可以发现宁夏、固原两镇的基本军事地理格局。

（1）东南近河套处为两镇之要害：明初控制河套之时，西北四镇与大同一带往来运输十分便利，粮草也十分丰沛。弃套以后，宁夏镇的东南一线，近河套处形势十分险峻。自清水营处之花马池一带，通向河套地区的道路往来交错，十

① （清）顾祖禹. 读史方舆纪要：卷62：陕西十一［M］. 北京：中华书局，1955.
② （清）顾祖禹. 读史方舆纪要：卷58：陕西七［M］. 北京：中华书局，1955.

分复杂，沿线城堡几乎处处为要塞。据《边政考》载，花马池营所守边墙外，通往蒙古驻牧的河套地区的道路有"东长湖、大沙子、柳门儿、二沙子、野麻湖、锅底湖"，蒙古部落可由花马池入边，攻击铁柱泉、盐池城一带，继而南下向萌城、环庆进攻，或向西南进攻韦州而威胁平虏、固原镇城处；若河套蒙古部落由兴武营外"方山、长流水、沙湖、柳条川、蛤蟆湖、鼠湖儿"等处入犯兴武营，或由"红城子、郓（yun）怀郭透镇北、木井等墩"掏墙入犯毛卜剌、清水营等堡，则灵州必遭攻击，灵州北临宁夏镇城，西控黄河天险，为宁夏之咽喉，固原之门户，如果灵州失守，则宁夏镇城与固原、环县被分隔，"无环、固则无宁夏"，可见东南临河套处实为军事要害。

（2）黄河天险为双刃剑：黄河自西南至东北，过宁夏、固原两镇辖域，沿河筑有诸多城堡，虽然黄河天险可为守御，又能提供水源，但其却是一把双刃剑。前文中提到，延绥镇东路虽守黄河天险，但冬季结冰后，却失去屏障的功能，蒙古势力可直接横跨。而贯通宁夏、固原两镇的黄河更是带来极大的麻烦，尤其是宁夏镇东北部的平虏、镇威一带，以及固原镇的兰州卫城、靖虏卫城一带，渡河入侵的现象十分普遍。

（3）腹里小河套不利守御：宁夏镇红寺堡以南，直至固原边墙一带，草木繁盛，地势平坦，水泉繁多，据《读史方舆纪要》载："虏入寇必休于此，呼为小河套"，这一地带仅红寺堡一堡守御，势力孤悬，如果蒙军抢先占据水源，则危害甚大。

（4）贺兰山之天险可凭：与上述几点不同，贺兰山是宁夏镇的天然屏障，贺兰山外为典型的沙漠地形，黄沙漫天，十分不利大规模的军事行动。且贺兰山本就山势雄伟，山脉东侧层峦叠嶂，崖谷险峻，山间有贺兰口、打硙口、三关口、拜寺口等重要通道，守御重要通道，就切断了大军进攻的入侵路线。整体而言，宁夏镇西部的军事压力较小，虽偶有居住于贺兰山西侧的蒙古势力由此进入，但频率与规模都较其他部分要小。

3. 守险之宁夏、固原两镇布局特点

宁夏、固原两镇的设置，依附了险固的地理环境，将丰富的农耕资源收入囊中，占据了重要的区域优势。巍然屹立的贺兰山和滔滔不绝的黄河成为一道天然的屏障，使两镇成为九边沿线一个十分重要的军事据点。根据《九边图说》整理关于两镇各个聚落的军事地形的冲缓情况如下：

宁夏镇

极冲之地（沿长城边墙自东向西）：宁夏卫城（镇城）；花马池营（东路路城）；平虏所城（北路路城）；宁夏中卫（西路路城）；兴武营城（东路）；玉泉营城（南路）；广武营城（西路）。

次冲之地：灵州城（中路路城）。

固原镇:

极冲之地（沿长城自东向西）：固原镇城；下马关（下马关路路城）；靖虏卫城（靖虏路路城）；兰州卫城（兰州路路城）；河州卫城（河州路路城）；环县千户所。

次冲之地（沿长城自东向西）：西古城堡（兰州路）；洮州卫城、岷州卫城（河州路）。

由上可以发现，宁夏、固原两镇的冲要之地基本均为本镇重要城池所守御，城池级别较高，结合两镇城池聚落的分布情况，对防御体系布局特征进行总结如下：

（1）宁夏镇在地理分布上，呈现"几"字形外突形势，西北贺兰山外即是蒙古部落，东西两侧所连均为咽喉要地，使宁夏镇具有外拒内蔽的战略地位，《嘉靖宁夏新志》评价其为"中国有之，足以御外夷，外夷窃之，足以抗中国"[①]。设镇于宁夏，是大势所趋。

（2）贺兰山脚下城池设置密度较低：前文中指出，贺兰山作为天险纵贯两镇之西北，隔绝了恶劣的气候条件及蒙古部族的铁蹄。相比宁夏镇其他几面来说，贺兰山一带军事压力较小，由聚落的局部可以充分看出这一点，贺兰山一带聚落间的密度明显小于其他部分，而聚落与边墙间的距离也明显大于其他部分。同样是大型山脉，贺兰山与其他几镇所依山脉完全不同，对于防御体系来说是十分有利的"地利"因素。

（3）横亘小河套的固原边墙：前文分析指出，红寺堡以南的小河套区域，对整个防御体系的防守十分不利，且红寺堡势孤力弱，形势十分不利。针对这一问题，固原镇由徐斌水起筑新边，至鸣沙州止，守御小河套，将小河套区域内的四十五处水泉包围在边墙之内，同时也将肥沃的耕地围起。这一道边墙不但解决了红寺堡附近蒙军驻留的问题，同时巩固了打拉池至靖虏卫之间清沙岘段土质疏松、边墙防卫不稳的问题，使这一区域形成了四面包围的防御结构。

4．宁夏、固原两镇聚落选址特点

宁夏、固原两镇的聚落在选址时的特点与前述几镇大同小异，稍有特点之处即在山水的利用上。宁夏、固原两镇均地处西北高原地区，气候恶劣，水资源缺乏，因此对水源的利用十分重要，显而易见的便是腹里堡寨沿黄河及支流处分布，不但起到守卫水源的作用，也为屯粮屯军提供便利，另外，宁夏镇东路的铁柱泉堡正是因为铁柱泉而设。原本此处并未设堡，后因"套房每至，必饮马驻牧，数日而后出"[②]，明廷遂在此处设堡防守，可见争夺水源的重要性，这也是明代兵法中所说的"在我为要，在敌为害"[③]的道理。

---

① （明）杨守礼，管律．嘉靖宁夏新志［M］．刻本．1540（明嘉靖十九年）．
② 嘉靖宁夏新志：卷3：宁夏后卫·铁柱泉［M］．详见第51页B至52页A。
③ （明）佚名．草庐经略［M］//程素红．中国历代兵书集成．北京：团结出版社，1999：2617.

两镇的聚落选址另一个特色便在守要道上。前文指出，贺兰山脉中有几重要的通道，宁夏镇便设重关以防御。其中三关口与打硙口均设有三道关墙，以加强防御；贺兰口是贺兰山中部最险处，关口三面环山，仅可向东至腹里平原，因此在关口处设墙，并在山的深处修建若干烽火台与平地守军相呼应。由于贺兰山小口较多，因此常见于小口处设一道或多道短墙以防御的做法。

（七）甘肃镇——沙海明珠 西陲绝塞

甘肃镇为明代的西北边陲，守卫汉代时所设的河西四郡[①]之处，《罪惟录》中有："以守之难易论，诸边皆难，而辽东、甘肃尤。何则？辽东僻远海滨，三面皆敌；甘肃孤悬天末，四面受警也。"[②]可见甘肃镇的军事形势十分严峻。

1．空间地理特征

甘肃镇长城为明代长城最西段，地处黄河上游的青藏高原、内蒙古高原和黄土高原交汇处（图2-39）。由于深居内陆，紧邻沙漠戈壁，气候极端干旱少雨，因此稳定的水源和适宜的土地是甘肃地区的重要资源。河西走廊地带甘肃地区著名的戈壁绿洲，其受惠于祁连山冰川融水的灌溉，形成循山势而延伸的绿洲农业，制约着这一地区的农业生产的分布于规模，进而限制了军事防御体系的分布。另外，河西走廊地区又是古代丝绸之路的必由通道，虽然明代由丝绸之路联系西域的功能远不及汉唐，与西域的通贡却仍在进行。因此，在军事防御的同时，保障经济和文化交流的畅通具有十分重要的意义。但由于西北地区地理位置偏僻、基础条件简陋，对甘肃一带的经略远不及宣大山西一带，而在历代长城发展史中，也仅秦、汉、明代有关于西段长城的明确修筑记载。

河西走廊位于今甘肃省西北部，祁连山以北，北山山地以南，是自东南向西北倾斜的狭长地带，海拔在1000～1500米之间。其北的北山山地由一系列断续的中山组成，海拔在1500～2500米，由于靠近腾格里沙漠和巴丹吉林沙漠，山岩裸露，大漠连天，形成了"岩漠"和"戈壁"的景观。其南的祁连山脉，大部分海拔在3500米以上，终年积雪，成为多条河流的发源地，也是河西走廊的天然水库。河西走廊分为三个独立的内流盆地，分属三大河流域：玉门、瓜州、敦煌绿洲盆地区属于疏勒河流域；张掖、高台、酒泉绿洲盆地大部分属于黑河流域；武威、民勤、永昌绿洲盆地属于石羊河流域（图2-40）。明代长城主要分布于黑河和石羊河流域的绿洲盆地中，控厄绿洲就控制了西北地区最重要的资源，因此长城的分布受到绿洲的极大影响。

---

① 河西四郡为汉武帝所开，自东向西分别为：武威郡、张掖郡、酒泉郡、敦煌郡。
②（清）查继佐. 罪惟录［M］《四部丛刊》本. 上海：上海书店，1984.

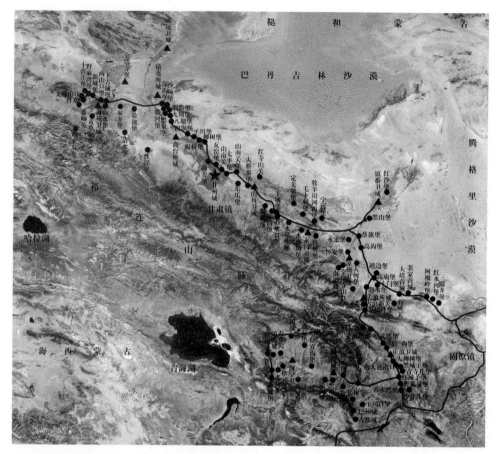

图2-39　甘肃镇长城军事防御聚落分布地形图
（底图来源：Google map）

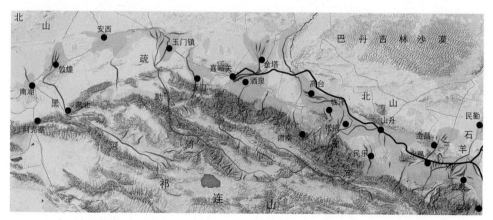

图2-40　河西走廊绿洲分布图
（底图来源：Google map）

2．军事地理格局

《九边图说》按："**甘肃古河西四郡也，西控西域，南隔羌戎，北蔽胡虏，实为西陲，孤悬绝塞**"[①]。甘肃镇自古便是华夏之西陲绝塞，民族结构复杂。明朝时，甘肃镇所辖之地，三面环夷，四顾丛梗，又远离京师，不便经略，军事压力巨大。结合《边政考》《九边图说》《读史方舆纪要》等史料记载，根据图2-41中的军事聚落分布的基本情况，可以发现甘肃镇的基本军事地理格局。

（1）西宁卫一带西、南、北三面皆险：西宁卫一带为"**万山环抱，三峡重围**"，其西为青海湖，古时称西海，正德以后，有东蒙古亦不剌、阿尔秃厮以及俺答汗等部相继入迁，称为西海蒙古，西海蒙古对西宁一带威胁较大，可由镇海城、北川城一带入边，进攻西宁卫，进而威胁碾伯城一带；西宁卫之西南有散处于青海河湟一带的西番，也称西羌，常由新城堡等处入边，进攻本卫；西宁卫以北虽然有庄浪、凉州作为藩屏，但一带套房大举进犯，破庄浪卫而入，则会直接

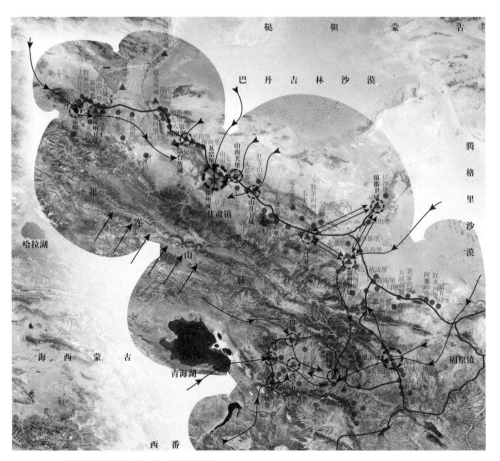

图2-41　甘肃镇边外势力入侵路径分析图

（底图来源：Google map）

———————————
①（明）兵部. 九边图说·甘肃镇图说［M］. 明隆庆刻本.

威胁到碾伯城一带，进而威胁本卫。

（2）庄浪卫为河西之咽喉：庄浪卫一带是连接宁夏、固原两镇通往河西走廊的咽喉之地，"北枕乌稍，南接黄河，松山左峙，分岭右踞，为河西喉襟之地。"[①]其所面临的进攻主要来自于北边之外蒙古势力的南下，一旦大举破宁夏固原，则会直接威胁甘肃镇河西走廊一带肥沃的土壤，因此庄浪卫一带把控咽喉要地，多为防蒙古入犯河西。

（3）凉州为东西连接的纽带：凉州一带自古就是多民族冲突融合之地，"左扼古浪，右负西山，三秦屏障，五郡要冲"[②]。在甘肃镇狭长的地理分布中，凉州处于中段冲要之地，成为东西连接的纽带。凉州携东之古浪所城，西之永昌卫，东北之镇番卫，形成犄角之势，虽然守御强度很高，但凉州边外通蒙道路密集，几座重要城池之外均有多条道路和关口需把守，而沿边风沙极大，气候十分恶劣，一旦凉州一带被攻破，不但河西之屯粮不保，还会威胁到镇城甘州与东部之间的往来应援，使甘州孤悬，可谓"凉州失，甘肃非我有矣"[③]。

（4）甘州镇城控厄多方势力：甘州镇城一带为甘肃镇之要地，其西南有祁连山为屏障，控制河西走廊中一片大块绿洲，"西扼回戎，北拊强胡，南遮羌部，势临斗绝"[④]，甘州以北瓦窑堡、山南关一带扼守多条通往边外的道路，为要冲之地；西南四坝等堡因守卫高台所城也是极易受到来自西部鞑靼及东北瓦剌的攻击之处；甘州之东山丹卫主要防东北河套蒙古的多路入侵；与此同时甘州一线均受到由南而来的西海蒙古的威胁。

（5）嘉峪关把守通往西域之门户要道：嘉峪关为明代长城西部最远关，控厄通往西域的要道，为明代在西部的门户，受肃州卫管辖，其地山河相连，为塞上绿洲，"南有雪山嵯峨万仞，北有紫塞延衮千里，西土保障之咽喉"[⑤]。作为西北门户，嘉峪关可谓三面环夷，无论是西海蒙古、河套蒙古及西域各部族，均对此虎视眈眈，嘉峪关一破，不仅危及肃州卫，更是直逼甘肃镇城甘州卫城，因此嘉峪关的军事意义十分重大。

3．甘肃镇的选址与布局特点

甘肃镇因地理环境的特殊性，长城边墙及大部分的堡寨均选址与沙漠绿洲之中，其布局与选址有密切的关联，因此本镇关于选址和布局两条合二为一。首先依旧根据《九边图说》整理关于两镇各个聚落的军事地形的冲缓情况如下：

极冲之地：甘州卫城（镇城）；庄浪卫（庄浪路路城）、凉州卫（凉州路路

---

① （明）张雨. 边政考：卷三：庄浪卫［M］. 明嘉靖刻本.
② （明）张雨. 边政考：卷三：宁夏卫 固原卫［M］. 明嘉靖刻本.
③ （清）顾祖禹. 读史方舆纪要·舆图要览［M］. 北京：中华书局，1955.
④ （清）顾祖禹. 读史方舆纪要·舆图要览［M］. 北京：中华书局，1955.
⑤ （明）张雨. 边政考：卷三：肃州卫［M］. 明嘉靖刻本.

城）、肃州卫（肃州路路城）；红城子堡、镇羌堡（庄浪路）；安远站堡、古浪所城、黑松林堡、镇番卫、永昌卫（凉州路）；石硖口堡、山丹卫、平川堡、高台所城（甘州路）；镇夷所城、嘉峪关（肃州路）。

次冲之地：西宁卫（西宁卫辖域）、碾伯右所（西宁卫辖域）。

由上可以发现，《九边图说》中所载的甘肃镇之极冲与次冲之地与前文分析十分吻合，而其中整个甘肃镇防御体系选址与布局的原则有一个鲜明的特点。

（1）河西走廊是甘肃镇防御体系选址与布局的决定因素：因为甘肃镇所处的沙漠戈壁环境，导致了水源的重要性，而沙漠戈壁地形中，水源即意味着绿洲之地，甘肃镇的绿洲分布也就是河西走廊一线。因此河西走廊成为甘肃镇防御体系选址和布局的一个至关重要的决定因素，与其他军镇不同，甘肃镇的防御体系是由河西走廊一带沙漠绿洲的布局而展开（图2-42），地理条件完全限制了防御体系的布局。

（2）组团状小防御体系的细化：基于河西走廊对布局的决定性，甘肃镇的防御体系随绿洲的块状分布而呈组团状分布，前文指出山西镇的聚落分布也呈组团

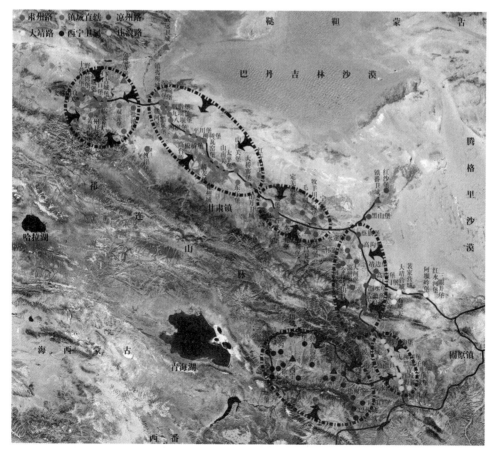

图2-42 甘肃镇分路防守分布图
（底图来源：Google map）

状，但甘肃镇之组团与山西镇却不尽相同。绿洲除了意味着水源也意味着肥沃的耕地资源，在沙漠戈壁环境中，各组团间往来策应十分不便，军粮储备运输也十分不易，古人云"屯修于甘，四郡半给，屯修于四郡，则内地称苏矣"[1]，正因如此各个组团内部要不但考虑防守职能也要一定程度解决军需屯粮，因此甘肃镇的组团具备小型防御体系的属性，与山西镇的军事防御性拱卫三大关隘并不一样。

（3）丝绸之路沿线设防布局：丝绸之路是古代中国与中亚、西亚及欧洲各国相互联系的重要桥梁，汉唐为极盛时期。虽然到了明代，陆上丝路已逐渐被海上丝路所取代，但通过陆路与西域进行的朝贡贸易和茶马互市等成为明朝分化蒙古势力和与西域诸国结盟的重要手段。另外，明代在汉唐丝绸之路的基础上，发展了运兵、运粮、传递讯息的驿递信息系统，因此丝路在明朝又具有关系边防的军事作用。作为北边防御体系的最西段，甘肃镇承担了保卫丝路贡道和驿路畅通安全的职责。

甘肃镇对丝路的保卫和控制主要通过设堡驻兵实现。以甘州路[2]为例，明廷与甘州丝绸古道设置的驿站、递运所、急递铺等都有明显的军事性质[3]。甘州丝路东起山丹卫，接永昌卫，西至高台黑泉堡，接肃州路镇夷堡，共有11个驿站，平均40里（约20公里）一处，均与关、堡置于一处或极近处（表2-1）。

明代甘肃镇甘州路下辖驿站及设防城堡对应表   表2-1

驿站	堡寨	驿站	堡寨	驿站	堡寨
峡口驿	石峡口堡	新河驿	新河堡西1公里	山丹驿	南关
东乐驿	东乐堡	仁寿驿	仁寿堡	黑泉驿	黑泉堡
甘泉驿	张掖城东北隅	小沙河驿	沙井堡	沙河驿	沙河堡
抚夷驿	抚夷堡	高台驿	南关		

另外一些专司粮草运送的递运所，亦配合驿站设置，在甘州一线的驿站基本都配设有递运所，而负责文书运递的急递铺亦结合驿站而设，到明中后期，递运所和急递铺的功能逐渐被驿站吞并，使驿站成为驿道上最为重要的机构。通过军事聚落组织驿递运输机构，有效地保障了甘州一线的丝路畅通和安全，而丝路交通的分布也制约和影响了军事聚落的分布。

总之，甘肃镇的防御体系布局受地理环境限制很大，属于因地制宜的典型代表，甘肃镇的聚落中，37%的城池堡寨与长城边墙的距离在1公里以内；尽半数在3公里以内；仅11%在20公里以外。而全镇城池堡寨的平均距离约10公里，[4]但

---

① （清）顾祖禹. 读史方舆纪要·舆图要览［M］. 北京：中华书局，1955.
② 甘肃镇全线分五路，自东南至西北分别为：庄浪路、大靖路、凉州路、甘州路、肃州路，镇城即甘州。
③ 关于驿递系统的基本构成详见第三章。
④ 刘建军. 基于空间分析的明甘肃镇长城防御体系研究［D］. 天津：天津大学，2013.

前文提到甘肃镇为小组团状布局，组团间距离较大，因此平均距离并不具有典型意义，组团内的聚落最小距离可小至三里（1500米）左右。

第三节　"天时"之不可抗性对明长城军事防御体系的辩证影响

所谓"天时"即战争中有利的自然气候条件，由于气候的多变与不可抗性，因此"天时"在军事中，尤其是古代科技落后的情况下，极难琢磨，故曰"天时不如地利"正是这个道理。

一、明代兵书著作《投笔肤谈》中关于"天时"的军事思想

前文中已经介绍了明代学术价值极高的兵书《投笔肤谈》中关于"地利"的军事思想，而本书中对"天时"也颇有独到的见解。其文曰：

"天经者，天之运行，犹云经纬也……惟知之，可假以取胜；不知则无变通，适重三军之疑畏也。故以为第十三，然列之于终者何也？盖天道无形，泥之者多败，欲人先修人事，如《本谋》、《家计》篇所言，而不可专恃之意也。不然，何以孟夫子曰：'天时不如地利，地利不如人和'；法曰'上不制于天'，又曰'天宫时日，明将不法'。"①

作者指出了"天时"的重要性，只有了解天时才能更好地指挥战争，如果不了解则无法灵活变通，但也因自然气候具有难以捉摸，非人力可控的特性，因此不能依赖天时作为法度，固曰"天文可以佐吾之用兵，而非可恃以为必胜也。"

那么所谓"天时"在古代具体都包含了哪些内容，进而指出：

"寒暑推迁者，运也。日月星辰者，象也。风云雨雪、阴雾雷电者，化也。孤虚旺相者，数也。

……

夫运有通塞，象有盈亏，化有盛衰；数有休咎。或以为灾，或以为祥，或以利我，或以害敌，皆夷达其用也。

彼可以疲耗人之气者，寒暑也。可以挫奋人之志者，星辰也。可以劳毙人之力者，雨雪也。可以骇乱人之心者，雷电也。可以迷障人之目者，阴雾也。"②

这些本为自然气候所带来的不利因素，但若是对敌方不利即是对我方的利处，若是对我方不利就是对敌方的利处，由此观之，作者深刻地揭示了所谓"天时"的辩证性。

---

① （明）何守法. 投笔肤谈［M］//程素红. 中国历代兵书集成. 北京：团结出版社，1999：1653-1654.
② （明）何守法. 投笔肤谈［M］//程素红. 中国历代兵书集成. 北京：团结出版社，1999：1653-1654.

"此乃人谋也，亦有自然之天命焉。战于睢水而风大起，渡于滹沱而冰乍合，马涉混同而水及腹，兵驻江沙而潮不至。则又天命之不可违，而非人谋之所能为也。善兵者，尽吾人谋之可为，以听天命之不可违而已。至于成败利钝，有所不计也。"①

作者再次强调了自然气候的不确定性对军事成败的影响，从而指出战争中应尽人事，而知天命，尽可能地调动主观谋划以抵抗甚至是利用自然条件的变化。

明长城军事防御体系地理分布广阔，其所受气候影响极大，在这样的条件下，自然气候带来了很多"天灾"的不利因素，对明是"天灾"对蒙就是"天时"，对蒙是"天灾"对明就为"天时"，能否化"天灾"为"天时"，或是降低克服"天灾"的影响，对防御体系来说至关重要。

二、边界战争的季节性规律

《辽史·营卫志》载："长城以南，多雨多暑，其人耕稼以食，桑麻以衣，宫室以居，城廓以治；大漠之间，多寒多风，畜牧畋鱼以食，皮毛以衣，转徙随时，车马为家。此天时地利所以限南北也。"② 由此可见，农耕地区与游牧地区的自然气候条件存在着很大的差异，正因如此而形成了不同的文明类型。

寒暑代迁，居诸送运，四季变迁是人力不可抵抗的自然规律。相比于定居生活的农耕民族，对于古代北方的游牧民族，由于生活在高寒干旱的气候条件下，季节交替影响着食物和饲料的产量，因而对其游牧生活有很大的影响。春夏两季草木繁盛，游牧民族的生活可以得到基本的保障，一旦进入秋冬季节，无法自给自足，就会导致大规模的向南入侵。因此明蒙边界地带的战争具有很明显的季节性。

（一）秋季收获时节的大规模防秋军事活动

明初肃清了残元势力，稳定了北边局势以后，明太祖朱元璋就制定了春秋两季加强巡边的制度，这一制度主要是针对蒙古势力春秋两季有规模的进攻而定。春季长城近边的农民交界地草长莺飞，经过一个冬天饥寒交迫的游牧民族迫不及待的南下住牧，因而不断扰边；到了秋天，正值农耕民族大范围收获之季，迫于严冬无粮草的压力，游牧民族会在这一时间大范围的入边掠夺，以备过冬。因此春秋两季蒙军南下入犯的压力较大，不过春季游牧民族的马匹瘦弱，攻击力不强，因此春季进攻多为小规模的扰边，但是秋季马匹肥壮，加之以储备过冬为目的，掠夺的规模通常较大，因此，秋防要比春防严峻得多。

---

① （明）何守法. 投笔肤谈［M］//程素红. 中国历代兵书集成. 北京：团结出版社，1999：1653-1654.
② （元）脱脱，等. 辽史：卷三十二：营卫志中［M］. 北京：中华书局，2008.

朱元璋对防秋十分重视，在其于洪武二十八年（1395年）的敕谕陕西行都指挥使司的诏书中指出：“西凉、甘肃、山丹屡被胡虏入寇，宜留精锐军马备之，但时于境上巡逻，不可深入其地。若春秋耕获之时，尤宜严加守备。”[①]经过洪武对春秋巡边的强化，形成了一种常制，尤其是防秋，贯彻九边各镇。

防秋不但是兵力的加强，对军事布局也会产生影响，以宁夏、固原两镇为例，就有防秋将总督移制花马池的规定。在前文对宁夏、固原两镇的军事地理环境的分析中指出花马池营为宁夏固原的要冲之地，控厄多条通往河套地区的交通道。秋季河套地区的鞑靼各部六畜肥壮，战斗力很强，而宁夏固原两镇包围的黄河冲积平原真是五谷丰登之时，因此大规模的入侵掠夺无可避免，而花马池至清水营一带近河套处首当其冲，一旦这条边墙被突破，又会祸及后方屯堡，甚至突破固原镇边墙而逼近关中平原。为了防止这种大肆劫掠，明廷每年秋季防秋之时，不但要增派大批兵力，并从内地抽调人马组成“班军”赴此守边，同时将本治于固原镇城的三边总制府移治花马池营，使总督亲临坐镇，并移固原总兵于下马关，陕西巡抚移驻固原，组织内地府县全力支持，这一大规模的移调行动，史称“花马池防秋”。

防秋在九边中十分普遍，不仅宁夏镇有移治的规定，如山西镇也有“秋防宁武，冬防偏头”的传统。另外嘉靖四十年（1561年）明廷规定京营有春秋二防，“各选兵四支赴居庸关防守，每支三千人。马兵三百，步兵二千七百。春防正月十五日行，三月中旬回营。秋防七月十五日行，九月中旬回营。每防用参将二员，佐击二员，将官到彼，听总督巡抚节制。”在蓟镇的很多堡寨也都有关于防秋的碑记，记述了防秋的时间和规模等，同时也记述了对边墙和城池的维修，如董家口附近的一座敌楼里有记功碑一块，上书“大明万历二十三年秋防，德州营修完口口木马峪七十八号台，西空起至西山崖止，拆修二等边墙四十丈，创修三等边墙五丈，敌台一座”；苇子峪建台记事碑，铭文书：“大明万历三十六年秋防，德州营修完石义青山顶敌台一座，周围一十二丈，下根基石条九层，上接砌砖修，高连垛口三丈五尺，上盖望亭三间，下盖铺房三间”等。

总之，防秋是北边防务的大事，其表现不仅为加派兵力，同时也会涉及边墙、城堡、烽燧等设施的维修，甚至是全镇军事布局的变动。

（二）冬季河流冰冻及防冬军事行动

我国著名的气象学家竺可桢在其《中国五千年来气候变迁的初步研究搜索》一文中系统的总结了古代中国五千年历史中气候变迁的基本规律，表现为四个温暖期和四个寒冷期（表2-2）：

---

① 明太祖实录：卷二四三［M］. 1395（洪武二十八年十一月乙丑）.

古代中国气候变迁基本规律 表2-2

公元纪年	历史朝代（时期）	气候期（温暖/寒冷）
公元前3000年～公元前1000年	仰韶文化至殷墟时期	温暖时期
公元前1000年～公元前850年	西周时期	寒冷时期
公元前770年公元初	春秋战国、秦汉	温暖时期
公元初600年	东汉、三国到南北朝	寒冷时期
公元600年～960年	隋唐时期	温暖时期
1000年～1200年	两宋时期	寒冷时期
1200年～1300年	元朝时期	温暖时期
1400年～1900年	明清时期	寒冷时期

可以看出古代中国的气候四个温暖期与四个寒冷期是交替变迁的，而明朝正是处于第四个寒冷时期中，有历史记载，明弘治六年（1493年）淮河流域普降大雪，从当年九月降至次年二月，洞庭湖变为了"冰陆"，车马可行。在这样的气候条件下，守卫黄河的明长城防御体系面临着一大困窘。春夏之际，黄河成为天堑，可以隔断蒙古大军南下的铁蹄，但是冬季河面冰冻，蒙古骑兵可以踏冰而过，使天堑成通途，增加了冬季的防御压力。针对这一问题，明朝又组织了相应的防冬。

据《甘肃关隘史》一书记载，甘肃镇裴家川一带，是入驻河套的鞑靼部落主要的出没地，尤其是在冬天河水结冰后，经常侵扰靖会等地，因而设裴家川堡，守卫边堑要隘。[①]类似的情况在其他镇也很普遍，如固原镇永安堡一带，入冬后便有松山处鞑靼部踏冰渡河进攻沙古堆、打拉池一带，并进一步进攻环、固、静、会等地，"故设永安堡为藩篱，而大庙堡又为永安堡之门户"，并每年冬统领400余名军丁至永安堡，100余名至大庙堡以防冬。据《陕西通志》[②]记载，黄河有关15个，渡口43处，其中壶口以北河段，冬季封冻，形成冰桥，行人车马皆可由冰上往来。其中延绥镇的黄甫川堡至清水营堡间，距离黄河仅数千米，冬季黄河结冰，蒙古骑兵可以由此轻易渡过黄河而直接进攻大同、山西一带，进而威胁京师，因此这一带设防颇为密集。《延绥镇志》云："黄甫川堡，与岢楼子营仅一河之隔，……然则秋则虑入双山之大川，南近米脂，为最冲；冬则虑黄甫之河冰，一马可渡，随时设备，岂可缓乎？且密迩葭州、府谷、神木、吴堡诸邑，军民杂居，牧保为难。足见战略位置之重要。"[③]

以上所说均为黄河沿线边镇的防冬，其实防冬并不仅局限于黄河流域，在东北第一镇辽东镇也有关于防冬的相关记载。隆庆元年（1567年），明廷命"海州

① 边强. 甘肃关隘史［M］. 北京：科学出版社，2011：393.
②（清）刘於义，等（雍正）陕西通志［M］. 文渊阁《四库全书》本.
③（清）谭吉璁. 延绥镇志：卷一：地理志·河套［M］. 西安：三秦出版社，2006.

卫，并东昌、东胜二堡及原辖西平、西宁、西兴三堡并属之太仆，岁以冰合时，驻海州防大虏，余月则移驻西平，以备零寇。"①

明长城军事防御体系的聚落选址与布局中最重要的一点便是近水源、控河川，正因如此，冬季河流结冰的问题在各镇均有涉及，在聚落选址时，考虑冬季河道结冰是十分必要的，而防冬也是防御体系必须具备的军事制度。虽然河川在一定程度上可以成为"地利"，但在严寒作用下却成为蒙军的"天时"，正验证了前文所说的"天时"的辩证性。

三、气候恶化对防御体系的影响

明代处于中国古代第四个寒冷时期，同时又是自然灾害频发的一个时期，有学者指出在明代不到三百年的历史中，灾害竟达1010次之多，"诚旷古未有之记录也"，其中尤以洪水灾害为最多②。气候的恶化对军事防御体系有很大的影响，不仅是对防御设施的破坏，也包括人口流动带来的军事防御体系的退化。

（一）灾害对防御工事的破坏

频繁的自然灾害，尤其是洪水、地震等灾害会对防御工事造成很大的破坏，北边九大军镇均有关于自然灾害破坏防御工事的相关记载，如：据《高台县志》记载，天顺八年（1464年），甘肃镇镇夷所城被洪水冲坏，"遂在旧址东北另筑新城，周4里余"③；真保镇军城口在嘉靖三十五年（1556年）洪水泛滥之时，城池被冲毁，只能由关口南的曲阳县（倒马关营）抽调军士协同防守；固原镇兰州城西有阿干河，其河上有唐代修建卧桥，在明永乐、嘉靖、天启年间，多次因洪灾所毁而重修④；成化元年（1465年）六月，京师以东地区普降大雨，"水坏山海关、永平、蓟州、遵化城堡"，次年定州积雨，"坏城垣及墩台多口百七十三"⑤；成化三年五月，宣府、大同一带发生地震，"有声，威远、朔州亦震，坏墩台墙垣，压伤人"，成化十三年（1477年）四月，"宁夏大震，声如雷，城垣崩坏者八十三处"⑥，类似的例子不胜枚举。

不论是洪水、地震或其他类型的自然灾害，对防御工事造成破坏不但会引起财力和人力的损失，更重要的是会导致防御体系中的漏洞，给敌方可乘之机。据《宁武府志》⑦载：嘉靖三十一年（1552年）岢岚、神池一带发生地震，俺答借此

① 明穆宗实录：卷九（隆庆元年六月戊戌条）[M].
② 邓云特. 中国救荒史 [M]. 北京：商务印书馆，1985.
③ 高台县志纂委员会. 高台县志 [M]. 兰州：兰州大学出版社，1993.
④ 千同和. 兰州城关史话 [M]. 兰州：甘肃文化出版社，2008：50.
⑤（清）张廷玉. 明史：卷二十九：五行志二 [M]. 北京：中华书局，2008.
⑥（清）张廷玉. 明史：卷三十：五行志三 [M]. 北京：中华书局，2008.
⑦（清）魏元枢，周景柱，董常保. 宁武府志注 [M]. 北京：中国文史出版社，2006：298.

入犯外三关，"纵掠至八角堡"，与明军在大虫岭展开大战，致明军全军覆灭，总兵李涞战死。"千里之堤，毁于蚁穴"，无法抵抗的自然之力，对防御体系造成的破坏，即便十分微小却不容忽视，而再灾后的重建过程中，会出现根据现在调整的情况。如清光绪二年（1876年），固原镇下马关城西墙被洪水冲毁，在重建时缩小了古城的面积，并重修"炮台八座，难谍七百有二，南北槽楼"①。

（二）气候突变导致防御体系弱化与迁移

在前文对延绥镇的军事格局进行分析时，指出延绥镇中路常乐堡至波罗堡一带，风沙壅塞，需时常铲除风沙，才能露处边墙。但这段边墙在成化年间初建时，风沙并没有这么严重，仅是"川空居多，浮沙筑垣"②，多为流沙的情况，但在万历二年（1574年）以后，此处就已经是"风壅沙积，日甚一日，高者至于埋没墩台，卑者亦如大堤长板，"③历史学家曹永年在其《明万历间延绥中路边墙的沙壅问题》一文中指出，这种平墙大沙的情况，"并不是人为所致，而是自然界突变的结果"④。这一突变指的就是由于气候恶化而导致的土地沙化问题，具体参见此文，在此不再赘述。

土地的沙化在明代河套及鄂尔多斯地区是十分严重的，而毛乌素沙漠的不断扩展也是因为这一原因。延绥镇中路边墙在土地沙化的作用下导致防守的难度大大提升，驻守环境进一步恶劣，但此路一直驻守。相比之下，更为严重的是在气候恶化作用下，防御体系不能不面临迁移和衰退的问题。在本书中多次提到的大宁卫弃守问题，虽然是多方面原因造成的，包括军事格局的变化、统治者思想的作用、军力财力等等方面，但气候对其造成的影响确实不容忽视的一个重要方面。虽然从广泛意义上说，明朝处于一个小冰期中，但洪武建朝之初正值一个温暖时期中，初设大宁卫时，明太祖的初衷为"择膏腴之地以便屯种，如北平、潮河川、大宁"⑤，可见在明初时大宁一带的耕地条件尚属"膏腴"，但随着小冰期的迅速降临，北边地区气候迅速恶化，到洪武末年，大宁一带的物资粮草已需要由其他地方支持供给，造成了不小的压力。也许这一突变，才是最终导致大宁之地，孤悬塞外，不得不撤守的原因。

邹逸麟在其《明清时期北部农牧过渡带的推移和气候寒暖变化》一文中认为"十五世纪初诸卫内迁的根本原因是北边地区气候转寒、环境恶化造成的"⑥。由此推理，不仅是大宁卫，包括东胜卫、开平卫在内的明初北边防线的内移都有可

---

① （清）陈日新. 平远县志·城池［M］. 刻本. 1879（清光绪五年）.
② 明宪宗实录：卷九十三（成化七年七月乙亥条）［M］.
③ （明）陈子龙. 明经世文编：卷四四八：修复边垣扒除积沙疏［M］. 北京：中华书局，1962.
④ 曹永年. 明万历间延绥中路边墙的沙壅问题［J］. 内蒙古师范大学学报，2004（01）：5-9.
⑤ 明太祖实录：卷一八三［M］.
⑥ 邹逸麟. 明清时期北部农牧过渡带的推移和气候寒暖变化［J］. 复旦大学学报，1995（01）：25-33.

能是因为气候恶化而导致的。

（三）灾害引发的士兵失额与军事进攻

大部分严重的自然灾害所引起的直接问题便是物资缺乏与饥荒，在史料中关于饥荒的记载不计其数。如明史载："（正统）四年，直省州县卫十八及陕西隰州、大同、宣府、偏头诸关饥。五年，……陕西大饥"；"（成化四年），凤阳及陕西、宁夏、甘、凉饥。五年，陕西洊饥。六年，顺天、河间、真定、保定四府饥，食草木殆尽"[①]。严重的饥荒导致九边士兵大范围出逃，致使士兵失额。

另外，灾害本身也会造成士兵的死亡，如在嘉靖三十四年（1555年）发生了中国地震史中规模最大的一次地震，山西、陕西、河南诸多地方同时受灾，致使"官吏、军民压死八十三万有奇"[②]。在灾害中直接死亡也是士兵失额的一个因素。

士兵的失额必然导致防线的弱化，与防御工事的破坏类似，这样的情况必然导致窥伺已久的蒙古士兵南下掠夺。如嘉靖三十九年（1560年），偏关一带发生严重的饥荒，"市无米谷，木皮皆尽"，俺答借此入犯大同，突破重重防线，直抵宁武关一带，"火烧盘道梁，由羊川坡逾夹柳树、狗涧儿，长驱围宁武关"，山西总兵弃守潜逃，明廷惨败，造成了严重的损失。可见灾害所造成的士兵失额，亦如突隙之烟，会造成严重的后果。

总而言之，气候的恶化，自然的灾害，是人力无法抵挡的，可能会对长城军事防御体系造成无法挽回的损失，而在明朝二百多年的历史中，这种气候带来的影响潜移默化地促使防御体系发生了各种变化，可以说相比自然地理而言，气候是一种影响长城军事防御体系布局的动因。

综上所述，所谓军事防御体系的布局与选址原则，无外乎抢夺有利位置，占据有利的因素，并尽可能回避不利的因素与条件。"天时"与"地利"是权衡防御体系的布局与选址时必须考量的自然因素，两者对防御体系的影响可谓一"动"一"静"。"天时"为动，"地利"为静，其中以"地利"更为主要。

"地利"所体现的是一种古代军事地理学思想，是人的主观能动性的一种表现。一个"险"字就体现了古代军事防御思想的精髓，既可以是"因险设塞"中可以凭据的自然天险，也可以是军事地理中的关键节点，又可以是复杂交错的交通要道，而明长城军事防御体无论是布局或选址的宗旨就在于"守险"。

根据本章的研究分析，虽然九大军镇各自所处的地理环境、军事格局均不相同，但其原则确是大同小异的：山脉的作用重在屏障，但山间的断裂地段或河川切割的河谷地带又是重要的交通孔道；河川是重要的水源，同时也具有一定的流

---

① （清）张廷玉. 明史：卷三十：五行志三［M］. 北京：中华书局，2008.
② （清）张廷玉. 明史：卷三十：五行志三［M］. 北京：中华书局，2008.

通运输能力，在河面宽阔处又可以成为天堑以屏障；平原沙漠虽然地势平坦，视线开阔，但也因此而无险可凭。正因把握了地理因素中的核心特点，在防御体系的规划布局中也体现出了共性：堡寨、关隘往往选址于交通要道及重要隘口之处；烽燧、边墙通常要控制高点；镇城通常处于腹里，卫所等屯兵屯田之用的城池亦离边墙较远；所有城池尽可能地把控水源等。在受敌攻击频繁的冲要之地，军事聚落的密度较大，往往形成沿纵深递进式或组团式的防守布局模式，不论是纵深递进式或组团式的布局模式，也会因地理环境的不同有着细致的差别。但总体来说，各镇均保持着镇城—路城—堡寨、关隘与都司—卫—所两个体系并行，在地理分布中层层递进的布局模式。地理因素在短时间内基本保持稳定，可以看作是一种静态的影响因素，规划者通过对地理环境和军事格局的判断而进行选址与布局。初设的防御工事就像整个防御体系的众多生长点，随着时间的推移不断扩大形成一个系统。在这样的过程中，由于其他因素的介入，最初的选址和布局很可能被否定，因而有了防御体系中的变迁，这些其他因素并不仅限于自然因素，更有政治、经济、文化、思想等多方面的影响。

"天时"所体现的则是气候对军事防御的影响，其带有浓重的不可抗性，同时需要辩证地看待，对一方而言是有利的，对另一方便是有害的，因此"天时"与"天灾"其实是辩证统一的。由于其不可抗拒，因此对防御体系的影响带有被动的色彩。

在大部分情况下，气候所产生的影响对军事防御体系来说均是不利的冲击。季节的交替导致防御体系的设防不得不因时而动，气候的恶化又引发防御体系的布局做出大幅度的调整，大规模的自然灾害更是强势的破坏整个体系，并导致更加严重的入侵战争。纵观中国古代历史，明朝所处的是一个持续很长的小冰期，这也为各种气候因素产生的问题埋下了伏笔。正所谓"天道无形"、"明将不法"，"天时"之利害不可预测，只能被动的做出调整，因此相对"地利"而言，"天时"是一个影响防御体系规划布局的动因，迫使防御体系做出适应性的变动。

总而言之，自然因素是影响防御体系规划布局的重要因素，也是表现得最为直接的因素。另外，由本章的分析也可以看出，防御体系的设置并非都是明智而正确的，会因为一时的误判而不断改动，也会有很大的漏洞或弊病并未改正，对防御体系的分析应保持客观的态度和全面的认识。

第三章　社会因素对明长城军事防御体系规划布局机制影响

社会因素是明长城军事防御体系规划布局的潜在推手，主要包括政治军事制度、军事战事、经济等方面，以影响防御体系选址和变迁的动态因素为主。

第一节　政治军事制度对明长城军事防御体系选址与变迁影响

德国军事理论家克劳塞维茨在《战争论》一书中指出："战争无非是政治通过另一种手段的继续。"[①]政治产生并操纵战争的发生，而战争又反作用于政治。战争不仅是一种政治行为，同时也从侧面实现了政治交往。明、蒙双方政治军事因素决定了战争的战略战术、战斗力及战争的资源配置等问题，而明长城作为战争的直接产物，其形成与演变也受到农牧双方政治军事因素的直接影响。

一、明长城军事防御体系建立的背景——密切相关的政治、军事制度

（一）军事系统下的疆土管理——都司卫所制度

明代的行政区划制度以三司分治为主要特征，而行政系统（布司系统）与军事系统（都司系统）控制明朝的整个疆土，而监察系统（按察司系统）则肩负监督行政、军事两大系统的职责。在这样的体系下，地方的权利得以分散，对地方的管理更为高效，而中央权力也更为集中。作为军事系统的都司卫所管辖一部分疆土，形成"军管行政区"[②]，成为明代政体的重要特点。

1. 都司卫所的层级体系

都司卫所是一个组织严密、层级分明的管理体系，其自上而下，大体由三级构成，即都司—卫—千户所的管理层级，但其内部是一套复杂的多层次的复式结构。首先，由都司、行都司及留守司构成的都司一级隶属于中央级的五军都督府，是地方的一级机构，而卫、直属于都司的守御千户所及军民指挥使司等是地方的二级机构。另外，有一部分守御千户所及卫直接隶属于五军都督府，这部分守御千户所于卫同级，有独立的军事辖域，只是在兵力上不及同级的卫。这样就形成了以五军都督府统领的复式军事组织体系。

洪武元年（1368年），刘基"密奏立军卫法"，据宋濂《洪武圣政记》"肃军政第四"载：

---

① （德）克劳塞维茨. 战争论［M］. 北京：中国人民解放军出版社，2005.
② 周振鹤. 体国经野之道——新角度下的中国行政区划沿革史［M］. 北京：中华书局，1990.

"大率以五千六百名为一卫，一千一百二十名为一千户所，一百一十二名为一百户所。每一百户下设总旗二名、小旗一十名管领钤束，通以指挥使等官领之。"①

明廷采纳此建议，颁布卫所编制法，每卫领5600人，设前、后、左、右、中5个千户所；每千户所领1120人，设10个百户所；每百户所领112人，辖2个总旗；每总旗50人，辖10小旗，每小旗10人。在这样的军制下形成的都司卫所体系颇为复杂，其简要组织结构如图3-1。

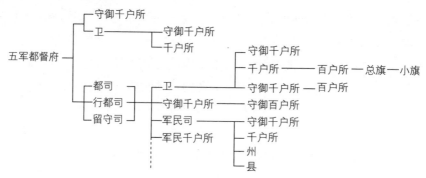

图3-1　都司卫所制度组织结构示意图
（资料来源：《中国行政区划通史·明代卷》）

2. 都司卫所与土地管理

都司卫所是与驻地疆土紧密结合的军事组织形式，《明史》中便有"卫所有实土者附见，无实土者不载"之说，后学者又将其细化，从都司卫所与土地管理的角度将卫所分为实土、准实土、非实土卫所三类②。

谭其骧先生指出："实际所谓实土卫所指的是设置于不设州县处的卫所，无实土卫所指设于有州县处。"③设州县处即有行政区划的地区，反之为不设州县处。实土卫所有自己的辖区，在辖区内行使军事管理职能，同时也管辖一定的居民，行使行政职能，这就是周振鹤提出的"军管行政区"的概念。

在非实土卫所中，有一部分卫所，虽然身处州县行政区域内，但仍然管辖一部分的土地与人口，郭红在《明代都司卫所制度与军管行政区》一文中将其定义为"准实土卫所"，并指出"准实土卫所主要分布在沿海和内陆边区，名义上在府州县境内，但又占有大片的土地、人口，足以同府州县相颉颃"④。北边地区的山西行都司中，大同左卫、大同右卫、镇房卫、平房所、威远卫等均属于准实土卫所。

① （明）邓士龙. 国朝典故［M］. 北京：北京大学出版社，1993.
② 郭红. 明代都司卫所制度与军管行政区［C］//中国长城博物馆暨中国长城学会优秀文集. 2005.
③ 见于靳润成著《明朝总督巡抚辖区研究》一书影印谭其骧致该书作者的一封信。
④ 郭红. 明代都司卫所制度与军管行政区［C］//中国长城博物馆暨中国长城学会优秀文集. 2005.

在这样的制度下，明代"一半以上的疆土归军事系统管辖"[①]，在北部边防地区，以卫指挥使司、守御千户所及军民指挥使司、军民千户所等均为实土卫所，大部分都司、行都司下还设有准实土卫所；另外，辽东都司、大宁都司、陕西行都司等均为实土都司，陕西都司、万全都司、山西行都司等为部分实土都司，这些军事机构管理着边地的土地和居民，同时防御北方游牧民族的侵袭。

3. 北边地区的都司卫所

明代北部边地地区，是明廷防御外敌侵袭的重要防线，地处北方游牧民族南下进攻的重要位置，在长城边墙一线，平行布置了星罗棋布的都司卫所。从东北到西北，先后设立了奴儿干都司、辽东都司、大宁都司、北平都司、万全都司、山西行都司、山西都司、陕西都司及陕西行都司。

奴儿干都司和辽东都司管辖东北地区，奴儿干都司管辖黑龙江、松花江流域、库页岛及今吉林省的部分地区；辽东都司初设时仅管辖辽东半岛，至万历年间（1573~1620年），权力范围已蔓延至女真地区。

辽东都司以西为大宁都司（曾改为北平行都司，永乐后更回），都司原治于大宁，与北平都司共同管辖北平地区及密云长城以北的大片塞外土地。永乐元年（1404年），迁大宁都司治于保定，将原来的治地交由兀良哈三卫接管，同时废北平都司。大宁都司以西为万全都司，是针对大宁都司内迁造成的影响，为了加强统一控制而设立，主要管辖现河北张家口地区。万全以西的山西以偏头—宁武—雁门一线为界，由山西行都司和山西都司两个区分管军事事务。洪武八年（1375年）前山西由大同、太原两都卫管辖军事，后改大同都卫为山西行都司，太原都卫为山西都司。山西行都司靠近明蒙边界，与山西布政司同治大同府一城。山西都司治太原府。较山西行都司、大宁都司，山西都司的军事地位较弱，设置的卫所较少，且均无实土。

陕西都司由设置于洪武三年（1370年）的西安都卫所改，与陕西布政使司同治西安，"为根本机要重地"[②]，辖范围与行政管辖区犬牙交错，今宁夏回族自治区均属陕西都司管辖。陕西都司以西的陕西行都司，辖区最为辽阔，包括甘肃、青海、西藏三省，其前身为设置于洪武七年（1374年）的西安行都卫，陕西行都司初设时曾一度被废，洪武十二年至二十六年重设行都司于甘州。

综上，明北边地区大部分疆土都归都司卫所军事系统管辖，形成了军管行政区这一特殊的行政区划。而明代主要兵力也驻扎于此，在长城一线严密布局，防范蒙古侵袭。北边地区各都司设置时间与稳定时期辖卫所数见表3-1，部分都司辖域及位置情况见图3-2。

---

① 顾诚. 明帝国的疆土管理体制［J］. 历史研究，1989（3）.
② 关中奏议：卷6：为考选军政官员事［M］.

北边都司设置及稳定时间表　　　表3-1

名称	设置都司时间	稳定时期辖卫所数
奴儿干都司	永乐七年（1409年）	鼎盛时有300卫
辽东都司	洪武八年（1375年）	宣德五年以后领25卫、18所、2州
大宁都司	洪武二十年（1387年）	景泰以后共11卫、2所
北平都司	洪武八年（1375年）	洪武十四到二十八年19卫、4守御千户所
万全都司	宣德五年（1430年）	自设立之初15卫、7守御千户所
山西行都司	洪武八年（1375年）	宣德元年后14卫、3所
山西都司	洪武八年（1375年）	嘉靖十七年后8卫、9所
陕西都司	洪武八年（1375年）	万历后23卫、3屯卫、3护卫、24所
陕西行都司	洪武八年（1375年）	景泰七年12卫、3守御千户所

资料来源：《中国行政区划通史·明代卷》

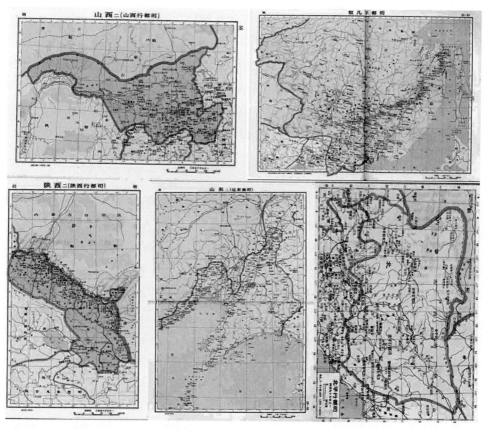

图3-2　北边部分都司辖域形势地图
（图片来源：《中国历史地图集》）

（二）寓兵于农、守屯结合——军屯制度与军兵来源

臣按：自古屯营之田或用兵或用民，皆是于军伍之外各分兵置司，惟我朝之制就于卫所所在，有闲旷之土，分军以立屯堡，俾其且耕且守，盖以十分为率，七分守城、三分屯耕，遇有儆急，朝发夕至，是于守御之中而收耕获之利，其法视古为良。近世又于各道专设风宪官一员以提督之，其牛具、农器则总于屯曹，细粮、子粒则司于户部，有卫所之处则有屯营之田。①

明代政治家邱浚之语，概括了明代军屯的主要特点，道出其在土地、人员、交纳等方面的组织规则，指出其在历史上的独特性。

1．军屯制的建立与组织形式

军屯制度起源于西汉时期，曹操的《置屯田令》中有"孝武以屯田定西域，此先代之良式也"②。军屯在历代均有，但明代的军屯体系较完整，作用较突出。在战争中建立起的明王朝，虽拥兵百万、捷报频频，但支撑庞大军队耗资却是棘手的问题，"夫定国之术，在于强兵足食"③，朱元璋以史为鉴，指出"若兵食尽资于民，则民力重困，故令将士屯田，且战且耕"④。

明代军屯制是以卫所制为基础，"选民丁，立都所，置卫屯田"⑤，是卫所制的一部分。军屯奉行有事则战、无事则耕的原则，"边地三分守城，七分屯种。内地二分守城，八分屯种"⑥。另外，军屯内又因所处位置不同、战守职能差异原因，分为边屯与营屯。边屯，"屯于各边空朋之地"⑦，且耕且战，一方面为边地将士提供军需粮饷，大大减轻了长途运输的负担；另一方面也起到防御北方游牧民族入侵的作用。营屯，"屯于各卫附近之所"⑧，且耕且守，与边屯在人员构成比例上并无太大差异，一般将健壮年少的人编为军士，主要负责守城；而年老体弱者则负责耕种。为了保证军屯的顺利实施，明廷向耕种者提供耕牛、农具及种子等耕种需要的生产资料。在这样的制度体系下，明初，军需供给绰绰有余，还可向政府交纳一部分粮食，明太祖以"吾养兵百万，不费百姓一粒米"⑨为傲，可见军屯制度十分奏效。

明初军队在自给自足的状态下，实行世兵制的兵役制度，这也是明初军屯劳动力的主要来源。明代的户籍因袭元制，全国人口按军、民、匠、灶、盐、医等分编户籍。编入军籍的军户，世代为军，在指定的地方守戍劳动。正在服役的称

---

① （明）邱浚. 大学衍义补·卷35·屯营之田［M］.
② （东汉）曹操. 曹操集·置屯田令［M］.
③ （东汉）曹操. 曹操集·置屯田令［M］.
④ 明太祖实录［M］. 影印本台北：中央研究院历史语言研究所，1962：148.
⑤ 明史·食货志［M］.
⑥ 明会典：卷155：军政起解［M］. 文海出版社，1967.
⑦ （明）顾炎武. 天下郡国利病书：卷3：北直二·屯田［M］.
⑧ （明）顾炎武. 天下郡国利病书：卷3：北直二·屯田［M］.
⑨ 续文献通考：卷一二二［M］. 商务印书馆万有文库本.

为正军，正军的子弟称为军余或余丁，正军死亡由军余补充，如果军户一家全部死亡，则由原籍族人补充。军户的社会地位十分低下，受到严重的剥削和束缚，除了守戍以外，军户还要以户为单位，被分配进行屯田耕种，完成军屯任务。

军屯实施之初，在军事、政治、经济等方面均表现出一定的优越性，不但支撑了明廷庞大的军队需耗，同时保证了边疆戍守，实现了"强兵足食"的目的。另外军屯的实施在一定程度上缓解了统治者对劳动人民的压迫和剥削。但是由于长期自给自足状态下，军队内部的腐败，军户压力不减反增，军屯制的内部矛盾日益突出，劳动力与生产资料之间的不均衡分配，导致了军屯制的迅速衰落。

2. 军屯土地的失额与兵役制度的转变

军屯制实施之初，大部分土地为官府所有，即所谓的"官田"，这是一种土地国有化的表现，与封建社会土地所有制的本质有着明显的冲突，军屯实施渐久，这种矛盾促进了军屯内部的变化。"屯种者率怠惰不勤"，屯田法规"久而玩，玩而废，数年以来，徒为虚文"[①]，军中腐败成风，官宦豪绅侵占军屯土地，导致大量官田的私有化，明宣宗宣德年间（1426～1435年），宁阳侯陈懋，"侵盗屯仓粮食二十多万斤，私役军士为其种田三千余顷"[②]，可见军屯鲸吞蚕食现象严重，但这仅是军屯失额的前奏。

为了补救由"土木之变"导致的北边大片荒田，景泰元年（1450年）明廷下令"近边官豪势要一应人等有力之家尽力开种"[③]，以移民实边。此令一下，上至皇亲国戚，下至豪民巨家，都加入了侵占军屯的行列中，"何官不种军田，何官尽输子粒？"[④]无论京畿、腹地或边镇，屯田渐渐成为官宦豪绅的彀中之物。正统六年（1441年），尚书王骥上奏，贵州等二十卫所"屯田之法久废，徒存虚名。良田为官豪所占子粒，所收百不及一，贫穷军士无寸地可耕，妻子冻馁，人不聊生"[⑤]。正统以后，军屯制日益凋敝，"膏腴之田多为权豪占据"[⑥]。弘治年间（1488～1505年），部分屯田所产一亩不足三升钱粮，"屯地十去其五六，屯田有名无实"。至明末崇祯年间（1628～1644），军屯"大半为豪民所占"，军屯与民屯一样征收钱粮，军屯制已名存实亡。

伴随着军屯制度的破坏，世兵制也在日渐瓦解。早在洪武年间（1368～1398年），军屯内部就出现了怠耕现象，军士除每天守城御边外还要承受繁重的农耕任务，被束缚在屯地里的军士，社会地位极其低下。而在豪绅官吏侵吞军屯土地的同时，还出现了严重的占役行为，"军士多杂派，工作终岁，不

---

① 明太宗实录：永乐十三年二月癸酉［M］.
② 明宣宗实录：宣德六年二月壬子［M］.
③（明）于谦. 于忠肃集：卷1：兵部为边计事［M］.
④（明）顾炎武. 天下郡国利病书［M］. 原编第9册引《泗州志》.
⑤ 明英宗实录：卷八十：正统六年六月壬午［M］.
⑥ 明英宗实录：卷八十：正统十一年十一月庚辰［M］.

得入操。虽名团营听征，实与田夫无异"①。如此繁重的劳动任务和精神压迫，加之军屯的逐步破坏，促使大批军士出逃。尽管明廷针对逃军问题，颁布了许多严苛的条例，但军士出逃现象仍然屡禁不止，反而越演越烈。

军屯的破坏与军士出逃，互相影响，形成严重的恶性循环。面对这样的困境，明廷不得不改世兵制为募兵制，以亡羊补牢。通过募兵制招募来的士兵，虽然也需要从事一定的生产活动，但主要任务是防卫与战斗，且其待遇明显高于世兵军士，这导致更为严重的逃军问题。世兵制的破坏与募兵体系的迅速扩大，致使朝廷花费更多钱财在募兵与军饷之上，给明廷带了沉重的财政负担。嘉靖年间，"计太仓岁岁入银二百万之额，不能充岁出之半"②，万历二十九年（1601年），"目前太仓如洗，各边年例尚有一百三十余万未发"③，可见明廷财政入不敷出，日渐窘迫。

（三）信息、物资流通的血脉——驿传交通及驿递制度

1．明代驿递制度的发展

驿递制度渊源已久，春秋时期便已有关于驿递的明确记载，如《左传》中有"公丧戎路，传乘而归"④；《孟子·公孙丑》中有"德之流行，速于置邮而传命"等。驿传交通从最早的递送政治、军事讯息，逐渐细化和发展，到宋代时，经历重要的变革，对驿站的间距进行调整，"以军卒代明役"，并出现了递铺、水斥堠、摆铺等新的驿递形式，对元明的驿递制度发展产生了重要的影响。

"置邮者，国家之血脉，所以流通贯彻，使无壅阙之患也"⑤。驿传交通系统承担着上传下达全国信息、输送物资等任务，像血液循环系统一样，传输时效信息，保证政治、军事、经济、文化等的流通。明代的驿传系统除了星罗棋布的驿道外，设驿站、递运所、急递铺三种驿递机构。驿站位于交通干道处，内地60～80里设一处，边地荒僻处里距可达百里，有"递送使客，飞报军情，转运军需"⑥的职能；递运所将军饷钱粮、进贡物品及使客运送到驿道可通之处；急递铺为递送公文的专职机构，"凡十里设一铺"，属军用机构。至明中叶，急递铺逐渐废弃，由驿站接管其原司职能，部分递运所也或改或并为驿站，驿站的职能变得愈加复杂繁重，成为驿递系统中最为重要的机构。

明初，驿递制度较为严密，开辟了大量的驿路，"全国十三布政司共设驿站

---

① （清）张廷玉．明史：卷89：兵一［M］．标点本．北京：中华书局，1974：2179．
② 明世宗实录：卷456［M］．
③ 明神宗实录：卷364［M］．
④ 庄公九年．
⑤ 襄阳府志：卷十七［M］．刻本．1584（明万历十二年）．
⑥ 明洪武实录：卷二五［M］．

一千七八处"①。以两京为中心，修治陆路交通及水陆河道，设置水陆驿站，形成沟通南北的水陆交通干线。"驿传所以传命而达四方之政，故虽殊方绝域不可无也"②，明前期统治者亦十分注意边疆邮驿的开拓，在北边及西部地区均设邮驿，以加强联系。另外，明初采取了很多有效的措施，保护驿夫的利益，遏制达官豪士滥用驿递。在有效保护下，明初国内，"水马驿栉比蔓延，恒处于有余"③。明中期，随着驿递制度逐渐松弛与腐败，出现了种种问题。横征暴敛驿银，给人民带来沉重的负担；官宦豪士营私舞弊，任意支应驿差，使驿递内部矛盾激化。在"清邮传以疏民困"之声四起的情况下，从嘉靖年间起，对邮驿进行了三次大型改革④。针对"成法尽更，靡费百倍"，裁省驿站，压缩经费，试图缓解社会及驿递内部的矛盾，但这些措施都没有起到显著的效果，反而导致更多的驿夫的逃亡和驿站的倒闭。

2．九边地区的驿递制度

明代驿站由南、北二京为中心，水陆交接，辐射全国。这些驿递干道延伸至各布政使司，每个布政使司内又呈中心辐射到各地方，形成驿递网络。但是驿递网络并非遍布全国，据《地图综要》载，嘉靖年间，全国上下设驿县城不足一半⑤。而驿递网络的密度也因位置、地形、经济等因素而不同。

九边作为防御前线地区，受到明廷的极大重视，开拓边区道路，"量地理远近，均立驿传……庶可以防遏乱略，边境无虞"⑥。明代驿递系统在长城九边地区栉比蔓延，隶属在卫所制下，除了驿递原本的转运、接待等职能外，还兼顾屯田驻守等边防职能，甚至一些独立于驿路上的驿站单独成堡，形成驿站堡，如鸡鸣驿"永乐十八年建，成化十七年，都御使秦纮会同镇守将筑堡卫之"⑦；榆林驿"隶直隶隆庆卫，景泰五年筑堡障卫"⑧等，不胜枚举。可见驿递系统已经成为九边整体军事防御体系中的重要支撑部分，横向上与长城边墙保持一致，纵向上与防御体系纵深紧密结合，在重要的防御要地驿站分布也更为紧密，横纵交叉形成复杂的驿路交通网，以保障信息及物资的通畅。根据《明代驿站考》统计出九边地区重要驿站分布情况见下表3-2及图3-3。

综上可见，明长城九边地区的驿站在选址上除考虑交通通达等自然地理因素

---

① 明洪武实录：卷二三四［M］.
② 明洪武实录：卷一一六［M］.
③ 王夫之．恶梦·驿递［M］//谢国桢．明代社会经济史料选编：下册［M］．福州：福建人民出版社，1981：216-217.
④ 三次改革为嘉靖三十七年（1558年）、万历三年（1575年）、崇祯二年（1629年）。见《中国古代邮驿史》第494页。
⑤ 刘广生、赵梅庄．中国古代邮驿史［M］．北京：人民邮电出版社，1999：477.
⑥ 明史：卷三三一，列传第217：西域三［M］.
⑦ 宣府镇志·宫宇考［M］．嘉靖版.
⑧ 宣府镇志正德版.

外，更多结合九边地区军事属性，将战略因素纳入其中；驿路的布局也以重要城堡、卫所的地理位置因素为重，整个驿递系统随着军事属性和战略地位的轻重，网络密度有明显的变化，如宣府、大同、榆林、甘肃几镇，驿递系统网络密度明显更重，可见九边地区的驿递系统具有强烈的军事色彩。

九边地区驿站统计表　　　　　　　　　　表3-2

镇域	驿站	隶属卫所	地理位置	建置备注
辽东镇	三万卫驿	辽海卫	辽宁省开原三万卫城的南门外西	
	银州驿	铁岭卫	辽宁省铁岭市东关	
	懿路驿	铁岭卫	旧址位于铁岭卫驿站城南关	永乐五年（1407年）保定侯设
	蒲河驿	沈阳卫	辽宁省虎石台东北土城子	
	在城驿	沈阳卫	沈阳卫驿城西南隅	
	虎皮驿	定辽前卫	长大铁路线沈阳南土城子	洪武二十一年（1388年）设
	辽阳在城驿	东宁卫	辽宁省辽阳市	
	鞍山驿	定辽前卫	辽宁省鞍山市西南	洪武二十年（1387年）设万历六年（1578年）建成
	海州卫在城驿	海州卫	辽宁省海城县城内	
	牛庄驿	海州卫	辽宁省海城县牛庄公社	天命八年（1623年）重建
	沙岭驿	海州卫	辽宁省盘山县沙岭社	
	高平驿	广宁卫	辽宁省盘山县高平公社	
	盘山驿	广宁卫	辽宁省盘山县城内	
	板桥驿	广宁卫	位于广宁卫内泰安门西北街	
	牵马岭驿	义州卫	辽宁省义县东大榆树堡公社	
	十三山驿	广宁卫	辽宁省锦县石山公社西	
	小凌河驿	广宁中屯卫	辽宁省锦州市城东	
	杏山驿	广宁中屯卫	辽宁省锦县杏山公社	
	连山驿	宁远卫	辽宁省锦西县	
	曹庄驿	宁远卫	辽宁省兴城县西南曹庄公社	
	东关驿	广宁前屯卫	辽宁省兴城县东辛庄公社北东关大队	
	沙河驿	广宁前屯卫	辽宁省绥中县西沙河站公社	
	高岭驿	广宁前屯卫	辽宁省绥中县高岭公社	
蓟、昌、真保三镇	山海关驿	永平府	河北省秦皇岛市山海关区	洪武十四年（1381年）设
	榆关驿	永平府	河北省抚宁县东榆关	洪武十四年（1381年）设
	卢峰口驿	永平府	旧址位于今河北省抚宁县西卢峰口，后又移于今抚宁县城内	洪武十四年（1381年）设

111

续表

镇域	驿站	隶属卫所	地理位置	建置备注
蓟、昌、真保三镇	滦河驿	永平府	河北省卢龙县南	
	迁安驿	永平府	旧址位于今河北省迁安县永乐初移于今河北省秦皇岛市	洪武十四年（1381年）设
	七家岭驿	永平府迁安县	旧址位于今河北省迁安县西南七家岭，后移于县西南的沙河驿	
	滦阳驿	永平府迁安县	旧址位于今河北迁西县北滦阳后移于今迁西县西北三屯营	
	义丰驿	顺天府蓟州丰润县	河北省丰润县西北龙坨	
	遵化驿	顺天府蓟州遵化县	河北省遵化县城内	
	阳樊驿	顺天府蓟州玉田县	旧址位于今河北省玉田县西大安，后迁于县西关	嘉靖二年（1523年）迁址
	渔阳驿	顺天府蓟州	旧址位于今天津市蓟县南后移于县东南上仓附近	天启二年（1623年）迁址
	三河驿	三河县	河北省三河县城南	正德七年（1512年）改公乐、夏店二驿设
	潞河驿	顺天府通州	北京市通县东关外	永乐中置
	涿鹿驿	顺天府涿州	河北省涿县县城内	
	汾水驿	保定府新城县	河北省新城县东南新城镇	
	上阵驿	保定府易州	位于今河北省易县西上阵驿后迁到今易县西北紫荆关城内	洪武七年（1374年）设嘉靖三十六年（1557年）迁址
	金台驿	保定府	河北省保定市	洪武七年（1374年）设
	泾阳驿	保定府	河北省满城县南泾阳驿	嘉靖元年（1522年）添设
	永定驿	真定府定州	河北省定县城内	
	陉山驿	真定府井陉县	河北省井陉县城关镇	
	倒马关驿	大同府蔚州	河北省唐县西北倒马关	洪武十五年（1382年）设
	密云驿	顺天府昌平州密云县	北京市密云县城内	洪武十二年（1379年）设
	顺义驿	顺天府昌平州顺义县	北京市顺义县城内	
	榆河驿	顺天府昌平州	旧址位于今北京市昌平县南榆河店，后迁于至今昌平县城内	嘉靖三十四年（1555年）迁址
宣府镇	榆林驿	延庆卫	北京市延庆县西	成化二年（1466年）设
	土木驿	怀来卫	河北省张家口市怀来县土木乡	
	鸡鸣驿	宣府镇	位于宣府镇保安新城西鸡鸣驿乡	
	宣府驿	宣府镇	河北省张家口市宣化县城内	洪武四年（1374年）设

镇域	驿站	隶属卫所	地理位置	建置备注
宣府镇	万全左卫驿	万全都司万全左卫	河北省张家口市西万全县万全镇	洪武二十六年（1393年）设
	东门驿	万全都司怀安卫	河北省张家口市西怀安县境	洪武二十六年（1393年）设
大同镇	聚乐驿	大同府聚乐堡	山西省大同县聚乐堡	
	雍城驿	大同府大同县	山西省大同县西南雍城口	洪武初设
	西安驿	大同府怀仁县	山西省怀仁县东安堡后迁于县城内	洪武八年（1375年）设万历中迁址
	安银驿	大同府应州	山西省应县城内	洪武八年（1375年）设
	山阴驿	大同府应州山阴县	初设于山西省山阴县东南后改设山阴县东南山阴城	景泰中设万历中迁址
	城东驿	大同府朔州	初设于今山西省朔县城东门外后改设于城内	洪武初设，洪武十年（1377年）
	广式驿	大同府朔马邑县	山西省山阴县南	洪武七年（1374年）设旧名广武
	上盘铺驿	大同府浑源州	山西省浑源县城内	洪武初设
	王庄驿	大同府浑源州	山西省浑源县东南王庄堡	洪武间设
	香山驿	大同府蔚州广昌县	山西省涞源县城内	洪武六年（1372年）设
山西镇	凌井驿	太原府阳曲县	山西省阳曲县西	洪武间设
	盘陀马驿站	太原府祁县	山西省祁县东南盘陀村	洪武二年（1369年）设
	九原驿	太原府忻州	山西省忻州城内	洪武三年（1370年）设
	康家会马驿	太原府静乐县	山西省静乐县东康家会	洪武七年（1374年）设
	闹泥驿	太原府代州崞县	山西省静乐县南丰润镇	洪武七年（1374年）设
	永宁驿站	太原府岢岚州	山西省岢岚县城内	洪武九年（1376年）设
	青龙驿	太原府永宁州	山西省柳林县东青龙	永乐七年（1409年）设
	汾阳驿	潞安府汾州	山西汾阳县城东	永乐七年（1409年）设
	洪善驿	潞安府汾州平遥县	山西平遥县城东	洪武三年（1370年）设
	雁门驿	太原府代州	山西省代县西	洪武五年（1372年）设
	砂涧驿	太原府代州繁峙县	山西省繁峙县东砂河	洪武六年（1373年）设
	原平驿	太原府代州崞县	山西省原平县东原平	洪武二年（1369年）设
延绥镇	榆林驿	延安府	陕西省榆林县城内	天顺八年（1464年）设
	鱼河驿	延安府	陕西省榆林县南鱼河堡	
	银川驿	延安府绥德州米脂县	陕西省米脂县城内	洪武初设
	青阳驿	延安府绥德州	陕西省绥德县城北	洪武初设

续表

镇域	驿站	隶属卫所	地理位置	建置备注
延绥镇	义合驿	延安府绥德州	陕西省绥德县东义合	正统中设
	石嘴岔驿	延安府清涧县	陕西清涧县城北石嘴驿	洪武初置
	奢延驿	延安府清涧县	陕西省清涧县城东南	洪武中改清涧驿设
	文安驿	延安府延川县	陕西延川县西文安明驿	正统中置，嘉靖中筑堡
	干谷驿	延安府延长县	陕西省延安市东北甘谷驿	洪武中置，天顺中筑城
	金明驿	延安府	陕西省延安市	弘治中迁设
	抚安驿	延安府甘泉县	陕西省甘泉县城内	洪武初设
	鄜城驿	延安府鄜州	初设于今陕西省富县城内 后迁于今富县北	洪武初设，弘治中迁
宁夏镇	大沙井驿	宁夏卫	宁夏灵武县南大沙井堡	嘉靖九年（1530年）巡按御史王仪奏革驿丞，领之以军官
	萌城驿	宁夏卫	宁夏同心县西北萌城	
	高桥驿	宁夏卫	宁夏灵武县西北	
	石沟驿	宁夏卫	宁夏吴忠县东南石沟	
	小盐池驿	宁夏卫	宁夏盐池县西南老盐池	
固原镇	邵庄驿	庆阳府合水县	甘肃省合水县东北太白	
	弘化驿	庆阳府	甘肃省庆阳县城内	明初设
	清平驿	庆阳府环县	甘肃省环县西北洪德	
	山城驿	庆阳府环县	甘肃省环县西北山城	
	曲子驿	庆阳府环县	甘肃省环县东南曲子	永乐元年（1403年）征西将军何福设
	灵武驿	庆阳府环县	甘肃省环县城内	
	乾沟驿	巩昌府会宁县	甘肃省会宁县北甘沟	
	郭城驿	巩昌府会宁县	甘肃省会宁县北郭城	
甘肃镇	兰泉驿	临洮县府兰州	甘肃省兰州市	洪武九年（1371年）设
	定远驿	临洮府兰州金县	甘肃省榆中县西北定远	
	沙井儿驿	庄浪卫	甘肃省兰州市西北安宁区沙井驿	
	苦水湾驿	庄浪卫	甘肃省永登县南苦水	又名苦水驿
	红城子驿	庄浪卫	甘肃省永登县南红城	
	大通山驿	庄浪卫	甘肃省永登县城内	
	在城驿	庄浪卫	甘肃省兰州市西北红古区海石湾	又名庄浪驿
	大通河驿	庄浪卫	甘肃省永登县西南河桥	
	武胜驿	庄浪卫	甘肃省永登县西北武胜驿	
	岔口驿	庄浪卫	甘肃天祝藏族自治县东南岔口驿	

续表

镇域	驿站	隶属卫所	地理位置	建置备注
甘肃镇	镇羌驿	庄浪卫	甘肃天祝藏族自治县东南暗门附近	
	黑松林驿	西宁卫军民指挥使司古浪守御千户所	甘肃省古浪县南龙沟	
	靖边驿	凉州卫	甘肃省古浪县北在胡家湾附近	又名静边驿
	大河驿	凉州卫	甘肃省武威县东南大河	
	武威驿	凉州卫	甘肃省武威县城内	明初名为凉州驿
	怀安驿	凉州卫	甘肃省武威县西槐安（即驿城）	又名怀远驿
	柔远驿	凉州卫	甘肃省武威县西北在丰乐附近	
	真景驿	永昌卫	甘肃省永昌县东工东寨	
	水泉儿驿	永昌卫	甘肃省永昌县西北水泉子	
	石峡口驿	山丹卫	甘肃省山丹县东南峡口	
	新河驿	山丹卫	甘肃省山丹县东南新河	
	山丹驿	山丹卫	甘肃省山丹县城内	
	仁寿驿	甘州前卫	甘肃省张掖县东南架子附近	
	在城驿	甘州左卫	甘肃省张掖县城内	
	高台驿	甘州后卫	甘肃省高台县城南关	洪武二十七年设
	黑泉驿	甘州后卫	甘肃省高台县黑泉镇附近	
	镇远驿	西宁卫军民指挥使司镇夷守御千户所	甘肃省高台县东北罗城附近	
	盐池驿	甘州后卫	甘肃省高台县盐池附近	
	酒泉驿	肃州卫	甘肃省酒泉市内西至嘉峪关七十里	

嘉靖、隆庆年间 长城沿线驿路、驿站分布图

图3-3　嘉靖、隆庆年间九边驿递系统分布图

（图片来源：据《明代驿站考》改绘）

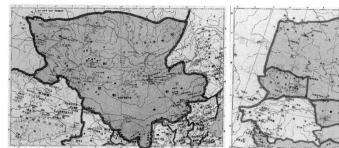

图3-4　宣德五年（1430年）与万历十年（1582年）鞑靼、瓦剌形势图
（图片来源：《中国历史地图集》）

（四）地缘因素进入血缘组织——明朝同期蒙古的社会组织及军事组织模式

元至正二十八年（1368年）即明洪武元年（1368年），明军攻克元大都，元惠帝大败北走，元王朝结束了其九十八年的大一统统治。退居大漠的蒙古势力，史书称为"北元"。至明成祖即位之时，漠北形成了三足鼎立之势，自西向东，瓦剌、鞑靼与兀良哈三卫三部势力此消彼长，占据蒙古地区，与明朝在北边一带或战或和，因时因势而变（图3-4）。

成吉思汗统一蒙古时，就设立了具有明显游牧民族特点的军政合一的社会组织机构，以及以两翼制为主的军事组织模式。经过元代中央集权统治及分封，刚刚在战乱中退回漠北的蒙古势力，已无法继承蒙古南下前的草原旧制，直到北元中期（1389～约1479年）[1]，才逐渐得以恢复。

蒙古社会受游牧生产条件所限，形成以一个或几个有血缘关系的个体家庭一起放牧的组织模式，这种最基本的生产、生活单元即"阿寅勒"。"阿寅勒"无疑是一种血缘组织，而其上又有"爱马克"及"鄂托克"两种组织结构单位。关于"爱马克"与"鄂托克"的组织性质争论较多，苏联学者符拉基米尔佐夫在《蒙古社会制度史》一书中指出，爱马克和鄂托克的区别在于，鄂托克是地缘组织，爱马克是由互有亲族关系的家族构成[2]。而达力扎布在《明代蒙古社会组织新探》一文中对此予以反驳，例证爱马克和鄂托克均为"蒙古封建领主制度下以人身隶属关系为基础形成的一种社会组织"，不能以单纯的血缘或地缘来定义其作为一种社会组织的性质。达力扎布的观点更加清晰地指出了两个组织的根本属性，但是符拉基米尔佐夫的理论仍在学界为很多学者所引用。明朝同期的蒙古社会，虽然恢复了成吉思汗时期建立的草原旧制，但是由于元代政治制度调整与变革的影响，退回漠北的蒙古社会内部已无法恢复到最初单纯的草原旧制，这也是历史之

---

① 北元历史可划分为前、中、后三个阶段，参见达力扎布所著《明代漠南蒙古历史研究》。达力扎布. 明代漠南蒙古历史研究［M］. 呼伦贝尔：内蒙古文化出版社，1997：149.
② （苏联）符拉基米尔佐夫. 蒙古社会制度史［M］. 北京：中国社会科学出版社，1980：213.

必然。另外在蒙古社会并未有整齐划一、层级明确的社会组织，爱马克和鄂托克作为同一层级的社会组织，并不能从组织规模上进行区分，达力扎布指出，爱马克是"以一个统治家庭或家族为核心，包括属民、奴仆构成的社会集团"，是蒙古社会"最重要的社会组织"，而鄂托克则是大一些的爱马克，从其地缘关系的角度进行定义的，是"爱马克集团"①。总之，爱马克和鄂托克作为明朝同期的蒙古社会重要的社会组织，均可反映出组织内部的属人原则及与土地之间的关系。

蒙古势力退回漠北，回到了原本的单一游牧社会环境，在军事上也重拾军政一体的军事制度。在蒙古势力崛起时，便形成了两翼制的军事组织模式，两翼制是古代游牧民族常见的军事组织模式，蒙古的两翼制度可能是从突厥人处继承而来②，随着返回漠北，两翼制再次出现与蒙古社会中。景泰四年（1453年），也先自立为汗，《蒙古源流》中关于此事，有涉及两翼制的记载：

> "瓦剌右翼的阿剌承相、左翼的帖木儿承相二人对也先合汗说：'你已经当上了四十蒙古和四瓦剌的合汗，现在请把太师之号封给阿剌承相！'③"

达延汗统一蒙古本部后，彻底抛弃了元朝施行的中央集权制，采取了蒙古汗国时期的分封制度，分封诸子，将蒙古本部划分为左、右两翼进行统治，大汗作为最高统治者直辖左翼，吉囊作为副手分领右翼④，左右翼各自统辖三万户⑤。万户是汉译说法，即土绵，也称兀鲁思，是"一个同姓贵族家族及其属民构成的大集团⑥"，包括若干的鄂托克和爱马克，成为既是军事组织又是行政单位的，军政合一的松散的联盟。

这样，在蒙古呈现基本统一的状态下，蒙古社会由大汗统领，掌握所有的领地和属民，左右两翼是最大的组织集团，其下包含若干万户，每个万户下又分封许多的鄂托克和爱马克，而阿勒寅则是最基本的生产和生活单元。这样的组织模式在明朝同期的蒙古社会大体一致。

蒙古社会的组织模式，与其在大草原上进行游牧生活有密不可分的关系。从最初结成或大或小的集团进行游牧，到通过集团作战进行军事征伐，无论在猎场还是战场，蒙古人这种军政合一的组织模式都有一定的优势。蒙古人口相对较少，流动性很强，军政合一的制度，可以充分调动自身的战斗力，对高层下达的指令反应和执行迅速，适合短时间集中的突袭战争。另一方面，由于蒙古社会特殊的组织模式，血缘关系在组织内部占有很大的比重，虽然经过元代调整的影响

---

① 达力扎布. 明代蒙古社会组织新探［J］. 内蒙古社会科学（汉文版），1997（2）：36-43.
② 姚家积. 蒙古人的英雄时代和军事民主制时期［J］. 元史论丛（第二辑），1983.
③ 乌兰：《蒙古源流》研究［M］. 沈阳：辽宁民族出版社，2000：278-279.
④ 肖爱民. 中国古代北方游牧民族两翼制度研究［M］. 北京：人民出版社，2007.
⑤ 历史上有左右翼各三万户之说，此说存在争议。见《蒙古民族通史》编委会，曹永年. 蒙古民族通史：第三卷［M］. 呼和浩特：内蒙古大学出版社，1991：197-198.
⑥ 达力扎布. 明代蒙古社会组织新探［J］. 内蒙古社会科学（汉文版），1997（2）：36-43.

下，地缘关系也影响了部分组织的构成，但血缘关系仍占主要部分，从达延汗分封六万户中便可见。除乌梁海万户外，其他五万户均为达延汗的儿子，对于异姓领主，则通过联姻的方式进行控制[①]，可见血缘关系是蒙古社会密切联系的纽带。这样的运作方式，虽然能有效地控制领土，但也容易造成四分五裂的局面，中央政权强大时，尚可维持，一旦中央政权衰落，就会导致各部相争，因此在北元至明末清初的一段时间里，除了也先短暂称汗及达延汗统一各部外，蒙古社会均处于分裂割据的局面中。

二、明长城军事防御体系的演化条件——边防与外交环境

明朝自建立时，一直秉承睦邻自固、和平对外的边防与外交方针。一方面，对诸邻邦持"**有为患于中国者，不可不讨；不为中国患者，不可辄自兴兵**"[②]的态度，试图维持相对稳定的边防环境；另一方面，大力加强军队建设，增加边防军事实力，"**当天下无虞之时，而常谨不虞之戒**"[③]。终明一世，虽宏观方针大体不变，但随着国力及统治者的变化，采取的措施也略有不同。而蒙古势力则一直保持了骑墙政策，在请求通贡互市的同时，又不时通过军事进攻的手段掠夺资源。在这样的边防与外交环境下，明长城军事防御体系经历了雏形、成熟及衰落几个阶段。

（一）明初"善待厚遇"、"守备为本"之道——"九边"雏形的产生

洪武（1368~1398年）至宣德（1426~1435年）的明朝初年，明廷贯彻"善待厚遇"、"移民实边"的边防及外交政策，和平外交，"**不征诸夷国**"，同时加强北边对北元势力的防御。明初的各项边防体制、军力部署及外交方针，均受到开国者明太祖军事思想的影响，而洪武年间制定的边防与外交政策，为日后的发展奠定了基石。

明建朝之初，明太祖朱元璋就对边防部署了积极的防御策略，并于洪武四年（1371年）提出了外交方针：

"*海外蛮夷之国，有为患于中国者，不可不讨；不为中国患者，不可辄自兴兵。古人有言，地广非久安之计，民劳乃易乱之源。如隋炀帝妄兴师旅，征讨琉球，杀害夷人，焚其宫室，俘虏男女数千人，得其地不足以供给，得其民不足以使令，徒慕虚名，自弊中土，载诸史册，为后世讥。朕以诸蛮夷小国阻山越海，僻在一隅。彼不为中国患者，朕决不伐之。惟西北胡戎，世为中国患，不可不谨*

---

① 肖爱民. 中国古代北方游牧民族两翼制度研究 [M]. 北京：人民出版社，2007.
② 明太祖实录：卷六十八：洪武四年九月辛未 [M].
③ 明太祖实录：卷四十八：洪武三年正月甲辰 [M].

备之耳①。"

这一纲领表明了明初和平外交的原则，同时也指出，明朝的国防重点为退回漠北的北元残余势力，要大力加强北边的军事防御能力，"治兵然后可言息兵，讲武而后可言偃武"②，积极防御，守备为本，以静制动。朱元璋针对自己制定的方针采取了一系列措施。

一方面，在和平外交的方针下，对北元势力实施招抚政策，朱元璋曾多次向北元统治者修书劝降，洪武三年，其遣使致书两次未果后，又致书道：

"君其奉天道顺人事，遣使通好，庶几得牧养于近塞，藉我之威，号令其部落，尚可为一方之主，以奉其宗祀。若计不出此，犹欲以残兵出没为边氓患，则予大举六师，深入沙漠，君将悔之无及矣。"③

可见其欲通过和平手段使北元臣服之心。而同年，李文忠获元主之孙，朱元璋封其为崇礼侯，诏曰：

"买的里八剌实为元之宗孙。比者遣将北征，尔祖已殂，既克应昌，尔乃来归。朕念帝王之后，爰稽古制，锡以侯封。尔其凤夜恭称朕优礼之意。"④

一系列招抚事件表明明廷"善待厚遇"的外交方针，但在招抚的同时，面对国家最大的忧患，明廷也同时施行了积极的防御战略。

明初建时就建立了有一定纵深的防御体系，在边防地区建立一条整体防线，并因险置塞，大范围修筑城堡关隘等防御设施，"坚垒壁，谨斥堠，以备不虞"⑤，并加强边防军力部署，随时掌握北元动向。马文升总结洪武年间建立的军事体系有两个层次：

"于甘肃、大同、宣府、大宁、辽东俱设都指挥使司，并于宁夏设立数卫以屯重兵，又建封肃、庆、代、谷、宁、辽等王，以为第一藩篱。其宁夏有贺兰山、黄河之险，复自偏头、雁门、紫荆历居庸、潮河川、喜峰口，直至山海关一带，延袤数千余里，山势高险，林木茂密，人马不通，实为第二藩篱。"⑥

这便是北边防御体系的最初雏形，辽东、北平、山西、山西行都司及北平（大宁）、陕西、陕西行都司的设立，加强了北边军事力量的分配和管理，这样的体系已显示出层次性及一定的纵深性。根据历史资料的不完全统计，九边军镇有记载的堡寨、关隘中，建造或修缮于洪武年间的如下表3-3：

---

① 明太祖实录：卷六十八，洪武四年九月辛未［M］. 台北：中研院史语所校勘影印本，1962.
② 明太祖实录：卷四十八：洪武三年正月甲辰［M］.
③（明）严从简. 殊域周咨录：卷十七：北狄［M］.
④（明）严从简. 殊域周咨录：卷十七：北狄［M］.
⑤ 明太祖实录：卷一〇一［M］. 台北：中央研究院史语所校勘本，1968.
⑥ 陈子龙. 明经世文编：卷六三：马文升. 为禁伐边山林木以资保障事疏［M］.

九边军镇中建造或修缮于洪武年间的城堡及关隘统计表　　表3-3

军镇	城堡或关隘
辽东镇	辽阳城、广宁城、前屯城、义州路城、锦州卫城、镇武堡、开原路城、铁岭卫城、辽海卫城、懿路中左右千户所城、抚顺千户所城、海州卫城、沈阳中卫
蓟镇	山海关、南海口关、南水关、北水关、旱门关、角山关、滥水关、寺儿谷、三道关、大青山口、黄土岭关、西阳口、大安口、一片石关、炕儿谷、平顶谷寨、水门寺堡、柳河卫堡、董家口堡、大毛山堡、小毛山堡、娃娃谷堡、小河口堡、义院口堡、甘泉堡、温泉堡、孤石谷堡、柳罐谷堡、苇子谷堡、西谷口堡、花场谷堡、板场谷堡、长谷口堡、石门寨营城堡、平山营城堡、驸马寨营城堡、界岭口关、中桑堡、猩猩谷寨、乾涧儿口、青山关、梧桐谷堡、东胜寨、台头营城堡、界岭口营城堡、桃林口关、白道子关、石门子关、冷口关、徐流口关、河流口关、正水谷寨、燕河营城堡、刘家营城堡、擦崖子关、洪谷口关、五重安关、白羊谷口、新开岭堡、榆木岭关、大岭寨、五重安营城堡、董家口关、遊乡口关、青山口关、胜岭寨、横山寨、小喜峰口、大喜峰口、铁门关、团亭寨、石梯子谷寨、椴木谷寨、李家谷寨、滦阳营城堡、龙井儿关、三台山关、西常谷关、东常谷关、洪山口关、椽八谷寨、张家安寨、三道岭寨、白寨谷寨、西安谷寨、沙坡谷关、山寨谷关、罗文谷关、于家谷关、马蹄谷关、山口寨、猫儿谷寨、科科谷寨、松棚谷营城堡、罗文谷营城堡、石崖岭寨、马兰峪关、灰谷口、北水谷关、南水谷关、熊儿谷关、鱼子山寨、黄门口关、磨刀谷寨、南谷寨、墙子岭营城堡、汉儿岭关、将军台、柏岭安寨、齐家崖寨、梧桐安寨、扒头崖寨、师姑谷寨、倒班岭寨、大角谷寨、水谷寨、大黑关、黑谷寨、烽台谷寨、恶谷寨、南谷寨、遥桥谷寨、大虫谷寨、大水窪寨、苏家谷寨、姜毛谷寨、石塘谷寨、小台儿寨、曹家路营城堡、吉家庄营城堡、古北口关、龙王谷关、砖垛子关、师坡谷、沙岭儿寨、丫髻山寨、司马台寨、鸦鹘安寨、卢家安寨、蚕房古寨、吊马谷寨、潮河川关、司马台营城堡、白马关营城堡、居庸关
宣府镇	怀来卫城、蔚州卫城、怀安卫城、麻峪口堡、东八里堡、西八里堡、沙城堡、万全左卫城、万全右卫城、广昌卫城、宣府城
大同镇	天城城、阳和城、大同城、浑源城、广昌城、朔州城、蔚州城、广灵城、浑源城、应州城、怀仁城、马邑城
山西镇	代州城、广武城、宁化城、偏头关
延绥镇	榆林城、绥德卫、榆木堡、波罗堡
固原镇	归德所城、河州卫城、洮州卫城、岷州卫城、迭烈孙堡
宁夏镇	宁夏卫、灵州守御千户所、兴武营守御千户所、韦州群牧千户所、平羌堡、邵岗堡、玉泉营城、大坝堡
甘肃镇	沙儿井堡、苦水湾堡、红城子堡、庄浪卫城、岔口堡、黑松林堡、古浪所城、镇番卫城、永宁堡、宁远堡、真景堡、永昌卫城、山丹卫城、镇夷所城、嘉峪关城

　　永乐年间（1403~1424年），明成祖朱棣迁都北京，使北边防御责任变得更为重大，朱棣沿袭朱元璋制定的政策，以和平外交为宗旨，多次遣使希望与之通好，并致书指出"华夷本一家"、"岂有彼此"[①]。而此时，蒙古势力已分裂为三，成祖对此三势力采取抑强扶弱的策略，于永乐七年（1409年）册封已归附的瓦剌部三王，顺宁王马哈木、贤义王太平、安乐王把秃孛罗。次年，鞑靼部亦与明廷通好，成祖永乐十一年（1413年）册封其首领阿鲁台为和宁王。在蒙古势力

---

① 明太宗实录：卷一一七 [M]

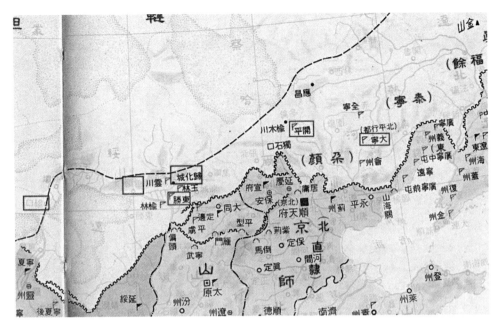

图3-5　大宁、东胜卫内迁示意图
（底图来源：《中国历史地图》）

分裂，成祖以夷制夷、剿抚兼施、分化瓦解的情况下，北边的防御压力得到了很大的缓解，在这一契机下，成祖对原来的防御体系进行了部分调整和完善。

　　首先在兵力管理方面，成祖废除了太祖时期的藩王守边制度，将诸藩王内迁，由于迁都，形成了天子守边的形势，使京军添入守边势力中，虽然京军的主要任务是守卫京都，但京军的加入大大增强了边防军队的实力，也起到了震慑的作用。另外，成祖制定了新的总兵镇边体系，设辽东、宣府、大同、宁夏、甘肃五地总兵，专管边防事物，形成区域性的重点防御系统，对长战线的整体防御体系进行了完善。

　　其次在兵力部署方面，除了继续设立卫所外，成祖也做了一定的调整，对北边防线进行了一定的收缩。洪武年间，朱元璋设立的北边防线为大宁—开平—东胜一线，永乐元年，朱棣从京师防卫角度考虑，将地处偏远，供给困难的东胜卫一带内迁至河北（图3-5）。另外，有资料记载，太宗朱棣登基之初，"将大宁都司撤于直隶保定府，所属营州等十数卫，俱撤于畿内，宁王亦迁于江西布政司，此以酬三卫夷人翊戴之功，故分地与之，然中国之险亦失矣。"[1]大宁卫的内迁究竟是由于许兀良哈三卫以得援助，还是考虑京畿北迁后边防部署的原因，学界亦有所争议，但是大宁卫的内迁导致北边防线的明显变化不言而喻，北边的防守

---

① 陈子龙. 明经世文编：卷六十四：马文升. 为经略近京边以豫防虏患事疏［M］. 北京：中华书局，1962：545.

线的重点转到大同—古北口—山海关一线，由于大宁、东胜的内迁，开平卫独木难支，终于在宣德五年（1430年）内迁至独石堡，归万全都司下。

明成祖朱棣对北边兵力部署和管理的调整，形成了分地管理的格局，为明长城"九边"军事防御体系的形成奠定了基础，而这一格局在洪熙（1425年）、宣德（1426～1435年）年间，未有更大的改变，仅是更进一步贯彻洪武、永乐时的防御战略。

综上所述，洪武至宣德年间的明初期，国力强盛，而蒙元势力此时正处于分裂衰落阶段，明廷采取和平外交，积极防御的基本战略，大力加强边防建设，调整边防军队结构，调遣兵力，修缮边防设施，洪武年间北边设6都司、84卫、8所，京军48卫，永乐时增加到72卫。这一系列举措所形成的北边防御系统是明长城军事防御体系形成的雏形，对明代的边防和外交产生了深远的影响，整个明朝在军事部署、边防体制方面都带有这一阶段的风格。

（二）明前中期国力下降、以守为主之策——"九边"成熟体系的形成

明初形成了分地防守的军事格局，同时随着辽东、宣府、大同、宁夏、甘肃五地总兵的设立，五大军镇也进入了建设阶段，从正统（1436～1449年）开始，国力逐渐下降，军备日渐废弛，在"土木之变"爆发后，明廷的防御体制变为消极的以防守为主，并大力修边、固边。除了原有的五大军镇，蓟镇、延绥、山西、固原四大军镇也相继建立起来，到嘉靖年间（1522～1566年），"九边"格局正式形成，同时各军镇内防御体系也相对发展成熟。

正统之初，边防与外交政策基本延续明初的方针，但由于明初多次远征，加上财政废弛，国力已大不如前，"土木之变"后，整个明廷面临严重的内忧外患。

一方面，虽然明蒙并未完全断绝外交关系，但"通贡"中明廷已不能占主导地位，同时也无法再通过"通贡"来羁縻蒙古的野心，北边不断遭受蒙古势力的内犯与掠夺。据《明实录》记载，正统年间，蒙古南下内犯次数接近百次，景泰（1450～1457年）、天顺（1457～1464年）年间亦不下五十次，从牲畜、粮食、器械到人丁劳动力，无所不掠。如正统十四年，辽东官员奏报："达贼三万余人入境，攻破驿堡、屯庄八十处，虏去官员、军旗、男妇一万三千二百八十余口、马六千余匹、牛羊二万余只、盔甲二千余副"[1]；景泰元年十一月，宁夏官员奏报："达贼千余骑，猝至西门，纵兵杀掠，随调官军与战，移时斩贼一人，中神铳堕马者甚众，皆曳之而去，获马十七匹，并盔甲器械，官军死伤者七十余人，掠去男妇二百五十余，马牛一千有奇"[2]。在蒙古不断挑衅下，明廷在正德、嘉靖年间一度与蒙古断绝"通贡"关系，但蒙古的内犯并未因"通贡"有无而得到很

---

① 明英宗实录：卷一八三：废帝郕戾王附录第一（正统十四年九月乙酉）[M]．
② 明英宗实录：卷一九八：废帝郕戾王附录第十六（景泰元年十一月己未）[M]．

大改变，明廷北边的边防与外交处于前所未有的高压之下。

另一方面，明朝内部也经历多次浩劫，"土木之变"爆发后，明景帝即位，经过大力加强京营建设，军力得以恢复，但景泰八年（1457年）发生"夺门之变"，京营势力再次被削弱，到嘉靖二十九年"庚戌之变"，俺答汗带领瓦剌军围攻北京，京营中"营兵不足五六万人，驱出城门，皆流涕不敢前，诸将领也相顾失色，俺答饱掠京畿八日而去"[①]，京营尚且如此，可见明廷军备之废弛。同时，从正统至正德（1506～1521年），国内爆发了多次农民起义，尤以天顺至正德年间为甚。明廷陷入政治腐败、军政废弛的局面，京营经过多次体制改革，精兵锐减，而宦官参政又导致军政的进一步败坏，明统治者捉襟见肘，境况窘迫。

在这样的政治局面下，明廷对蒙古已无力攻击，"守卫策之善，而战非吾之利也"[②]，防御战略转为以守为主，将北边地区作为战略部署要线，着重调配兵力，修筑防御设施，"寇在外则据险而守，寇在内则提兵而战"[③]。随着防御设施的逐步完善，北边地区逐渐出现了更加完善的军事防御体系。

景泰年间，为保北京立下大功的于谦，指挥建立了以大同、宣府、独石、马营在外，居庸关、白羊关、雁门关、紫荆关等关口在中，京郊涿州、保定、真定、易州在内的大纵深、多层次的京畿防御系统。

正德年间，历成化、弘治、正德、嘉靖四朝的重臣杨一清，时任陕西三边总制，经过对三边要塞的详细勘察，他指出应修边墙、增卫所、壮边兵，并提出"将沿边至腹里分为四路，能分合则知战守之势，以定边营、花马池、兴武营、灵州一带为藩篱；以石沟、盐池、韦州、萌城、山城一带为门户；以固原、黑水口、镇戎所、西安州、海剌都一带为庭除；以安定、会宁、静宁、隆德、平凉一带为堂室"[④]的多层次防御系统。

可见，"土木之变"后，明廷逐渐摸索出"高筑墙"的重要性，除了逐步建立起多层次、大纵深的防御体系，各军镇分地治理外，在军镇内部也出现了分区防御的变化。正统年间，宁夏镇形成了左、右参将分守东、西二路，总兵官兼管中路的三路分守防御体制；大同镇在正统时是三路分守，到嘉靖年间，划分为东、西、中、北四路，后又变为八路[⑤]分守；成化年间，延绥镇出现了明确的东、中、西三路分守体制，东、西路参将分别驻神木堡、新安边营，中路由驻榆林城总兵官管辖；此后，甘肃、固原、宣府、蓟镇、辽东等也相机出现了分路防守的体制。防御层级的出现，使北边防御体系的层次性不仅仅表现在地理位置上，使整个防御体系的多元化和机动性都有所提高。

---

① 明史·兵志一：卷八九［M］. 中华书局校点本，1974：2179.

② （明）陈子龙. 明经世文编：卷二三：刘斌. 复仇疏［M］. 北京：中华书局，1962.

③ （明）陈子龙. 明经世文编：卷二三：刘斌. 复仇疏［M］. 北京：中华书局，1962.

④ （明）陈子龙. 皇明经世文编：卷一一六：为分布边兵预防房患事疏［M］. 明崇祯平露堂刻本. 中华书局影印本. 北京：中华书局，1962.

⑤ 大同镇八路分守为新平路、东路、北东路、北西路、中路、威远路、西路、井坪路。

随着防御体系的不断完善，九边防御体系也最终发展成熟[①]，在北边各军镇的发展过程中，并非仅有辽东、蓟州、宣府、大同、山西、延绥、固原、宁夏、甘肃九镇，如嘉靖年间增设的昌镇和真保镇，万历年间（1573~1620年）从蓟镇分出的山海镇，从固原镇分出的临洮镇。但九镇作为明朝对抗蒙古势力的重要战线，无论在体系结构、军事实力和防御作用等方面，都是极为重要和突出的，因此也将北边军事防御范围称为"九边"，九边军镇的初设与形成时间见下表3-4[②]。

九边军镇初设与形成时间表   表3-4

	辽东	蓟镇	宣府	大同	山西
初建	洪武七年	永乐二年	洪熙元年	永乐十二年	弘治十三年
形成	正统元年	嘉靖年间	成化十四年	成化十年	弘治十三年

	延绥	固原	宁夏	甘肃	
初建	天顺二年	弘治十四年	建文四年	洪武二十五年	
形成	天顺二年	嘉靖四年	正统元年	正统元年	

综上所述，正统以后，明朝国力大幅下降，兵备废弛，北边地区防御不足。"土木之变"后，明廷采取大力加强京师防卫能力，以守为主的防御策略，加强北边的兵力，大修边墙，北边共设七都司，116卫、64所，兵力比明初大幅增加。经过一系列努力，明朝形成了以长城体系为依托的防御系统，不仅仅是长城边墙，包括烽燧、敌台、驿传和大大小小的屯兵储量的城堡，在这一阶段都有大范围的建造和修缮，而"九边"军镇的相继形成，使长城军事防御体系也发展成熟。

（三）明中后期东北疆域的固边与斗争——九边防御重点的转移与衰落

嘉靖二十九年（1550年）庚戌之变后，蒙古俺答汗率兵连年内犯，九边军士大量逃亡，边境局势紧张，军民苦不堪言。隆庆年间（1567~1572年），明穆宗朱载垕与各大臣锐意革新，明廷的政治、经济和边防均出现了转机。隆庆四年（1570年），俺答之孙把汉那吉投明，后经过双方议和，其孙返回，恢复通贡，俺答承诺不再犯大同，后受封。"隆庆议和"之后，明廷与鞑靼的关系得到了很大的缓解，不失为外交史上的一笔成果。万历元年（1573年），明神宗即位，以张居正为首的内阁，执掌大权，继续实施固边之策。

[①] 关于九边初设与形成的标志，学界论点不一，本书支持范中义在《明代九边形成的时间》一文中提出的观点，即初建以设总兵官为标志，形成以文、武职兼备，且形成常制为标志。

[②] 此表依据《四镇三关志》、《宣大》、《九边图说》、《明代军事史》等资料整理。

隆庆至万历初年，明廷对京师周围的北部边防实施了进一步巩固。在上有张居正、高拱等首辅大臣出谋划策，在地方又出现了如戚继光、谭纶等杰出将帅指挥边防建设，蓟、昌两镇边防能力得到很大提高，增筑修缮了边墙及大量敌台，并改进了敌台的修筑模式，修筑敌台合计1337座[①]，同时组建重兵集团，包括车营、骑兵营、步兵营等，加强军队的素质，经过一系列措施，北部边防多次阻止了朵颜三卫和鞑靼等的内犯，北部边境基本保持安宁。[②]

万历以后，明朝西北及北部边地基本保持了稳定，而东北方的辽东镇却战事不断，朵颜三卫、土蛮及女真各部经常滋扰边地，使兵民不得安宁。另一方面，辽东边防防御设施不及北部坚固，而明廷对东北少数民族的政策又不及西北宽厚，经常击杀，使东北边地民族矛盾日益突显。在这样的环境下，明廷的防御重点转向了东北疆域。

地处东北的辽东镇为京师肘腋之地，但辽东由西至东被土蛮、朵颜三卫、女真包围，可谓三面临敌（图2-6）。土蛮实为鞑靼小王子向东迁徙，驻于会州一带后的称谓，而朵颜三卫及女真的建州三卫本是受封于明廷，但时常内犯，劫掠辽东。三股势力虽为不同民族，但他们时而单独进犯，时候联合内侵，使辽东应对十分复杂，战事不断。如隆庆元年（1567年），土蛮打入永平，四年（1570年），辛爱大举入侵，时任总兵官王治道战死，当时"插汉部长土蛮与从父黑石炭，弟委正、大委正，从弟暖兔、拱兔，子卜言台周，从子黄台吉势方强。泰宁部长速把亥、炒花，朵颜部长董狐狸、长昂佐之。东则王杲、王兀堂、清佳砮、杨吉砮之属，亦时窥塞下。十年之间，殷尚质、杨照、王治道三大将皆战死"[③]；万历元年（1573年），建州右卫都指挥王杲叛明，遂不断侵犯辽东，次年，王杲从东州五味子冲大举进犯。在这样的局势下，涌现出一批优秀的卫辽固辽将领，如张学颜、李成梁等，采取了很多措施来挽救军备废弛的局面，招抚逃亡军兵、安抚当地居民，整顿军队，改善防御态势，在一段时间内，辽东的局势得以短暂的稳定，并取得了不少胜利。

辽东镇的长城最早修筑于永乐年间，主要为辽河流域段，而辽东、辽西段长城主要修建于正统至成化年间，正统七年（1442年）至十七年（1452年），提督辽东军务的王翱，主持修筑了山海关到开原段的边墙，王翱"躬出巡边，自山海关直抵开原，高墙垣，深沟堑，五里为堡，十里为屯，烽燧斥堠，珠连璧贯"[④]；成化十五年（1479年）至十七年（1481年），都指挥使周俊又指挥修筑了"东

---

① 见《明代军事史》，依据《总督侍郎杨兆为台车工完讨军火器具疏略》（载《四镇三关志》及《戚少保年谱耆编》卷十一。《四镇三关志·形胜》载，蓟昌二镇空心地台相为1336座，其中蓟镇1093座，昌镇243座。
② 关于对长城军事体系修建有重要影响的关键人物的思想研究，详见第五章，此处不再赘述。
③ 明史·李成梁传：卷二三八：列传一二六［M］.
④ 皇朝从信录：卷十八［M］.

路自开原抵鸭绿江边墙”①，此后对辽东长城的修筑规模均未超过这一阶段。

万历年间（1573~1620年），进行了最后一次对辽东镇的大规模修建，万历四年（1576年），辽东总兵李成梁及辽东巡抚张学颜，出于改善防御态势的目的，在镇静堡一带筑城建台，屯兵驻将，将孤山堡以南段长城（即“新疆”段长城）向东推进，并将孤山堡移到张其哈刺甸，同时将险山五堡移到宽佃、长佃等地②，这就形成了宽甸六堡，这一举措无疑短暂地缓解了辽东局势，迁移后的宽甸六堡是辽东防卫女真的第一防线，后熊廷弼称其为“巡抚张学颜、总兵李成梁所展之新界”③，这一“新界”讲明廷势力插入女真南下的活动范围中，牵制女真势力的扩张，具有重要的意义。

尽管如此，万历三十四年（1607年），建州女真势力渐强，不断扩张，渐逼辽东边界并不断南下扰边。而此时，辽东军兵内部却日渐废弛，迫于形势压力，明廷“以地孤悬难守”，又将六堡内迁，放弃了刚刚开垦的良田牧场，将居民迁走，有“居民恋家室，则以大军驱迫之，死者狼藉。成梁等反以招复逃人功，增秩受赏”④，可见此时明廷内部腐败不堪，辽东军队骄奢淫逸，东北防线已不堪一击。面对建州女真势力逐渐崛起的局面，万历三十六年（1609年），时任辽东巡抚的熊廷弼，提出“实内固外”、“以夷攻夷”的卫辽方略，次年，从山海关西锥子山起，东经开原东南至宽甸的鸭绿江上，重新整修了辽东长城七百余里、城池七座、墩台一百余座，按劾将吏，风纪大振。

万历四十四年（1617年）努尔哈赤称汗，号“金”。万历四十六年（1619年）发生了历史上著名的以少胜多的战役——萨尔浒大战，此战本由明廷发动，由时任兵部左侍郎的杨镐任辽东经略，出兵进攻，意欲剿灭后金，明廷虚张声势，反被自我蒙蔽，努尔哈赤集中八旗进攻，取得了全面胜利，并乘胜夺取辽东多地，开原、铁岭等重要城池也被攻占，宽甸六堡亦落入后金势力内。此战之后，明廷对辽东地区的控制全面崩溃，而后金与明廷的关系从原本的防御为主变为主动进攻。

天启元年（1621年）以后，后金开始对辽东全面侵占，当年三月，攻占沈阳城，五天后，攻打辽阳，四天后辽阳陷落，后金迁都辽阳，天启五年（1625年），后金迁都沈阳，更名为盛京。天启六年（1626年），后金攻打宁远，即宁远战役，守城将领袁崇焕取得此役胜利，并乘胜反击，收复了部分失地，重新修筑了宁锦防线。随着宁锦防线日益巩固，天启七年（1627年），皇太极再次发起进攻，与袁崇焕对战，明军获得大捷，对后金无疑是沉重打击，使辽东局势获得暂时的稳定。

---

① 明宪宗实录［M］.
② 即将险山堡移于宽甸、沿江堡移于长甸、新安堡移于长岭、东宁堡移于双堆儿、大甸堡移于大甸堡.
③（明）熊廷弼. 熊襄愍公集：修边举劾疏［M］.
④ 明史·李成梁传：卷二三八：列传一二六［M］.

面对难以突破的宁锦防线，皇太极改变了进攻策略，在与明廷"和谈"的幌子下，向东西两方的朝鲜、蒙古进攻，解除后顾之忧，而后由蒙古绕道切入明朝腹地。崇祯二年（1629年）至十一年（1638年）年间，清军多次深入京畿、山西、河北、山东等地，搅扰掠夺，使明朝受到极大挫折，同时，明朝内部农民起义四起，明廷面对两方压力已疲于抵抗。崇祯十三年（1640年）至十五年（1642年），明清两军角力于辽东，清军获得松山、锦州的全面胜利，清军乘胜攻占塔山、杏山等地，宁锦防线彻底崩溃，结束了明廷对辽东的控制，也显示了清军的入主中原之势。

综上，隆庆议和之后，明朝西北边境局势相对和缓，而由"土木堡之变"留下的阴影使明廷十分重视京师防卫，至万历初年对蓟、昌两镇的大规模修筑，大幅提升了京畿地区的防御力，此时，东北边患成为明末的重要防御对象。虽然辽东镇的防御设施不及蓟、昌坚固，但并不是导致辽东沦陷的直接原因，各历史事件表明，"人"作为主动因素才是战事胜负的主要原因，如卫边名将李成梁虽然获得十次大捷，但也因自己"贵极而骄，奢侈无度"，导致宽甸六堡被弃，可谓"成也萧何，败也萧何"。当然"工欲善其事，必先利其器"，坚固的防御设施对于战争来说是极为重要的，因此很多卫辽名将对此十分关注，直至辽东沦陷之前，修筑边墙及城堡的工作一直没有停止，史料有载的万历以后辽东镇建筑、修缮的城堡如下表3-5。但辽东镇长城防御体系内的腐朽已无法转变，军士战斗力下降，纪律松散，大量外逃，面对这样的现状，无论防御设施如何坚固，也不过是蛟龙失水，防御体系的衰落和瓦解才是导致辽东陷落后金之势的直接原因。

明万历以后辽东镇建筑、修缮的城堡统计表　　　　　表3-5

	建筑	修缮
万历年间	十方寺堡、殷家庄窠堡、孤山新堡、辛甸堡、宽甸堡、大甸堡、永甸堡、长甸堡	威远堡城、孤山堡城、辛甸堡、宽甸堡、大甸堡、永甸堡、长甸堡
天启年间	铁场堡城（再建）、中前所城（再建）	永甸堡、宁远卫、锦州城、松山所城
崇祯年间	大凌河城（再建）	义州路城

（四）通贡与掠夺之间的角力——蒙古的对明政策

明初，刚刚退回漠北的北元统治者与明朝一直保持敌对态势，意欲重主中原的野心，从元顺帝妥欢帖睦尔至北元第三任统治者乌萨哈尔可汗脱古思帖木儿从未消退，因此明洪武年间，蒙古大汗不断南下与明抗争，且对明太祖的招抚嗤之以鼻。

1. 蒙古对明的"骑墙政策"

北元与明廷对抗的局势没有维持太久，明洪武二十一年（1388年），捕鱼海一战明军大捷，此后，蒙古分裂为三，黄金家族丧失了其至高的地位，蒙古对明态度也发生了逆转，蒙古大汗及权臣纷纷开始向明朝贡。洪武年间，"故元辽王、惠宁王、朵颜元帅府各遣使来朝"①，于是设泰宁、富余、朵颜三卫，以官职封三人，进行笼络与羁縻；永乐年间，阿鲁台曾6次向明廷为其不下请封，永乐十一年（1413年），"和宁王阿鲁台遣使把帖木儿、乃剌不花等，贡马谢封爵，恩赐把帖木儿等钞及文绮表里，阿鲁台奏举所部头目忽鲁秃等二千九百六十二人，列其弟，请授职事，命兵部如所弟，授以都督都指挥千百户镇抚之职"②，蒙古权势向明廷俯首称臣并朝贡的行为，无疑不是为了谋求自身的生存和发展。

与此同时，由于蒙古的分裂，各势力分庭抗礼，而明廷的介入，使这种斗争的形式更为复杂，各势力均是首鼠两端，当自身处于劣势，便向明廷要求帮助，当势力恢复时又不满足于简单的通贡。如永乐年间，瓦剌与鞑靼争霸时，瓦剌领袖马哈木率先接受明廷的册封，同时获得明廷军事支持，击败了势力较强的鞑靼。随后，鞑靼领袖阿鲁台亦效法。马哈木死后，其子脱欢继位，继续保持与明和平通贡的关系，不断积蓄自身实力，到也先掌政时，瓦剌已羽翼渐丰。也先虽保持与明通贡关系，但不再称臣，不断通过军事征伐扩张势力，东破兀良哈，西取哈密，并于正统十四年（1449年）"土木堡之变"中俘获明英宗，对明廷产生严重威胁，后在"北京保卫战"中，于谦多次击退也先，并与之议和，恢复了通贡。也先败亡后，蒙古势力再度分裂，天顺元年（1457年），鞑靼部太师孛来向明廷遣使朝贡，请求明廷贩济粮食，遭到拒绝，于是开始大肆劫掠北边。此后明蒙的关系时战时和，通贡变为单纯获取资源的手段。

明前中期，蒙古与明廷始终保持着通贡的关系，从最初和平通贡，依仗明廷势力的政治目的，到后来单纯的获取物资，并兼或武力掠夺，均可看出，蒙古对明廷的朝贡不过是权宜之计，最终的目的都是维护自身的利益。在这一阶段，关于通贡的制度和条例均由明廷制定，主要用于限制蒙古势力，这一局面直到俺答汗封贡之后才有所改变，为通贡及后来的互市创造了更有力的环境。

2. 俺答封贡对蒙古通贡互市的影响

蒙古"小王子"达延汗继位以后，蒙古迎来了中兴时期，漠南蒙古各部得以统一。在明廷的主动出击下，达延汗向明还击，到成化末年，宣府、大同、陕西一带都遭受过蒙古的侵扰和劫掠。到蒙古势力稳定后，达延汗开始要求通贡。在强大的军事实力支持下，达延汗时期明蒙通贡与以前均不相同，蒙古不再是依附、恳请的地位，转而要求与明廷平等通贡。明弘治元年（1488年），达延汗率众部驻扎于大同附近，逼近边境，"营亘三千余里，势将入寇。至是奉番书求贡，书辞悖慢，自称大元大可汗"③，可见达延汗以武力相逼的强势态度，也暗含其意

---

① 全辽备考·边部落［M］.
② 明太祖实录：卷一百四十五（永乐十一年十一月丁丑）［M］.
③ 明孝宗实录（弘治元年五月乙酉）［M］.

欲与明廷分庭抗礼的野心。弘治十一年（1498年）达延汗入贡，明廷虽然款待使者，但并未满足其通贡要求，导致明蒙关系再度破裂，此后达延汗不断以武力掠夺，侵扰明北边，弘治十八年（1505年）五月，鞑靼部三万兵力从新河口进犯，明军惨败，明廷遭受严重损失，"虏渐轻中国，侵犯四十余年"。

达延汗之孙俺答汗继位后，出于对民族经济和政治的考虑，除了延续掠夺政策外，开始谋求和平通贡。从明嘉靖十三年（1534年）起，俺答多次向明廷提出通贡请求，并承诺如果恢复通贡，"即约束其下，令边民垦田塞中，夷众牧马塞外，永不相犯"，如果拒绝通贡，变通过武力侵扰，"每岁入掠"[①]。当时明廷内关于是否恢复通贡也存在争议，但以明世宗为首的一派，极力反对恢复通贡，多次拒绝俺答汗的要求，致使嘉靖二十二年（1543年），双方于大同镇边堡附近发生冲突，俺答汗率军破大同而入，"破卫十，破州县三十八，杀掠二十多万人，马牛羊三百万"[②]，此后，俺答汗虽多次发动武力掠夺，但一直未放弃争取和平通贡，多次遣使求贡，但明廷却置若罔闻。嘉靖二十九年（1550年），俺答率军由大同入，围困北京三天，史称"庚戌之变"，明廷迫于压力，允许开放大同、宣府的马市。马市仅维持了一年，明廷出尔反尔，诏停各处的马市，这一举动使明蒙关系跌至谷底，此后俺答发动了大规模的对明战争，给边地人民带来了深重灾难，这一局面直到隆庆五年（1571年），隆庆议和后，才得以改变。

隆庆议和，是明蒙关系的重要转折点，蒙古社会内部的矛盾与明廷上下对时机的准确把握促成了明蒙通贡的恢复。对俺答的封贡，为长期弥漫在明蒙交界处的硝烟战争画上了休止符，封贡事宜告竣后，大学士高拱、张居正、殷士儋上疏称：

"近者虏酋奉贡称藩，虽古今希旷之事，然乃皇上圣德孚格神武布昭所致……即今封贡互市皆已竣事，三陲晏然，曾无一矢之警，境土免于践踏，生民免于虔刘，客兵不调，帑藏不发，即边费之省，不下百余万，即胡利之入，不下数万。纵使虏酋明岁渝盟，而我中国今岁之利亦已多矣。有荣而无辱，有益而无损，盖至是而事理始昭然可见。"[③]

而在蒙古社会内部，俺答封贡一事，是明廷对俺答武力进攻畏惧的表现，如《诸汗源流黄金史纲》一书提到："攻打汉地，袭击城池之际，汉地的大明皇帝惧怕而缴纳贡赋和租税，并上俺答汗以顺义王的称号。"[④]可见，明蒙两方均对此事津津乐道，但无论是哪方妥协，从本质上看，俺答封贡于明廷是牺牲经济利益以谋求边境的稳定，而于蒙古社会来说则是通过政治外交上的让步获取在经济上的收益，在当时的历史环境下，俺答封贡无疑是谋求双赢的最佳途径。

① 明世宗实录（嘉靖二十年七月丁酉）[M].
② 万历武功录：卷七：俺答列传上 [M].
③ 明穆宗实录：卷六十一（隆庆五年九月乙酉）[M].
④ 朱风，贾敬颜. 汉译蒙古黄金史纲 [M]. 呼和浩特：内蒙古人民出版社，1985：104.

第二节　军事战事对明长城军事防御体系变迁影响

明蒙之间的对峙战争贯彻了明朝二百多年的历史，可以说，明蒙之间的战争是双方军事实力、政权势力和外交政策等最直接的表现。战争推动了两方边界的不断变化，也直接影响着长城军事防御体系的建筑和变迁。

一、影响防御体系布局的动因——九边战事及事件

（一）明代九边战争的时空分布特征

明代九边地区地理环境复杂、战线绵长、军事战事繁多，对战事的统计比较复杂。《明实录》是明代官修的，保存大量原始资料的明史研究基础史料。以《明实录》为基础，对明代十六位帝王统治时期的北边战争进行统计（见附录四、五），虽不能包括全部，但可以反映出各镇之间主要的战守趋势和重要的历史节点[①]。根据附录4、5分别整理出明代九边明蒙战争和明与女真战争统计简表并绘制分布统计图，如下表3-6、3-7及图3-6、3-7。

根据图表，结合附录，将明代九边战争的时空分布特征归纳为以下几点：

明代北边明蒙战争统计简表　　　　　表3-6

时期镇名	洪武	永乐	洪熙	宣德	正统	景泰	天顺	成化	弘治	正德	嘉靖	隆庆	万历	泰昌	天启	崇祯	合计
辽东镇	5	1	1	5	9	3	3	35	37	9	34	11	71	—	1	—	225
蓟镇	9	—	1	3	6	2	—	3	24	9	36	2	17	1	1	—	114
宣府镇	—	—	—	2	7	6	6	13	36	11	48	3	3	—	2	3	140
大同镇	15	—	—	5	5	7	7	23	27	15	55	10	1	—	—	2	172
山西镇	8	—	—	2	1	2	1	10	1	7	26	4	—	—	—	—	62
延绥镇	10	—	—	—	4	—	4	41	11	10	30	4	20	—	4	—	138
固原镇	4	—	—	—	—	2	—	14	7	7	3	6	—	—	—	—	51
宁夏镇	—	—	—	—	5	4	—	10	16	7	21	2	13	—	—	3	87
甘肃镇	4	—	—	4	8	—	13	7	30	21	23	1	27	1	6	—	145
合计	55	1	2	21	45	24	42	156	189	96	281	40	158	2	14	8	1134
年数	31	22	1	10	14	7	8	23	18	16	45	6	48	1	7	17	—
频率	1.87	0.05	2	2.1	3.21	3.43	5.25	6.78	10.5	6	6.24	6.67	3.29	2	2	0.47	—

---

① 对《明实录》中战争的统计间接取自《明实录》之类撰之军事史料卷。

明代北边明与女真战争统计简表 表3-7

时期 镇名	洪武	永乐	洪熙	宣德	正统	景泰	天顺	成化	弘治	正德	嘉靖	隆庆	万历	泰昌	天启	崇祯	合计
辽东镇	2	—	—	1	—	1	3	7	—	1	3	3	24	4	37	18	104
蓟镇	—	—	—	—	—	—	—	—	—	—	—	—	—	—	—	12	12
合计	2	—	—	1	—	1	3	7	—	1	3	3	24	4	37	30	116

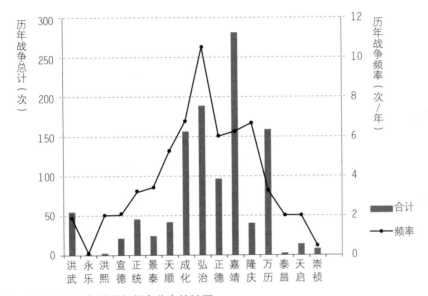

图3-6　明代北边战争总量与频率分布统计图

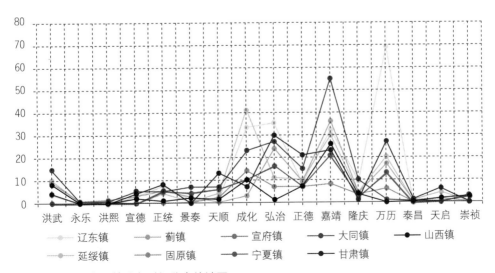

图3-7　明代九大军镇战争时间分布统计图

1．时间分布的阶段

由战争总量与频率分布图可以看出，明蒙之间的战争以成化、弘治、嘉靖、万历几代为多，但由于历代皇帝执政时间的差异，用频率来衡量更为准确。从频率分布曲线可以看出，成化年间有载的战争最为频繁，而自正统后至万历年间，记载的战争均十分频繁。在正统十四年"土木之变"后，明蒙关系急剧恶化，这也是明蒙外交的重要转折点而"隆庆议和"之后，明蒙间剑拔弩张的关系得以大幅缓解，经过万历年间的缓冲，至明末，北边地区已经较少发生战事。另外，由表3-7可见，万历以后，辽东一带主要的防御对象由蒙古转变为势力不断扩张的女真，与女真之间的战争一直持续至大清入主中原。

有明一代，战争持续不断，战争的发生有明显的阶段性特征，这种特征也体现出了明蒙双方势力此消彼长的态势。结合附录四中发动战争方的记录与明史对的相关记载，可以将明代边境局势分为三个主要的阶段：

（1）明军主动出击阶段。这一阶段主要为洪武、永乐两代。明代元而立，将蒙古势力逼退至漠北。洪武年间明军的主要作战任务是肃清中原的残元势力，至永乐年间，成祖的多次出征，更是为北边防线的稳定创造了有利的条件。

（2）休养生息阶段。经过明初的多次出征，北边地区边防局势得以缓解，而明朝国力与军力也受到大幅损耗。因此在洪熙至正统初年，北边地区战争较少，明蒙双方均处于休养生息阶段。

（3）蒙古势力强势进攻、明廷消极抵抗阶段。"土木之变"以后，蒙古势力逐渐强大，多个部族不断侵袭明朝边境，而明廷在绵长的防线中左支右绌，十分狼狈。这一阶段一直持续至"隆庆议和"前，在这一阶段中，明朝一直处于消极抵抗的不利地位。

（4）铸剑为犁阶段。经过隆庆议和后，明蒙双方在利益上达成了共识，因此北边地区的明蒙战争逐渐平息，出现了短暂的和平时期，以至于到明末出现了化敌为友的局面，在与女真的抗争过程中，不乏明蒙双方互相施以援手的情况。

2．地理分布的差异性

由于地理位置、军事作用和防御能力等因素的影响，九边地区的战争在地理分布上存在很大的差异性，主要在两方面表现比较突出：

（1）战争发生地集中在几个主要区域。

由图表可知，辽东镇和大同镇有载的军事战事最多，宣府、延绥、甘肃次之。辽东与大同两镇并不是像宣府、蓟镇一样的京畿腋肘之地，却是战事发生最多的地方，这与战争目的有直接关系。正如前文中提到的，永乐年间蒙古已分裂为兀良哈三卫、鞑靼、瓦剌三方势力，在对明的频繁侵边战争中，绝大部分都以掠夺物资为目的，因此大部分战争都呈现一种最直接的进攻、最迅速的出击和撤离的状态。结合附录四可以看出，辽东镇的主要战争对象是兀良哈三卫和女真、大同镇的主要战争对象是鞑靼，包括实力强大的小王子和俺答等。可见，他们的作战路线均是选择离自己较近的地区进攻。另外，地处偏远地带的甘肃镇也遭受了较为频繁的军事战争，而其主要的防御对象也是较近的西海蒙古、鞑靼等势力。

在不同的时间段下，蒙古势力的主要进攻区域也有所差异。洪武年间的主要攻击区域为大同镇、正统年间为辽东镇、景泰和天顺年间为大同镇、成化年间为榆林镇、弘治年间为辽东镇、正德年间为甘肃镇、嘉靖年间为大同镇、隆庆年间为辽东和大同、万历年间为辽东镇等。时间和空间的变化是蒙古内部势力发展和演化的体现，也是明朝北边防线防御体系修筑的直接影响因素。

（2）内边战争次数明显少于外边。

明长城不是薄弱的一条防线或单层防御带，而是具有多层防线的大纵深防区。其中大同和山西两镇、宁夏和固原两镇在地理布局上是内外联防的关系。从战争时间分布统计表中可见，作为外边的大同和宁夏镇战争次数较山西和固原两镇明显增多，再一次说明了蒙古军队频繁入边的真正目的并不是入住中原，而是物资的掠夺。另外，内外边战争的差异在宣府镇也得以充分的证明。洪武年间明太祖在河套一带设置的东胜、大宁、兴和、开平等卫，是防御蒙古的第一防线，此时宣府镇一带实为腹里，然而从明成祖永乐年间开始对河套地区的轻视，至宣宗宣德年间北边防线的整体内缩，使宣府镇由内边转变为外边，其所受到的战争冲击明显增多。这一特征充分地说明了长城防御体系多层防线协同合作在一定程度上起到了很好的防御作用，保证了中原腹地的稳定。

3. 军镇间的联动和影响

蒙古和女真对明的进攻并非都是单线进攻，这就存在多个军镇同时遭受攻击的现象，由于各镇之间存在密切的联动关系，彼此间会受到战事的影响和牵扯。其中辽东镇与蓟镇结合部，宣府镇与大同镇、蓟镇结合部，大同镇与山西镇结合部，固原镇与甘肃镇结合部，以及内外边均存在战争的联动和影响。《明实录》中的多处记载都有相关的描述。

（1）军镇间多点共时进攻。

这种情况在明蒙边界上屡次出现，如正德十年二月，蒙军入延绥、宁夏等地，迫使原本调往甘肃支援的兵马"**发回本处防御**"[①]；嘉靖三十四年九月，蒙古"**纠众数万大举入寇，分犯宣、大、山西等处**"[②]。多点共时进攻不但存在于多个军镇之间，在同一军镇内部更加常见，这种进攻方式往往发生于大规模的侵边战争中，作战士兵较多，破坏各点间的相互策应。

---

① 明武宗实录：卷一二一（正德十年二月乙卯条）[M].
② 明世宗实录：卷四二六（嘉靖三十四年九月丙午条）[M].

（2）军镇间多点顺次进攻。

这种情况在明蒙战争中十分普遍，如弘治十四年八月，"小王子等七、八万骑从宁夏花马池深入固原迤南分路抢掠"①；嘉靖三十二年九月，蒙军"以紫荆关、浮图峪分突山西，取道宣、大。诸镇兵前后邀击之于广昌、灵丘、代州、蔚州，至磁窑口为伏砲所中而去"②；隆庆元年九月，俺答率众"入寇大同井坪边，进至山西偏头关老营堡、驴皮窖等处"③。多点顺次进攻体现了进攻路径，也暗示了防御体系的薄弱点。进攻的路径往往是固定的几条，由蓟镇、宣府入山西；由大同入山西、宣府；由宁夏入固原；由甘肃入固原等。

总之，军镇并不是独立运作，各镇之间存在着密切的联系，战事的发生会牵扯到多镇的防守和策应问题。因此，军镇防御体系的建设也要考虑各镇之间的战守关系。

（二）九边军镇聚落建造与战争分布的数据比对

战争的发生与军事聚落的修建间本就存在着不言自明的关系，大规模或频繁的入侵战争必然诱发高频率的防御工事修筑，而且，战争本身又是军事防御工事修筑的最直接原因。用量化的方法，对战争与军事聚落修筑间的关系做直观可视的描述和证明，不失为一种新的研究方法与观点。

1．军事聚落建置沿革统计

明代北边防御是明代国家边防的重中之重，而军事聚落又是北边防御体系的基础。根据课题组多年对历史文献，地方志和文史研究资料等的梳理和总结成果，统计出明代九边重镇军事聚落历次初建和重修和年代简表，见表3-8和3-9，详细信息参见附表五。

明代九镇军事聚落初建统计简表　　　　　　表3-8

时期　镇名	洪武	永乐	洪熙	宣德	正统	景泰	天顺	成化	弘治	正德	嘉靖	隆庆	万历	泰昌	天启	崇祯	合计
辽东镇	14	2	—	7	45	—	—	12	4	1	15	—	7	—	—	—	107
蓟镇	156	61	—	—	—	2	2	6	15	3	3	—	—	—	—	1	249
宣府镇	12	7	—	19	2	3	3	4	3	2	10	1	3	—	—	—	69
大同镇	11	3	—	1	—	1	2	1	—	49	1	3	—	—	—	72
山西镇	8	—	—	8	3	4	—	4	14	11	2	—	—	—	1	63
延绥镇	2	1	—	—	10	—	3	22	1	—	3	—	—	—	—	42

----

① 明孝宗实录：卷一七八（弘治十四年八月甲戌条）[M].
② 明世宗实录：卷四○二（嘉靖三十二年九月乙酉条）[M].
③ 明穆宗实录：卷十二（隆庆元年九月）[M].

续表

时期\镇名	洪武	永乐	洪熙	宣德	正统	景泰	天顺	成化	弘治	正德	嘉靖	隆庆	万历	泰昌	天启	崇祯	合计
固原镇	7	—	—	—	2	1	1	4	7	—	4	3	14	—	—	—	43
宁夏镇	5	2	—	—	6	—	—	4	4	5	—	—	—	—	—	—	26
甘肃镇	30	3	—	—	—	—	3	—	3	2	11	—	20	—	—	—	72

明代九镇军事聚落重修统计简表 表3-9

时期\镇名	洪武	永乐	洪熙	宣德	正统	景泰	天顺	成化	弘治	正德	嘉靖	隆庆	万历	泰昌	天启	崇祯	合计
辽东镇	2	1	—	2	—	—	—	3	10	1	6	1	16	1	11	1	55
蓟镇	3	—	—	4	5	1	—	4	10	—	7	4	18	—	1	—	57
宣府镇	1	1	—	2	7	—	—	5	3	3	22	23	36	—	—	—	111
大同镇	—	1	—	—	1	—	—	1	—	—	4	19	52	—	—	—	78
山西镇	—	—	—	—	1	—	—	4	3	—	8	2	46	—	1	1	66
延绥镇	—	—	—	—	—	—	—	17	4	1	7	10	37	—	—	—	78
固原镇	—	—	—	1	1	—	—	6	4	1	5	1	8	—	—	—	27
宁夏镇	—	—	—	1	2	1	2	2	5	—	4	—	7	—	—	—	24
甘肃镇	1	—	—	—	—	—	1	2	1	2	5	—	10	—	—	—	22

通过简表可以发现，在一定程度上，不论是初建或重修，与九边战争的时空分布特征十分吻合：在时间分布上，正统、成化、弘治、嘉靖、隆庆、万历几朝均大兴土木，而其中，隆庆、万历两朝多以重修为主，这也表明，至嘉靖时期，长城军事防御体系的建造基本完成，此后多以加固为主；另外，同一时期不同军镇兴修频率的分布也表现出了一定的地理差异性，体现了防御重点和受敌面的变化。

2．九镇战事与军事聚落建造的统计数据比较

基于对九边战事和军事聚落建造的统计数据，将各军镇军事聚落初建、重修及建造总量与战争发生的次数进行数据对比，绘制统计图（如图3-8）。由图可见：

（1）各镇统计图中，四条曲线的波动趋势部分相符，其中绿色曲线（修建总计）与紫色曲线（战争总计）的符合程度相对较高，而蓝色（初建）和红色（重修）曲线在特殊阶段内与紫色曲线也存在较高的符合程度。

（2）各军镇的符合程度存在很大的差异，其中宁夏镇、延绥镇的四条曲线基本保持一致，符合程度很高，而山西镇、宣府镇的曲线交错较多，符合程度较低。

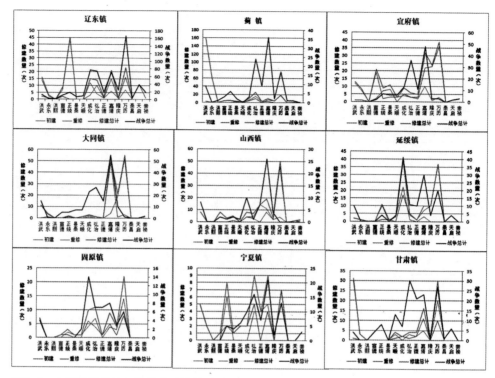

图3-8 九镇军事战事与聚落修建统计对比图

（3）各镇的数据统计图中，各年代战争数量与修建数量即使无法在整体上呈现一定的一致性，但在某一段时间，尤其是正统至万历年间，曲线的符合程度也相对较高，比如蓟镇，在洪武至景泰段，曲线交错且波动趋势差异较大，但天顺以后，各阶段基本保持一致的波动趋势。

对于以上的结论，均是由数据统计图直观观察所得，需要通过量化分析对结论进行进一步验证。

3. 九镇战事与军事聚落建造的相关系数研究

数据表和统计图虽然能直观反映的两个变量之间的相互关系及相关方向，却无法确切的描述两个变量的相关程度。因此，通过对相关系数的计算，研究九镇战事与军事聚落建造间的关系。

相关系数：用以反映变量之间相关关系密切程度的统计指标。有三种表现：

（1）正相关，表现为一个变量增加或减少时，另一个变量也相应增加或减少；

（2）负相关，表现为一个变量增加或减少时，另一个变量反而减少或增加；

（3）无相关，表现为两个变量是独立的，由一个无法预测另一个。

相关系数的取值范围为$|r| \leq 1$，其取值所表示的意义如下表：

相关系数（r）	r =0.00	0.00<|r|≤0.30	0.30<|r|≤0.50	0.50<|r|≤0.80	0.80<|r|≤1.00
相关程度	无相关	微相关	实相关	显著相关	高度相关

在军事聚落与九镇战事数据统计表中，修建总量与战事总量呈现较大的符合程度，因此，将修建总量和战事总量两组数据作为相关系数计算的两组变量，通过Excel数据处理软件，计算出两组变量的值如下：

军镇	辽东镇	蓟镇	宣府镇	大同镇	山西镇	延绥镇	固原镇	宁夏镇	甘肃镇
r值	0.42	0.10	0.30	0.46	0.23	0.79	0.65	0.77	0.44

由这些数据可以看出：延绥镇、宁夏镇、固原镇的两组变量呈显著正相关；大同镇、甘肃镇、辽东镇为实相关；而宣府镇、山西镇、蓟镇微相关。其中蓟镇相关系数0.10，为最小，但前文中提到，由统计图中可见，蓟镇在明中期两条曲线符合程度较高，因此需要做进一步运算和验证。

选取蓟镇宣德至万历年间的两组数据作为变量，计算得到相关系数为0.64；山西镇宣德至隆庆年间的两组数据相关系数为0.84；宣府镇宣德至嘉靖年间的两组数据相关系数为0.50。这些数据验证了根据统计图得出的初步结论：即虽然整体上，战争数量与修建数量无法一一相关，但在某一特定阶段也会呈现一定的相关性。

由此可见，军事战事与防御体系的修筑的确存在密切的关系。但是战争对修筑工程的影响是否仅仅局限于即时性，或者仅仅表现出一一对应的关系，单从统计数据和计算的结果并不能进行解答，需要对史料进行综合分析，进一步得出结论。

（三）战争对九边军镇聚落建造的影响

通过数据统计和相关性研究，运用定量分析的方法验证了军事战事与军事聚落建置之间存在着影响和制约的关系。但数据统计图中所表达出的含义，并非局限于直观的点对点的对应，需要深层次的剖析。在九边军事防御体系形成和发展的复杂环境下，战争对军事聚落的建置和布局的影响，受筹划和建造人主观意识的不同，表现出差异性。

1．预见性

在九大军镇的数据统计图中，存在军事环境稳定，战争较少，但修筑工事频繁的情况，其中洪武时期表现十分明显。开国之初，大修防御工事，在一定程度上体现了统治者根据军事战争的经验，对军事环境的预见性判断。孙子有言："昔之善战者，先为不可胜，以待敌之可胜……不可胜者，守也；可胜者，攻也。守则不足，攻则有余。"[①]统治者审时度势，根据当时的边防环境，调动国防部局，

---

① （春秋）孙武. 孙子兵法：军形篇［M］.

对可能遭受攻击的薄弱点，加强防御部署。

洪武初期及中期的多次大规模出塞战争，为明代北边地区赢得了相对稳定的边疆环境，同时也使统治者意识到稳固的边防环境具有重要的意义，是以"先胜而后求战"①，创造不被战胜的条件，在稳固的防守基础上，主动进攻，进而巩固边防环境。

以宁夏、甘肃两镇为例。明建朝初，宁夏、甘肃一带还未完全纳入国防范围内，西北地区被扩廓帖木儿盘踞，战火尚未熄灭。洪武三年（1370年），汤和平定宁夏地区，改元宁夏府路为宁夏府，隶于陕西行省；洪武五年（1372年），明军出塞作战大败，使蒙古势力再次活跃，由此引发的连锁反应，致使宁夏府被撤，"诏齐其地，徙其民于陕西"②，但仍有明军驻守宁夏。洪武六年（1373年），"明廷派遣重将镇守宁夏地区，标志着宁夏正式成为单列的驻防区"③。其时，甘肃尚未完全平定，宁夏为西北地区的前沿地带，因此而受到重视，多设卫所，修建城池，成为西北地区最早设置的军镇。洪武五年，冯胜征西，进攻元甘肃行省，势如破竹，连连告捷，将甘肃境内残元势力逼退至嘉峪关外，奠定了明朝在西北的军事格局。自洪武七年（1374年）于河州府城设西安行都卫，至洪武二十六年（1393年），移陕西行都司于甘州卫城，甘肃镇防区从初步形成逐步成为完善的防御组织。

洪武年间宁夏、甘肃两镇军事聚落的修建和设置，是基于艰苦卓绝的军事战争的基础上，对西北地区军事环境和边防格局的预见性调整。宁夏镇是蒙古进攻黄河以东平原地带的咽喉要地，"明初既逐扩廓，亦建为雄镇。议者谓宁夏实关中之项背，一日无备，则胸腹四肢，举不可保也。"④而甘肃镇的防御地位也关系到关中一带的安危，"关乎全陕之动静，系夫云晋之安危。云晋之安危关乎天下之治乱。"⑤由此可见宁、甘两镇的战略地位十分重要。在建朝之初，巩固战略要地的防守能力，是稳定国防格局的必然结果。

其实，在洪武年间北边地区，类似于宁夏、甘肃镇军事聚落的预见性修建不乏其数。自洪武五年以后，明廷就在北边地区迁民设卫，大兴土木，巩固防御工事。辽东镇、蓟镇、宣府镇、大同镇、山西镇、延绥镇、固原镇内的很多重要城池均是洪武年间所修，辽阳、山海关、宣府、大同、偏头关、绥德、兰州卫城等修筑于洪武年间的重要城市，成为其时北边地区的防御核心（图3-9），结合大小卫所，形成北边防御体系的基本雏形。

---

① （春秋）孙武. 孙子兵法：军形篇［M］.
② （明）马理，等. 陕西通志：卷九：建置沿革［M］. 西安：三秦出版社，2006：435.
③ 艾冲. 明代陕西四镇长城［M］. 西安：陕西师范大学出版社，1990：5.
④ 读史方舆纪要：卷六十二：陕西十一［M］.
⑤ （清）高弥高，李德魁，等. 肃镇志：卷一：地理志［M］. 顺治十四年抄本. 台北：成文出版社，1970.

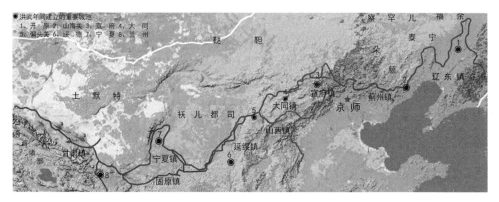

图3-9　明洪武年间修建的北边地区重要防御核心
（底图来源：Google map）

2．应激性

应激性原意指在较短的时间内，生物对外界各种刺激发生的反应，是生物适应性的一种表现。在九大军镇中，当有军事战事发生时，军事聚落的修建也表现出生物应激性的特征，即迅速做出反应，采取应对措施，加固防御工事。军事聚落修建的应激性促使了明代长城军事防御体系逐步发展完善，在成化至万历年间，这种应激性表现得最为明显。另外，九镇中，军事战事与聚落建造的相关系数越高，这种应激性就表现得越明显。

以相关系数最高的延绥镇为例。洪武年间，明北边军事防线在东胜、大宁等卫北境，沿阴山、黄河一线，西接宁夏镇，此时延绥并非防守要地；永乐、宣德年间，明朝将北边防线一再内移，使河套地区拱手于蒙古；正统年间，蒙古入套；成化初年，延绥一带蒙古入侵加剧，面对严峻的边防局势，原有的防御工事已是无力抵抗。王复在《边备疏》中指出：延绥一带，预警系统十分不完善，"墩台稀疏空阔，难以瞭望"；边防规模不足，"内多险隘，境外临边无有屏障，止藉墩台、城堡为守备"；城池布局不成体系，"旧城堡二十五处，原设地方，或出或入，参差不齐，道路不均，远至一百二十余里，近止五六十里"等等问题。[①]为了满足军事斗争的需求，成化中期，明廷对延绥镇展开了大规模的修筑活动。成化九年（1473年）在余子俊的主持下，开始修筑"夹墙"，即后人说的"二边"；同年，延绥镇城由原来的绥德城迁至夹墙以北的榆林城；为了拱卫新的军事中心，成化十年（1474年），余子俊又在榆林城北修筑"大边"，大边走向与夹墙基本平行[②]。除了大规模的修筑长城边墙，成化八年至成化十一年间，余子俊又主持初建和重修了二十余座城池边堡，大至榆林镇城，小至东、中、西路各边防堡寨。

---

① （明）王复. 边备疏［M］//（明）陈子龙. 明经世文编. 北京：中华书局，1962.
② 关于榆林镇大边、二边的修筑问题，仍存有一定争议，本书尊重艾冲在《明代陕西四镇长城》一书中的观点。详见：艾冲. 明代陕西四镇长城［M］. 西安：陕西师范大学出版社，1990：20−25.

通过对防御工事的修建和防御重心的北迁，延绥镇的防御能力大幅提高，带来了短暂的稳定。根据附录四中关于延绥镇成化年间的战争统计，得出统计图如图3-10，可见，自成化八年开始修筑防御工事起，战争量明显减少，到成化十一年，基本呈现太平局面。这证明了余子俊主持的这场大规模修建活动带来的显著成效。

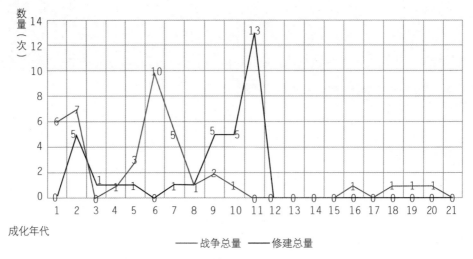

图3-10　成化年间延绥镇战争与聚落建造情况统计图

九大军镇在军事聚落及其他防御工事的修筑上所表现出的应激性，是防御体系对战争的最直接反应。但不得不说，这种应激性也体现出明廷在北部边防策略上的消极态度，终明一世，统治者多将长城作为边防的保命符，而鲜有如明初一样积极出战的战略行动。正是这样的态度，导致了明廷在北边对蒙关系中愈加被动，最终使这个保命符失去了效力，逐渐土崩瓦解。

3．延时性

在战争影响下的军事聚落修筑过程中，存在一种时间差，即大规模的战争结束后，进行的建造活动，在九镇战事与军事聚落建造的数据统计对比图4-8中，直观表现为修建数量出现峰值，而对应的战争数量为前一个峰值后临近的较低值，是明廷对北边防务的一种延时性调整。这种延时性调整在明后期屡见不鲜，尤以隆庆、万历时期宣大山西地区突出，主要归因于张居正、高拱等人在对外政策和国防部局中的大范围调整。

自蒙古入套以后，宣大山西一带时常遭受蒙古扰边，战乱频发，局势混乱，嘉靖年间受俺答等人的侵扰，战乱达到巅峰，可说是有明一代战争最激烈的阶段。这样的军事环境激发了军事聚落和防御体系的建造工程，仅大同一镇在嘉靖年间就筑有49座城堡。直到隆庆议和后，宣大山西一带终于迎来了双边的稳定。但由军事聚落修筑统计数据可见，即使在战火平息的万历年间，宣大山西一带仍有大规模的修筑工事，而其中尤以重修为主。

虽然嘉靖年间防御工事的修筑十分频繁，但由于战乱导致大部分工事遭到严重破坏，国家财政超支，国库空虚，在嘉靖末年宣大山西一带已是"有险不修，有边不守，养兵不战，督兵无略，与无兵无战同"[①]。隆庆年间，内阁大臣张居正、高拱等人力推改革，整顿边防，恢复经济，并促成"隆庆议和"，实现俺答封贡，和缓了明蒙关系。暂时的稳定并未消除明廷的戒心，早在隆庆二年，张居正就在《陈六事疏》中表："臣惟当今之事其可虑者莫重于边防，庙堂之上所当日夜图画者亦莫急于边防"[②]，因此万历年间，张居正在大力改革的同时也不忘加强边防建设。郑洛在《抚夷纪略》中这样记述："款贡为自治计耳，故议筑塞……是年（万历二年）六月……大兴版筑"[③]。宣大山西一带因重要的地理位置，修筑规模尤其浩大。万历年间，宣府镇共重修堡寨城池36次，山西镇46次，而大同镇多达52次，与此同时，对长城边墙和墩台设施的修筑也如火如荼地进行。万历元年（1573年）二月，吴百朋奏请修复大同边墙时指出："宣、大二镇皆重地。以近京言，则宣府为重。以通虏言，则大同为冲。云中川原平衍，无险可依，与虏隔者仅一墙耳，中国之藩篱不固，夷狄之出入无常。"[④]同年三月，诏修宣府北路边墙一万八千七十六丈有奇，限三年内完成[⑤]。万历二年（1574年），"兵部覆大同督抚官王崇古等题：修理大同沿边墙垣，限以五年报完。"[⑥]万历七年（1579年）二月，神宗准督抚侍郎吴兑等人的请求，命筑大同镇屯堡二百五十七座，敌台一千二十八座。[⑦]大规模的边防建设给蒙古造成了极大的压力，俺答约束其部下"有掠夺边氓者，必罚治之，且稽首谢罪"[⑧]，可见其成效显著。

万历年间宣大山西三镇大规模的修筑工程，虽然是延时性的一种表现，但并非被动防守，恰恰相反，是一种积极防御的军事行为，"内修战备，外示羁縻"的战略方针，对稳定明后期中部地区的边防局势有重要的意义。

二、军事防御体系的三次修筑高潮

（一）出击兀良哈之战与北边防线的内缩

兀良哈三卫，亦称朵颜三卫，是泰宁、福馀、朵颜三卫的统称，受封于洪武年间。在明初，兀良哈三卫就与明朝保持一定的通贡关系，但另一方面，夹在明

① （明）陈子龙. 明经世文编：卷三一八：王鉴川集［M］. 北京：中华书局，1962.
② （明）陈子龙. 明经世文编：卷三二八：陈六事疏［M］. 北京：中华书局，1962.
③ （明）郑洛·抚夷纪略［M］//薄音湖，王雄. 明代蒙古汉籍史料汇编：第二辑. 内蒙古大学出版社，2000：141.
④ 明神宗实录：卷十（明万历元年二月丙寅条）［M］.
⑤ 明神宗实录：卷十一（明万历元年三月甲申条）［M］.
⑥ 明神宗实录：卷二十二（明万历二年二月戊午条）［M］.
⑦ 明神宗实录：卷八十四（明万历七年二月丁丑条）［M］.
⑧ （明）张廷玉. 明史：卷三二七：鞑靼传［M］.

蒙之间的兀良哈，又忌惮蒙古势力崛起，因此在明蒙势力间，兀良哈三卫一直首鼠两端，摇摆不定。永乐末年，兀良哈卷入明廷与鞑靼之间的冲突中，永乐二十年（1422年），征伐阿鲁台未果的明成祖，对兀良哈发起征讨，此后，明与兀良哈三卫之间中断了通贡。明仁宗继位后，虽恢复通贡及马市，但兀良哈忌惮蒙古势力的壮大，时而南下驻牧，给边地带来诸多不利。

明宣宗即位之初，对兀良哈采取怀柔之策，维持其羁縻卫所的状态。对于兀良哈南下放牧一事，宣宗仅以"虏犯边当正其罪，今未有犯，姑遣人谕之"①为由，遣人予以警告。在这样松弛的边防环境下，兀良哈更为肆意。宣德三年（1428年），明宣宗亲自巡边，获报兀良哈袭犯大宁，将至宽河，宣宗获悉后，停驻在碎石门东，召集将领，众将纷纷请缨，宣宗言：

"孽虏无能为也，但谓吾无备，故敢此来，若知朕在此，当惊骇走矣，今须擒之，不可纵也。然此出喜峰口路狭且险，骑可行，若候诸将并进，虑缓事机，朕以铁骑三千先进，出其不意，擒之必矣。"或言三千未必足用，上曰："兵在精与和，不在多，三千精兵足办擒贼，诸军可后进。"遂决策亲征。②

宣宗利用兀良哈轻敌之弊，出喜峰口至宽河处，两面夹击，大败兀良哈。此次战役是宣宗在位时一笔重要的政绩，但这次战役并未减缓边境压力，据《明英宗实录》载，同年十月，"胡寇至卢龙陈家，劫掠人口马牛尔等"；十一月，"辽东广宁后屯卫西长岭，鞑贼入寇剽掠伤人"③。而此后宣宗没有主动打击兀良哈势力，两方维持表面的通贡。宣德四年（1429年），朵颜等卫前来朝贡，"上嘉其诚，宥其前过，凡家属被获者悉还之，升完者帖木儿为都指挥同知"④；宣德六年（1431年），"宥泰宁福余朵颜三卫剽窃之罪"⑤，同年七月"许朵颜三卫市易"⑥。就这样明廷和兀良哈三卫维持着表面的和缓，私下兀良哈不断报复明廷，而明廷也加强边防建设，以防卫兀良哈侵袭。

宽河之战后，明廷就开始注意边防部署，在加固北边的同时，也做出了一些变动。洪熙元年（1425年），明宣宗刚即位时，独木难支的开平卫就显现出众多弊端，当时大将军薛禄提出：

"雕鹗、赤城、云州、赤云、独石诸站皆在边野，开平老幼余丁亦于此种田，碎有虏寇，无城可守，况开平与独石相距五站，城垣不坚，且使命往来，道路荒远，若移开平卫于独石，令镇守宣府都督谭广所领官军筑城守备，皇为便益。"⑦

---

① 明宣宗实录：卷三十五（宣德三年正月丁未条）［M］.
② 明宣宗实录：卷四十七（宣德三年九月辛亥条）［M］.
③ 明宣宗实录：卷四十七（宣德三年十月丙午条、十一月壬戌条）［M］.
④ 明宣宗实录：卷五十二［M］.
⑤ 明宣宗实录：卷七十五（宣德六年）［M］.
⑥ 明史：卷九：本纪第九（秋七月己巳，录囚，壬午）［M］.
⑦ 明宣宗实录：卷六（洪熙元年闰七月甲寅条）［M］.

当时明宣宗以"开平极边，废置非易，事当徐议"为由驳回。此后又有多人上奏指出开平镇粮饷难以运送、军备不足的问题。到宣德五年（1430年），宽河之战后留守蓟州、永平的大将军薛禄，进言建议："永宁卫团山及雕鹗、赤城、云州、独石宜筑城堡，便守御"[①]，最终得以批准，工事完成后，明廷放弃了北侧的开平卫，移至独石堡，将整个防线内缩。为了适应防线的变化，明廷特在据京师西北三百五十里处，置万全都指挥使司，领卫十五、守御千户所三、堡五，将原属山西行都司的宣府、万全、怀安、保安、怀来、延庆等卫划分出来，改属之[②]。（如图3-11）此次战线的内移，缩短了北边的供应线，同时加强了京师、山西附近的防务。但从另一个侧面，开平卫撤移独石堡，弃地300里，最终将广袤的河套地区拱手于蒙古，而原本是第二防线的宣府、大同却成了军事最前线，大大限制了明军的行动，使其在明蒙之间的对峙中变得更为被动。这一事件导致的后果在土木堡之变后，完全表现出来，使明北边防务危机重重。

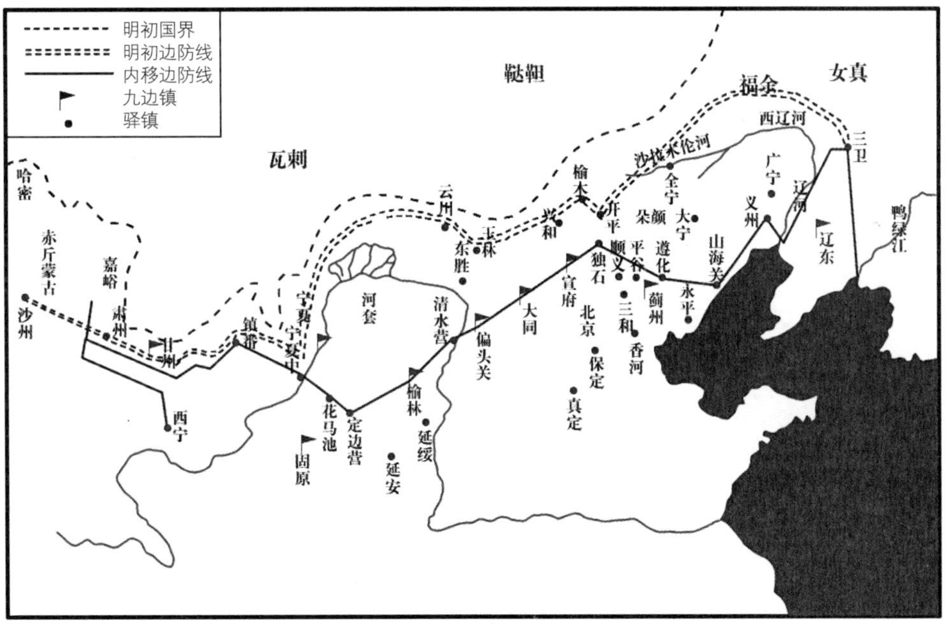

图3-11　明代北方边防内移图
（图片来源：据马楚坚《明清边政与治乱》重绘）

河套地区的丢失，责任并不仅在明宣宗一朝，从洪武以来，明廷对河套地区战略地位的重视不足，明成祖将东胜、大宁、兴和等卫内撤，导致第一道防线出现两大缺口，才使明宣宗无奈撤开平。明宣宗在位十年间，对北边防御设施建设

---

① 明史：卷一五五：列传第四十三［M］.
② 明史·地理志：志十六：地理一［M］.

十分重视，宣、大、山西三镇在宣德年间均修筑大量城堡，尤其以宣府镇为最，宣府镇的防御设施大部分均修筑于此时。为了防御北方兀良哈三卫侵扰，蓟镇与辽东镇也有一定程度的修建，宣德年间建筑的有明确记载的堡寨、关隘见下表3-10。另外，在宣德年间，亦有很多重要的城池得以修缮，如宣德三年（1428年），重修宣府城城内设施，并修建万全都司；宣德四年（1429年）总兵镇守偏关，都督李谦展拓城南面，创西南马营。另外辽东、蓟镇、宣府、山西、宁夏几镇均有部分堡寨在宣德年间得以重修。

宣德年间建筑的城堡及关隘统计表　　　　　　　　　　表3-10

辽东镇	宁远卫城、中前所城、中后所城、沙河中右所城、塔山中左千户所城、松山中左千户所城、大凌河中左千户所城
宣府镇	永宁城、赵川堡、龙门关堡、张家口堡、独石口城、葛峪堡、常峪口堡、青边口堡、大白阳堡、小白阳堡、云州所城、赤城堡、永宁卫城、龙门卫城、龙门所城、雕鹗堡、马营堡、君子堡、洗马林堡、新开口堡、新河口堡、大龙门口
大同镇	镇房卫、净水瓶堡、马邑所城、山阴守御千户所、云川卫、高山城
山西镇	桦林堡、滑石涧堡、水泉营、河曲营城、唐家会堡、罗圈堡、杨免堡、灰沟营堡、关头堡、红门隘口、镇房隘口、西关河隘口

　　总体而言，宣德年间，通过稳固和加强北边防御体系、调派兵力及大将、帝王巡边等措施，明朝对蒙古攻势的防御力有所提升。但开平卫内迁、放弃河套地区的控制权、明朝的防线内缩等事件，又使明朝陷入被动防御窘境，虽然明宣宗在位十年，明朝内外并未发生大的战乱，但却对后世影响颇深。正统以后，北边的军事格局基本已定，后世仅是在这样的框架下进行微小的变动，而明廷也从此开始逐步失去明蒙关系中的主导权。

　　（二）"土木堡之变"与北京保卫战引起的京师防御体系整顿

　　大宁、开平、兴和等是北边的防御要地，明成祖在第一次亲征时曾说："今灭此残虏，惟守开平、兴和、宁夏、甘肃、大宁、辽东，则边境永无事矣。"[1]但洪熙以后，明朝的边防政策日趋保守，自永乐开始，大宁、兴和、开平等地纷纷落入蒙古之手。明太祖朱元璋原本建立的大宁—东胜—开平一线完全崩溃，燕蓟一带失去一道屏障，宣府、大同却成为防御第一线。北边防线的极速内缩，原本平直的防线变得迂回伸长，防御纵深明显缩小，使防守更加困难，"驯致宣、蓟艰危，关门浅露，而窥伺及于畿辅矣"[2]，京师防卫十分薄弱。

---

① （明）金幼孜. 北征录［M］//（明）邓子龙. 国朝典故：卷16［M］.
② （清）顾祖禹. 读史方舆纪要：卷十八.

1．土木堡之变

正统元年（1436年），明英宗朱祁镇即位，承平日久，明朝边防保守、军备废弛的现象愈加明显。军士大批逃亡，军队失额严重，正统三年（1438年），"天下都司卫所，发册坐勾，逃故军士一百二十万有奇，今所清出，十无二三，到伍未几又有逃故"[①]。同时，军屯也遭到严重破坏，官宦豪绅侵占土地，私役官军，"子粒所收，百不及一，贫穷军士无寸地可耕，妻子冻馁，人不聊生"[②]。在这样严峻的条件下，统治者不但没有采取有效措施，反而依赖无能宦官，导致了宦官专权的情况，朝廷内部政治腐败，边防军政败坏。

而此时，北方的瓦剌却迅速崛起，不断扩张并最终打败东面的鞑靼，统一了鞑靼和瓦剌两大部。正统四年（1439年），也先继父位，为太师淮王。也先承袭其父亲的野心，率领部众不断扩张，正统十一（1446年）、十二（1447年）年，也先率军攻打兀良哈，击杀朵颜卫指挥乃儿不花，并使朵颜、泰宁两卫投降。至正统十三年（1448年），瓦剌已经控制了西起中亚、东至朝鲜、北达西伯利亚、南抵明长城的广袤土地，"北漠东西万里无敢与之抗者"[③]。虽然也先接受了明廷的封号，但是其野心却昭然若揭，不时搅扰明朝边地，伺机掠夺，对明廷无疑是严重的威胁。

正统十四年（1449年）七月，日益强大的瓦剌终于挥刀出鞘，也先以通贡所请未得到满足为由，集结鞑靼、兀良哈，兵分四路，大举进犯。其中第一路由盘踞河套的也先亲自率所部攻击大同；第二路由知院阿剌率所部进攻宣府；第三路由可汗脱脱不花率所部及兀良哈进攻辽东；第四路则由骑兵一部进攻甘肃。脱脱不花和阿剌等人不想与明廷失和，因此其他三路进攻并不积极，这次进攻的主力是由也先亲率的一路。但由于明将领腐败无能、军队散漫、战斗力不足等原因，交战之时，从辽东至甘肃，明军连连败北、溃不成军，大同以北城堡相继失陷，军士死伤惨重，财物掠夺一空。闻此讯，明廷上下一片慌乱，惟宦官王振之言是听的明英宗，不顾朝臣劝阻，称"虏贼逆天悖恩，已犯边境，杀掠军民，边将累请兵救援，朕不能不亲率大兵以剿之"[④]。遂于七月十五日下令亲征。次日，号称50万大军在英宗率领下，由北京出发，出居庸关，向大同方向挺进。一路风雨交加，将士疲顿，八月初一，终于到达大同，而此时也先已撤出塞外。八月初二，明军决定撤返，在挑选返京路线时，宦官王振又一次做出错误的决定，令大军择宣府进京，而放弃由更为安全的紫荆关入京路线。得知明军撤军路线的也先，立即率军出击，八月十四日晚，退至土木堡处的明军，露宿旷野，也先军分道包抄，与明军激战于此，最终明军死伤惨重，英宗被俘。从明军决定出征至明

---

① 明英宗实录：卷六十四（正统三年九月丙戌条）[M].
②（明）陈子龙. 皇明经世文编：卷之二十八 [M].
③ 明英宗实录卷一四九（正统十二年春正月庚辰条）[M].
④ 明英宗实录卷一八〇（正统十四年七月壬辰条）[M].

英宗被俘，仅仅一个月时间，据《明英宗实录》整理，期间经历的重要事件见表3-11[①]。

《明英宗实录》所载土木堡之变经过重要事件表　　　表3-11

时间	事件
七月甲午（七月十六日）	英宗率军自京师出发亲征，当晚到达唐家岭
七月丁酉（七月十九日）	英宗率军过居庸关，群臣请求停驻休息，未允
七月辛丑（七月二十三日）	英宗率军到达宣府，风雨大至，边报益急，王振仍欲北行，扈从群臣再次请求停驻，王振怒，俱令略阵
七月壬寅（七月二十四日）	英宗率军到鸡鸣山，众部惶恐，"上素以诸事付振，至是振益肆其威"，也先率军队退伏塞外
七月丙午（七月二十八日）	英宗率军到阳和城南，此时兵士见到阳和惨败的战场，"伏尸满野，众益寒心"
八月戊申（八月初一）	英宗率军抵达大同
八月己酉（八月初二）	王振欲继续前行，镇守太监郭敬告之："若行，则正中虏计"，加之兵士劳顿，遂决定班师
八月庚戌（八月初三）	英宗在王振建议下，改变计划，率军从宣府回京
八月丁巳（八月初十）	英宗率军到达宣府
八月庚申（八月十三日）	大军将发时，获知也先追兵已至，袭明军后部，英宗派军援助，不敌，后军溃散。又派朱勇等至鹞儿岭，全军覆没
八月辛酉（八月十四日）	英宗趁交战之隙退至土木堡，也先率军从土木堡旁的麻峪口入
八月壬戌（八月十五日）	也先军与明军交战，发生土木堡之变，英宗北狩，实为被俘

"土木堡之变"事件在历史上亦可谓罕见，明统治者腐败无能，宦官当权、军备废弛，社会矛盾激化，在这一事件中暴露无遗。土木堡之变后，皇帝被俘，军队遭受重创，自开国以来建立的稳固的军事、经济根基被彻底摧毁，明朝陷入了前所未有的危机当中。

2. 北京保卫战

土木堡之变后，明朝的军事由强变弱，明成祖建立的京营机动部队损失殆尽，而皇帝被也先俘虏，也成为也先掣肘明廷的重要条件。皇上被俘的消息传入京城，明廷上下一片惊慌，兵部侍郎于谦挺身而出，驳斥了想要迁都的官员，指出"京师天下根本，一动则大事去矣[②]"，在于谦的据理力争下，明廷上下坚持固守北京，并着手应对各种问题。

---

① 明英宗实录卷一八〇、一八一［M］.
② 明史·于谦传：卷一七〇［M］.

面对皇帝被俘、上下不安的窘境，稳定民心极为重要，同时也为了避免受到也先的掣肘，明廷立刻更立朱祁钰为皇帝，即明代宗，年号为景泰。事实证明，这一举措极为重要，不但起到稳定局势的作用，同时，粉碎了也先挟天子获取利益的图谋。明代宗继位以后，任命于谦为兵部尚书，并陆续认命了其他缺额的官员，使各机构得以完善。在于谦的辅佐下，明代宗为加强军队战斗力，恢复边防实力，抵御随时可能发生的也先内犯做出了一系列举措。

首先，明廷迅速整饬军队，充实京营，积极备战。于谦指出"选将练兵，养威蓄锐。贼若来侵，则相机而剿杀，贼若远遁，不贪利以穷追"[①]。于是先后调两京及河南备操军、山东及南畿备倭军以及江北和北京诸府运粮军入京，并选拔、调遣优秀的将领分别于京师及各地训兵募兵，通过整顿，京师人心得以稳定。其次，加大防守要点的战斗力。宣府、大同两镇是守卫京师的第一屏障，而居庸、紫荆二关则是进攻京师的必经之处，此四处要点均是抵御也先进攻的战略要地。在也先攻打京师前的短短一月时间，于谦为四个要点安排了得力战将，率领军士积极备战，在当年九月，"紫荆关原有官军七千，近已添调五千，居庸关原有官军九千，近已添调一万，宜行武清伯石亨催促前去。其鴈门关守备，近亦添调。振武等卫所官军，又有指挥石彪领马军三千在彼哨守，宜行巡抚山西副都御史朱鉴等严督堤备从之"[②]。将士的合理调派、兵力的迅速恢复为京师备战做了准备工作，也为保卫京师争取了宝贵的时间。最终也先虽大举攻入，攻破数关，直逼京城，却在九门之战中败于北京城下，明廷的危机局势得以扭转。

北京保卫战的胜利可以说是战略战术的胜利，但是从根本上来说，北京保卫战却暴露出明廷在边防戍守的众多弊端。京畿防御薄弱，宣府、大同两大重镇无法抵御敌人的入侵，使明廷意识到对边防的整顿和改善到了迫在眉睫的时刻。

3．改善防御部署及设施、提高京师防御力

宣府、大同作为第一道屏障，居庸、紫荆二关是防御京师的重要关塞，在北京保卫战中，被也先轻易被攻破，使瓦剌部队直击京城。为了加强边防部署，升任在战场上表现卓越的将领于宣、大两镇，并将北京保卫战时调遣到两镇的兵力继续驻扎，以保证两镇有充足的兵力。同时，除调遣良将，加强居庸、紫荆、古北口三关的兵力外，对涿州、保定、真定、易州、沧州、河间等京畿地区均增加兵力部署，以加强整个京畿地区的守御力。在紫荆、居庸关外亦通过收复独石、马营、云州等失地，并招募壮丁的方法加强防守。通过一系列举措，在兵力部署方面，形成了宣、大两重镇为第一线；紫荆、居庸、古北口等关口卫第二线；京畿地区为第三线的多层次、大纵深、联合策应的京师防御体系。

---

① 严从简. 殊域周咨录：卷十八：鞑靼［M］.
② 明英宗实录：卷一八三（正统十四年九月丙午条）［M］.

除了保障充足的兵力部署外，坚固的防御设施亦不可忽略。北京保卫战时，坚固的北京城为抵御也先提供了获胜的先决条件。北京保卫战后，明廷大力改善防御设施。所谓"城池之设，所以御暴卫民"，针对在战争中坍塌的，或是被豪强侵占的，或是有无卫所不详但有古城的，均"所司量加修补，其有坍塌为园田者，即便用工补筑，务在坚厚完固"①，怀来、永宁、赤城、独石、马营等城池均得到了一定程度的修缮。又在紫荆关至居庸关一线，"将通行人马道路设法砌垛"②，防止敌人翻越。经过整修，京师防御体系的城池更加加固，防御力得到提升。

预警系统对防御和战争都有极其重要的作用，但是北京附近的预警系统非常不完善，"京城四面因无墩台瞭望，寇至不能知其远近"，为了弥补这一缺陷，"于四面离城一二十里或三十里筑立墩台，以便瞭望"③。在重要关口要塞，如紫荆关、德胜门北双线铺及东直门外望京村等也修筑墩台。另外，大同延边虽设有很多烟墩，但由于数目较多，"九十余座，每座用人十五名，占人数多，莫若于紧关要路，并立大墩一座，各添人三四十名守望"④。这样，对于预警系统的改革，不仅是修建添置墩台，而是合理的配置墩台，做到了预警系统的优化。

土木堡之变是明朝历史的重要转折点，同时也是明北边防御体系建设的转折点，明太祖建立的居重驭轻的军事体制遭到了破坏，防御体系的漏洞暴露无遗，北京保卫战之后，经过兵力的重新调配、防御设施的修筑及预警系统的优化，京师防御力得到了提高，北部边防的军事实力日渐恢复，挽救了深陷危机的明王朝。在这一过程中，于谦可谓功不可没，但百密仍有一疏，严从简在《殊域周咨录》中指出："景泰天顺之际，守近而不谋远，由是偏头临于犬羊，而全晋以北单矣……此而不守则右臂断，全陕危矣，可惜甚哉！"⑤可见，土木堡之变及北京保卫战以后，明廷对北边防守的策略十分保守，同时军事视野也较为狭隘，虽然京师防御系统较为完善，但是独石口、偏头关及大同、宣府等地，孤悬塞外，无论防守与进攻都具有较大难度，以致后来与蒙古对峙的过程中，失去主动权，使蒙古势力顺利进入河套地区，进一步威胁明廷（图3-12）。

（三）河套问题掀起的又一次防御设施修筑高潮

土木堡之变后，明朝彻底失去了对河套的控制权，蒙古势力逐渐入据河套地区。而明中期，军屯制度遭受到严重破坏，体制内发生了质的变化，由此引发了新的危机，"庚戌之变"后，统治阶级如梦初醒，此后，北边地区尤其是大同、山西、榆林等地，再次掀起新一轮防御设施的修筑高潮。

① 皇明诏令：卷一二：尊立后妃诏 [M].
② 明英宗实录：卷一八七（景泰元年春正月甲午条）[M].
③ 明英宗实录：卷一八八（景泰元年闰正月甲戌条）[M].
④ 明英宗实录：卷一八七 [M].
⑤ 严从简. 殊域周咨录 [M]. 明万历年刻本.

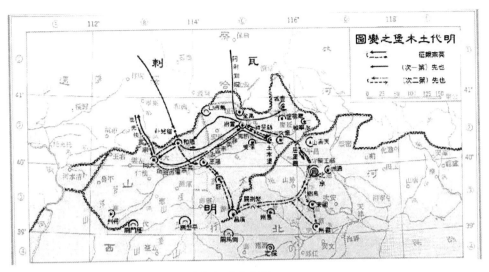

图3-12　土木堡之变及北京保卫战战争经过示意图
（图片来源：《明代历史地图》）

1．蒙古入据河套地区

河套地区自古便是漠南的重要军事区域，黄河在此处弯曲成"几"字形，因此河套地区东、西、北三面被黄河围绕，"密迩陕西榆林堡，东至山西偏头关，西至宁夏镇（贺兰山附近），东西可二千里；南至边墙（明长城），北至黄河，远者八九百里，近者二三百里。"①。河套地区土壤肥沃，水草肥美，是宜农宜牧的塞上宝地。

土木堡之变后，瓦剌势力逐渐衰弱，景泰五年（1454年）也先被杀，此后鞑靼逐步强盛，天顺年间（1457～1464年）鞑靼部阿罗出"掠边人以为向导，因知河套所在，不时出没，遂为边境门庭之害"②。天顺六年（1462年）春，鞑靼部毛里孩、阿罗出、孛罗忽等入河套，"以争水草不相下，不能深入为寇"③。到成化年间（1465～487年），蒙古入套十分频繁，引起了明廷的注意。成化二年（1466年），大学士李贤奏："河套与延绥接境，原非敌人巢穴。今毛里孩居处其中，出没不常。苟欲安边，必须大举而后可。乞令兵部会官博议，进兵搜剿，务在尽绝"④。"搜套"之议提出后，明廷立刻调派熟知延绥边情的杨信执行，但杨信还未到河套，毛里孩于七、八月分别抢掠固原、宁夏两镇，"杨信等无功，搜套师亦竟不出"⑤。成化九年（1473年），鞑靼部满鲁都与孛罗忽并犯韦州，总督王越、总兵许宁及游击将军周玉等突袭之，"擒斩三百余级，获杂畜器械甚众，

---

① 明史纪事本末：卷五十八：议复河套［M］.
② 明史纪事本末：卷五十八：议复河套［M］.
③ 明史纪事本末：卷五十八：议复河套［M］.
④ 明通鉴：卷三十（明宪宗成化二年）［M］.
⑤ 明通鉴：卷三十（明宪宗成化二年）［M］.

尽烧其庐帐而还"①，这次大捷，使鞑靼收到重创，退出河套。成化十年（1474年），明廷为加强延绥、甘肃、宁夏三镇协同防御力，设节制三边总督。同年，巡抚延绥的余子俊，亲自督建边墙城堡。

"东起清水营，西抵花马池，延袤千七百七十里，凿崖筑墙，掘堑其下，连比不绝。每二三里置敌台崖寨备巡警。又于崖寨空处筑短墙，横一斜二如箕状，以瞭敌避射。凡筑城堡十一，边墩十五，小墩七十八，崖寨八百十九，役军四万人，不三月而成。墙内之地悉分屯垦，岁得粮六万石有奇。"②

余子俊为延绥边防体系的修筑立下汗马功劳③，成化十八年（1482年），明军抵抗蒙古伊斯玛因内犯延绥河西清水营一线时，起到了突出的作用。在明廷上下努力下，河套地区经历了短暂的平静期。至弘治八年（1459年），鞑靼部复入据河套，宣府、大同、延绥、甘肃一线，成为其劫掠的重点。正德元年（1506年），时任陕西三边总制的杨一清，上疏提出：

"诚宜复守东胜，因河为固，东接大同，西属宁夏，使河套方千里之地，归我耕牧，屯田数百万亩，省内地转输，策之上也。如或不能，及今增筑防边，敌来有以待之，犹愈无策。"④

杨一清提议中直指"复套"之策的重要性，也指出"增筑防边"的必要性，可见其思虑周全。但当时朝廷之上宦官刘瑾当权，杨一清受压制离职，"复套"之议化为乌有。

到嘉靖年间，河套地区已被蒙古各部以武力占据，北边一带时常受到侵扰。嘉靖二十五年（1546年），陕西三边总督曾铣上疏请求修筑边情、恢复河套，并提出定庙谟、立纲纪、审机宜、选将才、任贤能、足刍饷、明赏罚、修长技等八条建议⑤。明世宗与兵部讨论后认为"筑边复套两俱不易，相较则复套又难"，奖赏了曾铣，令其"与诸边臣悉心图议，务求长算"⑥。次年（1547年），曾铣会同陕西、延绥、宁夏巡抚及三镇总兵对之前提出的建议进行了补充，再次上陈十八条建议恢复河套，明宪宗的态度变化不大，亦仅是表示赞同。嘉靖二十七年（1548年），明宪宗对"复套"一事态度摇摆不定，曾铣被诬陷处死，此后再无人敢进言"复套"之事，明朝基本放弃了河套地区，使蒙古势力完全控制此地。

明廷完全失去河套的控制权，使延绥一带继宣、大以后，亦成为抵御蒙古势力的第一道防线。这一变化，推动明朝开始加大力度建造并完善长城防线，构建更加立体的、多层次、大纵深的长城防御体系。

---

① 明史纪事本末：卷五十八：议复河套［M］.
② 明史：卷一百七十八：列传第六十六：余子俊传［M］.
③ 有关余子俊的筑边思想及成就，见第五章.
④ 明史：卷一九八：杨一清传［M］.
⑤ 明史纪事本末：卷五十八：议复河套［M］.
⑥ 明世宗实录：卷三一八（嘉靖二十五年十二月庚子条［M］.

2. 嘉靖至隆庆年间兴起的边防修筑高潮

蒙古势力从"入套"逐渐变为"驻套"，长居于河套地区，使河套地区成为蒙古势力的前线，据此攻击明朝边境。除宣府、大同、陕西外边、宁夏一线的第一防线受到强烈攻击外，山西、陕西内边、固原一线的内层防御地区也终无宁日，两方对峙中明朝的弱势地位突显。为了应对这样的局面，从嘉靖至隆庆年间，明廷加强了防御体系建设，兴起了一次大规模的筑城运动。

在蒙古进攻路线中，首当其冲的大同镇是修筑重点，嘉靖至隆庆年间，大同镇的军事防御体系得到很大的完善。嘉靖二十五年（1546年），总督宣大山西侍郎翁万达上奏，自大同东路阳和口至宣府李信屯堡，一百三十里防线，是蒙古进攻的要路，需加强防御设施的修筑。上奏后，兵部议覆："近二岁间虏犯浮图峪、蔚州等处，凡三由此出入。厄要设险，诚宜以时营治，不得惜费[1]"。嘉靖四十四年（1535年），宣大陕西总督江东等上奏请求"增修墩堡以尽险要，天城、阳和、永嘉等堡之外，宜更增沿边沿路北红沙等处适中墩堡[2]"，朝廷准奏，在阳和等地边墙外再修筑墩台。隆庆六年（1572年），明廷又修筑"**大同东路阳和、天城、大川、镇口、瓦窑一带边墙，及化门儿沟墩台**"。在修筑边墙与墩台的同时，大同镇城堡也得到了大规模修筑，将近七成城堡修筑于此时，详见下表3-12。

嘉靖至隆庆年间大同镇城堡修建一览表　　　　　表3-12

道	路	名称	修筑时间
阳和道	新平路	新平堡	嘉靖二十五年（1546）
		平远堡	嘉靖二十五年（1546年）
		保平堡	嘉靖二十五年（1546年）
	东路	永嘉堡	嘉靖三十七年（1558年）
		瓦窑口堡	嘉靖三十七年（1558年）
		镇宁堡	嘉靖四十四年（1565年）
		镇口堡	嘉靖二十五年（1546年）
		镇门堡	嘉靖二十五年（1546年）
		守口堡	嘉靖二十五年（1546年）
		靖虏堡	嘉靖二十五年（1546年）
		得胜堡	嘉靖二十七年（1548年）
		弘赐堡	嘉靖十八年（1539年），原民堡改建
大同巡道	北东路	镇边堡	嘉靖十八年（1539年），原民堡改建
		镇川堡	嘉靖十八年（1539年）
		镇羌堡	嘉靖二十四年（1545年）

---

① 明世宗实录：卷三〇八（嘉靖二十五年二月己丑条）[M].
② 明世宗实录：卷五四八（嘉靖四十四年七月丙午条）[M].

续表

道	路	名称	修筑时间
大同巡道	北东路	镇虏堡	嘉靖十八年（1539年）
		拒墙堡	嘉靖二十四年（1545年）
		镇河堡	嘉靖十八年（1539年）
	不属路	王家庄堡	嘉靖十九年（1540年）
		许家庄堡	嘉靖三十九年（1560年），原民堡改建
		高山城	嘉靖十四年（1535年）
		助马堡	嘉靖二十四年（1545年）
		云冈堡	嘉靖三十七年（1558年）
		拒门堡	嘉靖二十四年（1545年）
		破虏堡	嘉靖二十二年（1543年）
		灭虏堡	嘉靖二十二年（1543年）
左卫道	北西路	保安堡	嘉靖二十四年（1545年）
		云西堡	嘉靖三十七年（1558年）
		威虏堡	嘉靖二十一年（1542年）
		宁虏堡	嘉靖二十一年（1542年）
		三屯堡	隆庆三年（1569年）
		云阳堡	嘉靖三十七年（1558年）
		破胡堡	嘉靖二十三年（1544年）
	中路	牛心堡	嘉靖三十七年（1558年）
		马堡	嘉靖二十五年（1546年）
		黄土堡	嘉靖三十七年（1558年）
		残胡堡	嘉靖二十三年（1544年）
		红土堡	嘉靖三十七年（1558年）
		杀胡堡	嘉靖二十三年（1544年）
		铁山堡	嘉靖三十八年（1559年）
		祁家河堡	嘉靖四十一年（1562年）
		威坪堡	嘉靖四十五年（1566年）
		云石堡	嘉靖三十八年（1559年）
		威胡堡	嘉靖二十三年（1544年）
	威远路	败胡堡	嘉靖二十三年（1544年）
		阻胡堡	嘉靖二十三年（1544年）
		迎恩堡	嘉靖二十三年（1544年）
大同守道	西路	西安堡	嘉靖四十年（1561年）
	井坪路	乃河堡	嘉靖四十五年（1566年）
		灭胡堡	嘉靖二十三年（1544年）

与大同镇相连的宣府镇在这一时期也受到了极大的重视，尤其是宣府镇柳沟一带的防御工事建设。嘉靖二十二年（1543年），"甲子土星逆行入氐宿王度留守三十七日，命修筑永宁大小红门并柳沟口"[①]；嘉靖三十二年（1553年），御史蔡朴上奏："四海冶、永宁旧墙单薄，乞亟命增缮，并筑敌台五十一座，仍于大小红门、柳沟口外适中处，所增筑空心敌台三座，其北路独石一带，塞垣王巨宜先设敌台四十四座"[②]；

图3-13　宣府南山路联墩图
（图片来源：长城小站：http://www.thegreatwall.com.cn/phpbbs/index.php?id=59324）

嘉靖三十五年（1556年）兵部侍郎江东上疏请求修筑怀来、南山隘口附近墩台，并言："其隘口应添大石墙或虎尾小墙者，各宜量势修筑"[③]；隆庆二年（1560年），总督宣大山西都御史陈其学上疏："岔道以东，自青石顶至四海冶火焰山，宜乘春修筑墩台，于柳沟等处水口浚横壕一道，壕外设石木□囤，木□囤外建大石墩，以分杀水势……"[④]，可见，修建工事十分频繁。

另外值得注意的是，宣府南山一带修筑的墩台，出现了一种特殊的建筑形制，即联墩（图3-13）。所谓联墩，是由相距一定距离的高大墩台，排成一线形成的烽传体系，其间隔小于一般烽墩的距离。南山联墩是宣府南山防线的重要组成部分，据《怀来县志》载："以岔道当居庸吭背，即堡为城，易土为石，崇其陴堞，高其闬阖，迤西抵龙爬山，迤东尽四海，皆联墩山立"[⑤]，联墩的设置使直面蒙古袭击的宣府镇在讯息传递上更加迅速有效。

随着防御设施的大规模修筑，长城防御体系逐渐完善，明朝边防也更加依赖于长城的防御效果。可以说，长城与明朝的政治、军事、经济等紧密地联系在一起，成为与明朝国运息息相关的重要设施。明廷对长城防御体系的过度依赖，消极被动的防御战略，导致北边地区经济、人口、资源之间的巨大矛盾，为明末的社会动荡埋下了伏笔。

① 明世宗实录：卷二七四（嘉靖二十二年五月甲子条）［M］.
② 明世宗实录：卷三九七（嘉靖三十二年四月戊戌条）［M］.
③ 宣府镇志：卷二［M］.
④ 明穆宗实录：卷十七（隆庆二年二月辛卯条）［M］.
⑤（明）张镐. 怀隆兵备道题名记［M］//（清）许隆远. 怀来县志：卷16：艺文. 光绪朝席之瓒重修版. 1984：405.

第三节　经济因素对明长城军事防御体系变迁影响

经济与军事是一对相互制约又可彼此互动的天然伙伴[①]，在生产、交换、分配和消费的经济活动过程中，形成的物质流、商品流、信息流及人口流等，影响着军事的形成、发展和消亡，而军事外交及战争等行为又驱动和制约着经济的发展。在明长城军事防御体系建立和发展的轨迹中，经济因素成为一个重要的约束条件，在四维时空分布中，影响防御体系内经济结构、资源开发、人口流动等，从而产生防御体系的变迁。

在中国古代社会重农抑商主义的影响下，明朝社会呈现以农业经济为主的趋向，但明朝的商品经济相对以往有了明显的发展。总体而言，明建立起直到隆庆年间（1567~1572年），明朝社会生产力与劳动生产效率呈上升趋势，多次出现经济繁荣兴盛阶段。永乐年间（1403~1424年），郑和下西洋，充分展现了明初经济与技术实力。而明中期农业生产力的显著提高，促进大批劳动人口从农业劳动中分离出来转向工商业领域，这一变化虽不足以转变明朝社会以自然经济为主的经济结构，但工商产业得到极大的发展。明后期，社会生产力遭到了破坏，社会经济转向低迷，西北地区农业经济呈现一片困顿的局面，民不聊生，最终导致大规模农民起义的爆发。

一、开中法与商屯——长城周边自然经济生产模式的转变与商品经济萌芽

明建朝之初，国力较弱，处于百废待兴的阶段。同时，北边地区危机四伏，加强军务也是当务之急。虽然朱元璋"高筑墙，广积粮"的策略取得了很大成效，但是单单依靠军屯开垦，不足以满足长城一线大规模的军需供应。为此，明廷采取了辅助手段，鼓励盐商向边地运输粮饷物资，酬以相应的官盐盐引。

（一）开中法背后朝廷与商人之间经济利益的博弈

据《明实录》载，洪武三年（1370年）六月，山西行省上言："*大同粮储自陵县、长芦运至太和岭，路远费重，若令商人于大同仓入米一石，太原仓入米一石三斗者，给淮盐一引，引二百斤。商人需毕，即以原给引目赴所在官司缴之。如此则转输之费省而军储之用充矣。*"[②]在明代盐法相关文献中，这是关于开中法最早且最具代表性的记载。随后，开中盐粮的方案开始在山西、河南、陕西等地相继实施，取得了不错的效果，后来在边境多地得到普及，随着边地形势的变化，在盐粮开中的基础上又推广出盐马、盐茶、盐草、盐钞、盐布开中等多种形式。

---

① 余爱水. 军事与经济互动论 [M]. 北京：中国经济出版社，2005.
② 明太祖实录：卷五十三（洪武三年六月辛巳条）[M].

开中法实行后，有效地解决了边地粮饷紧缺的问题，同时缓解了军民压力，可谓"有明盐法，莫善于开中"[①]。开中法的显著功效使其成为边地解决粮储的依赖手段，有些卫所甚至废除官运粮饷，均依靠招商中盐。据《明实录》载，洪武三十一年（1398年），"大宁储粟六十二万余石，开平止二万五千八百石，甘肃亦不过一十五万二千石，其商人所入"[②]。永乐以后，开中物资逐渐向专供边饷转变。宣德七年（1432年），户部重拟边境中盐粮例时，边地已为重点，"宁远、独石、肃州三处，淮浙盐每引二斗五升，河间、长芦盐三斗，山东、河东、福建、四川、广东盐俱一斗五升。宣府、大同、山海、龙门、甘州、宁夏六处，淮浙盐每引三斗，河间、长芦盐三斗五升，山东、河东、福建、四川、广东盐俱二斗"[③]。这表明，边地对开中法的依赖程度之深，而开中盐引的价格由洪武年间的淮浙盐每引一石降到了每引二斗五升，也暗示了，在互利共赢的外表下，朝廷与商人之间实际存在着利益的博弈。

明廷作为一个十分强大的集权型政府，掌握全国范围内的关键生产资料的配置，而盐业资源完全由明廷垄断。明廷制定开中法，在及时补充边地军需的同时，有效地节省了军力与民力的消耗，简化了物资周转环节，实现资源配置的优化。在这一过程中，明廷不但具有强势主导的地位，同时，又有武力作为保障，占有完全的优势。而相对弱势的商人集团，在这一过程中，运营周期长、资金周转率低且在运输过程中存在一定风险性，均是十分不利的因素。在长久以来的"抑商"背景下，托庇于官府政权、唯利是图是中国古代商人的生存出路。但是，商人集团在这场博弈中并非绝对的被动，一旦整个群体或大部分均对此抵制，那么这场交易也无法进行。用博弈树的方法来图解明廷与商人集团的动态博弈关系，如图3-14。可见，明廷与商人之间的博弈是一种非零和博弈，只有适当调

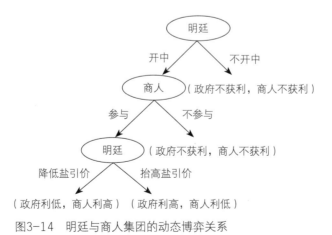

图3-14　明廷与商人集团的动态博弈关系

---

① 明史：卷八十：食货四·盐法［M］.
② 明太祖实录：卷二五六（洪武三十一年春正月壬戌［M］.
③ 明宣宗实录：卷八十九（宣德七年四月壬寅［M］.

整盐价，实现政府和商人双方利益最大化的时候，这场博弈才能保持均衡状态，一旦打破这种平衡，势必导致交易的决裂。

（二）均衡状态下自然经济生产模式的转变及垄断竞争市场的运作

开中制行使之初，收效甚好，"虽边陲辽远在万里，商人图利，运粮时至，于军储不为无补"[①]。随着开中的稳定，商人意识到，就地兴屯积粟可以解决长途跋涉带来的投资风险，同时也会大幅缩短运营周期，提高资金周转率。因此，永乐以后，商人"自出财力，招致游民以事耕作"[②]，在北边地区出现了新的屯田模式——商屯。

商屯的出现，为商人集团带来了更大的利益，也更有效的充实边地军饷储备，同时，商屯"募众督耕"的方式，为边地自然经济生产模式带来了转变，更有利于边地资源的开发和利用。最早开始商屯屯种的多为山西一带的晋商，他们在大同、延绥、辽东、宣府等边镇，"招民垦种，筑台堡自相保聚，边方菽粟无甚贵之时"[③]。明末官员倪元璐在其《屯盐合一疏》中称："迩时辽东千里，晋人商屯其间，各为城堡，耕者数千万，人皆兵。商马数千匹，匹堪战。不惟富，而且强。"[④]明末侯方域代其父侯恂奏议屯田有言："于是边地尽垦，而塞下粟充溢露积，饶于中土，屯军亦因其保障，守望相助，得力耕。时各镇军饷，就其地足给，无所谓太仓年例者，阁左自正供外，亦无他财赋"[⑤]。可见，在最初开中制保持制度均衡的状态下，明廷与商人集团达成了利益双赢。另外，商人集团在交易之初明显占据上风，在一段时间内，明廷通过不断调整盐引价格，激发商人开发商屯的积极性。永乐、宣德年间，经过多次调整后，"官之征甚薄，商之利甚厚"[⑥]，从而形成了稳定的中盐则例。另外各军镇之间也形成了激烈的竞价竞争，如洪熙元年（1425年），宣府总兵谭广奏："边卫客商中纳淮浙盐粮，旧例大同、天城每引米三斗，宣府四斗，以故客商少趋宣府，请减宣府例，淮浙盐三斗，川盐二斗"[⑦]。宣德二年（1427年），大同再次降低盐引价格，于是宣德四年（1429年），宣府总兵又上奏请求："亦依此例，则边储有积"[⑧]。

从表面看，商人的利益决定了物资的流向，甚至影响到盐引价格的浮动。但本质上商人可以看作是一个运载资源的中介，而各军镇之间形成了一种卡特尔性

① 明太祖实录：卷一九七（洪武）.
② 明经世文编：卷三十四：张瑄：商屯议 [M].
③ 明史：卷八十：食货四·盐法 [M].
④ （明）倪元璐. 倪文贞公奏疏：卷十一：屯盐合一疏 [M].
⑤ 明史：卷七十七：食货一·田制 [M].
⑥ 明经世文编：卷三五七：庞尚鹏：庞中丞摘稿·一·清理盐法疏 [M].
⑦ 明宣宗实录：卷十一（洪熙元年十一月乙丑）.
⑧ 明宣宗实录：卷五十一（宣德四年二月丁酉）.

质的垄断组织[①]。在垄断竞争市场形态下，价格变动对资源起调节作用，因此作为参与垄断竞争主体的各个军镇，通过价格决策调整自己的获利。以大同、宣府两镇为例，用非零和博弈代表例证囚徒困境来分析两镇间的博弈关系，其博弈模型如下表：

	大同镇		
宣府镇		不降价	降价
	不降价	(R, R)	(S, T)
	降价	(T, S)	(P, P)

其中 T（Temptation）为背叛诱惑，R（Reward）为合作报酬，P（Punishment）为背叛惩罚，S（Suckers）为受骗支付，对于单一军镇获得的利益而言，可以得出下面的不等式。

$$T > R > P > S$$

也就是说，单方选择降价即为背叛，如果两方均降价，则无法改变物资流动的方向，这样不但不能获得更多的物资，同时要接受中盐则例调整带来的损失；如果单一方降价，虽然盐引受到损失，但却获得了更多的军用物资补偿，而另一方却遭受一定程度的损失，同时卡特尔组织也将无法继续。由此可见，表面为商人占据主动优势的垄断竞争市场，实际受到政府决策和盐粮市场价格的控制。

关于商屯带来的益处，万历朝国子监祭酒刘应秋有言："商人自募民塞下，得粟以输边，有偿盐之利，无运粟之苦，便一。流亡之民，因商召募，得力作而食其力，便二。兵卒就地受粟，无和乘之扰，无侵渔之弊，便三。不烦转运，如坐得乌粮，以佐军兴，又国家所称为大便者。"[②]但这些仅是直接收益，大部分受益者是政府。从本质上讲，商屯的出现扭转了长城周边地区单一经济的形式，带来了雇佣、交换等多种经营模式，同时建立商屯又是一种投资行为，作为投资主体的商人将生产资料、劳动力与资本等组织起来，形成了管理资源，这些均成为明长城及周边地区早期商品经济的萌芽。随着商屯的发展，利益逐渐成为各方追求的最终目标，对其辅助边防本质的忽视，逐渐导致商屯体系的瓦解。

（三）利益失衡导致商屯的破坏

随着开中制的推演，开中上纳的物资根据边地军需发生了变化。早在永乐年间就出现了纳钞中盐，但由于当时的钞法阻塞，很快统治者下令将其停止。

---

① 卡特尔是垄断组织形式之一，生产或销售某一同类商品，获取高额利润，通过在商品价格、产量和销售等方面订立协定而形成的同盟，同盟者具有一定独立性。
② 明经世文编：卷四三一：刘应秋：刘文节公文集·盐政考［M］.

到正统年间，内政外交混乱，军屯受到冲击，而商屯带来的粮食储备却十分充足，粮食供应需求的下降，军马需求的上升，使大批商人被迫转而纳马中盐，相反，日益腐朽的官僚阶级趁机垄断纳粮中盐的渠道，获得巨额私利。对此，明统治者认为是开中盐粮制有损"国计"，造成国家财政空虚，遂决定对开中制进行改革。

成化九年（1473年），巡抚山东左佥都御史牟俸指出："山东运司煎办及买纳盐课，每引价银二钱或布二疋，及至开中止得米八升，直银八分"，可改为折银，向灶丁"每引折收银一钱五分"，免其纳课①。这一改革从表面上增加了国家的收入，但却影响了中盐制度的货源，导致商人的进一步流失。成化二十年（1484年），户部上奏："辽东岁用粮料九十六万五千三百余石……尚欠四十五万余石……开中盐粮又无应者……解部转送辽东以济急用从之"②。可见，商人的严重流失，导致开中盐粮不足，在军屯严重失额的情况下，这对明廷来说无疑是一个危险的信号，但舍本逐末的统治者却完全没有防范意识。

弘治五年（1492年），户部尚书叶淇针对盐商守支问题导致开中法运作困难的情况，提出了改革的策略："召商纳银运司，类解太仓，分给各边。每引输银三四钱有差，视国初中米直加倍"。这一改革有效地解决了盐商守支问题，同时增加了国家的收入，"太仓银累至百馀万"，从短期收益看来，商人和国家均得到了一定程度的收益，但"开中盐粮"作为固边政策，对国防的重要作用却被忽视，赴边开中之法收到严重的冲击，"商屯撤业，菽粟翔贵，边储日虚矣"。③商人撤离，商屯废弃，导致边地土地荒芜，军需粮饷紧缺，明廷只能向边地供应大批白银，万历中，各边年例银是弘治初的八倍，失去了"开中盐粮"的保障，朝廷又背负起供给国防的重担。直到嘉靖年间，随着内地农业劳动者赴边而逐渐兴起的民屯取代了商屯的作用，重新支撑起边军粮饷的供应，边防供给压力才得以缓解。

美国学者费正清曾指出："中国（商人）的传统不是制造一个更好的捕鼠机，而是从官方取得捕鼠的特权。"④在特定时间、特殊地域形成开中盐法与商屯，是商人和政府合力作用的产物。作为明代军事经济的一部分，其具有浓重的军事色彩，为供应军需、巩固边防发挥了重要的作用；另外，在其作用下，农业经济向北边一带有了进一步延伸，为生产力低下、交通落后的北边地区注入了新的生产模式，也改善了人地关系发展。虽然开中盐法与商屯很快都走向瓦解，并未对边地经济产生根本的改变，但商品经济、管理资源及投资的介入，仍然在一定程度上推进了明长城周边地区的经济、技术的发展。

---

① 明宪宗实录：卷一一五（成化九年四月壬申）[M]．
② 明宪宗实录：卷二四九（成化二十年二月辛酉）[M]．
③ 明史：卷八十：食货志·盐法 [M]．
④ （美）费正清．美国与中国 [M]．北京：世界知识出版社，2000．

二、明蒙间的互市贸易——打破长城封闭性的经济渠道

明代修筑长城边墙并逐渐形成绵延万里的带状防御体系，初衷是为了防止蒙古势力的入侵，具有明显的封闭性，到明中后期，长城防御工事日渐完备，从军事的角度看，其封闭性更加森严。然而，明蒙之间的互市贸易在此时也日渐昌盛，互市贸易打破了原来横向的封闭结构，形成了众多通道，明蒙之间的经济、文化频繁交流，可见，长城的封闭性与开放性之间存在辩证的关系，这种辩证关系在互市贸易中表现得极为明显。关于明蒙间的互市贸易问题，史学界研究成果颇丰，本段尝试在前人基础上，结合史料记载与长城防御体系地理分布特征，对互市贸易繁盛时期，市场分布与各军镇之间的时空关系进行梳理，以求揭示互市贸易与军事防御之间的辩证关系。

（一）互市贸易带来的经济共生

明蒙间的互市贸易自永乐（1403~1424年）年间已始，以辽东为主，有官方正规条例加以约束，如永乐三年（1405年）三月，福余卫指挥使喃不花等部属请求互市，令"就广宁、开原择水草便处立市，俟马至，官给其直，即遣归"；其后，鞑靼又带马到辽东请求互市，明廷"命兵部定其值"；永乐四年（1406年）三月，"初外夷以马鬻于边，命有司善价易之。至是来者众，故设二市（开原、广宁），命千户答纳失里等主之"①。可见，明初明蒙双方已经恢复经济往来，但互市之初，交易物品比较单一，贸易点比较分散，主要以马易物，交易量很小。

正统（1436~1449年）至嘉靖（1522~1566年）年间，随着明蒙关系的不断变化，互市贸易几经波折，时断时续。"土木堡之变"后，大同马市因明蒙关系僵化而中断，到天顺末年才得以恢复；正统初年，兀良哈勾结瓦剌不断骚扰辽东，"正统二年（1437年）停开（广宁马市），成化十四年（1478年）冬，辽东巡抚始奏请再开马市，改设于塔儿山西南后团山堡之后"②，"正统十四年（1449年）革朵颜三卫互市"③；嘉靖三十年（1550年）冬，俺答汗犯大同，三十一年（1551年）九月癸卯，明世宗下诏"罢各边马市"，并严令"复言开马市者斩"④，明廷单方面撕毁协议，终止了与蒙古右翼诸部的马市贸易，两方陷入战争状态。

嘉靖前，互市贸易波动，明蒙间的物资流通主要通过通贡实现，隆庆议和后，明蒙之间的经济渠道畅开，九边地区开辟了很多互市市场。隆庆五年

---

① 明太宗实录：卷四十（永乐三年三月癸卯条、甲寅条）；卷五十二（永乐四年三月甲午条）［M］．
② 辽东志：卷二：建置［M］．
③ 全辽志［M］．
④ 明史：卷十八：世宗纪；卷二二二：王崇古传［M］．

（1571年）八月，总督陕西右都御史戴才上奏互市事宜："改延绥市厂于红山边墙暗门之外，修复宁夏清水营旧厂"；同年九月"宣大总督王崇古报北虏互市事竣"，开辟大同得胜堡、新平堡，宣府张家口堡，山西水泉营四处[①]，此六处市场为隆庆议和后率先开辟的互市贸易市场，此后大同、宁夏、甘肃、蓟镇、辽东等纷纷开辟马市及木市等互市贸易市场。于是，在九边一带，自东向西形成了三十多处明蒙贸易市场，依次为：辽东开原庆云堡马市、辽阳长安堡木市、广宁镇夷堡木市、义州大康堡木市、广宁团山堡广宁马市、锦州大福堡木市、宁远兴水县堡木市、宁远中后所高台堡木市；蓟州除了北京至喜峰口三卫贡使沿途贸易而外，石门、台头、燕河、太平、喜峰、松棚、马兰、曹寨、古北、石塘，均为抚赏地点；宣府张家口堡马市；大同新平堡马市、守口堡马市、得胜堡马市、助马堡市场、宁虏堡市场、杀胡口市场、云石堡市场、迎恩堡市场、灭胡堡市场；山西水泉营马市；延绥红山墩边墙暗门马市；宁夏清水营马市、平虏马市、中卫马市；甘肃高沟寨和庄浪铧尖墩市、洪水堡扁都口马市[②]（图3-15）。

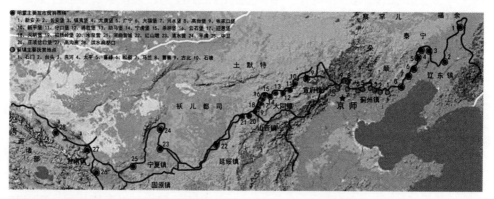

图3-15　明蒙互市贸易市场空间分布示意图
（底图来源：Google map）

　　明蒙互市贸易市场的出现，打通了明蒙经济往来的渠道，在这一过程中，明蒙两方以不同资源的互补为贸易目的，形成了一种互补共享型共生经济形式。当互市贸易有条不紊地进行时，明蒙双方的资源结构得以调整，资源配置效率得到充分的提高。明廷通过互市换取优质的畜牧资源，加强军备马匹素质；蒙古则通过互市获取农业及手工业制品，丰富资源类型，提高生活质量。另外在互市贸易过程中，存在着微妙的辩证关系：就长城防御体系本身而言，其封闭性与开放性矛盾且共存的特点十分突出；就明蒙民族关系而言，两者既在军事上彼此竞争对峙、相互防御，又在经济上相互依赖、谋求共赢。

---

① 明穆宗实录：卷六十（隆庆五年八月癸卯条，九月癸未条）[M].
② 曹永年. 蒙古民族通史：第三卷[M]. 呼和浩特：内蒙古大学出版社，2002.

（二）互市贸易繁盛时期市场的分布与管理

隆庆以后，明代互市贸易已发展成熟，进入了繁盛时期，互市市场有明确的市场规定和贸易规则，根据市场管理和运作的不同，有不同的类型划分。按组织管理者不同可分为官市、民市，官市的组织管理者为明廷官方，其负责筹划"市本（市场流动资金）"、兼管市场运作、调剂货物并且进行抽税和抚赏等事务；民市则是为了弥补官市的不足开设的，大多在官市结束后在同一地点继续交易或与官市同时，民市更多是蒙、汉人民物资交流的渠道，官方仅需要维持秩序，不必筹划"市本"。与官市、民市类似，有大市、小市之分。"所谓大市、小市，是隆庆俺答封贡以后，中三边和西三边，对参预俺答封贡的俺答、吉能、老把都等右翼巴尔斯博罗特后裔诸部所开市场的分类"①。大市类似于官市，由各镇主持，一般一年一次，规模较大；小市则类似于民市，一般一月一次，主要是蒙、汗人民以物易物。另外为了满足日益增长的需求，民市进一步发展形成了月市，每月交易一次。而根据主要交易重点的不同也有马市、木市的差别，其中木市主要是在辽东进行交易。各军镇由于贸易对象、物资类别、管理方式等的差异，互市贸易也有不同。

1．辽东镇的明蒙互市贸易

辽东镇的互市贸易与其他各镇有别，永乐三年（1405年）开市后，除前文所述正统十四年至成化十四年有长时间的闭市以外，基本保持开放，偶有关闭持续也较短，相对其他军镇，辽东镇的互市贸易连续性较强，因此互市市场各项机制也较为完善。

其次，辽东镇互市开放周期也比较特殊，成化十四年定为月市，即"开原每月初一日至初五日一次，广宁每月初一至初五日一次，十六日至二十日一次"②，互市贸易活动十分频繁。到万历年间，互市贸易更加自由，"近年王台、逞家奴等皆得径至开原南城墙，混列杂处，安肆贸易"③，可见原本的月市规则可能已被打破。

另外，辽东地区木材资源紧缺，"河西无木，木皆在边外，自属夷叛乱以来，辽人无敢出边一步者，材木之费，止仰给河东，道远又时有虏警，不时至，至亦不多，故河西之材木贵于玉"④，为了通过更加稳妥的方式就近获得边外木材，辽东互市市场出现了以木材为主要交换资料的木市，这也是辽东互市的特色之一。史料记载的辽东镇马市7处、木市6处，其中有2处马市和6处木市只要针对蒙古开放，其余5处马市则针对女真各部开放，本段主要研究明蒙之间互市贸易，故暂不将这五处马

---

① 曹永年.《明后期长城沿线的民族贸易市场》考误［J］. 历史研究，1996（3）：161-171.
② （明）杨时乔. 皇朝马政记：卷五：互市夷马［M］.
③ 明神宗实录：卷四十六（万历四年正月丁未）［M］.
④ （明）李化龙：议义州木市疏［M］//明经世文编：卷四二二.

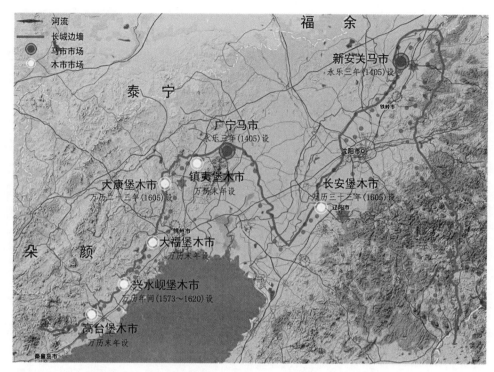

图3-16　辽东镇明蒙互市市场布局示意图
（底图来源：Google map）

市列入其内①。根据《辽东志》《全辽志》《明辽东镇长城及防御考》等资料对辽东镇明蒙互市市场进行整理（表3-13），并绘制互市市场位置示意图（图3-16）。由图及表可见，不论马市、木市，在选址上大体要具备以下几个要点：

（1）交通便利，并且靠近长城边墙。一则为了方便互市物资运输，更加靠近蒙古部落；二则也要有防备戒心，不能脱离明廷势力范围，一旦蒙古进犯，"可通大举"。

（2）地形复杂，附近有山并设瞭望台。复杂地形便于设伏，故互市市场多设于山地与平原的交界处，一方面山地可以在敌方进犯时做围堵之用，另一方面高处设瞭望台，可起到监管作用。

（3）接近水源，"水草便处"。对于马市来说，汲水便利、草料方便十分重要，同时"虏人畏夏"，"水草便处"气候更加适宜。对于木市来说靠近河流亦十分重要，万历二十三年（1595年），李化龙建议辽东木市春秋两季开放，"春以三四月，秋以七八月，水方盛，便放木，且非大举之时，无他变也，每季市不过三五次"②。可见木市在选址时同样要考虑近水处。

---

① 针对女真开放的五处马市分别为：开原城东马市、抚顺马市、清河马市、瑷阳马市、宽甸马市。

② （明）李化龙. 议义州木市疏［M］//明经世文编：四二二.

明代辽东镇明蒙互市市场基本资料统计表　　　　表3-13

市场	交易地点	初设时间	备注
新安关马市	开原庆云堡西4公里处	永乐三年（1405年）	近亮子河
广宁马市	广宁团山堡	永乐三年（1405年）	有马市河流经这里 入市者需从镇远关进出
长安堡木市	辽阳长安堡	万历三十三年（1605年）	附近有细河及医巫闾山
镇夷堡木市	广宁镇夷堡	万历末年	在细河的西岸
大康堡木市	义州大康堡	万历二十三年（1595年）	距大凌河南岸约1.5公里
大福堡木市	锦州大福堡	万历末年	
兴水岘堡木市	宁远兴水岘堡瓦窑冲	万历年间	
高台堡木市	宁远中后所西高台堡	万历末年	

以上所述是互市贸易选址的基本原则，每个互市地点在选址时又需考虑自身的独特性。以新安关马市为例，永乐年间，辽东设马市三，其中开原有二，"**一在开原南关，以待海西；一在开原城东五里……以待朵颜三卫**"[①]，后马市中断至成化十四年（1478年）复开。开原两处马市一处为女直马市，一处为达达马市，达达马市，成化年间位于古城堡南，嘉靖三年（1524年），改设于庆云堡（图3-15）即新安关马市，万历年间达达马市再迁后，主要贸易对象变为女真，故不再论述。

达达马市的迁址是随长城边墙的改变而变化的。成化时，为了加强开原一线的防御能力，自定远堡清河关至镇北堡镇北关，于旧边墙外修筑了一道新的边墙，称"外边"，旧有边墙则称"内边"。嘉靖元年（1522年），又将清阳堡向西至庆云堡一段边墙外扩。新安关便是由内边来宾关向西迁移十里而成（图3-17）。迁址后的达达马市，位于新安关南一里，这段边墙在此处分成两段，

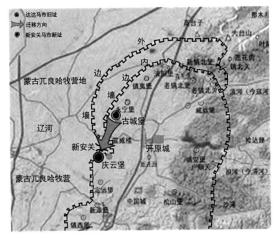

图3-17　新安关马市迁址示意图
（底图来源：google map）

向南延伸一段后又汇合，因此两段边墙围合城马市的市圈。

综上，辽东镇互市贸易市场具有很强的连续性，运作周期短，互市频繁。在繁盛的互市贸易过程中，明廷对蒙古势力仍存在戒心，从互市市场的选址中可见，除考虑互市地点便利以外，还将防御性纳入考虑范围内，在互通有无的同

---

① 明史·食货志［M］.

时，时刻保持警惕。另外，作为明长城军事防御体系的重要组成部分，互市市场的选址和变迁也会受到防御体系内其他部分的影响和限制。

2. 宣府、大同、山西三镇的明蒙互市贸易

随着洪熙、宣德年间，大宁——开平一线的裁撤，宣府、大同成为明朝面向蒙古的门户。一方面蒙古势力南下入侵常取道宣府直逼京师或攻破大同而掠夺山西，另一方面明蒙之间的物资流通也常在此进行。

宣府、大同、山西三镇并称为中三边，其互市贸易始于正统三年（1438年），共经历三开三罢，即"土木堡之变（1449年）"后罢市，并于天顺六年（1462年）恢复；而后弘治十三年（1500年），明蒙关系恶化，达延汗劫掠固原宁夏等地，导致双方贸易再次中断，宣大山西互市也因此关闭，此后由于蒙古势力不断内犯，互市贸易一直未开通，直到嘉靖二十九年（1550年）俺答汗发动"庚戌之变"，明廷有所让步，于次年复开大同、宣府、延绥、宁夏四镇互市；但互市开放仅一年，嘉靖三十一年（1552年），明单方面关闭各边互市，双方再次陷入僵局；经过近二十年的战争，隆庆议和后，互市终于得以恢复。

隆庆五年（1571年），大同得胜堡、新平堡，宣府张家口堡及山西水泉营马市相继开放。后又增设守口堡马市，以待原与黄台吉同在新平堡互市的兀慎、摆腰诸部。又在助马堡、宁虏堡、杀胡堡、云石堡、迎恩堡、灭胡堡等处设小市。[①]宣大山西的马市每年开放一次，每次一月，起初定于春天举行，因"大都春初草芽未茂，胡马羸弱，而我又赤地千里，虏亡所卤略，至盛夏则胡人苦热矣，独我塞上水流草青，于此时得马，可资以为养，诚为便计也"[②]，而实行时，几乎均在秋季，市期也不断拉长，且"官市毕，听民私市"[③]，贸易量十分大。上述为大市，为了弥补大市交易量不足，又开设了许多小市。万历元年（1537年），兵部奏："今边冲口，每月望后俱有小市，虽以抚安穷夷，尤当严加防范。"[④]宣大山西的小市为每月一次，在下半月举行，且"每次不过三二日"[⑤]。小市虽然每次开放时间短，但是开市十分频繁，且小市地点较多，更加有利于双方的物资交流。

宣大山西三镇的互市贸易市场，选址的基本原则与辽东大同小异，不再赘述。由于中三边特殊的地理位置及军事地位，市场的分布又有特殊的规律，见表3-14及图3-18[⑥]。

① （明）王士琦. 三云筹俎考：卷三：险隘考（明）［M］. 杨时宁. 三镇图说玄览堂丛书本. 析出文献出自曹永年著《蒙古民族通史·第三卷》。
② （明）瞿九思. 万历武功录：卷八：中三边二·俺答列传下［M］. 第102页。
③ （明）王士琦. 三云筹俎考：卷二：封贡考［M］.
④ 明神宗实录：卷九（万历元年正月庚寅条）［M］.
⑤ （明）梅国桢. 再请罢榷税疏［M］//明经世文编：卷四五二.
⑥ 图依据《宣大山西三镇图说》、《中国文物地图集山西分册上》整理，表依据余同元著《明后期长城沿线的民族贸易市场》及曹永年著《<明后期长城沿线的民族贸易市场>考误》结合《宣大山西三镇图说》、《明实录》、《三云筹俎考》等史料整理。

宣大山西三镇明蒙互市市场基本资料统计表　　　　表3-14

镇	市场	交易地点	初设时间	市场类型	贸易对象	备注
宣府	张家口堡马市	万全右卫	隆庆五年（1571年）	大市	把都儿等部	由嘉靖三十年设新开口堡马市重开迁移而设
大同	新平堡马市	阳和道新平路	隆庆五年（1571年）	大市	黄台吉、摆腰、兀慎等部	
	守口堡马市	阳和道东路	隆庆五年（1571年）	大市	摆腰兀慎等部	
	得胜堡马市	大同巡道北东路	隆庆五年（1571年）	大市	顺义王等部	由嘉靖三十年设镇羌堡重开后称得胜堡马市
	助马堡市场	左卫道北西路	隆庆六年（1572年）	小市	黄金榜实等部	
	宁虏堡市场	左卫道北西路	隆庆六年（1572年）	小市	兀兰把剌素等部	
	杀胡口市场	左卫道中路	隆庆六年（1572年）	小市	哑不害恰等部	
	云石堡市场	右卫道威远路	隆庆六年（1572年）	小市	多罗土蛮等部	
	迎恩堡市场	大同守道西路	隆庆六年（1572年）	小市	大成台吉等部	
	灭胡堡市场	大同守道井坪路	隆庆六年（1572年）	小市	威宰生、顺义王等部	
山西	水泉营马市	偏头关东北	隆庆五年（1571年）	大市	俺答·多罗土蛮部	
	柏杨岭堡市场	柏杨岭堡	万历年间	小市	大成比妓等部	山西老营堡市与破房营市均为柏杨岭堡市
	河曲营城市场	岢岚道河保路	万历年间	小市	长盖等部	

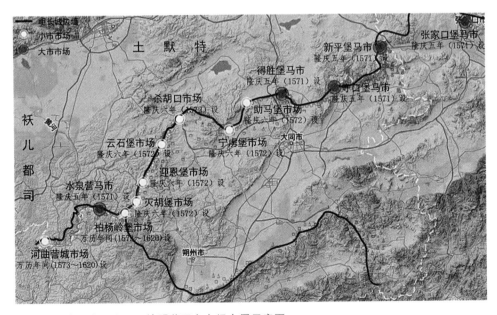

图3-18　宣、大、山西三镇明蒙互市市场布局示意图

（底图来源：Google map上作者自绘）

首先由图表可见，沿长城边墙由东北至西南，市场密度有所增加，且管理严格的大市主要位于东北方向，而更加自由开放的小市主要分布在西南方向。虽然互市市场设立之初基本都本着"缘途贸易"①的原则布局，但宣大山西是拱卫京师的重要防线，一旦被攻破，就会面临唇亡齿寒之危，因此这一线的互市贸易市场在布局时应考虑到防卫问题，靠近京师的一侧市场密度较低，且官市、大市管理较为严格，监管也更为方便，故多布置于此；为了满足更大量的贸易需求，偏离京师的一侧则市场密度较高，且均为开市周期短，贸易自由开放的小市。不难看出，这样的布局，主要是结合宣大山西三镇在军事防卫上的需求，带有中三边的特殊属性色彩。

其次，大同镇长城边墙自镇羌堡处分成两道，至保安堡处汇合，即所谓的"大边"和"二边"，并有内五堡和外五堡分区域管理长城边墙及重要隘口等②，（图3-19）。翁万达有言："敌犯山西必自大同，入紫荆必自宣府，未有不经外边能入内边者。"③可见大同修筑双层防线是战略地位的要求，而助马堡市场及邻近镇羌堡的得胜堡马市的设置，也考虑了防御需要，设置在"各墙堡联络，以限边夷"的大边附近，充分表现出明廷既要贸易又要戒备的矛盾心理。

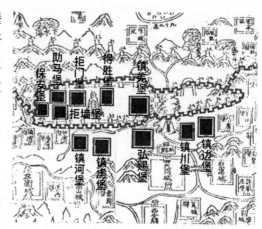

图3-19　大同镇边墙走势图
（底图来源：《九边图说》）

再次，大同镇的几处互市市场与长城边墙的关系存在差异，据《三云筹俎考》图示，（图3-20），新平堡马市位于边墙以内，而大同其他几处马市则位于边墙以外。另外山西省文物局师悦菊在《明代大同镇长城的马市遗迹》中，根据对遗迹的实际踏勘，指出："镇羌堡和宁虏堡的马市是在长城之外，云石堡的马市可能也在长城之外，而新平堡、守口堡的马市遗迹都在长城之内发现，长城之外并无遗迹，极有可能就设在长城之内。"④虽然关于守口堡马市位置存疑，但是可以证明大同互市市场确实存在于长城边墙位置关系的差异。据《三云筹俎考》载，

---

① 明英宗实录：正统七年十月十一日［M］.
② 内五堡为镇河堡、镇虏堡、弘赐堡、镇川堡、镇边堡 即边墙五堡；外五堡为镇羌堡、拒墙堡、拒门堡、助马堡、保安堡.
③ 明史：卷九十一：兵三［M］.
④ 师悦菊. 明代大同镇长城的马市遗迹［J］. 文物世界，2003（1）.

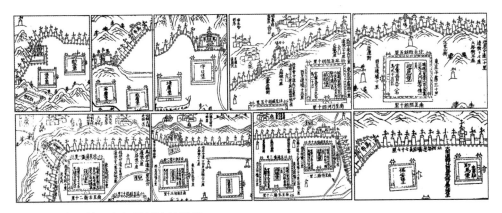

图3-20　大同镇马市与长城边墙关系
（底图来源：《三云筹俎考》）

　　"本堡（新平堡），该路参将驻扎之地，设在山后，出山口若莺嘴然。东为宣镇西阳河藩篱，南为瓦窑、天城屏翰。嘉、隆间节被入犯，今五路台吉松木儿及守口夷人俱在古城并榆林旧县等处住牧，内水泉儿沟、榆林县川极冲。若虏从此入犯，投南则大同镇兵马并力拒堵，投东则宣镇兵马可以拒堵。今虽设有市口，诸酋往来交易颇称恭顺，脱或渝盟，此为首祸之地，不可不严饬也。"①

　　这证明明廷对互市贸易的监管和战事防御十分重视，不但考虑策应兵力也考虑地理位置的影响，而此后设置的市场均置于边墙之外也可能是防止蒙古势力入边的表现。

　　综上所述，宣大山西三镇的互市贸易呈阶段性曲线发展，经过三开三闭，隆庆议和后发展到繁盛时期。互市贸易市场沿长城边墙分布，大市集中在东北侧，间距较大，一年一次，一次一月，周期较长；小市集中在西南侧，间距较小，每月一次，周期较短。市场选址除遵循基本原则外，还具有宣大山西三镇特殊的地域色彩，受到三镇防御战略地位和防御工事布局的影响，同时市场多分布于边墙外侧，以防御蒙古势力入边入侵。

　　3．延绥、宁夏、甘肃三镇的明蒙互市贸易

　　延绥、宁夏、甘肃三镇的西北明蒙互市贸易市场，与宣大山西市场类似，也呈阶段性曲线发展，但西北市场开放时间明显晚于辽东及宣大山西市场。一方面，陕西四镇地理跨度广，区域范围大，且远离京师，疏于防范，故军事力量薄弱，不适宜贸然开市；另一方面，西北一带，民族复杂，出于羁縻目的，以明藏为主茶马互市贸易基本可以保障西北军镇马匹需求②。永乐年间，西北地区虽有

――――――――――
① 三云筹俎考：卷三：新平堡条［M］.
② 西北马市出现较晚的缘由参见姚继荣著《明代西北马市述略》。

明蒙间的贸易活动，但十分零散，无固定地点，更没有具体的贸易规范，因此不可称为马市或市场。后虽多次建议，但都由于各种原因搁浅，直至嘉靖三十年（1551年），明廷迫于无奈开放互市。其年三月苏祐上疏："令其（俺答）将各部夷众，于宣大延宁分投开市，以我之布帛米粮，易彼之牛羊骡马……宣府延宁诸镇，听各督抚官酌量地方，与就近各夷部落开市，每年四次"①，世宗勉强批准，但每年只许开市两次。同年十二月，陕西三边总督王以旂等奏报："延宁马市完，凡易马五千余匹，虏首狼台吉等约束部落，终市无哗，涉秋及冬，三边绝警"②。延宁马市的交易量虽然不大，与同期开放的宣府新开口易马两千匹相比却很可观，但次年（1552年）明廷关闭了贸易市场，使尚处于筹划阶段的互市贸易前功尽弃。与宣大山西市场一样，直到隆庆议和后，西北市场才得以恢复。

　　隆庆五年（1571年），总督陕西右都御史戴才上奏："套虏吉能款塞乞进马二百匹比宣大例于延宁二镇互市……改延绥市厂于红山边墙暗门之外，修复宁夏清水营旧厂，开市之日列卒守之，以防不虞"③，于是设延绥红山马市及宁夏清水营马市，后又于万历年间于宁夏镇设中卫马市及平虏马市，于甘肃镇设高沟寨市场、庄浪铧尖墩市场及洪水堡扁都口马市。值得注意的是，很多文献中出现"红山墩市"、"延绥市"、"榆林市"、"宁夏红山寺市"等，并认为是不同的马市，曹永年在其《<明后期长城沿线的民族贸易市场>考误》一文中根

图3-21　红山墩位置示意图
（底图来源：《边政考》及作者改绘）

据详实的史料搜集和历史研究证明，这些均为一处，即延绥镇城榆林城北之红山墩市，并指出"榆林城北有红山，附近建墩台，名红山墩，市场即设于这一地区"，而"延绥镇大市仅此一处"④（图3-21）。

　　关于西北市场的相关史料相对较少，大部分均为文字叙述，鲜有图示，只能通过文字对市场位置进行推测，参考姚继荣《明代西北马市述略》、余同元《明后期长城沿线的民族贸易市场》、曹永年《<明后期长城沿线的民族贸易市场>考误》等相关论文，结合《边政考》、《秦边纪略》、《马政纪》等史料，对西北市场进行整理。延宁甘肃三镇互市贸易市场设置情况见下表3-15，地理位置见图3-22。

---

① 明世宗实录：卷三七一（嘉靖三十年三月壬辰条）[M].
② 明世宗实录：卷三八〇（嘉靖三十年十二月甲寅朔）[M].
③ 明穆宗实录：卷六十（隆庆五年八月癸卯条）[M].
④ 曹永年.《明后期长城沿线的民族贸易市场》考误［J］. 历史研究，1996（3）.

明代延绥、宁夏、甘肃三镇明蒙互市市场基本资料统计表　　表3-15

镇	市场	交易地点	初设时间	市场类型	贸易对象	备注
延绥	红山墩市	榆林城北红山边墙暗门之外	隆庆五年（1571年）	大市	吉能等部	延绥市、榆林市、宁夏红山寺市等均为此处
宁夏	清水营马市	灵州所横山堡沿边墙附近	隆庆五年（1571年）	大市	白马台吉等	
	中卫马市	宁夏中卫	万历二年（1574年）	大市	抄胡儿等	
	平虏马市	平虏城守御千户所	万历十年（1583年）	大市	吉能等部	位于黄河畔沿边墙附近
甘肃	洪水堡扁都口马市	洪水堡洪水河畔扁都山口间	万历三年（1575年）	大市	吉能等部	洪水河畔，交通要冲扁都口附近
	庄浪铧尖墩市场	庄浪卫岔口堡	万历三年（1575年）	小市	松山宾兔吉等	与高沟寨市场轮流开市，三年一轮
	高沟寨市场	凉州卫东	万历六年（1578年）	小市	松山宾兔吉等	与庄浪铧尖墩市场轮流开市，三年一轮

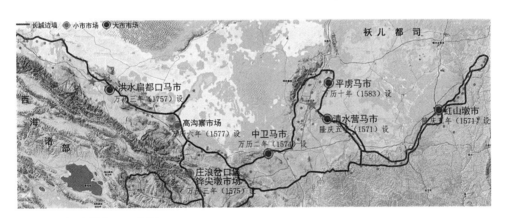

图3-22　红山墩位置示意图
（底图来源：《边政考》，作者改绘）

　　延宁甘肃三镇的互市贸易市场在选址上亦遵从基本原则，参考辽东镇，此处不再赘述。由图可见，延宁甘肃三镇的市场分布密度明显低于辽东及宣大山西，这与西北军镇远离京师，防御力不足，边患不绝，战乱连年，缺乏稳定的贸易环境有关，而西北地区地广人稀、资源相对贫瘠也是重要的原因。

　　三镇中甘肃镇市场的设置时间较晚，是互市贸易的补充，"以甘镇河西之虏，责之远赴宁夏，诚不胜奔命之苦，宜即于甘镇边外，择离内地远处，置立夷厂。"[①]从市场管理方式及选址上看，甘肃镇的市场分布与其他军镇略有出入。

————————
① 明神宗实录：卷四十三（万历三年十月壬申条）[M]．

庄浪岔口堡铧尖墩和高沟寨两处市场，为轮流交替开市，且朝向西南方的西海诸部，是蒙古出入西海的必经之路。万历六年，"兵部题松山酋首宾兔吉部落小市，自万历六年改在高沟寨地方互市，嗣后与铧尖墩每三年一次轮流开市。盖以地瘠民稀，为此更番，以便人情。"[①]《秦边纪略》中也提及岔口堡一带"土冷薄收，难于粒食，加以春夏大雹，折木偃禾，无岁不祲"[②]。可见两地均地广人稀，物资贫乏，灾害严重，因此而交替互市，以满足蒙方交易需求。洪水堡扁都口马市，作为官市，之所以设置在交通要冲之地，据李文君《浅析西海蒙古与明朝的通贡互市》中分析指出，此马市位于素有"小甘州"之称的永固城，此地为汉、藏、蒙、回各族农牧产品交易中心，设置于此是"顾及了该地原有市场的存在"[③]。

延宁甘肃三镇的互市贸易市场，发展轨迹和选址规划均受到辽东、宣大山西的影响，但由于西北地区军镇发展不及东北和中部，地理条件相对较差，因此其互市贸易的发展远不及其他军镇。尽管如此，延宁甘肃三镇的互市贸易也为明蒙之间，尤其是与西海蒙古之间的物资流通起到了很大的作用，在一定程度上安抚了较偏远的蒙古势力，迫切的物资交换需求，缓解了边防压力。延宁甘肃三镇的市场分布受到边墙堡寨分布的局限，数量相对较少，距离较长，因此密度很低；另外受到资源人口的限制，存在两市场交替开放的互市模式，是较为独特的。

无论是政治军事、经济制度还是军事战争，都不是一成不变的，而是保持动态变化的，因此其对明长城军事防御体系的影响也是一种动态影响，即体现在防御体系的变迁中。

政治军事制度是防御体系建立的背景，而国家制定的各种政策则是防御体系演化的条件。明太祖洪武年间，国防建设的重点即为北边地区，但在守备为本的外交策略下，防御较进攻更加重要，这是明长城军事防御体系形成的雏形期，也对后来的发展产生了十分重要的决定因素；在国力强盛之时，明朝的边防策略相对主动，明成祖朱棣多次出击塞外，攻强于防，加上对塞外大宁都司等的裁撤，边防结构受到了一定程度的破坏；此后，明朝的边防策略一直比较保守，而长城军事防御体系进入大规模的建设期，逐渐发展成熟。

相比政治军事制度而言，军事战事对防御体系变迁的影响更为具体。无论在时间还是在空间的分布上，军事战事都表现出一定的差异性，而通过相关系数的研究表明，这种差异性也影响了军事聚落的建造和修缮，具体由军事聚落建置过程中存在的预见性、应激性、延时性三点体现，而三者在一定程度上互有交叉，

---

① 明神宗实录：卷七十二（万历六年二月癸未）[M].
②（清）梁份. 秦边纪略：卷一：庄浪卫 [M] // 史为乐. 中国历史地名大辞典. 北京：中国社会科学出版社，2005：2167.
③ 李文君. 浅析西海蒙古与明朝的通贡互市 [J]. 青海民族研究，2005（2）.

在一次战争所产生的建造或维修活动中即有可能是预见性或应激性也有可能含有延时性的成分。在明代历史中经历了三次十分重要的战役，对明朝的政局和外交地位都产生了十分重要的影响，当然也对明长城军事防御体系产生了影响，引起了三次较大规模的修筑活动。

总之，社会因素是影响防御体系规划布局的一个潜在推手，它并不如自然因素表现得那么直接，但却在无形中发挥着十分重要的作用。如果说自然因素所体现出的规划布局机制是一种静态运作模式，那相对而言，社会因素则体现出动态运作的模式。防御体系的动态变化，在很大程度上都是受到了社会因素的影响，防御体系空间分布的不断变动，暗示着双方社会势力的强弱变化。

第四章　军事思想策略对明长城防御体系规划布局机制的影响

明人尹耕于嘉靖年间著《塞语》中《形势》曰："天下有形势，得之者胜，失之者败。然有形势之体，有形势之用。何谓'体'？地利险隘、轻重之分是也。何谓'用'？人事规划、缓急之序也……"①

明长城军事防御体系的"形势之用"就是凝聚其中的重要军事思想与策略，是影响明长城军事防御体系规划布局的深层内涵，只有将"人"的因素与规划布局的机制联系对应，才能更加深刻地认识明长城军事防御体系。

第一节　长城边防策略的历史发展

长城的修筑可以说贯穿了中国五千年的悠长历史，以长城为边防手段的军事策略可以追溯至先秦时期，随着历史的发展，长城由单一的防御工事逐步发展为成熟的防御体系，到明朝发展至顶峰，可以说明长城军事防御体系凝聚了历代长城边防体系中的军事思想与边防策略。

一、边防戍守的雏形期——先秦时期

早在先秦时期长城就已经成为边界地带的一种防御工事，关于长城的起源各家说法不一，尚未有定论，在此不论。单就边防工事的性质而论，在史前文明时期，就已经出现了如二里头古城（公元前1800～公元前1500年）、良渚古城（公元前2900～公元前2200年）等具有防御性的聚落，而考古学者在内蒙古凉城岱海周围、大青山南麓和准格尔旗与清水河之间，发掘出的十数处属于新石器中晚期的"石城聚落"遗址，呈明显的线性分布，遗址间隔约5公里左右，宛如西周时期为防北方猃狁而筑的"列城"。②

到了夏商西周时期，"国"的概念逐渐明确，在边地修筑防御工事更是十分普遍。夏朝在山东章丘城子崖修筑的大型夯筑土城——寿光古城，被考古学认为很有可能是在启（夏朝第二位君王，公元前1978～约公元前1965年）至少康（夏朝第五位君王）的几十年中，与东夷部落战争过程中修筑的防御工事。③殷商时期在国都周边已有了军镇环带的设置，而很多出土的殷墟卜辞中也有类似于"乍塞于丘"、"乍塞于旅邑"等关于修筑军事要塞的相关记载。④到了西周时期，

① （明）尹耕. 塞语［M］//程素红. 中国历代兵书集成［M］. 北京：团结出版社，1999：2796.

② 张长海. 从考古材料谈长城的起源［J］. 文物世界，2009（02）.

③ 中国军事史编写组. 中国军事史：第六卷：兵垒［M］. 北京：解放军出版社，1991：14.

④ 李海群，崔世平. 商朝军事防御体系的作用［J］. 边疆经济与文化，2011（10）.

王权更为集中，全国推行"封建制"，将王权贵族分封于全国各地，形成"服国八百，封国四百"①，规模宏大的城池网络。另外，西周还在边境修筑戍守城池，《诗·小雅·出车》记"王命南仲，往城于方"和"天子命我，城彼朔方，赫赫南仲，狁犹于襄"②，这些所表达的都是周宣王为防御北方的少数民族狁犹而进行的筑城活动。这种在边地修建的城堡称为列城，列城随着战争的频繁加剧而增多，到了春秋时期已经相当普遍。

春秋战国时期，群雄争霸，四方割据，战事不断，各国纷纷在边境地带修筑障塞亭燧等防御设施，而"长城"的概念也是于此时有了明确的意义，"长城塞"、"长城障塞"、"长城亭障"、"城堑"、"边墙"等称谓开始出现。③春秋战国时期的楚长城、齐长城、赵长城、燕长城、秦昭王长城等都是比较有代表性的长城，其中楚长城是由一系列方形城堡连成线状形成的防御工事，史称"方城"，唐初成书《括地志》载："楚襄王控霸南土，争强中国，多筑列城于北方，以适华夏，号为方城。"④可见楚国争霸中原，采取的是以守为攻、步步为营的策略。

先秦时期防御性城池和长城边墙均已出现，由两者的形成和发展可以看出，设于边界地带的防御性城池的出现远早于长城的边墙。在这一时期，两者之间虽然已经产生了一定的联系，却未能形成严密的体系，两者结合的军事作用尚未得到很好的开发。

二、长城防御体系的形成期——秦汉

公元前221年，秦始皇灭六国，一统天下，建立了中国历史上第一个统一的多民族封建专制国家。虽然秦朝只有短短的15年时间，但其在国家整体边防建设中，取得了前所未有的进展，在全国范围内采取集中统一的边防措施，形成了整体的边防体系，并修筑了大量的防御工事。秦长城是在连接战国时期秦、赵、燕长城的基础上建立起来的。"秦已并天下，乃使蒙恬将三十万众北逐戎狄，收河南。筑长城，因地形，用险制塞，起临洮，至辽东，延袤万余里。"⑤

除了在边地修筑长城外，在全国推行郡县制的背景下，秦为防匈奴、东胡侵扰，在原燕、赵等国北部边地设置了陇西、北地、上郡、九原、云中、雁门、代郡、上谷、渔阳、右北平、辽西、辽东等12个边郡，进行分区防守，同时开展边地屯垦，发展农牧经济。另外，秦还在边境广泛设立负责守卫和报警的亭、燧。由此看来，早在秦朝，长城边防体系的结构就颇为成熟，但毕竟秦朝时间较短，规模尚未

---

① 吕氏春秋［M］//诸子集成. 北京：中华书局，2006.
② 程俊英，蒋见元. 诗经注析［M］. 北京：中华书局，1991.
③ 见《史记·匈奴传》《晋书·唐彬传》《通典·州郡八·密云郡》《史记·蒙恬传》及《明史·兵志·边防》。
④ （东汉）班固. 汉书：卷二十八上：地理志八上［M］. 中华书局校点本：1567.
⑤ （西汉）司马迁. 史记：卷八十八：蒙恬列传［M］. 北京：中华书局，2008.

展开。到了公元前202年，汉启秦灭，汉朝历时420余年，使中国统一的多民族封建国家得到了进一步的巩固和发展，而边防体系的建设在这一时期得到了进一步的完善。

汉长城是中国历史上修筑最长的长城，西汉长城、亭障、列城、烽燧等西起大宛贰师城（今吉尔吉斯斯坦西南部马尔哈马特）、赤谷城（今吉尔吉斯斯坦伊塞克湖州伊什提克），经龟兹、焉耆、车师、居延，沿着燕然山（今杭爱山）、胪朐河（今克鲁伦河）达于黑龙河北岸，构成了一道城堡相连、烽火相望的防线。[①]

汉初，国力衰弱，为了抵挡北方日渐强盛的匈奴南下入侵，修复了秦长城及部分战国长城，并新筑长城，其中汉外长城为内外平行的两道。除了发展和改进了长城的布局外，自汉武帝时期，就在北方广泛设置亭障、列城和烽燧等防御设施，将长城内外建成一个广泛的防御体系。值得注意的是，汉长城防御体系中的列城并非均设于长城之内，《汉书·武帝纪》载，太初元年（公元前104年）夏五月，"遣因杆将军公孙敖筑塞外受降城"[②]。罗哲文在其《长城》[③]一书中指出，唐代《括地志》中有："汉居延故城，有遮虏障"，而《汉书·李广传》中又有"出遮虏障……从浞野侯赵破奴故道抵受降城休士"[④]，可知受降城在今居延海以北很远的地方。笔者认为，居延塞一带即为汉武帝所修筑的西汉长城所过之处，以上两条文献正可以说明所筑列城在长城边墙之外。

前文提到秦朝在边地实行屯田制，汉代继承秦制，亦在边地实行筑城屯田制度，同时也有移民实边的政策。西汉的著名政治家晁错就曾多次向汉文帝上疏提出移民实边的策略，他指出："胡人往来转徙，时至时去，此胡人之生业，而中国之所以离南亩也……然今远方之卒守塞，一岁而更，不知胡人之能，不如选常居者，家室田作，且以备之。以便为止高城深堑，具蔺石布渠答……以陛下之时，徙民实边，使屯戍之事益省，输将之费日寡。"[⑤]由这段话可以看出自秦汉时期，游牧与农耕民族的矛盾已经在北方交界地区形成，而早在这一时期，军事家、政治家已经意识到移民实边、屯田筑城对边防的重要性。

另外，在考古学界，很多学者根据对居延汉简的研究，指出西汉在边地所设的边郡是具有严密的防御组织的。如陈梦家指出：西汉边军的防御组织大致分为郡太守→都尉→侯官→障尉→侯长→燧长六个层次；除了军事官僚系统外，边郡守和部都尉所辖还包括望侯系统（侯、塞、部、燧）、屯兵系统（田官）、军需系统（仓、库）和交通驿传系统（关、驿、邮亭、置、传、厩），已经形成较为完备的军事防御体系。[⑥]

---

① 北京市地方志编纂委员会. 北京志·世界文化遗产卷·长城志［M］. 北京：北京出版社，2008：32.
②（东汉）班固. 汉书：卷六：武帝纪［M］. 中华书局校点本.
③ 罗哲文. 长城［M］. 北京：北京出版社，1982：34.
④（东汉）班固. 汉书：卷五十四：李广传［M］. 中华书局校点本.
⑤（东汉）班固. 汉书：卷四十九：晁错传［M］. 中华书局校点本.
⑥ 陈梦家. 汉简所见居延边塞与防御组织［J］. 考古学报，1964（1）.

由上可见，秦汉两朝都十分重视北部边防的建设，不但向北边派驻重兵，同时也大规模地开展防御工事建设，修长城、筑城堡、修障造燧，开拓道路，移民实边，形成了较为完备的长城军事防御体系，有效地抵御了外敌的入侵，确保了边防的安全。

三、长城防御体系的发展期——南北朝至元朝

秦汉以后一直至明以前，政权不断交替，由于中国是一个多民族的国家，因此在历史的发展中不乏少数民族统治中国的时期。不论统治阶级属性如何，边防的建设一直没有停息。在这一阶段，仍有很多政权修筑了长城，其中以少数民族修建的北魏长城、金长城比较具有代表性。

北魏长城是鲜卑拓跋部进入中原地区建立政权后，为防止北方游牧民族柔然和契丹的入侵而修筑。泰常八年（公元423年），北魏明元帝下令"*筑长城于长川之南，起自赤城，西至五原，延袤二千里，备置戍卫*"①，此时已形成小有规模的防御体系。另外，在北魏前期，就出现了军镇的概念，在西北鲜卑、汉人杂居的地区，推行军镇管辖制度，而在东南汉族传统居住区，推行州郡县与军镇共治的制度，可见军镇统辖地方的制度在北魏时期颇具规模。基于军镇制度，为防御北方游牧民族的进攻，北魏在平城以北设立了六个军镇——"北魏六镇"，自西向东分别为沃野镇（今内蒙古五原东北）、怀朔镇（今内蒙古固阳西南）、武川镇（今内蒙古武川西南）、抚冥镇（今内蒙古西王子旗东南）、柔玄镇（今内蒙古兴和西北）和怀荒镇（今河北张北北）②。北魏六镇是防御北方游牧入侵、保卫京师的军事重镇，其与北魏长城一起构成一个军事防御体系，为巩固北部边防发挥了重要作用。后六镇兵变，也成为北魏灭亡的致命一患。

北魏以后，东魏、北齐、隋等朝均修筑有长城等边防工事，但规模和体系远不及前朝。隋朝以后，经唐、宋、辽几代的数百年间，长城的修筑几乎处于停滞状态，直至金朝建立，又开始了大规模的长城修筑工程。

金朝政权建立于12世纪，由东北地区的女真灭辽后建立。同样出于防止来自西北的蒙古游牧民族入侵的目的，而在边界地带开挖界壕，并建立防御体系。金长城继承和发扬了以往几朝建立的长城防御体系特点，在横向和纵向上均形成了层次清晰的组织结构：首先，金长城防御体系在纵深方向形成了由外至内，从边堡到屯军城再到指挥堡层层递进的结构模式，防御体系展开呈面状；在横向上，又分为四路来管理，即东北路、临潢府路、西北路和西南路，各路均设有自己的指挥中心，分别为泰州、临潢府、抚州、丰州，并设三个招讨司来统辖四路。③

---

① （北齐）魏收. 魏书：卷三下：帝纪第三［M］. 北京：中华书局，2008.
② 中国军事史编写组. 中国军事史：第六卷：兵垒［M］. 北京：解放军出版社，1991：148.
③ 谢丹. 金长城军事防御体系及其空间规划布局研究［D］. 天津：天津大学，2011.

金朝统治100余年，防御工程的修筑一直持续，虽然长城的修筑是在汉文化影响下形成的，但其在层次结构中又不乏少数民族的文化要素。金朝是明以前最后一个修筑长城的朝代，金明两朝所构建的长城防御体系有诸多相似之处。

值得注意的是，虽然唐、宋、元时期未曾修筑长城，但边防建设并未停止。唐代国力强盛，其版图所扩已远出大漠，因此在西北地区通过设置都护府来执行管理，这与明代所设的羁縻卫所功能十分相似。宋朝虽未修筑长城，但其在秦长城所经过的长城岭一带屯兵戍守，修筑了许多城寨。这些城寨与明朝的堡寨功能极其类似。至于元朝，本身发迹于北方草原，其版图又地跨欧亚，在不到百年的历史中，元统治者忙于拓展疆域，长城这样的防御工事对其意义不大。

综上所述，早在先秦时期，建立长城防御体系作为一种边防策略，就已颇具雏形；到了秦汉时期，已经形成了相当成熟的防御体系框架和结构，并且建立了相应的军事制度；而自南北朝起，直到明以前，长城防御体系经过多朝发展，规模已经十分庞大，虽然在本质上，相较秦汉时期，其制度和框架并未有太多的创新，但其在横向和纵向上的层级结构更加清晰。因此，到了明朝建立长城军事防御体系之时，受以往经验的影响颇多，其中凝聚了多个朝代长城军事防御体系的智慧精华（图4-1）。

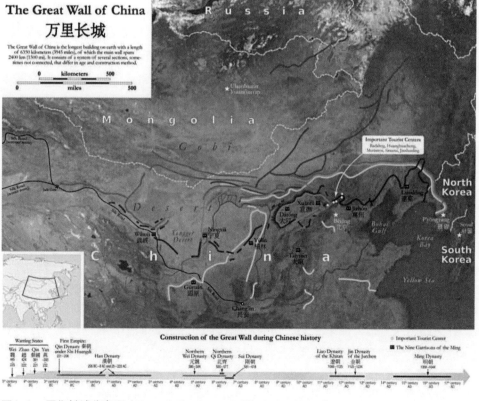

图4-1　历代长城分布图（Map of the Great Wall of the China）
（图片来源：维基百科万里长城）

第二节　明代国家边防策略的转变对长城军事防御体系布局的影响

回顾历史，有观点认为长城是封闭、被动的象征。诚然长城作为边防的组成要素，属于防御性工事，但防御性亦有主动、被动之分，而长城防御体系所体现出的主动性或被动性与体系内的布局有很大的关系，其本质则是国家边防策略所决定的。明初的国家边防策略为攻守结合，因此防御体系的建设具有主动性，但至宣德年间，边防策略开始逐渐向防守型转变，使防御体系开始有被动防守的色彩，到了明中后期，边防策略已经完全转向防守型，长城防御体系的建设十分被动。

一、主动防御策略下的明长城军事防御体系布局

明前期以明太祖朱元璋和明成祖朱棣统治时期为代表，国家的边防策略是积极防御、攻守结合，因此这一时期的边防建设具有明显的主动性，尤其是洪武年间，明朝建国之初，朱元璋在战略布局与边防规划中无不体现出主动防御的军事思想。

（一）明长城军事防御体系规划布局的决策者——明太祖朱元璋

作为明代的开国皇帝，出身布衣的朱元璋无疑是一名胸怀韬略、深谋远虑的军事家、政治家。其在位三十一年间，统一中国，重新建立了强大的汉族政权，锐意进取，施行政治制度的改革，进一步加强皇权，稳定政治格局。在边防建设方面，朱元璋制定的多项制度与政策为其后世子孙一直沿用。可以说，朱元璋是明长城军事防御体系规划布局的决策者，其对整个防御体系的影响经久不衰。

1. 以史为鉴的军事思想下历代长城防御体系的缩影

由朱元璋的经历不难看出，他是一个懂得以史为鉴的人。在《明太祖实录》中，有多条朱元璋早年军事观点的记载，均是其对历朝历代功过的反思，如："秦以暴虐庞任邪佞之臣，故天下叛之。汉高起自布衣，能以宽大驾群雄，遂为天下主"[①]，"周室陵夷，天下分裂，秦能一之，弗能守之；陈涉作豪杰蜂起，项羽矫诈，南面称孤，仁义不施，而自矜功伐，高祖知其强忍，而承以柔逊；知其暴虐，而济以宽仁，卒以胜之"[②]等。正因如此，在明朝建国之初，涉及国防政策、边防建设等问题时，作为统治者，其决策难免受到以往历代经验的影响。结合前

---

① 明太祖实录：卷十四（甲辰夏四月午朔条）[M].
② 明太祖实录：卷十六（乙巳春三月庚子条）[M].

文对历代长城防御体系的发展演变梳理，反观明代长城军事防御体系，不难发现，其中有很多历史的缩影。

首先，在本书第三章中介绍了明代的军屯制度，移民实边。屯田筑城的军事策略并非明代首创，早在秦汉时期，就已经有了边地屯田的军事策略，汉武帝时期，大兴屯田，"以屯田定西域"①，可见其效果。而寓兵于农的军屯方针也早已有之，宋代邵博著《闻见后录》中有："予谓议者以本朝养兵为大费，欲复寓兵于农之法"②，可见无论是移民实边，或是寓兵于农，都是在历史的基础上获取的宝贵经验。朱元璋在前人的基础上，将屯田制度与明代的都司卫所制度结合起来，以卫所管辖军屯，形成了适应明初政体的军屯制度，而这些军屯正是长城防御体系中关键的后备力量，也是支撑起整个防御体系的重要组成部分。

其次，自洪武年间开始，在边地所设的都司卫所中有一部分设在少数民族聚居地区，任当地的部族头领为官员进行管理的羁縻都司卫所。这些羁縻都司卫所多为明初所设，到明中后期制度已经相当松散。其中洪武年间在东北和西北所设的羁縻都司卫所见表4-1。

洪武年间在东北和西北地区所设的羁縻卫所   表4-1

都司	卫所	设置时间	所在位置
奴儿干都司	朵颜卫	洪武二十二年五月	今绰尔河来流域地区的朵颜山附近
	泰宁卫	洪武二十二年五月	今吉林省洮南附近
	福余卫	洪武二十二年五月	今黑龙江省齐齐哈尔附近
关西八卫	安定卫	洪武八年正月置，十年废，二十九年三月复置，正德中散亡	今甘肃敦煌西南阿克塞苏干湖盆地
	曲先卫	洪武十年置，正德七年散亡	永乐四年后治地在今青海格尔木西北油泉子附近
	罕东卫	洪武三十年置，正德中内徙	今敦煌
	阿端卫	洪武八年正月置，十年废，永乐四年十一月复置，正统散亡	今青海格尔木西北茫崖镇附近

（资料来源：该表数据参考郭红、靳润成著《中国行政区划通史·明代卷》第659、705页。）

除表上所列，洪武年间还在青藏高原地区设置了乌思藏都司和朵甘都司实施羁縻政策。另外在一些边地都司中，也有部分卫所具有都司性质，如山西行都司中的官山军民千户所；失宝赤、五花城等五千户所；察罕脑儿卫；官山卫等③。这些羁縻都司卫所在性质上与西汉在乌垒所设的西域都护府，魏晋所设的西域长史府，唐代在西域统一设置的安西、北庭、昆陵、蒙池等都护府性质极其类似，

---

① （东汉）曹操. 曹操集：置屯田令［M］.
② （宋）邵博. 闻见后录：卷一［M］.
③ 郭红，靳润成. 中国行政区划通史：明代卷［M］. 上海：复旦大学出版社，2007：278.

均是为了控制边地其他民族而设立的机构。羁縻卫所的设置使明朝在边地的控制权大范围拓展，大大增加了边地的稳定性，但可惜明中后期羁縻卫所逐渐衰败，失去了原本的作用。

2．主要防线外所设的多处军事据点

洪武年间在北方地区所设的大宁都司、东胜卫、开平卫等机构，常被认为是设于长城以外的军事据点。这种说法或许存在一定的误差。首先，东胜卫、大宁都司等机构设于明洪武年间，但在整个洪武年间，长城边墙尚未修筑，边墙广泛修筑连接成一体的时间大约在明中期，而洪武年间仅在山海关、居庸关等处修筑有极短的几处边墙[①]，因此将上述几处卫所定义为长城以外的军事据点并不准确。

开平、大宁、东胜等机构确实与其他都司卫所不同，如大宁都司所处之地，为元朝大宁路、上都路、全宁路之地，已属于古代游牧民族的活动范围，由于明初主要的残元势力被明军逼退至阴山以北，此地人烟极其稀少，除了卫所军士及家属外，基本无汉人活动；而东胜卫所所处之处已经接近西北沙漠地带，上文提到的羁縻卫所中失宝赤、五花城、斡鲁忽奴、燕只、翁吉剌五千户所就设于东胜卫附近[②]，可见其与蒙古势力已经十分接近；而开平卫更是特别，其所处之地为元代上都城之处，在元代此处扼守着通往大都（即北京城）的重要通道。由此可见，这些都司卫所所处之处为当时明蒙交界的最外层界面，已属塞外之地，应该说这一线都司卫所更像是设置于主要防线之外的军事据点，是剑拔弩张的边境局势中的先锋和前哨，它们控制着敌人进攻的重要路线，大大增强了边防体系的纵深，使明朝对蒙的防御面极具张力。另外这些卫所的设置也显示出明朝在两方对峙中保持着积极进攻的态势。

3．"守备为本"与"塞前歼敌"的辩证统一

在本书第三章中指出，洪武年间的对外政策为"善待厚遇"、"守备为本"，其中"守备为本"可说是贯穿明代的重要军事方针，也被很多学者认为是朱元璋军事思想的重要表现。诚然，在朱元璋关于边防建设的军事思想中，"守备为本"是最主要的一点，也是指导明初积极主动进行大规模边防设施建设的重要方针，但如果说朱元璋在边防中仅侧重防御体系的建设，未免有些偏颇。朱元璋在明初的边防布局中，除了延续"高筑墙、广积粮"的策略外，还强调"塞前歼敌"[③]的重要性。

[①] 各镇边墙的修筑时间参考：景爱. 中国长城史［M］. 上海：上海人民出版社，2006：290-324.

[②] 郭红，靳润成. 中国行政区划通史：明代卷［M］. 上海：复旦大学出版社，2007：278.

[③] 这一观点借鉴：糜振玉. 中国军事学术史［M］. 北京：解放军出版社，2008：634.

在明朝建国之初，朱元璋即采取了一系列措施进行武力征剿行动，洪武五年（1372年）曾命徐达兵分三路进行北征，虽然最终以失败告终，但并不意味着其放弃了主动出击的策略。正因北征的失败，朱元璋更加重视"守备为本"的军事方针，大力加强防守建设，在其对边防体系的规划布局中，设置了上文指出的军事据点，这正是一种塞前奸敌的军事策略，朱元璋指出："北骑南行，不寇大宁，即袭开平。可召西凉都指挥张文杰、庄得，开平都督宋真、宋晟，辽东武定侯郭英等，皆以兵会。辽王以护卫军悉数北出，山西、北平亦然。令郭英、宋真翼于左，庄得、张文杰翼于右，尔（燕王）与代、辽、宁、谷王居于中，彼此相护，首尾相救。兵法：'示饥而实饱，外钝而内精。'尔（燕王）实察之。"[①]由此可见，朱元璋在北边防御体系的布局中采取的是一种诱敌深入、攻守结合的防御模式，并非单纯地以守为主。另外，在洪武年间大规模的防御体系建设后，洪武末年，朱元璋又组织了多次军事出击，清缴北元势力。由此更加可以看出明初的边防政策是一种"守备为本"与"塞前奸敌"的辩证结合，即攻守结合的主动防御模式。

4．边防体系建设的整体性

明朝面向蒙古势力的北边防线是一条极为辽阔的狭长地带，明初朱元璋在规划北边防线时，即将这一狭长地带视为一个有机的整体而进行边防布局。洪武八年（1375年）在北边所设的辽东、北平、山西、陕西四个都司及山西、陕西两个行都司，横亘东西，控制北部边防重地，形成主要防线。在添置大宁都司、开平卫、东胜卫以加强中部主要防线外军事据点的同时，在东北部向外拓展增设朵颜、福余、泰宁三羁縻卫，又在西北部向外拓展增设关西八卫，使整个防线的张力由东至西得到普遍的扩展。另外朱元璋为加强王权，将九个藩王分封于北边一带的重要地区，形成塞王守边制。其中秦王朱樉封于西安，晋王朱棡封于太原，燕王朱棣封于北平，代王朱桂封于大同，肃王朱楧封于甘肃，辽王朱植封于广宁，庆王朱栴封于宁夏，宁王朱权封于大宁，谷王朱橞封于上谷宣府（按各王嫡庶长次排列），在北部边界自西向东声势联接。值得注意的是，在塞王守边时期，各王所驻之地与北边军镇各镇城大致相同，由此可见，洪武年间北边已经颇具九边军镇格局的雏形。

朱元璋运用统领全局的战略眼光，将明初北部边防规划为一个整体性的防御体系，使边防各军事力量具有良好的策应性，北边军事行动可以保持高度的一致，形成了一个十分严密的边防体系。

（二）主动防御策略的践行者——明成祖朱棣

永乐元年（1403年）明成祖朱棣继位，《明史·成祖本纪》评价："雄武之略，

---

① （清）谷应泰. 明史纪事本末：卷十：故元遗兵［M］. 北京：中华书局，1977.

同符高祖。六师屡出，漠北尘清。至其季年，威德遐被，四方宾服，受朝命入贡者殆三十国。幅陨之广，远迈汉唐。成功骏烈，卓乎盛矣。"[1]其在位期间改革机构，设置内阁制度，通过多次亲征稳定北边局势，并收复了安南，同时继续加强东北、西南地区羁縻都司卫所系统，并在西南贵州等地建立行省，巩固了南北边防，同时明成祖还多次派郑和下西洋，加深了明朝当时的国际影响，可见明成祖朱棣无疑是一位深谋远虑的政治家、智勇双全的军事家。

1. 由"塞王守边"到"天子守边"的巨变

建文元年（1399年）朱棣发动"靖难之役"，至建文四年（1402年）正式夺权，其经过在前文中已有介绍，不再赘述。由于朱棣原本即为镇边藩王，因此深知藩王掌握兵权的威胁性，因此永乐元年（1403年）开始，朱棣就通过一系列活动削夺诸藩王的权利，但这一行动面对的问题是明太祖规划的北边格局遭到破坏，北部边防变得空虚。为了避免重复"大将守边"对皇权的威胁，朱棣决定迁都于北京，这就形成了"天子守边"的格局。

"天子守边"的军事策略使明北部边防格局发生了巨大的变化，原来的"塞王守边"制下，北边防线离京师极远，蒙古势力如想由北夺取政权十分不易，此时北边防线由多个散布的防御中心所控制，但迁都之后，京师所在即为朱棣任燕王时所驻之地，使北边整条防线的防御中心都集中在京师之地，防线的重心有所转移。另外在朱元璋时期，北部明蒙交界就是全国边防的重点，迁都之后，北边的军事地位和防御职责变得更重，实为增加巨大的边防压力。

虽然"天子守边"产生了诸多问题，但就朱棣当时所处形势而言，为了加强皇权对军权的控制，迁都又是不得不行之策。而北京就地形而言有一定的优越性，在本书第二章对蓟镇的地形分析中已经指出，北京所处三面环险山，中有小平原，称为"北京湾"，同时又是朱棣龙兴之地，而元大都也曾设于此，可谓天时地利人和，但迁都引发的问题必须解决。因此迁都后，朱棣大力加强京师兵备，建立京军三大营，调整两京军事机构，增加驻京兵力，增强武备，通过一系列措施，迅速加强了中央集权，并有效掌握了全国的兵力。

另外，为了进一步巩固北边防御力，朱棣继续在东北、西北增设羁縻都司卫所，东北的奴儿干都司、建州卫等，西北的赤斤蒙古卫、沙洲卫、哈密卫等都是在永乐时期所设。

2. "以攻代守"的边防策略

仅通过加强军事守备增加边防防御力还远远不够，朱棣继承其父的军事思想，将"塞前歼敌"策略贯彻得更加彻底，形成"以攻代守"的防御模式。

---

① （清）张廷玉. 明史：卷五：成祖本纪［M］. 北京：中华书局，2008.

自永乐八年（1410年），朱棣第一次亲征漠北至永乐二十二年（1424年）亲征鞑靼，共经历五次亲征（图4-2），其详细信息见表4-2。

明成祖朱棣五次亲征统计简表 表4-2

	时间	地点	作战方	结果
第一次亲征	永乐八年（1410年）	斡难河	鞑靼阿鲁台	明胜利
第二次亲征	永乐十二年（1414年）	忽兰忽失温	瓦剌马哈木等	明胜利
第三次亲征	永乐二十年（1422年）	阔滦海、屈裂儿河	鞑靼阿鲁台、兀良哈	明胜利
第四次亲征	永乐二十一年（1423年）	万全	鞑靼阿鲁台	逃避未战
第五次亲征	永乐二十二年（1424年）	榆木川	鞑靼阿鲁台	逃避未战

关于明成祖朱棣的五次亲征的具体过程在很多史料和现代研究中均有介绍，在此不再赘述。关于五次亲征的功过，学界给出的评价不一，着眼于北边防务，五次亲征沉重打击和削弱了蒙古势力意图重整旗鼓的势头，在一段时间内维护了边防的稳定；如果对国防经济而言，五次亲征，尤其是前三次大规模的军事进攻，消耗了大量的人力、财力和物力，增加了国家和人民的负担。

图4-2 明成祖五次亲征路线图
（图片来源：程光裕著《中国历史地图》）

"以攻代守"的军事策略，相较"塞前歼敌"而言，可以更大范围地拓展防御体系的张力，但其在人力、物力上的耗费也是相当巨大，永乐以后，明廷再未发动如此大规模的出塞进攻行动，也间接暗示了边防的位置在一定程度上反映了国力的强弱。

3. 弃大宁故地造成北边防线的巨大漏洞

朱棣发动"靖难之役"后，胁迫宁王助其南下进攻，将宁王所领兵卒全部纳入自己麾下，一时间大宁之地只剩空城。朱棣继位以后，将宁王徙封于南昌，"徙大宁都司于保定府，领卫所十二"[1]，而原大宁都司所领卫所或随着迁入，或废弃，由此原大宁都司驻地已无军事驻守。[2]

前文已经指出，洪武年间所设的大宁都司、开平卫、东胜卫等都司卫所，是

① （明）张学颜. 万历会计录：卷三十八：屯田［M］. 上海：上海古籍出版社，1995.
② 关于大宁驻地是否为朱棣赠予兀良哈三卫，尚存遗，尚且不论，参见：郭红，靳润成. 中国行政区划通史·明代卷［M］. 上海：复旦大学出版社，2007：308.

主要防线之外的重要军事据点，有着"塞前犴敌"的军事作用，同时，有这一线的屏蔽，由大同向东直至辽东一带，声势联接，自成一体。大宁都司的内迁导致原本的外线出现了明显的缺口，同时使内侧的重要防线暴露于外，正如魏焕所说："因掣去大宁都司并所属卫所，再无藩篱，所以与胡虏止隔一山。"①

虽然朱棣继承了朱元璋在边防策略上的基本策略，并通过大规模的军事进攻使边防体系的张力进一步拓展，但大宁的内迁无疑是对原本防御体系的严重破坏，也是其后北边防线内缩的导火索。

综上，洪武至永乐年间，明代的边防策略一直维持着积极、主动的态势，在明太祖、明成祖两代宏图远略的谋划下，北部边线形成大跨度、宽纵深的防御体系，同时体系内无论纵向、横向均具有一定的层次结构，虽然长城边墙尚未广泛修筑，但明长城军事防御体系的基本格局在此时已初见雏形。

二、主动向被动转型期防御体系的演化

基于明太祖、成祖两代的国力的恢复发展，其后的明仁宗、宣宗两代通过在政治、经济方面的改革，出现了社会经济的繁荣，史称"仁宣之治"。在边防策略上虽然仁、宣两代仍基本维持着明初的传统，但已经开始出现了转为被动的趋势。到明英宗继位以后，"土木之变"事件的发生，对明朝无疑是沉重一击，此后虽有短时间的恢复措施，但大的局势已经发生了无法扭转的变化。自此之后，明朝在明蒙军事对峙中，逐渐趋于被动。由此可见，自洪熙至景泰年间，是明朝国家边防策略由主动向被动转变的转型期。关于明中前期的边防政策和重要事件在本书第三章中已有详细介绍，此处不再赘述，仅就政治决策和事件对长城军事防御体系的影响进行评述。

（一）儒家君主仁政思想下边防态势的变化

永乐二十二年（1424年），明成祖朱棣在最后一次亲征中去世，明仁宗朱高炽继位，这标志了明初强势军事扩张的结束。与朱棣相比，明仁宗朱高炽、明宣宗朱瞻基两代君王的军事思想可谓大相径庭，尤其是朱高炽，统治时期，以儒家理想主义的执政态度，进行了军事、政治、经济等多方面的改革，实施"仁政"，停止大规模用兵，全国上下休养生息，复兴经济文化，迎来明朝历史上一个社会稳定的盛世阶段，史称"仁宣之治"。

在边防制度方面，仁宣时期萧规曹随，基本延续朱元璋与朱棣的军事格局。但自永乐时期，边防外侧的据点已有所变化，导致兀良哈三卫向南推进的野

① （明）陈子龙. 皇明经世文编：卷六十四：马端肃公奏疏三·为经略近京边备以防虏患事疏［M］.

心昭显，到了宣宗宣德年间，明廷与兀良哈间的角力仍然持续，因此宣德三年（1428年）在兀良哈不断扰边的背景下，明宣宗亲征出击兀良哈，其过程在前文（第四章）中有详细说明。这次亲征是仁宣时期唯一一次大规模的出塞作战，虽然也是御驾亲征，但与永乐时期却十分不同。朱棣亲征其目的是军事扩张，肃清北边外的残元势力，进攻带有明显的主动性，但宣宗的亲征是针对兀良哈的不断南下扰边，步步逼近而进行的军事清缴，从本质上说是被动防御目的。由此可见，仁宣时期的边防策略和态度已经有了由主动变被动的态势。

另外，在出击兀良哈之后，宣宗对主要战线的防御工事进行了大规模的修建和加固，同时将开平卫内移至独石口处（见第四章），这标志着朱元璋建立的外侧军事据点最终全部内移，北边防线大幅内缩，原来为第二道防线的主要防御面，成了直接向外的最外层防御面，边防体系张力变弱，防御形势十分被动。

虽然"仁宣"时期是终明一世难得的稳定时期，国内文化经济十分繁荣，人民安居乐业，但两代帝王的儒家理想主义思想，在军事中不免带有被动的倾向。诚然永乐皇帝大规模北征带来诸多社会问题，不过息兵养民、宽松治国的政治态度，在明初的时局下，不免有些矫枉过正。这一时期明蒙关系中明廷仍居于强势，但被动防御的边防策略已初见苗头。

（二）"土木之变"后大规模的京师防御建设

"土木之变"是明朝历史上一个重要的转折点，对于明廷而言也是一次屈辱的军事事变，这一事件的发生标志着明蒙边境关系中明朝地位的变化，由强势转为弱势。此后自正统至天顺年间，两代帝王及王公大臣一直集中精力解决这一事件造成的严重后果和引发的各种问题。正如前文（第四章）中所述，自此以后军事边防格局发生了重大变化。

这一时期的问题均围绕京师而展开，皇帝被俘，京师被围困，使明廷意识到京师周边防御力的问题。在京师保卫战取得胜利以后，以于谦为核心人物的明廷集团开始了大规模的京师防御建设。这一时期的边防策略即"固边卫京"[1]，经过一系列防御建设京师防御力得到大幅提高，因前文已述不论。这一军事行动映射出两个主要问题：

1. 防御体系的整体性遭到破坏

朱元璋在明初的边防建设时，宏观远略，十分注重明蒙边界自西向东绵长地带的整体性边防建设，但在"土木之变"后迫于时局的压力，明廷大力加强了京师周边的防御力，但是无暇顾及如此广阔防线上其他区域的防御建设，"守近而

---

[1] 罗琨，张永山. 中国军事通史：第十五卷：明代军事史［M］. 北京：军事科学出版社，1998：509.

不谋远"①。其时，由于防线的大幅内缩，防御体系的纵深性破坏，宣大以西直至宁夏一带失去了重要的屏障，防御力极弱，固然加强京师防御为第一要务，但西北一带的防御漏洞却存在极大的隐患，而这一隐患到成化年间尤其突出。由此可见，明代北边边防是一个完整的整体，不可顾此失彼而破坏其整体性，否则后患无穷。

2. 被动环境下的军事思想的积极性

虽然正统至天顺时期，边防建设方面已经呈现十分被动的态势，边防策略主要以建设防御体系为主，但亦不可忽略其中的一些积极性。其时京师被围困，很多人提议迁都，但于谦指出京师之地一定不能丢弃，"我退一尺则贼进一尺，我失一寸则贼得一寸，得失进退之机，安危治乱所系。"②可见固守京师，加强防御，在当时的边防环境下，具有积极的意义。

由此可见，"土木之变"后不论加强京师兵备还是大力修筑防御设施，虽属被动防御策略，但实属迫于形势压力下的无奈之举，其中蕴含的军事思想也有一定的积极性，并不能一言以概之。然而无奈的是，在英宗二次夺取政权后，处死了于谦，此后又未采取更有力度的边防措施，使明边防局势依然处于被动地位。自此之后，明朝开始了大规模的长城边防建设，边防策略转为被动防御为主。

三、被动防御形势下捉襟见肘的体系建设

自成化以后，明朝将边防的重点全部聚焦于主要防线的长城边墙和军事聚落等防御工事的建设中，出现了多次修筑的小高潮期，也就是这一时期长城防御体系迅速发展完善，这种修筑活动一直持续至明末。

（一）成化时期中部地区的边防建设

土木之变后国防重心一直在京师地区，前文也指出，正是这种顾此失彼的防御策略，使西北一带相较东部防御力极差，加之外部藩篱的内迁，使西北尤其是延绥一带成为整条防线中的薄弱环节。在第四章关于沿边战争的统计中，也可看出，成化年间战争主要集中于延绥一带。因此成化时期的边防建设主要集中于中部地区，防御体系的建设规模很大，包括边墙、烽燧、堡寨，特别是成化八年到十二年中。

这一时期著名的政治家邱浚指出："御敌之道，守备为本，不以攻战为先。"③其时中央集团的边防策略正是坚持朱元璋提出的"守备为本"策略，长

① （明）严从简. 殊域周咨录［M］. 明万历年刻本.
② （明）陈子龙. 皇明经世文编：卷三十三：少保于公奏议一·兵部为边计事［M］.
③ （明）邱浚. 大学衍义补：卷一五〇：守备固围之略［M］.

城军事防御体系就是边防的重中之重，邱浚指出由太行山而东，过居庸关直至辽东镇一带，崇山峻岭，林木茂密，形成一道天然屏障，为"第一层之内藩篱"；而由旧大宁界向东的宣府、大同、代州直至保德州一带，没有天险可依，应修筑长城形成防线，形成"第二层之外藩篱"。①尤其是河套地区，"或于河之南筑城池以为之镇遏，或于河之北据要害以为之扼塞，或沿河之壖设营堡以防其径渡。"②从这些观点中不难看出对修筑防御设施的重视程度。但遗憾的是，即便有这样的军事思想作为指导，在实际执行时却有很大的出入，尤其是河套地区尚未修建工事就被蒙古抢险盘踞，导致延绥镇防御体系只能建筑于农耕地边界地带。

另外，成化以及其后的弘治年间，明朝均未有大规模的出塞战争，可见由此开始，明代的边防策略已经变得十分被动，集全部之力进行西北一带长城防御体系建设，成化年间主要修筑延绥镇长城及城池，弘治时期又大力修筑固原一带边墙城堡，正德时期继续对宁夏、固原一带设施进行加固，不得不说长城防御体系的建设已经禁锢住了明朝边防策略的发展。

（二）嘉靖时期九边格局的定制和多次复套之议的失败

成化以后直至正德年间，明朝的军事实力不断下降，这一时期的军事思想依然以"守备为本"为主，以王守仁、邱浚等人为代表，多主张"攘外必先安内"的军事思想，提出了多项内部改革的建议，但十分遗憾的是鲜有实际贯彻执行。在边防策略上，长城防御体系的修筑也多是被动因随战争的发生才进行修筑加固。到了嘉靖年间，明廷内部政治腐败、军备废弛，给蒙古势力更加有利的可乘之机，入侵战争的规模和频率不断上升，多次逼近京师，边防形势十分严峻。在这样的形势下，明朝不得不集中加强边防建设，使得北边防线的九边格局迅速定制。

1. 九边军镇格局的定制

九边的军事格局早在洪武年间就已经初见雏形，成化至正德时期，大规模的边防与城池建设，使长城军事防御体系逐步形成，到了嘉靖年间九边军镇统辖边防体系成为定制。另外，为了加强各镇间的相互策应，在军镇总兵之上设三大总督分管各镇，即蓟辽总督、宣大山西总督、陕西三边总督，这样在北边狭长的区域内，形成了上下节制、各负其责的防御体系。另外在这一时期，随着防御工事的大规模修筑，防御体系在纵深方向也形成了鲜明的层次性，烽传系统与边墙、关隘和边堡为第一道防线，腹里堡寨与各卫所为第二道防线，镇城及其他重要城

---

① 罗琨，张永山. 中国军事通史：第十五卷：明代军事史［M］. 北京：军事科学出版社，1998：527.
② （明）邱浚. 大学衍义补：卷一五〇：守备固圉之略［M］.

池为第三道防线。可见，在嘉靖年间，长城军事防御体系已经发展得相对成熟。

2．多次收复河套之议的失败

蒙古占据河套对明边防是一个极大的威胁。在正德年间，三边总制杨一清就上疏建议收复河套，但未能受批。嘉靖二十五年（1546年），陕西三边总督曾铣在上疏奏请修筑陕西三边边墙的同时奏议收复河套，其意在出兵清缴河套鞑靼势力，然后沿黄河修筑边墙。这可谓一次具有积极意义的奏疏，此后曾铣虽多次提出具体的设想，并于次年上疏陈请恢复河套的18条具体方略，明世宗虽然在言语上表示支持，但却犹豫不决，一直没有得到贯彻，世宗曾指出："**一铣何足言，只恐百姓受无罪之杀。我欲不言，此非他欺罔比，与害几家、几民之命者不同。**"①在世宗犹豫的同时，内阁大学士严嵩极力反对收复河套，并诬陷曾铣等人，最终随着曾铣被杀，收复河套之议化为泡影。

由上可见，明嘉靖时期的边防策略极为被动，大力建设长城边防体系，依赖九边军镇为屏障，而没有主动出击的意识和勇气，在河套问题上，明世宗犹豫不决，严嵩为了政治斗争力压曾铣等人，使收复之议最终搁浅，放弃了一次主动进攻拓展边防的机会。正由于明嘉靖时期的政治决策的被动性，长城边防体系才得以迅速发展，达到了明历史上的最盛时期。

（三）庚戌之变后边防重心的转移

嘉靖二十九年（1550年），蒙古鞑靼部俺答率众大举入侵，直逼京师，明军执行不抵抗政策，放任俺答及部下劫掠，史称"庚戌之变"。庚戌之变发生后，明廷开始对边防进行大规模整顿，到隆庆元年（1567年）明穆宗朱载垕继位，任命张居正为内阁大学士后，明廷在北边地区开始有了重要的转机。

1．张居正"内修战守、外示羁縻"的边防思想

嘉靖年间兵备废弛，张居正上任后，上疏明穆宗《陈六事疏》强调整饬边防的重要性，他指出："**臣惟当今之事，其可虑者，莫重于边防，庙堂之上，所当日夜图画者，亦莫急于边防。**"②由此可见张居正对边防之事的重视。在整顿边防的过程中，张居正任用贤能，包括谭纶、俞大猷、戚继光等重要将领，对边防的整饬起到了极大的作用。

在张居正的大力改革和措施下，明边防实力在短短几年时间中就已显著提高。纵观张居正的边防策略主要有两个重点，即"内修战守、外示羁縻"③。在这一时

---

① 明世宗实录：卷三三二（嘉靖二十七年正月癸未条）［M］.
② 张文忠公全集：奏疏一：陈六事疏［M］.
③ 罗琨，张永山. 中国军事通史：第十五卷：明代军事史［M］. 北京：军事科学出版社，1998：739.

期从宣大山西一带向东，尤其是京师周围及蓟镇的边防建设达到了空前的规模，同时张居正还大力整顿军队，多次建议明穆宗亲自校阅军队。张居正所采取的多种策略，其目的是想达到明初时"居重驭轻"的边防策略，对边外蒙古势力有所震慑。

在内修战守的同时，自隆庆开始，明蒙之间的关系逐渐缓和，由于俺答多次大举出击，鞑靼势力在财力和兵力上大大损耗，张居正把握住这一重要时机，通过互市贸易等举措对鞑靼恩威并施，最终通过"隆庆议和"达到了羁縻的目的。

不得不说张居正是一个十分出色的政治家，他采取的一系列固边措施取得了十分显著的成效，但从根本上说，这些举措并未完全脱离消极防御的军事思想，明廷对长城军事防御体系的依赖程度有增无减，加上互市贸易市场在长城一线的快速发展，北边地区已经成为明廷力图控制蒙古的大命脉。

2."西和东守"策略下边防重心的转移

随着张居正"外示羁縻"策略的实施及"隆庆议和"的顺利达成，中西部地区边外蒙古势力的进攻压力变小，而随着女真一族的崛起，东北一带边防压力激增。在这样的条件下，明廷采取了"西和东守"的边防策略，其重点就是蓟镇以东"以守为攻"，辽东镇则主要"以攻为守"。辽东镇在边防策略上积极迈出的一步，与当时任辽东主将的李成梁有着密切的关系，在下文中着重介绍，在此不述。随着边防策略的改变，明长城边防的重心发生了很大的转移，辽东镇变成了九边之首。虽然明廷很早就认识到了辽东镇一带的危机，但并未真正扭转时局，最终导致了明廷的灭亡。

由明廷边防发展可以发现一个有趣的迹象，明成祖之时，国力强盛，随着多次出击塞外，明朝的最外层边防势力不断扩展，但相应的，随着战争的发生，明朝的国家实力元气大伤，遂进入了一个修养阶段，而休养生息导致的边防被动策略招致了大规模的军事入侵；在国力最为衰弱之时，明朝的最外层边防势力不断内缩，嘉靖时期，实际的势力已经无法维持长城一带的边防线，致使俺答率军大举进攻。但与之相应的，蒙古势力也在大规模军事行动后，引发国力和兵力的相应衰退，因此明廷在北边的势力又逐渐回归到长城线一带。由此可见，两方势力在边防一带此消彼长的变化，实际是边防策略和国家实力不断变化的直接表现。

第三节 重要地方官员与将领对区域边防体系建设的作用

国家的边防策略主要对全局布控产生影响，而在九边军镇各自内部，边防体系的规划、建设及其中蕴含的军事思想与各镇的地方官员及军事将领有着密切的关系。对明朝著名的官员和将领的军事思想研究已经十分深入，在此为了避免重复，仅就其对长城防御体系的影响及个人的不同观点进行阐释。

一、余子俊修筑延绥镇长城防御体系的军事意义

余子俊为明代修筑长城防御体系的官员中最为重要的一名，其于成化六年（1470年）被授右副都御史官职，巡抚延绥。在任中，大力修筑延绥镇的长城军事防御体系，迁镇城，修大边、二边边墙，并筑城池堡寨，为延绥镇的防御体系建设作出了不可估量的贡献。另外，自余子俊修延绥镇长城防御体系开始，明代北边即掀起了一股"守备为本"、大规模建设边防体系的修筑运动，也可以说自此以后，明代彻底进入了依靠防御工事组织边防的消极防御时代。对于余子俊对边防的作用，一直褒贬不一，笔者秉持兼顾的态度对其进行辨析。

（一）"搜套"与"退套"的博弈

成化初年，蒙古部族入驻河套地区对延绥镇的边境造成了巨大的压力，而延绥镇本身防御工事落后，兵力不足，可谓问题重重。在这样的背景下，明廷出现了两种不同的边防主张，一种主张主动进攻河套地区，驱逐驻牧于此的蒙古势力，将防线向北推进后建立防御工事，即所谓的"搜套"；而另一种则主张在榆林一带修筑防御工事，放弃河套地区，即"退套"。两者相比，虽然都是支持建立军事防御工事的观点，但前者显然更为积极主动，不过在当时的环境下，明廷仅在河套南缘的延绥、宁夏、山西一带建有防御工事，对河套地区的控制力极弱，加上财力与兵力的限制，因此后者的观点也无可厚非。

以白圭为代表主张"搜套"的一方，与以王越、余子俊为代表的"退套"一方各执一词、争执不下，一方面蒙古居于河套地区不时南下攻击，确实给明边地造成了严重的影响，另一方面，从西北地区的军事、经济角度出发，在延绥一带修筑防御工事而放弃河套地区，的确有更高的可行性。鉴于此，明宪宗秉持中立的态度，对两种主张均有一定程度的实施。如成化三年（1467年）就命巡抚山西右佥都御史李侃等"修理黄河七堡，并保德州一带边墙"[①]，同时在成化六年（1470年），在白圭上奏建议后，开始大举"搜套"行动。在此后两三年的时间中，"退套"之议以其更为显著的时效性和经济性，逐渐占据上风，而"搜套"行动因明廷内部的重重阻挠，加之没有显著的成效而沦为一次无意义的军事行动，因此在成化九年（1473年）时，明廷内部实际已经认可了"退套"之议，余子俊就是在这一背景下开始了大规模的延绥镇军事防御体系建设。

（二）余子俊修筑长城军事防御体系的积极意义

在前文中已有关于余子俊修筑延绥镇长城军事防御体系的简述[②]，关于其具

---

① 明宪宗实录：卷四十（成化三年三月壬申条）[M].
② 详见本书第三章。

体过程的研究也颇多，因此不再赘述，仅讨论这一军事行动所具有积极意义。

前文也指出，在永乐之后，明朝基本无大规模的出塞征战军事活动，加上汉民族受儒家思想的影响，在军事战争中本就存在一定的被动性，因此到成化年间，无论是"搜套"或是"退套"两方观点，最终的目的还是建立边防体系，践行"守备为本"的军事思想，只是在修筑防御工事的地理位置上存在差异。在这种环境下，余子俊所主张的"退套"观点，虽然略显保守，但无论在经济、军事上，都更为切合实际，最重要的是，其在延绥镇的边防建设问题上，提出了行之有效的构想和方案。

首先，在余子俊受命不久就指出："三边惟延庆地平易，利驰突。寇屡入犯，获边人为导，径入河套屯牧。自是寇顾居内，我反屯外，急宜于沿边筑墙置堡。况今旧界石所在，多高山陡崖。依山形，随地势，或铲削，或垒筑，或挑堑，绵引相接，以成边墙，于计为便。"[①]由"寇顾居内，我反屯外"就可以看出余子俊对于边防的正确认识，在其观点中，河套地区已经成为蒙古边疆外拓的军事据点，其提出修筑延绥镇长城无疑是想在农田以外创建属于明朝疆域外拓的军事范围。

另外，从余子俊修筑的延绥镇防御体系布局来看，前文中已经指出，在九边军镇中，延绥镇的布局十分特别，其全镇范围均有两道边墙屏蔽全镇。在当下受到明廷实力的限制，在有限的地域内，在二边之外设大边，也是余子俊对防御体系构建时企图达到疆域外拓效果的一种手段，在与河套地区蒙古势力对峙时，双层边墙大大提升了边防体系的防御力。

再次，根据史料记载，余子俊在最初构思延绥镇军事防御体系时，其本意并非要将明廷的边防势力限制在榆林之内，他提出"榆林将士耕种于套，以省民运；牧马于套，以省内帑"的构思[②]，可见其对河套地区也有一定的考量。另外即便在成化十一年（1475年）边防修筑完成后，明廷也并未完全放弃"搜套"之议，此后仍有"搜套"、"复套"的主张，但收到效果并不明显，一直到嘉靖中期，蒙古势力才最终完全控制了河套地区，并在此进行城池的建设。

总之，余子俊所修筑的延绥镇军事防御体系，对明整体的长城军事防御体系建设具有十分重要的意义，其不但为延绥镇乃至整个西北地区边防奠定了坚实的基础，同时开启了长城防御体系大规模修筑的篇章。虽然很多观点认为延绥长城的修筑是明廷"退套"的标志，也为嘉靖时期"庚戌之变"埋下了隐患，但不能否认，余子俊修筑延绥长城之初并未怀有放弃河套的初衷，而其建立的军事体系，以严谨的布局，在一定程度上大大维护了西北地区的稳定。在本书第三章中，也从战争的角度，对余子俊建立的延绥镇长城军事防御体系的时效性进行了论证。

---

① （清）张廷玉. 明史：卷一七八：余子俊传［M］. 北京：中华书局，2008.
② （清）谭吉璁. 延绥镇志：卷六：艺文志·榆问［M］. 康熙版. 西安：三秦出版社，2006：
539.

（三）余子俊修筑长城军事防御体系的消极影响

诚然余子俊对延绥镇的边防做出了很大的贡献，而其军事思想本身也并非绝对消极的坚守长城防线，但随着延绥镇长城军事防御体系的建立，延绥镇逐渐进入以长城为核心的消极防御模式，这不得不说是余子俊修长城所带来的消极影响。

随着延绥长城军事防御体系的不断完善，延绥一带的防御核心全部转向长城，而多次"搜套"、"复套"的失败，更使河套地区最终完全沦陷。嘉靖时期巡抚延绥的张珩曾指出："使肃敏（余子俊谥号）果欲立万世之业，即复张仁愿之所经略者，掣榆镇守哨之军，置青山见在墩台，则烽火明矣。移榆镇畚锸之夫，筑沿河塞垣故址，则保障固矣。"[1] 这一设想与洪武时期开平、东胜、大宁等主要防线外建立军事据点的策略十分相似，对于这样的观点，亦有人进行反驳。嘉靖时期许论在其《九边图论》中就指出："夫拒河为守，尚不能固，乃能遏虏于河外……审时度力，愚不知计所出矣。西路最称要害，而安边、定边连接花马池，更为冲剧，筑墙设险，事有不容已者。"[2] 可见，对于延绥镇的长城的修筑一直颇受争议。

从余子俊修筑长城的观点和当时明蒙边境的局势来看，延绥镇长城的修筑确实势在必行，而余子俊也没有提出将明边防限制于长城之内的观点，因此单就成化年间的修筑运动来说，实为无可厚非之事。但此后，基于延绥镇的范例，开始了北边全线大规模的修筑运动，并将防御核心全部转移到长城防御体系之上，逐渐放弃长城线以外的势力拓展，却不得不说是一处败笔，因此可说这一修筑运动带来的影响，有一定的消极性。

由上而论，余子俊修筑的延绥镇长城军事防御体系及其中所蕴含的军事思想，对稳定成化年间明蒙在西北一带对峙的局势有着积极的作用，是整个明长城军事防御体系的建设过程中十分重要的部分，其所做出的贡献不容忽视，但就明朝的边防策略而言，这又是一个重要的转折点，它开启了明长城故步自封、消极防御的阶段，对于其所带来的消极影响也应给予客观的评价。

二、坚守长城的蓟镇军事防御体系

蓟镇一带在洪武年间外有大宁都司屏蔽，军事压力不大，后到永乐年间明成祖裁撤大宁都司，兀良哈南下占据原大宁都司一带，使这一带成为直接面向蒙古势力的第一层防线。此后蓟镇开始防御体系建设，因燕山山脉设关置堡并修筑长城边墙，开始了据守长城、以守为攻的战略时代，一直至明末，相对于其他军镇

---

① （清）谭吉璁. 延绥镇志：卷六：艺文志·榆问［M］. 康熙版. 西安：三秦出版社，2006：539.
② （明）许论. 九边图论·榆林［M］.

来说，蓟镇的边防策略一直保持这种被动防御的特点。

（一）明中前期蓟镇的边防形成

在本书第二章中已经对蓟镇的军事地理环境及规划布局特点作了分析，可知因蓟镇把守燕山山脉，其军事防御体系是由关隘展开，而其军事防御体系的建设也是由关隘建设开始的。

永乐年间朝廷就派兵将镇守蓟州、永平、山海三处，永乐二十一年（1423年）镇守蓟州、山海一带的都指挥佥事陈景先上奏："近山水泛涨，冲激城垣，山海、义院等关口九百五十余丈，遵化喜峰口水关并潘家等关口四百八十余丈，蓟州马兰等关口三百八十余丈，俱系边境要冲，宜令附近官军并力修筑。"[①]于是命隆平侯张信等督修，并于次年任命襄城伯李隆为镇守总兵官。

明宣宗即位后，兀良哈南下滦河一带驻牧，后虽有兀良哈大捷，但蓟镇的军事地位自此已经转为直面蒙古的第一防线，故此后蓟镇一带镇守将领都广修关隘、墩台及堡寨等设施。宣德三年（1428年）巡按监察御史王豫上奏："密云中卫所属开连口及石塘岭口关垣十一处皆边防切要之地，因山水冲决，守备军少，请令附近军卫有司修筑。"正统元年（1436年）镇守蓟州永平山海等处的王彧上奏在所辖区域的长城边墙以内，每三里（约1500米）设一墩架炮。在嘉靖之前蓟镇的军事防御体系建设已经颇具规模，但真正以军镇为镇守体系是自嘉靖以后。

（二）谭纶、戚继光对蓟镇军事防御体系的建构

谭纶与戚继光是隆庆、万历年间镇守蓟镇的两名重要将领，对蓟镇长城军事防御体系的建设有着举足轻重的作用。

1．长城军事防御体系的大规模修筑

在谭纶、戚继光时期是蓟镇大修长城防务的重要时期，两名将领均对长城修筑做出了巨大的贡献。谭纶自隆庆二年（1568年）任职以后，多次上疏奏议修筑蓟镇的长城防御工事，因蓟、昌两镇战线绵长、守备薄弱，加之地形特点，鞑靼可以在出其不意之地攀援而入，因此应加强守备建设，在其《再议增设重险以保万世治安疏》指出："为今之计，必设二面受敌之险而后可"，即在长城边墙的内外两侧都修建垛口，并提出了具体的修筑建议，"计七八十垛之间，下穿一小门，曲突而上。而又于缓者则计百步之远，冲者五十步，或三十步之远，即筑一墩台，如内地看家楼而小，视边墙高可一倍，大约高至三丈而止，四方共广一十二丈，内可容五十人。"[②]在其建议下在隆庆年间蓟镇广建墩台，无战事之

---

① 明太宗实录：卷二六一（永乐二十一年七月壬寅条）[M]．

② （明）谭纶．谭襄敏奏议：卷六：再议增设重险以保万世治安疏[M]//四库全书·史部.

时，士兵驻守墩台，轮流瞭望，遇到敌人扰边入侵，分守墩台的士兵负责抵抗聚攻之敌，其他士卒则分段守卫边墙。在谭纶的指挥下，到隆庆五年（1571年）八月，蓟、昌镇两镇修筑墩台共计1070座。[①]

谭纶提出了蓟镇长城体系建设的宏观构想，而主持修筑的核心人物则是戚继光。戚继光对长城建设最著名的贡献便是设计了空心敌台（图4-3），为守御长城边墙的士卒提供了一个修筑于边墙之上的坚固堡垒，"内卫战卒，下发火炮，外击寇贼。贼矢不能及，敌骑不敢近"[②]。在本书第二章中也指出，蓟镇因地形限制，关与关、关与堡之间的策应不及辽东、宣府等处，可见空心敌台是戚继光因地制宜所设计，大大增加了蓟镇的防御力。除了对空心敌台的建设外，戚继光还大力加修长城边墙及其他守御设施，加厚加高了一些边墙，在薄弱处加设多道城墙等，又在边墙外侧开挖壕堑或铲削偏坡等，经过戚继光的努力，蓟镇一带的长城防御体系变得十分坚固，"虏虽众不敢仰窥于上，马虽强不得驰骤于下，钩竿不能到，云梯不能安"[③]，成为了一道难以逾越的屏障。

可见，在隆庆年间，谭纶和戚继光对蓟镇长城军事防御体系的建设作出了巨大的贡献，他们一个是宏观的决策者，一个是细节的设计师，两人配合之下，使蓟镇之外的蒙古势力在很长一段时间内都不敢轻易南下。

图4-3　戚继光修蓟镇空心敌台

（图片来源：网络图片　网址：http://jiangzhonghua1013.blog.163.com/blog/static/2130701062013828442 50973/）

---

① 胡长春. 明朝名将谭纶的军事思想评析 [J]. 江西社会科学, 2008（03）: 150–155.
②（明）戚继光. 练兵实纪杂集: 卷六: 车步骑营阵解下·敌台解 [M].
③ 戚少保年谱耆编: 卷九: 议修偏坡以固边垣 [M].

2. 以守为主、攻守结合的军事思想

前文指出在隆庆议和之后，明廷与蒙古势力之间的关系略有和缓，防御重点转移到辽东一带，而蓟镇的国防策略为以守为攻。虽然谭纶与戚继光大力修筑了长城军事防御体系，但在两人的军事思想中却有与"以守为攻"不同之处。

在谭纶隆庆二年（1568年）上奏的《早定庙谟以图安攘疏》中，探讨了边防建设的问题，其中"**先处战地以逸待劳，设险之说诚善矣，然专言设险而不言守险，则其始也徒**"①，说明谭纶对于长城防御工事的认识更为透彻，防御工事本身并不可以成为边防的保障，其核心的人才是守险的关键，因此谭纶提出了一系列边防建设的构想。另外在边防建设的过程中，谭纶进一步发现仅是守险也不足以保障边境的稳定，因此他又进一步提出以攻为守的思想，指出："**乃今游兵也入摆守，是徒知以守为守之易行，而不知以战为守之为固。**"②可见谭纶在边防问题上是秉持着积极的军事思想的，他结合蓟镇本身特殊的军事地理环境，提出了有针对性的防御策略："**蓟镇之守，视战为尤急；防边之时，在春与秋，而秋日之防，则视春为更重。故当春防稍缓之时，则必修台扼险以守，而战在其中；于秋高风劲之日，则宜厉兵秣马以待战，而守在其中。**"③长城防御工事并未限制谭纶的军事思想，在意识到人为本体的同时，掌握了天时（气候）地利（军事地理），并根据春防、秋防的差异，妥善处理攻防关系，其军事思想中的积极性显而易见。但从另一方面而言，谭纶所谓的"攻"也是基于长城地带的攻防，因此在其军事思想中，长城仍为核心要素。

戚继光与谭纶在边防策略上十分一致，在大修长城防御的同时，戚继光也是"战守结合"的支持者，其主张较谭纶而言更为积极主动，积极募兵练兵，并大力主张野战歼敌以御边的策略。隆庆二年，戚继光刚刚接任，就上奏了《请兵破虏疏》，他指出"**寓兵于农亩，而边郡莫窥其形。取给于公家，而齐民不病其扰。其合也，沿途杜驿骚之害。入阵成节制之师。驱之为战，则胜算在我，而无失律之虞。**"④可见其军事思想中积极主动的一面，在戚继光的指挥下，蓟镇的军队建设达到前所未有的规模，军力大幅提升。在戚继光的军事思想中，最重要的部分就是针对练兵的兵法，在其著的多部兵法中，提出了练兵五法，针对不同的兵种有不同的方法，其对阵法的总结更是宝贵的军事资料。戚继光在蓟镇共任职十六年，他针对边防事物的军事思想与同一时期其他将领而言，带有变革性的色彩，除了大规模建设军事防御工事外，其对蓟镇军队建设的作用具有更为重要的

---

① （明）谭纶. 谭襄敏奏议：卷五：早定庙谟以图安攘疏［M］. 影印文渊阁四库全书本. 台北：商务印书馆，1986.

② （明）谭纶. 谭襄敏奏议：卷五：早定庙谟以图安攘疏［M］. 影印文渊阁四库全书本. 台北：商务印书馆，1986.

③ （明）谭纶. 谭襄敏奏议：卷五：分布兵马以慎秋防疏［M］. 影印文渊阁四库全书本. 台北：商务印书馆，1986.

④ （明）戚继光. 戚少保奏议：卷二：请兵破虏疏［M］. 北京：中华书局，2001.

意义。但是，在失去张居正于京师的鼎力支持后，戚继光最终被调离蓟镇，但其所建设的长城军事防御体系却在相当长一段时间里对蒙古产生了极大的威慑。

综上，谭纶与戚继光对隆庆至万历年间，蓟镇的长城军事防御体系建设做出了极大的贡献，在当时辽东镇外女真势力迅速崛起的情况下，二人并未陷入仅仅依赖长城防御工事的策略误区，他们的军事思想中都带有十分明显的积极性和主动性，这对蓟镇的防御体系建设有着重要的意义，也为蓟镇防护京师巩固了基础。

三、明末东北边防时期辽东镇的防守与进攻

明中前期，辽东镇外的兀良哈和女真对辽东的入侵仅限于北部地区，未有大规模的战争，因此辽东镇的南部，围绕辽东湾一带地区军事压力不大。嘉靖年间，兀良哈南下燕山北部一带，对辽西走廊地区产生了较大的冲击，万历年间，女真一族又南下至辽河以东地区，整个辽东湾地区东西两侧均受到较大的威胁。随着明蒙之间议和后军事压力骤减，到明后期全国的边防重点都集中于辽东镇一带，进入了东北边防时期。这一时期出现了很多著名将领，为明廷对抗女真入侵做出了重要的贡献。

（一）李成梁的御辽固边策略

辽东镇的边墙自正统年间始筑，后经成化、弘治年间不断增筑、重修等，逐渐形成一个庞大的边防体系。明前中期辽东镇边墙外的兀良哈与女真各部与明朝并不是对立关系，因此辽东镇作为边界的特征并不明显，后来随着兀良哈南下驻牧、女真民族迅速崛起，辽东镇边外的军事压力逐渐增强。在嘉靖三十七年（1558年），发生了大规模的饥荒，对辽东镇边防影响较大。因此到隆庆四年（1570年），李成梁继任辽东镇总兵时，御辽固边之事迫在眉睫。

1．移筑宽甸六堡与巩固边防建设

明初女真分为建州女真、海西女真、野人女真三部，其中建州女真一部在嘉靖年间开始进入辽东镇东南的宽甸一带，尽管嘉靖二十五年（1546年），明廷置险山、江沿台两堡于宽甸一带，但并未阻挡建州女真占据宽甸的势头。在这样的情况下，总兵李成梁针对宽甸已有的六堡，根据自己的军事经验，指出"出险山一百八十里亦得沃地，宽佃子、长佃子、双塔儿、长岭、散等五区，且当松子岭等处极冲之地，宜将五堡军移建各处，修建六堡"[①]，进而展开了构筑边外新城堡的活动。值得注意的是，宽甸一带本就在辽东镇边墙之外，已经被建州女真占

---

① 明神宗实录：卷十六（万历元年八月丁巳条）[M]．

领，因此李成梁在构筑新城堡之时，实际采取的是军事打击与建筑工事并行的策略，在这一过程中，李成梁清缴了建州女真王杲的军事据点，同时多次击退前来侵扰的女真部族。可以说这场筑城运动是伴随着外扩军事打击下完成的。由此可见，李成梁在这一时期的军事思想还是十分积极主动的，并未被长城边墙限制住防守的组织。

经过大约两年的时间，宽甸六堡修筑完成，即宽甸堡、永甸堡、大甸堡、长甸堡、新甸堡、孤山堡，后经略辽东的名将熊廷弼评价其为"八百里新疆"，因此也有称为新疆六堡的说法。宽甸六堡的修筑，将建州女真努力扩展的通往辽东湾一带的重要出口封锁，并成为迫近女真根据地的重要防线，加强了辽东镇东北地区的长城防御体系的军事实力。

2．御边退敌的积极防御思想

李成梁可谓明末辽东镇的一名良将，在其第一次镇守辽东期间，多次击退外敌的入边，不论是东北的海西、建州女真，还是西部的兀良哈及土蛮各部，都被李成梁顺利击退，《明史》评价："师出必捷，威振绝域"[1]。在李成梁采取的固边措施中，除了加强防御体系建设外，还注重对入侵者的军事打击。如万历八年（1580年）见周围都督王兀堂率众入犯瑗阳一带，李成梁带兵迎战，获得大捷，经此一战，王兀堂一蹶不振；再如万历十年（1582年）土蛮速把亥、炒花等入犯辽东义州一带，李成梁在镇夷堡处设伏，大败土蛮部。总之经统计，李成梁镇守辽东30年，先后取得10次大捷[2]，在这些战役中，李成梁曾多次出塞追击或偷袭，展现了其在军事指挥中的积极思想。

李成梁优秀的军事指挥能力，对巩固辽东镇的边防有着十分积极的影响，在军事思想上，他与戚继光有很多共同之处，即在大力加强军事防御工事建设的同时，通过军事打击在一定程度上对敌人产生威慑作用，体现出了军事思想中的积极性，在明后期与女真对峙的过程中，这种积极性显得尤为重要，正是因为积极性的逐渐丧失，才最终导致了明朝的灭亡。

（二）熊廷弼的固辽复辽策略

万历三十六年（1608年）李成梁因诸多个人问题被朝廷弹劾，遂命熊廷弼巡按辽东，自此开始了熊廷弼固辽复辽的一系列活动。

在熊廷弼第一次巡按辽东时，辽东镇已经危机重重，在其奏疏中称："屯塞、城堡、墩台、壕堑、军马、器械、钱粮之类，一无足恃"[3]，可见辽东镇边

---

① （清）张廷玉．明史：列传一二十六：李成梁传［M］．北京：中华书局，2008．
② 罗琨，张永山．中国军事通史：第十五卷：明代军事史［M］．北京：军事科学出版社，1998：757．
③ （明）熊廷弼．务求战守长策疏［M］//（明）程开祜．筹辽硕画：卷一．明万历年间刻本．

防十分薄弱。在这样的情况下熊廷弼坚持以守为本的军事思想，他指出："筹边之策，虽无出战款两端，而总之以守为本，以暇为乘，乘暇为修守，所以待战而固款也。"[①] 在当时的军事环境下，以守为本是针对辽东镇较为行之有效的方法，他提出"实内固外"的策略，即在内积极屯田增加军需储备，在边境修筑边墙城堡以固边，将屯田和固边两者并行，加上以守为本，不主动出击和挑衅外敌，可以使军事实力得以恢复。熊廷弼的这种军事思想虽也是依靠长城进行防御，但并不能说是一种消极的军事思想，而是迫于当下军事压力而加强战守的一种有效手段，而实际上他希望通过这种方法，在稳固的基础上，再逐步夺取战争的主动权。但可惜的是，熊廷弼的固辽主张并未得到切实的落实，而是不了了之。

万历四十七年（1619年），明与后金在萨尔浒展开大战，明廷大败，这次战役使明廷军力大衰，后金又乘势攻占开原、铁岭一带。明在辽东镇大势已去，遂再度派熊廷弼经略辽东。

熊廷弼经过视察指出了东路瑷阳、南路清河、西路抚顺、北路三岔儿和柴河四个后金极可能进犯的冲要之处，需驻重兵把守，形成四路分区防守，而各路之间应声势相接，相互策应，进而形成一个相互牵制的完整系统，使敌人无法攻破。熊廷弼还提出，适时袭击敌人哨卒，歼灭散敌的策略，意图在一定程度上震慑外敌。这一次熊廷弼所制定是一个战守结合的军事策略，他希望在稳定辽阳以南现存土地的基础上，恢复军事实力，进一步收复失去的土地。可悲的是，熊廷弼这一次的战略又未得到完全的实施，而仅是将辽阳、沈阳一带的防御工事修复，达到保卫辽阳的目的，不过通过一系列的修筑活动，奉集、虎皮、沈阳三地形成了三足鼎立之势，是辽阳以北形成了新的屏障，在熊廷弼经略辽东的一年多时间里，后金并未取得进一步的成功，一定程度上稳定了辽沈一带的局面。

天启元年（1627年）沈阳、辽阳被后金攻破，朝廷再次起用熊廷弼，这已经是他第三次赴辽，这次熊廷弼依然提出了复辽方略，却并未取得成功，在天启五年（1625年）熊廷弼被魏忠贤杀害。

回顾熊廷弼三次赴辽，每一次都提出了行之有效的策略，但最终均未得到有效的实施，正因如此，在后金步步紧逼的压迫下，辽东镇辖域逐渐南缩，也最终导致了明廷的灭亡。

（三）袁崇焕的复辽策略

袁崇焕是继熊廷弼之后辽东的又一重要将领，其在军事思想和策略上与熊廷弼有很多相似之处，在明末辽东镇苟延残喘的最后阶段，袁崇焕为辽东立下累累战功，取得了宁远大捷和宁锦大捷两次战斗的胜利，而袁崇焕最终的命运又与熊

[①]（明）熊廷弼. 议款原图修备疏［M］//（明）程开祜. 筹辽硕画：卷一. 明万历年间刻本.

廷弼戏剧地相似，被奸佞陷害致死。

熊廷弼第三次赴辽时，辽东大势已去，努尔哈赤攻破辽沈，迁都辽阳，后又攻占广宁，熊廷弼因此而入狱。此时，明与后金的战线已从辽河平原步步南移到仅余辽西走廊为明占据，在这样的情况下，袁崇焕请命驻守山海关。当时明廷与后金争夺的重点就是辽西走廊一线，在前文中指出，辽西走廊一带是辽东镇通往蓟镇、京师的咽喉要地，地形狭长，东临渤海，西依群山。明廷内部对于河西走廊的弃守问题一直争论不休，袁崇焕一直主张守住河西走廊，天启三年（1623年），袁崇焕率兵抵河西走廊北端的宁远城，督修城池，加强宁远城的守备能力，使宁远迅速得以恢复，成为山海关外的一个重要军事据点。

天启六年（1626年）努尔哈赤带兵西进，企图打通辽西走廊，夺取山海关，袁崇焕集中兵力据守宁远城，最终取得了宁远大捷。这是明金战争中为数不多的一次以少胜多的重要胜利，在明末岌岌可危的情势下极大地鼓舞了明军的斗志。宁远之战后，袁崇焕更加重视军备，继续修筑防御工事，并组织屯田，通过且守且耕的方略，初步恢复了辽西走廊的宁锦防线。天启七年（1627年），皇太极趁明军修筑锦州城，对明发起进攻，包围锦州。由于宁远之战后，袁崇焕一直坚持练兵、增加武备，并坚持防御工事的修筑，在这次持续近一个月的战役中，明军包围了宁锦防线，在此取得了大捷，使辽东局势得到进一步稳定。

纵观袁崇焕镇守辽东的几年时间，其在军事策略上的重要决策决定了所取得的多次胜利。熊廷弼在任时提出以守为本，实内固外的固辽复辽战略，袁崇焕继承了这一思想，他指出："守为正著，战为奇著，款为旁著，以实不以需，以渐不以骤。"① 可见其也主张以守为本的策略。在袁崇焕接任后首要任务就是加强河西走廊长城防御体系的防御力，修筑城池，据险以守。在与努尔哈赤和皇太极的两次正面交锋中，袁崇焕坚持死守城池的策略，在明军数量和实力都处于弱势的情况下，这种利用防御工事的据守策略其实是一种有效的途径，并不能因据守城池而不出就断言是一种消极防御。另外，虽然袁崇焕主张以守为本，但其并不是单纯的防御而不战，他的军事思想与熊廷弼很相似，都是希望通过加强守备而进一步进行作战，是一种先守后战的军事策略，这也是当时军事条件限制下的一种有效策略，实际是一种积极的防御策略。在袁崇焕的军事构想中，希望通过加强辽西走廊防御力的基础上，进一步向北推进，有着复辽的意图，在其天启六年的奏疏中曾说道："既复之地便当随地分认，设立专官；未复之地宜分头探哨，渐图恢复……逐堡修理，计地授田，哨探远而烽堠明，地日辟而饷日减。明年复几城，又具题分信，逐步而前，更迭进取。战则一城援一城，守则一节顶一节，步步活掉，处处坚牢。"② 可见袁崇焕实际怀揣着复辽的长远构想，而筑城据守

---

① 明熹宗实录：卷八十四（天启七年五月庚辰条）[M].
② 明熹宗实录：卷七十（天启六年四月丁亥条）[M].

是这一宏图的基础。可惜的是，这样一个伟大的军事将领，却因皇太极的反间计而被诬陷致死。袁崇焕死后，军心动摇，守备削弱，皇太极乘势夺取辽西走廊的大部分，使明廷更加被动，最终被后金所灭。

综上所述，明与后金在东北地区对峙时期，明廷的主要策略仍是守备为主，而长城军事防御体系仍是防御的重要要素，在明末期，辽东镇丧失了大部分辖域，而被逼退至辽西走廊一带，长城边墙已经失去了防御意义，但作为长城军事防御体系的军事城池仍是防御的关键。迫于当下特殊的军事条件限制，以守为本是一种有效的措施，在几个重要将领的军事策略中虽然坚持以守为本，但其真正的意图是先守后攻，都有复辽的进一步构想，遗憾的是，这一构想并未得以实施，正因明廷在辽东逐渐失去主动权，而后金势力又迅速崛起，最终弱肉强食，导致了明朝的灭亡。

明代长城军事防御体系作为一个庞大的历史文化遗产，其所包含的不仅是丰富的历史文化、精巧的建筑技艺，更多的是凝结其中的军事思想与古人智慧的结晶。研究明代长城军事防御体系的规划布局，其本质就是对规划思想的研究。

长城并非明代特有的防御工事，其历史最早可追溯到春秋战国时期，而防御性工事则在史前文明中就已经出现，秦汉时期的长城军事防御体系就颇为成熟，其中很多军事思想和规划机制，在明代的长城军事防御体系中都有继承和发扬，南北朝以后，又有多个朝代修筑有长城，其中不乏少数民族修建的长城防御体系，其中的精髓对明长城也有很深的影响，因此明代长城的规划思想中可见历代长城的缩影。

由君王和重要的国家大臣所拟定的边防策略是控制长城军事防御体系规划布局的宏观原则，明朝自太祖朱元璋订立了"守备为本"的边防策略后，终明一世，对此都恪守不移。但实际在洪武年间，对防边体系的布局却是多层次大纵深的结构，对于设于主要防线外的防御据点，具有重要的战略地位，并非只是单纯的守御，结合着"诱敌深入"的军事策略。另外，洪武年间的北边防御体系已经具有九边重镇格局的雏形。到了永乐时期，国防策略更为主动，永乐大帝在位期间经历了五次出塞出击，为北边肃清了军事威胁。洪熙以后到土木堡之变时，国家的防边策略由主动型开始向被动型转型，而自此以后国家大臣对边防策略的影响要大于君王。成化以后明朝的边防策略彻底转为被动防御，所谓被动防御，就是既不主动出击，也不添设在外据点，而是坚守长城边墙，大规模修筑防御工事，将长城军事防御体系看作是边防的保护伞，所有中心都在一条防御带上，正是因为这样被动的防御策略，导致明朝在与蒙的外交关系中，也处于被动的地位，而导致最终的失败。

虽然，明中后期国家边防策略日渐被动，但在地方上，许多重要的将领和官员却保持积极防御的军事思想，这些将领与官员是长城军事防御体系建设过程中的实际操控者，他们的思想对防御体系布局有着更加具体的影响。在对将领和官员的军事思想研究中，可以发现一个特点，这些重要的军事将领和官员的军事思想中的共性便是不拘泥于死守防御工事，不论是强调人的作用的谭纶，还是提出"以守为主，战守结合"的固辽复辽思想的熊廷弼，抑或是最早大规模修筑延绥镇长城防御体系的余子俊，其军事思想中都包含了主动积极的因素，并有进一步使防线外拓的构想，其中未能实现的重要原因就是国家边防策略和国力的限制。由此可见长城军事防御体系在地理位置上的变化，实际也是受国家策略、国力和军事思想等多因素的影响。

总而言之，军事思想与策略是影响长城军事防御体系规划布局的深层内涵，具有很重要的历史、文化及社会价值，也是研究长城军事防御体系不可忽视的重要方面。

第五章　明长城军事防御体系"秩序带"概念解析

对明长城军事防御体系规划布局的分析与研究，本质是对整个体系内部存在的一种社会秩序的解读，在这样的前提下，得出了"明长城军事防御体系是一条复杂严密的秩序带"的概念。对于这样一个全新的概念，需要借鉴现有的理论依据，建立具有针对性的研究方法。

第一节　"秩序带"定义初探

对于明长城这样一个庞大复杂的军事防御体系，已有许多学者通过"文化带"、"长城带"、"农牧交错带"等概念，对这一大型文化遗产的本质进行提炼和高度概括[①]。张玉坤教授提出明长城军事防御体系的本质是一条复杂严密的"秩序带"。用"秩序带"这一概念来定义明长城军事防御体系，具有深刻的内涵。"带"所体现的是明长城在地理分布上的典型特征，打破对明长城仅是一条线状的长城边墙的认识，指出其在地理分布上的纵深性；"秩序"一词则是对其运作机制、组织结构等本质的高度概括。

一、社会学范畴的"社会秩序"

社会秩序是指动态有序平衡的社会状态，自古以来就是社会学范畴中的基本问题。不论是柏拉图、亚里士多德等西方思想家，抑或老子、庄子、墨子等我国先秦时期的思想家，均有涉及社会秩序的思考，其中老子论"道"的思想就是关于社会秩序的深刻探讨的代表。

在1987年版的《新社会学词典》中，解释"社会秩序"包括三个主要特征："个人对共同的规范和价值准则的信奉；从共同利益中产生的相互依存性；个人与群体的认同感"[②]。

在马克思主义理论中认为社会秩序主要表现为三个方面：（1）一定社会结构的相对稳定；（2）各种社会规范得以正常施行和维护；（3）把无序和冲突控制在一定的范围之内。[③]所谓一定社会结构的相对稳定，就是指所有的社会成员都有确定的社会地位，并均被纳入明确规定的社会关系体系之中，而这种社会体系

---

① 余同元著《明代长城文化带的形成与演变》、《论中国历史上农牧民族的二元一体化》等文，提出"长城文化带"的概念，专注于区域经济文化的范围、类型及模式研究；李凤山著《长城带经济文化交流述略》，从考古学角度出发，阐释长城带的经济文化交流的形成过程、特点及形式；另有一些论著将长城区域与"农牧交错带"结合进行研究。
② （英）Mitchell G.D. 新社会学词典［M］. 蔡振扬，等译. 上海：上海译文出版社，1987.
③ 廖盖隆. 马克思主义百科要览［M］. 北京：人民日报出版社，1993.

得以保障和持续的前提就是社会规范的正常施行与维护，但无序和冲突也是社会秩序的必要组成部分，其应被控制在一定的范围内。

有学者综合以上理论指出社会秩序具有四点内容："信奉、遵从共同规范和价值；社会结构相对稳定；社会关系协调；无序和冲突得到控制"[①]。

二、哈耶克的"秩序"理论

20世纪著名的经济学家、政治哲学家，1974年诺贝尔经济学奖得主，弗里德里希·奥古斯特·冯·哈耶克（Friedrich August von Hayek）在解释经济活动中的秩序的实现问题时，将他提出的"自发秩序（spontaneous order）"概念拓展到了社会学范畴，认为其是"社会秩序"分类学中的两个基本分析概念之一。哈耶克将所有结社、制度和其他社会型构的社会秩序分为"自发秩序"和"建构（组织）秩序（exogenous order）"[②]。哈耶克指出自发秩序与建构秩序的主要差异是所展示的有序性的产生方式不同，"（自发秩序）是人之行动的非意图的后果，而非人之设计的结果；然而组织（建构秩序）中的有序性却是一致行动的结果，因为组织中的合作与和谐乃是集中指导的结果"[③]。哈耶克的社会秩序分类学理论说明"一种显见明确的秩序，并非人的智慧预先设计的产物，也并非出自于一种更高级的、超自然的智能的设计，而是适应性进化的结果"[④]，即自发秩序。在后来的研究中，很多学者也用"自然秩序"一词来解读哈耶克大的自发秩序理论。

哈耶克关于"秩序"的理论具有深厚的经济学、社会学和哲学背景，直至今日关于"自发秩序"与"建构秩序"之间的因果关系、存在形式等问题的讨论仍在持续。在社会学、经济学研究领域中，建构秩序与自发秩序实际上是两个对立的概念，有人认为农业社会是一种自然秩序，而工业社会是一种建构秩序，其争论的关键点就在于两者哪方对社会秩序的产生起到了决定的作用。对此，本章不做深入研究和探讨，仅由哈耶克"秩序"理论解读其积极理念及方法论以启发下面的研究。

三、"秩序带"定义解析

无论是社会学范畴中的"社会秩序"概念、马克思主义理论中对社会秩序表

---

① 王兴周. 重建社会秩序的先秦思想 [J]. 社会，2006，26（5）：171-189.
②《自有秩序原理》。
③（英）弗里德里希·冯·哈耶克. 自由秩序原理 [M]. 邓正来，译. 北京：生活·读书·新知三联书店，1997：17.
④（英）弗里德里希·冯·哈耶克. 自由秩序原理 [M]. 邓正来，译. 北京：生活·读书·新知三联书店，1997：20.

现的分析、哈耶克的社会秩序分类学理论，抑或其他关于"秩序"、"自然秩序"、"建构秩序"等问题的研究，所涉及的内容均十分庞杂，且尚无明确统一的结论。

所谓"他山之石，可以攻玉"，本书无意探讨社会学、经济学及哲学等复杂学科背景下，这些概念的定义、起源及关系，而是希望借助上述理论的观点与方法论，为"明长城秩序带"这一全新的概念提供理论依据，建构具有针对性的研究方法。

"秩序带"概念中的关键是"秩序"，首先应符合"社会秩序"的表现，即前文中指出的：共同的规范和价值、稳定的社会结构、协同的关系及可以控制的无序和冲突。而对秩序带中的社会秩序进行解析时，本章所讨论的核心并不在于自发秩序与建构秩序中哪方是形成秩序带的主导，而是借由哈耶克的秩序分类理论，将两个概念引入明长城秩序带分析中，不但看到其中显见确定的"建构秩序"，也探究其中的"自发秩序"，突破将"人"作为对秩序分析的唯一主体的局限。

第二节　"明长城秩序带"解读

一、"明长城秩序带"是具有防御性的社会秩序

所谓"社会"，就是在特定环境下，共同生活的个体长久形成的彼此相依的一种存在状态，而明长城秩序带无疑是一个在明蒙边界地带形成的、以军事防御为目的的小型社会。

在这一小型社会中，军事防御是个体成员必须遵守的共同规范和价值，所有的活动都是以防止外敌入侵为首要任务。社会中的个体成员有着明确而不同的地位和层级划分，又有包括前线防御、后方支援、军需储备、交通保障等细致的社会分工，每个个体依照这种明确的社会分工和地位划分，形成协同依赖的社会关系，进而形成稳定的社会结构。但是"长城秩序带"并非一成不变地运行，不论是其内部，或来自于外部，都会发生一定的冲突和无序，如外敌入侵、士兵失额等情况，但这些冲突和无序都可在一定程度上得到控制和缓解，使秩序带保持着动态平衡的状态。

由此可见，明长城秩序带符合社会学定义的社会秩序的几种表现，可以说在这样的小型社会中，存在着明确的社会秩序。而对明长城秩序带的社会秩序进行分析，不但要关注人为因素产生的秩序，也应看到其中的自发性成分。

二、"明长城秩序带"中的"自发秩序"

不论是哈耶克理论中的"自发秩序（Spontaneous order）"还是哲学社会学现在多研究的"自然秩序（Natural order）"，都是探究一种客观的必然性，因

此将明长城秩序带中的自发秩序定义为一种来自时间和空间两大维度中的必然性加以论证。

（一）时间维度中的"自发秩序"

长城是贯穿中国五千年悠久历史的见证者，明长城虽是历代长城中最为典型的代表，但其中却处处可见以往历史的印记。在本书第四章中，系统论述了长城军事防御体系形成的历史过程，从史前文明时期的防御性聚落，到夏商西周防御性城池以及春秋战国时期长城的雏形，再到秦汉时期明确的长城军事防御体系形成。长城绝非兀然出现，而是在历史的发展过程中，逐渐演变形成的。自防御意识在人类头脑中形成之日起，可以说就为长城的形成铺展了客观的必然性。

纵观中国历史各个朝代交替推演，游牧与农耕政权的斗争是促使修筑长城军事防御体系的核心原因。早在夏朝时期，就出现了为防御东夷部落而修筑的防御性城池，而汉长城正是建立在西汉与匈奴硝烟弥漫的边界之上，不仅是汉族政权修筑长城以防少数民族，在中国历史上的几个少数民族建立的政权中，北魏和金更是继承和发展了长城军事防御体系的建设，以守边界。明朝取代了蒙古建立的庞大帝国，重新建立其汉族政权，与以往的历史相似，汉蒙两民族的抗争成为明朝边界的重要威胁，而长城军事防御体系的建设也就成为顺应历史的产物。

虽然明朝仅是中国历史长河中小小的片段，但在看到其中呈现出的历史必然性的同时，也应重视这一时期人的作用。明长城军事防御体系的产生有历史的必然性，是在时间维度中，顺应历史规律的产物，但明朝人民对长城军事防御体系的完善和发展所做出的贡献，具有更加重要的意义。

（二）空间维度中的"自发秩序"

对明长城军事防御体系的规划布局进行分析，尤其是地理因素对规划布局影响的分析，实际是对明长城军事防御体系的空间秩序进行研究。在整个防御体系的空间秩序中，虽然有人的规划作用，但是自然因素及一些不可控的外力因素却使空间秩序表现出被动性和必然性。

宏观上，长城军事防御体系所处的农耕与游牧民族交界地带，实际也是自然资源在地理分布上的重要界线。山川、河流、沙漠等地理要素影响着不同民族的地理分布，进而影响防御体系的布局。虽然聚落的选址和建造离不开人的因素，但相对静止的地理要素使人的选择受到限制而表现出被动性，而这种被动性也侧面证明了这种受到自然因素限制的规划布局中客观必然的成分。

微观上，不论是一座城池、一个堡寨、一座墩台，甚至是一条驿路，其选址都有一定的被动性。在防御体系内部，各个要素自身都受到历史因素的影响，在空间布局上要考虑已有建筑物和构筑物的利用；在防御体系外部，外敌的一次大规模入侵或仅是一次小规模的扰边都会促使防御体系的变化，而这种外部因素又是不可预测。

明长城军事防御体系在空间布局和选址中体现出的被动性，正是自发秩序的客观必然性的表现。值得注意的是，这种必然性影响制约着人的意识，促使体系中"建构秩序"的形成。

明长城秩序带在时间和空间中所表现出的客观必然性，共同组成了自发秩序。自发秩序所解释的是整个秩序带中，不以人的意识做转移的部分，同时也是限制和促使人的意识物化的部分，具有重要的意义。

三、"明长城秩序带"中的"建构秩序"

建构秩序（exogenous order），也有作创制秩序，被认为是人类社会进入工业社会后的产物，对工业社会的社会秩序复杂性有控制作用。[①]其实，建构秩序多表达的就是人的意识对社会秩序的作用。明长城军事防御体是人为建造的防御工事，其中凝结了人类的智慧，而建构秩序正是这些智慧的体现。

（一）制度与规则——无形的组织关系网

社会秩序包括政治秩序、经济秩序、劳动秩序、生活秩序等多个方面。在明长城秩序带中，统治阶级对于上述多个方面都制定了相应的制度和规则。

在影响明长城军事防御体系规划布局机制的社会因素中，都司卫所和九边镇守制度是形成长城秩序带最重要的制度。正如前文所论述的，都司卫所制度与九边镇守制度相互制约、协同管理，形成了长城军事防御体系中层层递进相互协同的层级关系，在同一军镇内部，镇城—路城—卫城—所城—堡寨五级层级，自上而下递次运作，分级防守不断细化，各司其职，形成了一个无形的组织网。不论是层级结构呈放射状分布的辽东镇、宁夏镇，带状分布的蓟镇、大同镇，组团状分布的山西镇、甘肃镇，或是环状分布的宣府镇，从跟不上说，其内部各自都存在着一张组织关系网。而就整个军事防御体系而言，各镇与各镇之间又有密切的联系，单由明末的九边督抚制就可看出，蓟镇和辽东镇是一个大的防守区，主要抵御京师右翼女真和兀良哈的入侵；宣府、大同和山西三镇是一个防守区，护卫京师左翼，防止蒙古势力，尤其是鞑靼势力的南下；而延绥、宁夏、固原和甘肃四镇则形成西北大防区，围绕河套地区及河西走廊形成防御屏障。总之，由明代的政治军事制度而形成的防御体系内部层级结构，无形中为长城秩序带打造了一张严密的组织网架，这个小型社会的社会关系都发生在其中。

长城秩序带中的生产秩序则主要是依赖明代的屯田制度而形成，屯田制度规定了边地的生产模式、提供了生产工具，并不断向边地运送生产者，恢复和发展

---

① 张康之，张乾友. 论复杂社会的秩序［J］. 学海，2010（01）：124-134.

了边地的生产力，同时又对边地的经济秩序产生影响；至于明蒙间的互市贸易市场及相关的各种经济制度和规则，一方面维护了经济秩序的运行，另一方面又在明蒙之间搭起沟通的桥梁，形成了边地特有的民族交流关系。

总之在明长城秩序带中，人为制定的各种制度和规则，尤其是政治和经济制度，对社会秩序的稳定运行起到至关重要的作用。这些制度与规则为整个长城军事防御体系提供了一张无形的关系网，形成一个严密的组织，人与人、人与自然在这样的关系网中有序地运行，从而表现出秩序带的特征。

（二）聚落与防御工事——有形的空间结构

与各种制度和规则相比，长城秩序带中的军事聚落和防御工事，更为具象地形成一种空间结构，将无形的、抽象的组织关系网生动地展现和表达出来。

长城军事防御体系中的各个要素在空间中的位置，主要受到自然因素的影响和制约。山脉可形成天险屏障，而山间的断裂地段或河川切割的河谷地带又是重要的交通孔道，需设兵把守；河川是重要的水源，也具有一定的流通运输能力，同时在河面宽阔处又可以成为天堑以屏障，多为军事聚落选址的重要条件，但受季节影响河面冰冻又会对防御体系造成威胁；平原沙漠虽然地势平坦，视线开阔，易于侦查，但也因此而无险可凭；另外从整个军事防御体系的地理分布来看，耕地资源对规划布局产生了十分重要的制约作用。由自然因素影响所形成的防御体系规划布局机制，正是对长城秩序带内部有形的空间结构的体现。

值得注意的是，作用于外部空间结构上的，却是蕴含其中的无形规则。虽然长城军事防御体系的选址和布局在自然因素影响下，体现出一定的被动性和必然性，但是人的主观能动因素却是最终选址与布局的决定因素，这也正是第五章中所要得出的重要结论。不论是权衡资源的分布、分析地形的利弊或是利用气候的变化，其最根本的原则是考虑敌方如何进攻，而己方又如何守险，这都是军事思想与策略范畴的问题，而核心是人的主观能动性。不论是长城边墙、军事聚落或其他防御工事，其宏观中所在的位置和与其他要素的关系，或者微观中建筑的形式和细部，都是由人在考虑到自发秩序的影响下，最终决定的。

由空间层面上讲，社会秩序中既包含自发秩序，又包含建构秩序的特点，体现得十分明显。不必探究两种秩序哪种是主导长城秩序带中社会秩序形成的主要力量，或两者的因果关系，而应更多关注整个秩序带复杂多元的整体性。

（三）伦理与价值观——冲突和无序的约束力

伦理和价值观是社会精神文化的坚实壁垒，同时也是秩序形成的重要基础。如果说聚落与防御工事是长城秩序带中有形的结构，乃是有形之"器"，制度与规则是秩序带中无形的组织关系网，实为无形之"器"，那伦理和价值观则是秩序带中限制两者的内在约束力，是真正形而上的"道"。

古代中国社会，以血缘关系为基础建立的"家国一体"的社会关系，决定了古代社会的伦理和价值观。儒家文化的伦理规范和价值观，约束人们在国为"忠"、在家为"孝"，"五伦"[①]、"三纲"[②]等准则成为古代社会的核心道德规范，形成了极为统一的社会伦理秩序。在明长城秩序带中，不但包含了君臣、兄弟、朋友等社会关系，也有父子、夫妻等血缘关系，使秩序带表现出更加全面的社会伦理秩序。这种建立在边地地区，以军事防御为目的，以家国一体为伦理基础，融入血缘关系的社会秩序，通过伦理规范和普遍价值观的约束，将社会秩序中的冲突和无序限制在一定的范围内，以维护社会秩序的动态平衡。

反观蒙古社会，同样以血缘关系为基础，又受到地缘因素的影响，形成军政合一的游牧社会，猎场和战场是社会关系紧密联系的重要场所。受此影响，蒙古社会内部存在一种为部族利益和荣誉而向往战争、不惧死亡的英雄主义情结，正是这种价值观，使草原民族在战场上所向披靡，对明朝构成了极大的威胁。另一方面，由于游牧民族与草原的深厚感情，加之明朝时期，蒙古受血缘因素与地缘格局影响而分崩离析，民族野心大大削弱。这在多次明蒙的战争中表现得十分明显，以俺答为例，在挥师攻入北京城的盛况下，最终仍以通贡议和为条件退回漠北。不得不说，正因蒙古社会内部的伦理与价值观，明代长城秩序带才得以保持一个相对平衡的外部环境。

总之，统治者通过各种制度和规则的制定，在北边地区建立起一个无形的组织关系网，又通过聚落和防御工事的建造，将这种组织关系网具象化，而整个社会的伦理和价值观约束着冲突和无序的发生，维护社会秩序的动态平衡。上述三点体现了人的意识对社会秩序产生的影响，体现了人的主观能动性，使明长城秩序带中形成建构秩序。

---

① "天地君亲师"为五天伦；"君臣、父子、兄弟、夫妻、朋友"为五人伦。
② 三纲为"君为臣纲，父为子纲，夫为妻纲"。

附　录

附录一　明朝皇帝年表

	年号	皇帝	庙号	在位年份	执政时间
1	洪武	朱元璋	明太祖	1368~1398年	31年
2	建文	朱允炆	明惠帝	1398~1402年	4年
3	永乐	朱棣	明太宗（成祖）	1402~1424年	22年
4	洪熙	朱高炽	明仁宗	1424~1425年	1年
5	宣德	朱瞻基	明宣宗	1425~1435年	10年
6	正统	朱祁镇	明英宗	1435~1449年	14年
7	景泰	朱祁钰	明代宗	1449~1457年	12年
8	天顺	朱祁镇	明英宗	1457~1464年	7年
9	成化	朱见深	明宪宗	1464~1487年	23年
10	弘治	朱佑樘	明孝宗	1487~1505年	18年
11	正德	朱厚照	明武宗	1505~1521年	16年
12	嘉靖	朱厚熜	明世宗	1521~1567年	46年
13	隆庆	朱载垕	明穆宗	1567~1572年	5年
14	万历	朱翊钧	明神宗	1572~1620年	48年
15	泰昌	朱常洛	明光宗	1620年	28天
16	天启	朱由校	明熹宗	1620~1627年	7年
17	崇祯	朱由检	明思宗	1627~1644年	17年

明朝历经十二世、十六位皇帝，国祚二百七十六年。

附录二　明初北边防线内移表

初设名	内移时间	移后名	初设位置	移后位置	备注
大宁都司	永乐元年	北平行都司	西辽河、沙拉木伦河以南，喜峰口以东	保定、顺义一带	洪武二十一年即改为北平行都司
全宁卫	永乐元年	废弃	今内蒙古赤峰市一带		
榆木卫	永乐元年	废弃	今内蒙古多伦县一带		
开平府	永乐元年	开平卫	今内蒙古多伦县一带	真定府一带	宣德五年又移独石
玉林卫	永乐元年	玉林卫	杀虎口外三十余里	北直	正统十四年移定边
东胜千户所	永乐元年	东胜左、右卫	今内蒙古托克托一带	永平、遵化一带	正统三年废
广宁卫	永乐八年	广宁卫	今辽宁北镇一带	义州卫处	
兴和府	永乐二十年	兴和千户所	今内蒙古兴和县一带	宣府	
沙洲卫	正统年间	废弃	今甘肃敦煌一带		

资料来源：（清）张廷玉. 明史：卷四十、四十一、四十二.

附录三　明九边重镇军事聚落建置沿革统计表

1

	聚落名称	所属	初建（设）	修筑（增筑）沿革	主持修筑人
			辽东镇		
1	辽阳城	镇城	洪武五年	洪武十二年、十四年修复，万历四十八年重建	马云、叶旺熊廷弼
2	广宁城	镇城	洪武二十三年	洪武二十五年重筑城墙，永乐年间砖包	王雄
3	前屯城	南路路城	洪武二十五年	宣德三年、天启二年重修	曹毅、叶兴、袁崇焕
4	宁远卫城	南路	宣德三年	天启二年重修	巫凯、袁崇焕
5	中前所城	南路	宣德三年	天启二年重修	叶兴、袁崇焕
6	中后所城	南路	宣德三年	—	包德怀
7	沙河中右所城	南路	宣德五年	嘉靖四十二年重修	张敬、王之诰、陈绛
8	塔山中左千户所城	南路	宣德五年	嘉靖四十二年重修	李旺、王之诰、陈绛
9	铁场堡城	南路	正统七年	天启二年重修	袁崇焕
10	永安堡城	南路	正统七年	—	毕恭
11	背阴障堡城	南路	嘉靖二十五年	—	—
12	三山营堡	南路	正统七年	—	毕恭
13	平川营堡城	南路	正统七年	—	毕恭
14	瑞昌堡城	南路	正统七年	—	毕恭
15	高台堡城	南路	正统七年	—	毕恭
16	三道沟堡	南路	正统七年	—	毕恭
17	新兴营堡	南路	正统七年	—	毕恭
18	锦州营堡	南路	正统七年	—	毕恭
19	沙河堡城	南路	嘉靖十一年	—	—
20	黑庄窠堡城	南路	正统七年	—	毕恭
21	仙灵寺堡城	南路	正统七年	—	毕恭
22	小团山堡	南路	正统七年	—	毕恭
23	兴水岘堡城	南路	正统七年	—	毕恭
24	白塔峪堡城	南路	正统七年	—	毕恭
25	寨儿山堡城	南路	正统七年	—	毕恭
26	灰山堡城	南路	正统七年	—	毕恭
27	松山寺堡城	南路	正统七年	—	毕恭
28	沙河儿堡	南路	正统七年	—	毕恭

	聚落名称	所属	初建（设）	修筑（增筑）沿革	主持修筑人
			辽东镇		
29	长岭山堡	南路	正统七年	—	毕恭
30	椴木冲堡城	南路	正统七年	—	毕恭
31	吾名口关	南路	弘治十三年	—	毕恭
32	义州路城	西路路城	洪武二十二年	宣德元年砖包、正德初年重修、嘉靖四十三年增门楼、崇祯四年重修	何浩、楚勇、胡忠、史有荣、邱禾嘉
33	广宁中左屯（锦州）卫城	西路	洪武二十四年	成化十二年扩城墙、弘治十七年重修、天启五年重修	曹奉、王楷、胡忠、管升
34	松山中左千户所城	西路	宣德三年	嘉靖四十二年增筑、天启五年重修	王之诰、袁崇焕
35	大凌河中左千户所城	西路	宣德三年	嘉靖四十二年砖包加固、天启二年遭毁弃、天启五年重修	袁崇焕
36	大兴堡城	西路	正统七年		—
37	大福堡城	西路	正统七年		—
38	大镇堡城	西路	正统七年		—
39	大胜堡城	西路	正统七年	—	—
40	大茂堡城	西路	正统七年		—
41	大定堡城	西路	正统七年	弘治十六年修建	王翔、张用和
42	大安堡城	西路	正统七年	弘治十六年修建	王翔、张用和
43	大康堡城	西路	正统七年	弘治十六年修建、天启二年设汛	王翔、张用和
44	大平堡城	西路	正统七年	弘治十六年修建、天启二年设汛	王翔、张用和
45	大宁堡城	西路	正统七年	弘治十六年修建	王翔、张用和
46	大靖堡城	西路	嘉靖六年	—	—
47	大清堡城	西路	正统七年	弘治六年、弘治十六年	王翔、王铭、张用和
48	镇夷堡	中路	正统年间	弘治十六年	韩辅
49	镇边堡	中路	正统七年	—	王翱、毕泰
50	镇静堡	中路	—	隆庆二年至天启元年多次修筑	王治道、李成梁、张永萌、张学颜
51	镇安堡	中路	正统七年	—	—
52	镇远堡	中路	—	—	—
53	镇宁堡	中路	弘治十六年	弘治十六年	韩辅
54	镇武堡	中路	洪武年间	—	—

	聚落名称	所属	初建（设）	修筑（增筑）沿革	主持修筑人
			辽东镇		
55	西兴堡	中路	—	—	—
56	西平堡	中路	正统七年	—	—
57	西宁堡	中路	—	—	—
58	开原	北路路城	洪武二十一年	—	—
59	铁岭卫城	北路	洪武二十六年	—	—
60	辽海卫城	北路	洪武二十三年	—	—
61	蒲河中左千户所城	北路	正统二年	—	—
62	懿路中左左千户所城	北路	洪武二十九年	—	—
63	汎河中左千户所城	北路	正统四年	—	—
64	抚顺千户所城	北路	洪武十七年	—	—
65	中固千户所城	北路	弘治十六年	—	—
66	静远堡城	北路	—	—	—
67	平虏堡	北路	—	—	—
68	上榆林堡城	北路	—	—	—
69	十方寺堡	北路	—	万历末增置	—
70	新城堡	北路	—	—	—
71	丁字泊堡城	北路	—	—	—
72	宋家泊堡	北路	—	—	—
73	曾迟堡城	北路	—	—	—
74	平定堡城	北路	正统至嘉靖时期	—	—
75	镇西堡城	北路	正统至嘉靖时期	—	—
76	李屯堡城	北路	嘉靖二十五年	—	—
77	彭家湾堡	北路	嘉靖二十五年	—	张秋渠
78	殷家庄窠堡	北路	万历四十年	—	—
79	定远堡城	北路	—	—	—
80	庆云堡	北路	永乐年间	—	—
81	古城堡城	北路	—	—	—
82	永宁堡城	北路	嘉靖年间	—	—
83	镇夷堡城	北路	—	—	—
84	清阳堡城	北路	永乐年间	—	—
85	镇北新堡	北路	成化五年	—	—

	聚落名称	所属	初建（设）	修筑（增筑）沿革	主持修筑人
			辽东镇		
86	威远堡城	北路	正统七年	—	—
87	靖安堡	北路	—	—	—
88	松山堡城	北路	成化十五年	—	—
89	柴河堡城	北路	成化五年	—	周俊
90	抚安堡城	北路	—	万历四十六年被毁	—
91	白家冲堡城	北路	—	万历四十六年被毁	—
92	三岔儿堡	北路	—	万历四十六年被毁	—
93	会安堡	北路	—		
94	海州卫城	东路辽阳西	洪武九年	—	—
95	沈阳中卫	东路辽阳西	洪武十九年	—	—
96	东昌堡	东路辽阳西	—	—	—
97	东胜堡	东路辽阳西			
98	长静堡城	东路辽阳西	正统七年	—	—
99	长宁堡	东路辽阳西	—	—	—
100	长定堡	东路辽阳西	正统七年	—	—
101	长安堡城	东路辽阳西	正统七年	—	—
102	长胜堡	东路辽阳西	正统七年	—	—
103	长勇堡	东路辽阳西	—	—	—
104	长营堡	东路辽阳西	正统七年	—	—
105	武靖营堡	东路辽阳西	—	—	—
106	奉集堡城	东路辽阳西	—	—	—
107	碱阳堡	东路辽阳东路城	成化五年	嘉靖二十五年拓边	韩斌、王之诰
108	东州堡城	东路辽阳东	成化五年	—	韩斌
109	马根丹堡	东路辽阳东	成化五年	—	韩斌
110	散羊峪堡	东路辽阳东	嘉靖二十五年	—	张铎
111	清河堡	东路辽阳东	成化五年	—	韩斌
112	一堵墙堡城	东路辽阳东	嘉靖二十五年	—	张铎
113	碱场堡城	东路辽阳东	成化五年	—	韩斌
114	孤山堡城	东路辽阳东	嘉靖二十五年	万历三十七年整修	张铎、熊廷弼
115	洒马吉堡	东路辽阳东	成化五年	—	韩斌
116	新安堡	东路辽阳东	正德四年	—	邢昭曾
117	险山堡	东路辽阳东	嘉靖二十五年	万历三年迁于宽甸而废弃	张铎、李成梁
118	宁东堡城	东路辽阳东	嘉靖二十五年	—	张铎

	聚落名称	所属	初建（设）	修筑（增筑）沿革	主持修筑人
			辽东镇		
119	江沿台堡	东路辽阳东	嘉靖二十五年	—	张铎
120	汤站堡	东路辽阳东	成化五年	—	韩斌
121	凤凰堡城	东路辽阳东	成化五年	成化十七年修边	韩斌、王宗彝
122	镇东堡城	东路辽阳东	弘治四年	—	—
123	镇夷堡	东路辽阳东	成化十七年	—	—
124	草河堡城	东路辽阳东	洪武十三年	成化五年建城	韩斌
125	青苔峪堡	东路辽阳东	嘉靖十六年	—	刘绅、李师皋
126	孤山新堡	新疆六堡	万历二年	—	—
127	新甸堡	新疆六堡	万历年间	万历三十一年被弃、万历三十六年重修	熊廷弼、李泽
128	宽甸堡	新疆六堡	万历四年	万历三十一年被弃、万历三十六年重修	熊廷弼、李泽
129	大甸堡城	新疆六堡	万历三年	万历三十一年被弃、万历三十六年重修	熊廷弼、李泽
130	永甸堡	新疆六堡	万历初年	万历四十八年重修、泰昌元年整修	熊廷弼、李泽
131	长甸堡	新疆六堡	万历三年	万历三十一年被弃、万历三十六年重修	熊廷弼、李泽

2

	聚落名称	所属	初建（设）	修筑（增筑）沿革	主持修筑人
			蓟镇		
1	山海关	镇城	洪武十四年	万历七年修边及关城、天启二年修筑	徐达、戚继光、孙承宗
2	三屯营城	镇城	天顺二年	万历二年至五年展筑	胡镛、戚继光
3	狮子峪城	镇城	永乐二年	万历年间重修	陈敬、戚继光
4	桃林口关	镇城	洪武年间	万历年间重修	戚继光
5	南海口关	山海路	洪武年间	嘉靖四十四年建敌台	孙应元
6	宁海城	山海路	崇祯十年	—	杨嗣昌
7	南水关	山海路	洪武年间	—	—
8	北水关	山海路	洪武年间	—	—
9	旱门关	山海路	洪武年间	—	—
10	角山关	山海路	洪武年间	—	—
11	滥水关	山海路	洪武年间	—	—
12	寺儿谷	山海路	洪武年间	—	—

	聚落名称	所属	初建（设）	修筑（增筑）沿革	主持修筑人
				蓟镇	
13	三道关	山海路	洪武年间	—	—
14	牛头海口营城堡	山海路	永乐七年	—	—
15	石门寨营城堡	石门路路城	洪武年间	万历十八年石砌	—
16	吾名口	石门路	弘治十三年	—	—
17	大青山口	石门路	洪武年间	弘治十三年重修	洪钟
18	黄土岭关	石门路	洪武年间	—	—
19	西阳口	石门路	洪武年间	弘治十四年重修	—
20	大安口	石门路	洪武年间	—	—
21	庙山口	石门路	弘治十三年	—	—
22	一片石关	石门路	洪武年间	—	—
23	炕儿谷	石门路	洪武年间	—	—
24	平顶谷堡	石门路	洪武年间	—	—
25	水门寺堡	石门路	洪武年间	—	—
26	城子峪堡	石门路	弘治十三年	—	—
27	柳河卫堡	石门路	洪武年间	—	—
28	董家口堡	石门路	洪武年间	嘉靖九年迁移于石门子	—
29	大毛山堡	石门路	洪武年间	弘治十三年重修	洪钟
30	小毛山堡	石门路	洪武年间	弘治十四年与大毛山堡合并	—
31	娃娃谷堡	石门路	洪武年间	弘治十四年以小河口堡移入、嘉靖十四年复置兼管、隆庆五年并小河口关	—
32	小河口堡	石门路	洪武年间	—	—
33	义院口关	石门路	洪武年间	—	—
34	甘泉堡	石门路	洪武年间	弘治十三年重修	洪钟
35	温泉堡	石门路	洪武年间	—	—
36	孤石谷堡	石门路	洪武年间	—	—
37	柳罐谷堡	石门路	洪武年间	—	—
38	苇子谷堡	石门路	洪武年间	弘治十八年移入细谷口关	—
39	西谷口堡	石门路	洪武年间	—	—
40	花场谷堡	石门路	洪武年间	—	—
41	拿子谷堡	石门路	弘治十三年	—	—
42	板场谷堡	石门路	洪武年间	—	—

	聚落名称	所属	初建（设）	修筑（增筑）沿革	主持修筑人
			蓟镇		
43	长谷口堡	石门路	洪武年间	—	—
44	黄土岭营城堡	石门路	弘治十三年	—	—
45	长谷驻操营城堡	石门路	成化二年	—	—
46	平山营城堡	石门路	洪武年间	—	—
47	附马寨营城堡	石门路	洪武年间	—	—
48	台头营城堡	台头路路城	洪武年间	弘治十一年重修、万历年间扩建	洪钟、戚继光
49	界岭口关	台头路	洪武年间	隆庆二年至五年重修	戚继光
50	箭杆岭关	台头路	弘治十三年	—	—
51	罗汉洞堡	台头路	弘治十三年	—	—
52	中桑堡	台头路	洪武年间	—	—
53	猩猩谷堡	台头路	洪武年间	—	—
54	南谷口关	台头路	—	—	—
55	乾涧儿口	台头路	洪武年间	—	—
56	青山口关	台头路	洪武年间	—	—
57	梧桐谷堡	台头路	洪武年间	—	—
58	重峪口关	台头路	弘治十三年	—	—
59	东胜寨	台头路	洪武年间	—	—
60	赤洋海口营城堡	台头路	洪武年间	—	—
61	界岭口营城堡	台头路	洪武年间	—	—
62	燕河营城堡	燕河路路城	洪武年间	—	—
63	刘家口关	燕河路	洪武年间	—	—
64	白道子关	燕河路	洪武年间	—	—
65	石门子关	燕河路	洪武年间	—	—
66	冷口关	燕河路	洪武年间	万历年间修边	戚继光
67	徐流口关	燕河路	洪武年间	—	—
68	河流口关	燕河路	洪武年间	—	—
69	佛儿谷寨	燕河路	永乐年间	—	—
70	孤窑儿寨	燕河路	弘治十三年	—	—
71	正水谷寨	燕河路	洪武年间	—	—
72	桃林营城堡	燕河路	洪武年间	宣德筑土城，正统年间砖包	—

	聚落名称	所属	初建（设）	修筑（增筑）沿革	主持修筑人
			蓟镇		
73	刘家营城堡	燕河路	洪武年间	宣德筑土城，正统年间砖包	—
74	新桥海口营城堡	燕河路	洪武年间	—	—
75	徐流营城堡	燕河路	洪武年间	宣德筑土城，正统年间砖包	—
76	建昌营城堡	燕河路	永乐年间	宣德筑土城，正统年间砖包	—
77	太平寨营城堡	太平路路城	正德十年	—	—
78	城子峪关	太平路	弘治十三年	—	—
79	擦崖子关	太平路	洪武年间	—	—
80	五重安关	太平路	洪武年间	—	—
81	白羊谷关	太平路	洪武年间	—	—
82	新开岭堡	太平路	洪武年间	—	—
83	榆木岭关	太平路	洪武年间	—	—
84	青山营	太平路		—	—
85	烂柴沟堡	太平路	弘治十三年建	—	—
86	大岭寨	太平路	洪武年间	—	—
87	五重安营城堡	太平路	洪武年间	—	—
88	喜峰口关城	喜峰路路城	洪武年间	—	—
89	小喜峰口关	喜峰路	洪武年间	—	—
90	大喜峰口关	喜峰路	洪武年间	—	—
91	董家口关	喜峰路	洪武年间	—	—
92	遊乡口关	喜峰路	洪武年间	—	—
93	青山口关	喜峰路	洪武年间	—	—
94	胜岭寨	喜峰路	洪武年间	—	—
95	横山寨	喜峰路	洪武十三年建	—	—
96	铁门关	喜峰路	洪武年间	—	—
97	团亭寨	喜峰路	洪武年间	—	—
98	石梯子谷寨	喜峰路	洪武年间	—	—
99	椴木谷寨	喜峰路	洪武年间	—	—
100	李家谷寨	喜峰路	洪武年间	—	—
101	青山驻操营	喜峰路	成化二年	—	—
102	滦阳营城堡	喜峰路	洪武年间	万历十一年重修并设车营	—

	聚落名称	所属	初建（设）	修筑（增筑）沿革	主持修筑人
			蓟镇		
103	松棚谷营城堡	松棚路路城	洪武年间	弘治十二年移筑	洪钟
104	龙井儿关	松棚路	洪武年间	—	—
105	苏郎谷关	松棚路	嘉靖十六年	—	—
106	三台山关	松棚路	洪武年间	—	—
107	西常谷关	松棚路	洪武年间	—	—
108	东常谷关	松棚路	洪武年间	—	—
109	潘家口新关	松棚路	嘉靖四十一年	—	—
110	洪山口关	松棚路	洪武年间	—	—
111	禄八谷寨	松棚路	洪武年间	—	—
112	张家安寨	松棚路	洪武年间	—	—
113	廖家谷关	松棚路	正德三年	—	—
114	三道岭寨	松棚路	洪武年间	—	—
115	白枣谷寨	松棚路	洪武年间	—	—
116	西安谷寨	松棚路	洪武年间	—	—
117	沙坡谷关	松棚路	洪武年间	—	—
118	山寨谷关	松棚路	洪武年间	—	—
119	罗文谷关	松棚路	洪武年间	—	—
120	于家谷关	松棚路	洪武年间	—	—
121	马蹄谷关	松棚路	洪武年间	—	—
122	山口寨	松棚路	洪武年间	—	—
123	猫儿谷寨	松棚路	洪武年间	—	—
124	科科谷寨	松棚路	洪武年间	—	—
125	蔡家谷寨	松棚路	永乐年间	—	—
126	捨身台寨	松棚路	永乐年间	—	—
127	天胜寨	松棚路	永乐年间	—	—
128	汉儿庄营城堡	松棚路	洪武年间	万历八年重修	—
129	罗文谷营城堡	松棚路	洪武年间	—	—
130	马兰谷关	马兰路路城	洪武年间	万历年间增筑	戚继光
131	鲶鱼石关	马兰路	永乐年间	—	—
132	大安口关	马兰路	永乐年间	—	—
133	冷嘴头关	马兰路	永乐年间	—	—
134	平顶山寨	马兰路	永乐年间	—	—
135	沙岭儿寨	马兰路	永乐年间	—	—

	聚落名称	所属	初建（设）	修筑（增筑）沿革	主持修筑人
				蓟镇	
136	龙池寨	马兰路	永乐年间	—	—
137	石崖岭寨	马兰路	洪武年间	—	—
138	宽佃谷关	马兰路	永乐年间	—	—
139	龙洞谷关	马兰路	永乐年间	—	—
140	饿老婆顶寨	马兰路	正德十年	—	—
141	烽台岭寨	马兰路	弘治十三年	—	—
142	独松谷寨	马兰路	弘治十三年	—	—
143	黄崖口关	马兰路	永乐年间	万历年间修边建空心敌台	戚继光
144	古强口关	马兰路	永乐年间	—	—
145	太平安寨	马兰路	成化二年	万历年间修边	戚继光
146	车道谷寨	马兰路	嘉靖十六年	—	—
147	青山岭寨	马兰路	成化二年	—	—
148	蚕椽谷寨	马兰路	成化二年	—	—
149	赤霞谷寨	马兰路	成化二年	—	—
150	黄松谷关	马兰路	永乐年间	—	—
151	将军关	马兰路	永乐二年	隆庆三年重修	—
152	彰作里关	马兰路	永乐年间	—	—
153	峨眉山寨	马兰路	永乐年间	—	—
154	黑水湾寨	马兰路	永乐年间	—	—
155	大安口营城堡	马兰路	永乐年间	—	—
156	鲇鱼石营城堡	马兰路	永乐年间	—	—
157	马兰谷营城堡	马兰路	永乐年间	—	—
158	黄崖口营城堡	马兰路	天顺四年	—	—
159	黄崖口驻操营	马兰路	永乐年间	—	—
160	峨眉山营城堡	马兰路	永乐年间	—	—
161	墙子岭营城堡	墙子路路城	洪武年间	万历三年重修	—
162	灰谷口	墙子路	洪武年间	—	—
163	北水谷关	墙子路	洪武年间	—	—
164	南水谷关	墙子路	洪武年间	—	—
165	熊儿谷寨	墙子路	洪武年间	—	—
166	鱼子山寨	墙子路	洪武年间	—	—
167	大黄崖关	墙子路	永乐年间	—	—
168	小黄崖关	墙子路	永乐年间	—	—

续表

	聚落名称	所属	初建（设）	修筑（增筑）沿革	主持修筑人
				蓟镇	
169	墙子岭关	墙子路	洪武年间	—	—
170	黄门口关	墙子路	洪武年间	—	—
171	磨刀谷寨	墙子路	洪武年间	—	—
172	南谷寨	墙子路	洪武年间	—	—
173	熊儿谷营城堡	墙子路	洪武年间	—	—
174	镇虏营城堡	墙子路	永乐年间	—	—
175	曹家路营城堡	曹家路路城	洪武年间	—	—
176	汉儿岭关	曹家路	洪武年间	—	—
177	将军台	曹家路	洪武年间	—	—
178	柏岭安寨	曹家路	洪武年间	—	—
179	齐头崖寨	曹家路	洪武年间	—	—
180	梧桐安寨	曹家路	洪武年间	—	—
181	扒头崖寨	曹家路	洪武年间	—	—
182	师姑谷寨	曹家路	洪武年间	—	—
183	倒班岭寨	曹家路	洪武年间	—	—
184	大角谷寨	曹家路	洪武年间	—	—
185	水谷寨	曹家路	洪武年间	—	—
186	大黑关	曹家路	洪武年间	—	—
187	黑谷寨	曹家路	洪武年间	—	—
188	烽台谷寨	曹家路	洪武年间	—	—
189	烧香谷寨	曹家路	洪武年间	—	—
190	恶谷寨	曹家路	洪武年间	—	—
191	南谷寨	曹家路	洪武年间	—	—
192	遥桥谷寨	曹家路	洪武年间	—	—
193	大虫谷寨	曹家路	洪武年间	—	—
194	大水窪寨	曹家路	洪武年间	—	—
195	苏家谷寨	曹家路	洪武年间	—	—
196	姜毛谷寨	曹家路	洪武年间	—	—
197	石塘谷寨	曹家路	洪武年间	—	—
198	小台儿寨	曹家路	洪武年间	—	—
199	吉家庄营城堡	曹家路	洪武年间	—	—
200	古北口关	古北路路城	洪武十一年	—	—
201	龙王谷关	古北路	洪武年间	—	—

	蓟镇				
	聚落名称	所属	初建（设）	修筑（增筑）沿革	主持修筑人
202	砖垛子关	古北路	洪武年间	—	—
203	师坡谷	古北路	洪武年间	—	—
204	沙岭儿寨	古北路	洪武年间	—	—
205	丫髻山寨	古北路	洪武年间	—	—
206	司马台寨	古北路	洪武年间	—	—
207	鸦鹘安寨	古北路	洪武年间	—	—
208	卢家安寨	古北路	洪武年间	—	—
209	陡道谷寨	古北路	洪武年间	—	—
210	吊马谷寨	古北路	洪武年间	—	—
211	乍谷关	古北路	—	—	—
212	潮河川关	古北路	洪武年间	—	—
213	潮河第七寨	古北路	永乐年间	—	—
214	潮河第六寨	古北路	永乐年间	—	—
215	潮河第五寨	古北路	永乐年间	—	—
216	潮河第一寨	古北路	永乐年间	—	—
217	司马台营城堡	古北路	洪武年间	—	—
218	古北口营城堡	古北路	洪武十一年	—	—
219	潮河川旧营城堡	古北路	洪武年间	—	—
220	石匣营城堡	古北路	弘治十三年	嘉靖四十五年石砌	—
221	石塘岭营城堡	石塘路	永乐年间	万历年间增修	—
222	黄崖口关	石塘路	永乐年间	—	—
223	营城岭关	石塘路	永乐年间	—	—
224	冯家峪关	石塘路	永乐年间	—	—
225	白崖峪关	石塘路	永乐年间	—	—
226	白马关	石塘路	永乐年间	—	—
227	响水谷关	石塘路	永乐年间	—	—
228	左二关	石塘路	永乐年间	—	—
229	西驼骨关	石塘路	永乐年间	—	—
230	东驼骨关	石塘路	永乐年间	—	—
231	陈家谷关	石塘路	永乐年间	—	—
232	划车岭寨	石塘路	永乐年间	—	—
233	开连口关	石塘路	永乐年间	—	—

	聚落名称	所属	初建（设）	修筑（增筑）沿革	主持修筑人
			蓟镇		
234	神堂峪关	石塘路	永乐年间	—	—
235	河防口堡	石塘路	永乐年间	—	—
236	大水谷堡	石塘路	永乐年间	—	—
237	小水谷堡	石塘路	永乐年间	—	—
238	牛盆谷关	石塘路	永乐年间	—	—
239	白道谷关	石塘路	永乐年间	—	—
240	白道谷堡	石塘路	永乐年间	—	—
241	东水谷关	石塘路	永乐年间	—	—
242	西石城关	石塘路	永乐年间	—	—
243	东石城关	石塘路	永乐年间	—	—
244	石塘岭关	石塘路	永乐年间	—	—
245	大良谷寨	石塘路	永乐年间	—	—
246	白马关营城堡	石塘路	永乐年间	—	—
247	大水谷营城堡	石塘路	永乐年间	—	—
248	遵化城	—	—	洪武十一年拓城	—
249	蓟州城	—	—	洪武四年砖包	—
250	怀柔县城	—	洪武十四年筑	成化三年重修、弘治十五年改筑、隆庆二年增筑、万历增修	—
251	通州城	—	—	洪武元年砖包、正统年间建新城、万历大修	—
252	三河城	—	—	—	—
253	武清县城	—	—	—	—
254	天津卫城	—	—	—	—
255	永平府城	—	—	—	—
256	昌平州城	—	景泰初筑	万历元年增筑新城	—
257	密云县城	—	洪武年间	—	—
258	平谷县城	—	—	成化增筑砖包	—
259	迁安县城	—	—	景泰砖包、成化四年筑新城	—
260	抚宁县城	—	—	成化三年重筑、嘉靖增筑、万历增筑	—
261	黄花镇城	昌镇	景泰四年建	嘉靖三十二年迁移	—
262	渤海所	昌镇	弘治十六年	嘉靖二十七年重建	—

3

	聚落名称	所属	初建（设）	修筑（增筑）沿革	主持修筑人
			宣府镇		
1	宣府	镇城	洪武二十七年	隆庆二年	—
2	万全右卫城	上西路路城	洪武二十六年	正统三年砖包、万历二十七年重修	—
3	张家口堡	上西路	宣德四年	嘉靖年间展修、万历二年砖包	张文
4	来远堡	上西路	万历四十一年	—	汪道亨
5	膳房堡	上西路	成化十五年	嘉靖十二年展修、万历元年砖包	—
6	新开口堡	上西路	宣德十年	嘉靖七年抽修、隆庆四年砖包	丁璋
7	新河口堡	上西路	宣德十年	嘉靖六年增筑、隆庆五年砖包	周堂
8	万全左卫城	上西路	洪武二十六年	正统元年砖包	—
9	宁远站堡	上西路	永乐年间	嘉靖四十一年被毁、万历六年砖包	—
10	柴沟堡	下西路路城	正统二年	正统、景泰、成化、嘉靖重修、万历二年砖包	—
11	洗马林堡	下西路	宣德十年	隆庆五年砖包	—
12	渡口堡	下西路	弘治九年	万历五年砖包	—
13	西阳河堡	下西路	正统五年	成化十年扩建、万历三年砖包	文弘广、余子俊
14	李信屯堡	下西路	嘉靖十六年	万历八年砖包	韩邦奇
15	怀安城	下西路	洪武二十五年	隆庆三年重修砖包	王遴
16	顺圣川西城	南路路城	天顺四年	嘉靖二十四年重修、万历二年砖包	杨钺
17	顺圣川东城	南路	天顺四年	万历四年砖包	—
18	蔚州城	南路	洪武七年	洪武十年大修、万历十一年砖包	—
19	桃花堡	南路	嘉靖四十四年	万历十二年砖包	—
20	深井堡	南路	正德五年	万历七年砖包	—
21	滹沱店堡	南路	—	嘉靖四十五年重修	—
22	黑石岭堡	南路	正德二年	嘉靖十年扩建、万历元年砖包	刘源
23	广昌城	南路	洪武十二年	—	—
24	独石城	上北路路城	宣德五年	正统二年、景泰三年整修、万历十年砖包	—
25	青泉堡	上北路	景泰四年	隆庆五年整修、万历十五年砖包	—
26	猫儿峪堡	上北路	嘉靖三十七年	隆庆元年、万历十一年增修	—

	聚落名称	所属	初建（设）	修筑（增筑）沿革	主持修筑人
			宣府镇		
27	君子堡	上北路	宣德七年	正统八年砖包、土木之变被毁、隆庆初年增修	—
28	松树堡	上北路	嘉靖二十五年间	万历二年增修	—
29	马营堡	上北路	宣德七年	正统八年增修、十四年失陷、景泰初收复、隆庆初增修	杨洪
30	镇安堡	上北路	成化八年	正德六年加修、万历十五年砖筑	—
31	赤城堡	上北路	宣德五年		薛禄
32	镇宁堡	上北路	—	弘治十年毁于地震、弘治十一年重建	—
33	仓上堡	上北路	万历十六年	—	—
34	云州堡	上北路	宣德五年	景泰五年砖包	—
35	龙门所城	下北路路城	宣德六年	隆庆四年重修	—
36	牧马堡	下北路	弘治十年	万历十五年砖包	—
37	样田堡	下北路	—	万历十六年砖包	—
38	雕鹗堡	下北路	宣德六年	成化八年砖包、隆庆四年加修	—
39	长伸地堡	下北路	嘉靖三十七年	万历七年重修、万历十年砖包	—
40	宁远堡	下北路	嘉靖二十八年	嘉靖四十五年砖包	—
41	滴水崖堡	下北路	弘治八年	嘉靖二十八年展筑、隆庆三年砖包	—
42	长安城	下北路	永乐九年	正统年间增修	杨洪
43	葛峪堡	中路路城	宣德五年	嘉靖四十二年增修、万历六年砖包	—
44	常峪口堡	中路	宣德五年	成化五年、十六年展筑、万历十五年砖包	—
45	青边口堡	中路	宣德五年	万历九年砖包	—
46	羊坊堡	中路	成化元年	嘉靖四十三年增筑、万历十七年砖包	—
47	大白阳堡	中路	宣德五年	万历十二年砖包	—
48	小白阳堡	中路	宣德五年	嘉靖四十三年加修、万历二十四年砖包	王仪
49	赵川堡	中路	宣德三年	宣德五年、嘉靖十三年增筑、隆庆五年砖包	—
50	龙门关堡	中路	宣德三年	嘉靖四十三年增筑、万历十三年砖包	—
51	龙门城	中路	宣德六年	隆庆二年砖包	—
52	三岔口堡	中路	嘉靖二十八年	万历十七年重修	—

续表

	聚落名称	所属	初建（设）	修筑（增筑）沿革	主持修筑人
				宣府镇	
53	金家庄堡	中路	成化二年	正德十三年增修、万历四年砖包	—
54	永宁城	东路路城	永乐十五年	宣德五年砖包、嘉靖三十二年重修	—
55	四海冶堡	东路	天顺八年	弘治十二年石砌、嘉靖四十四年砖包、万历三十一年重修	—
56	周四沟堡	东路	嘉靖十九年	隆庆三年砖包	—
57	黑汉岭堡	东路	嘉靖三十一年	隆庆四年砖包	—
58	靖胡堡	东路	嘉靖二十九年	隆庆元年砖包	—
59	刘斌堡	东路	万历二十二年	—	—
60	延庆州城	东路	永乐十一年	景泰二年砖包、万历七年展修	—
61	怀来城	东路	洪武二十三年	永乐二年展修、景泰五年砖砌	赵彝、夏忠
62	土木驿堡	东路	永乐初年	土木之变被毁、嘉靖四十五年筑新堡、隆庆三年砖包	—
63	沙城堡	东路	景泰二年	隆庆三年重修	—
64	良田屯	东路	洪武二十五年	隆庆四年砖砌	—
65	东八里堡	东路	洪武二十五年	—	—
66	保安新城	东路	景泰二年	景泰二年扩建、嘉靖四十三年重修	—
67	西八里堡	东路	洪武二十五年		—
68	麻峪口堡	东路	洪武二十五年	万历七年加修	—
69	保安旧城	东路	永乐十三年	嘉靖四十五年重修	—
70	柳沟城	南山路	隆庆元年	万历二十四年增修北关	—
71	岔道城	南山路	—	嘉靖三十年重修、隆庆五年砖包	—
72	榆林堡	南山路	洪武初年	景泰五年重建北城、正德十三年扩建南城、隆庆三年砖包	—
73	鸡鸣驿堡	不属路	永乐十八年	成化十七年增筑、隆庆四年砖包	—

225

4

	大同镇				
	聚落名称	所属	初建（设）	修筑（增筑）沿革	主持修筑人
1	大同镇城	镇城	洪武五年	嘉靖三十九年加高、隆庆石砌砖包、万历三十年重修	李文进、刘应箕、
2	新平堡	新平路城	嘉靖二十五年	隆庆六年砖包	翁万达、周抛
3	平远堡	新平路	嘉靖二十五年	隆庆六年砖包	翁万达、周抛
4	桦门堡	新平路	万历九年	万历十九年砖包	—
5	保平堡	新平路	嘉靖二十五年	隆庆六年砖包	翁万达、周抛
6	天城城	东路路城	洪武三十一年	万历十三年重修	徐达
7	阳和城	东路路城	洪武三十一年	万历三十年重修	徐达
8	永嘉堡	东路	嘉靖三十七年	万历十九年砖包	—
9	瓦窑口堡	东路	嘉靖三十七年	隆庆六年砖包	—
10	镇宁堡	东路	嘉靖四十四年	隆庆六年砖包	—
11	镇口堡	东路	嘉靖二十五年	隆庆六年砖包	—
12	镇门堡	东路	嘉靖二十五年	隆庆六年砖包	—
13	守口堡	东路	嘉靖二十五年	隆庆六年砖包	—
14	靖虏堡	东路	嘉靖二十五年	隆庆六年砖包	—
15	得胜堡	北东路路城	嘉靖二十七年	万历二年砖包	—
16	弘赐堡	北东路路城	嘉靖十八年	万历二年砖包	—
17	镇边堡	北东路	嘉靖十八年	万历十一年砖包	—
18	镇川堡	北东路	嘉靖十八年	万历十年砖包	—
19	镇羌堡	北东路	嘉靖二十四年	万历二年砖包	—
20	镇虏堡	北东路	嘉靖十八年	万历十四年砖包	—
21	拒墙堡	北东路	嘉靖二十四年	万历二年砖包	詹荣、周尚文
22	镇河堡	北东路	嘉靖十八年	万历十四年砖包	—
23	广昌城	不属路	洪武七年	嘉靖三十七年重修	—
24	蔚州城	不属路	洪武七年	万历十一年重修	—
25	广灵城	不属路	洪武十六年	万历元年砖包	—
26	灵丘城	不属路	天顺三年	万历二十八年砖包	—
27	王家庄堡	不属路	嘉靖十九年	—	—
28	许家庄堡	不属路	嘉靖三十九年	万历二十九年砖包	—
29	浑源城	不属路	洪武元年	万历元年砖包	—
30	聚落城	不属路	弘治十三年	隆庆六年砖包	—
31	高山城	不属路	嘉靖十四年	万历十年砖包	—
32	助马堡	北西路路城	嘉靖二十四年	万历元年砖包	—
33	云冈堡	北西路	嘉靖三十七年	万历二年土筑新堡	—

	聚落名称	所属	初建（设）	修筑（增筑）沿革	主持修筑人
			大同镇		
34	拒门堡	北西路	嘉靖二十四年	万历元年砖包	—
35	破虏堡	北西路	嘉靖二十二年	万历元年砖包	—
36	灭虏堡	北西路	嘉靖二十二年	嘉靖四十二年重修、万历元年砖包	—
37	保安堡	北西路	嘉靖二十四年	万历元年砖包	—
38	云西堡	北西路	嘉靖三十七年	万历二十四年砖包	—
39	威虏堡	北西路	嘉靖二十一年	万历元年砖包	—
40	宁虏堡	北西路	嘉靖二十一年	万历元年砖包	—
41	右卫城	中路路城	永乐七年	嘉靖四十五年重修、万历三年砖包	—
42	左卫城	中路路城	永乐七年	万历六年砖包	—
43	三屯堡	中路	隆庆三年	万历二年砖包	—
44	云阳堡	中路	嘉靖三十七年	万历二十四年砖包	—
45	破胡堡	中路	嘉靖二十三年	万历二年砖包	—
46	牛心堡	中路	嘉靖三十七年	隆庆六年砖包	—
47	马堡	中路	嘉靖二十五年	万历元年砖包	—
48	黄土堡	中路	嘉靖三十七年	万历十二年砖包	—
49	残胡堡	中路	嘉靖二十三年	隆庆六年砖包	—
50	红土堡	中路	嘉靖三十七年	万历二年砖包	—
51	马营河堡	中路	万历元年	—	—
52	杀胡堡	中路	嘉靖二十三年	万历二年砖包	—
53	铁山堡	中路	嘉靖三十八年	万历二年砖包	—
54	威远城	威远路路城	正统三年	万历三年重修	—
55	祁家河堡	威远路	嘉靖四十一年	万历元年砖包	—
56	威坪堡	威远路	嘉靖四十五年	万历元年砖包	—
57	云石堡	威远路	嘉靖三十八年	万历十年砖包	—
58	威胡堡	威远路	嘉靖二十三年	万历九年砖包	—
59	平虏城	西路路城	成化十七年	万历二年砖包	—
60	败胡堡	西路	嘉靖二十三年	隆庆六年砖包	—
61	阻胡堡	西路	嘉靖二十三年	隆庆六年砖包	—
62	迎恩堡	西路	嘉靖二十三年	万历元年砖包	—
63	井坪城	井坪路路城	成化二十一年	隆庆六年砖包	—
64	朔州城	井坪路路城	洪武三年	万历十五年重修	—
65	西安堡	井坪路	嘉靖四十年	万历二年砖包女墙、万历二十八年砖壝	—

续表

	聚落名称	所属	初建（设）	修筑（增筑）沿革	主持修筑人
	大同镇				
66	应州城	井坪路	洪武八年	隆庆六年砖包	—
67	怀仁城	井坪路	洪武十六年	永乐九年重修、成化二年增修、万历二年砖包	于忠、姜裕、杨守介
68	山阴城	井坪路	永乐三年	隆庆六年砖包	—
69	马邑城	井坪路	洪武十六年	正统二年展筑、隆庆六年砖包	郑亨、孙昭
70	乃河堡	井坪路	嘉靖四十五年	万历元年砖包	—
71	灭胡堡	井坪路	嘉靖二十三年	万历元年砖包	—
72	将军会堡	井坪路	万历元年	万历二十四年砖包	—

5

	聚落名称	所属	初建（设）	修筑（增筑）沿革	主持修筑人
	山西镇				
1	宁武关城	镇城	景泰元年	弘治十一年扩建、万历三十四年砖包	魏绅、郭光
2	偏头关	镇城	洪武年间	成化二年修、成化二十二年重修	王尔、郝志义
3	老营堡	镇城	正统末年	成化三年土筑、弘治十五年、万历六年增修	—
4	代州城	东路路城	洪武六年	成化二年增修、景泰元年增修	陆亨、王雍
5	广武城	东路	洪武七年	万历三年砖包	
6	西关城	东路	景泰元年	万历年间砖包砌石	—
7	东关城	东路	成化二年	万历年间砖包砌石	
8	北关城	东路	成化年间	万历年间砖包砌石	
9	阳明堡	东路	—	明代增修	—
10	马战堡	东路	—	明代增修	—
11	段村堡	东路	—	万历年间重筑	
12	二十里铺堡	东路	—	万历年间重筑	
13	清淳堡	东路	万历十九年	—	
14	显旺堡	东路	—		
15	白草口堡	东路	正德十一年	—	
16	水峪口堡	东路	正德十一年	—	
17	胡峪口	东路	正德十一年	—	
18	北楼城	北楼路路城	正德九年	嘉靖二十三年重修、万历五砖包	—

				山西镇	
	聚落名称	所属	初建（设）	修筑（增筑）沿革	主持修筑人
19	小石口堡	北楼路	正德九年	万历二十八年增修	—
20	平型关	北楼路	正德六年	嘉靖二十四年重修、万历九年增筑砖包、天启七年重修	—
21	大石口堡	北楼路	正德十一年	—	—
22	茹越口堡	北楼路	正统十年	—	—
23	马岚口堡	北楼路	正德十一年	—	—
24	凌云堡	北楼路	正德九年	—	—
25	团城口堡	北楼路	—	—	—
26	太安堡	北楼路	—	—	—
27	车道堡	北楼路	—	—	—
28	寨沟堡	北楼路	—	—	—
29	利民堡	中路路城	弘治五年	嘉靖二十七年改筑、万历四年砖包	秦纮
30	宁化城	中路	洪武十一年	万历十年砖包	—
31	阳方口堡	中路	嘉靖十八年	万历四年增修	—
32	朔宁堡	中路	嘉靖十二年	—	—
33	盘道梁堡	中路	嘉靖三十二年	万历十三年砖包、万历二十三年迁于边内	—
34	雕窝梁堡	中路	正德十一年	—	—
35	燕儿水堡	中路	—	—	—
36	夹柳树堡	中路	—	—	—
37	宁文堡	中路	正德十年	—	—
38	神池堡	中路	成化五年	嘉靖十八年扩建、万历四年砖包	—
39	圪老罐堡	中路	—	—	—
40	大水口堡	中路	嘉靖二十一年	—	—
41	八角堡	中路	弘治二年	弘治六年增建、万历十五年砖包	—
42	长林堡	中路	嘉靖四十五年	—	—
43	黄花岭堡	中路	正德九年	—	—
44	义井堡	中路	—	—	—
45	西镇堡	中路	—	—	—
46	土棚堡	中路	嘉靖三十三年	—	—
47	马站堡	西路	正德十年	隆庆元年修、万历六年砖包	—
48	楼沟堡	西路	隆庆元年	万历十七年砖包、万历三十一年增筑	—

	聚落名称	所属	初建（设）	修筑（增筑）沿革	主持修筑人
			山西镇		
49	贾家堡	西路	嘉靖四十五年	万历十八年砖包	—
50	八柳树堡	西路	景泰二年	万历十五年砖包	—
51	黄龙池堡	西路	弘治十五年	万历二十三年复修、万历二十九年砖包	—
52	草垛山堡	西路	弘治十五年	万历二十三年复建、万历二十八年砖包	杨纶
53	滑石涧堡	西路	宣德九年	嘉靖四十八年重修、万历八年砖包	方振
54	五寨堡	西路	嘉靖十六年	万历九年扩建砖包	—
55	永兴堡	西路	正德十年	嘉靖四十二年重修、万历十八年砖包	—
56	三岔堡	西路	嘉靖十八年	万历九年砖包	周尚文
57	水泉堡	西路	宣德九年	万历三年砖包、万历二十四年、二十八年增筑	—
58	老牛湾堡	西路	成化三年	崇祯九年	王玺、卢友竹
59	桦林堡	西路	万历二十年	万历二十九年砖包	—
60	寺焉堡	西路	嘉靖四十二年	万历十五年砖包	—
61	好汉山堡	西路	崇祯五年	—	—
62	小营堡	西路	嘉靖七年	嘉靖四十年被毁、嘉靖四十二年改筑	李瑾
63	五眼井堡	西路	—	—	—
64	柏杨岭堡	西路	万历二年	—	—
65	韩家坪堡	西路	隆庆二年	万历十四年砖包	—
66	岢岚州城	西路	洪武七年	—	张兴
67	岚县城	西路	洪武二年	万历五年砖包	—
68	兴县城	西路	景泰元年	隆庆三年砖包	—
69	河曲营城	河保路路城	宣德四年	万历二年增建、万历七年砖包	—
70	楼子营	河保路	宣德四年	万历五年扩建	—
71	唐家会堡	河保路	宣德二年	万历十年砖包	—
72	河会堡	河保路	万历二十五年	—	—
73	五花城堡	河保路	正统元年	—	—
74	保德州城	河保路	洪武元年	万历二十年加高、万历三十年砖包	—
75	罗圈堡	河保路	宣德四年	万历五年展筑砖包	—
76	河曲县城	河保路	洪武二年	万历十三年砖包	—
77	杨免堡	河保路	宣德四年	—	—
78	灰沟营堡	河保路	宣德四年	万历五年重修	—

6

	聚落名称	所属	初建（设）	修筑（增筑）沿革	主持修筑人
1	榆林城	镇城	洪武初年	正统十四年筑堡城、成化八年、九年增筑城垣、弘治五年扩修、正德十年扩修、嘉靖十九年至万历十年砖包	王祯、余子俊
2	绥德	镇城	洪武初年	—	—
3	神木堡	东路路城	正统八年	成化四年增修、万历六年砖包	余子俊
4	黄甫川堡	东路	天顺年间	弘治初年扩修、万历三十五年砖包	涂宗浚
5	清水营	东路	成化二年	成化三年移筑	—
6	木瓜园堡	东路	成化十六年	明成化二十三年展筑中城、弘治十四年增设新城、万历三十五年砖包	涂宗浚
7	孤山堡	东路	正统二年	成化二年移筑、成化十一年移筑、万历三十五年砖包	郭智、余子俊
8	镇羌堡	东路	成化二年	万历三十五年砖包	王复、涂宗浚
9	永兴堡	东路	成化十年	万历三十五年砖包	余子俊、涂宗浚
10	大柏油堡	东路	弘治初	万历三十五年砖包	涂宗浚
11	保宁堡	中路	嘉靖四十三年	万历六年重修、万历九年增筑	胡志夔
12	柏林堡	东路	正统四年	万历三十五年砖包	芦祥、涂宗浚
13	高家堡	中路	正统四年	成化、万历年间增修	余子俊、涂宗浚
14	建安堡	中路	成化十年	万历三十五年砖包	余子俊、涂宗浚
15	双山堡	中路	正统二年	成化十一年弃废移筑、万历六年重修	王祯、余子俊
16	常乐堡	中路	成化十一年	万历六年重修、万历二十四年砖包	余子俊、卢祥
17	延绥镇三营	中路	成化九年	—	余子俊
18	榆林城守营	中路	成化九年	—	—
19	归德堡	中路	成化十年	嘉靖砖包筑关城、隆庆六年增修、万历六年重修	余子俊
20	鱼河堡	中路	正统二年	成化十一年移筑、万历四年砖包	王祯、余子俊
21	响水堡	中路	正统二年	成化二年、成化七年移筑、万历六、七年重修	郭智、余子俊
22	波罗堡	中路	正统十年	成化十一年增筑、万历元年、万历六年重修	马恭
23	怀远堡	中路	天顺二年	—	—
24	威武堡	中路	成化二年	隆庆六年加高、万历六年增修	王复
25	清平堡	中路	成化十年	—	余子俊

续表

			延绥镇		
	聚落名称	所属	初建（设）	修筑（增筑）沿革	主持修筑人
26	镇川堡	中路	嘉靖二十九年	—	张珩
27	定边营	西路路城	正统二年	嘉靖中增建关城、万历元年展西关、万历三、四年加高、万历六年砖包	王祯、梁震
28	新安边营	西路路城	成化十一年	隆庆六年加高	余子俊
29	龙州堡	西路	成化五年	隆庆六年增高、万历六年砖砌	王锐
30	镇靖堡	西路	成化二年	成化十年北迁、隆庆六年加高、万历六年砖包	王复、余子俊
31	靖边营	西路	永乐中	景泰四年筑新城、成化年间、嘉靖二十四年、嘉靖三十四年增筑、隆庆六年增修、万历九年砖包	陆矩
32	宁塞营	西路	成化十一年	隆庆六年加高城垣、万历六年砖包	余子俊
33	永济堡	西路	成化十一年	—	余子俊
34	旧安边营	西路	正统二年	成化十一年废弃	王祯
35	新兴堡	西路	成化十一年	成化十一年南迁、隆庆六年重修、嘉靖中修复旧堡、万历六年增高	余子俊
36	石涝池堡	西路	成化十一年	万历三年加高	余子俊
37	三山堡	西路	成化十一年	万历三年加高	余子俊
38	盐场堡	西路	成化十三年	弘治四年增修、万历三年扩建加高	余子俊、刘忠
39	饶阳水堡	西路	成化十三年	万历二年重修	余子俊
40	镇罗堡	西路	嘉靖二十九年	万历二十八年建堡	—
41	把都河堡	西路	成化九年	隆庆六年加高、万历六年砖包	余子俊
42	柳树涧堡	西路	天顺初年	成化九年弃之、嘉靖三十七年重修、隆庆六年增高，万历六年砖砌	董威

7

			固原镇		
	聚落名称	所属	初建（设）	修筑（增筑）沿革	主持修筑人
1	固原	镇城	景泰二年	成化五年增筑、弘治十五年重修、万历三年砖包	杨勉、秦、石茂华
2	下马房关城	下马关路路城	万历五年	弘治十五年修边、嘉靖十六年砖包、万历五年至十年重修	王琼

	聚落名称	所属	初建（设）	修筑（增筑）沿革	主持修筑人
			固原镇		
3	甜水堡	下马关路	嘉靖二十一年	—	王某
4	响石沟堡	下马关路	—	—	—
5	平虏所城	下马关路	弘治十四年	—	—
6	镇戎所城	下马关路	成化九年	嘉靖三年增修	马文升
7	红古城堡	下马关路	弘治十七年	嘉靖五年增筑	秦纮、王宪
8	石峡口堡	下马关路	弘治十五年	—	—
9	关桥堡	下马关路	—	—	—
10	羊房堡	下马关路	—	—	—
11	海剌都堡	下马关路	天顺三年	成化七年增筑	杨勉
12	西安州所城	下马关路	—	成化四年增筑	马文升
13	甘州所城	下马关路	—	—	—
14	白马城堡	下马关路	嘉靖四年	—	杨一清
15	下马关堡	下马关路	嘉靖五年	万历二十二年砖包	王宪
16	大湾川堡	下马关路	万历四十年	—	—
17	靖虏卫城	靖虏路路城	正统二年	成化、嘉靖、万历屡次增修	房贵
18	干盐池城	靖虏路	成化八年	—	—
19	打拉池城	靖虏路	成化八年	成化九年扩修	周海、路昭
20	平滩堡	靖虏路	正统中	—	—
21	沙古堆堡	靖虏路	嘉靖四年	—	—
22	永安堡	靖虏路	隆庆五年	—	—
23	大庙堡	靖虏路	万历二年	—	—
24	芦沟堡	靖虏路	万历二十四年	—	刘兑
25	荒草关	靖虏路	万历年间	—	—
26	哈思吉堡	靖虏路	隆庆六年	—	—
27	兰州卫城	兰州路路城	洪武十年	宣德年间扩修、正统十二年扩修	王得、卜谦、李进
28	一条城堡	兰州路	万历二十五年	—	—
29	什字川堡	兰州路	弘治八年	—	—
30	买子堡	兰州路	—	—	—
31	桑园儿堡	兰州路	—	—	—
32	笋罗沟堡	兰州路	—	—	—
33	西古城堡	兰州路	弘治十二年	—	周伦
34	积积滩堡	兰州路	成化十二年	—	周瑛
35	高山堡	兰州路	—	—	—

	聚落名称	所属	初建（设）	修筑（增筑）沿革	主持修筑人
			固原镇		
36	盐场堡	兰州路	弘治十八年	—	杨一清
37	安宁堡	兰州路	弘治十八年	—	杨一清
38	河州卫城	河州路路城	洪武十年	弘治十三年、正德九年、嘉靖二十五年重修	徐景、何锁南、蒋昂
39	党家堡	河州路	—	—	—
40	千观台堡	河州路	—	—	—
41	弘化寺堡	河州路	—	—	—
42	积石关堡	河州路	洪武三年	—	—
43	归德所城	河州路	洪武七年	万历十八年增修	—
44	洮州卫城	河州路	洪武十二年	成化五年重修、万历十二年新筑墙	李隆、张公泰、李芳
45	岷州卫城	河州路	洪武十一年	弘治十一年、隆庆二年、万历九年重修	马烨、张泰
46	芦沟堡	河州路	万历二十四年	—	—
47	大庙堡	河州路	万历三年	—	—
48	永安堡	河州路	隆庆五年	—	—
49	哈思吉堡	河州路	龙庆六年	—	—
50	分水岭堡	河州路	万历元年	—	—
51	迭烈孙堡	河州路	洪武二年	—	—
52	芦塘营城	芦塘路路城	万历二十七年	—	李如玉、萧如兰
53	三眼井堡	芦塘路	万历二十七年	—	李如玉、萧如兰
54	红水河堡	芦塘路	万历二十七年	—	荆州俊
55	大芦塘堡	芦塘路	万历二十六年	万历三十年重修	李汶、田乐
56	小芦塘堡	芦塘路	万历二十六年	—	李汶、田乐

8

	聚落名称	所属	初建（设）	修筑（增筑）沿革	主持修筑人
			宁夏镇		
1	宁夏	镇城	洪武三年	正统年间修筑	—
2	花马池营	东路路城	正统八年	天顺年间筑新城、成化年间再筑、万历八年砖包	萧大亨
3	高平堡	东路	嘉靖十年	—	—
4	柳杨堡	东路	正统年间	弘治七年、嘉靖十年增筑、嘉靖年间弃守	秦
5	安定堡	东路	嘉靖十年	—	—

	聚落名称	所属	初建（设）	修筑（增筑）沿革	主持修筑人
			宁夏镇		
6	铁柱泉堡	东路	嘉靖十五年	万历三十五年重修砖包	刘天和、黄嘉善
7	永兴堡	东路	弘治七年	—	—
8	兴武营城	东路	正统九年	万历十三年重修砖包	金濂
9	毛卜刺堡	东路	嘉靖以前	—	—
10	灵州所城	中路路城	洪武十六年	宣德三年复建、景泰三年增筑、弘治十三年增筑、	王珣
11	清水营城	中路	正统中	弘治十三年扩建	王珣
12	红山堡	中路	正德十六年	—	秦纮
13	横城堡	中路	正德二年	—	杨一清
14	红寺堡	中路	正德二年	—	杨一清
15	平房营城	北路路城	永乐初年	弘治六年扩修、万历三年砖包	—
16	黑山营城	北路	永乐元年	—	—
17	威镇堡	北路	明初	嘉靖十年筑新堡	—
18	临山堡	北路	嘉靖十年	—	—
19	镇朔堡	北路	明初	—	—
20	洪广堡	北路	—	—	—
21	镇北堡	北路	弘治十三年	—	王珣
22	邵岗堡	南路路城	正德五年	—	杨一清
23	平羌堡	南路	洪武中	—	—
24	玉泉营城	南路	洪武中	万历十五年修筑	—
25	大坝堡	南路	洪武中	—	—
26	中卫城	西路路城	建文元年	正统二年、天顺四年扩建、嘉靖三年增筑、万历二年砖包	朱荣、周尚文、张梦登
27	广武营城	西路	正统九年	成化九年、弘治十三年展筑	金濂、陈连
28	枣园堡	西路	弘治元年	—	—
29	石空寺堡	西路	明初	万历十三年	张一元
30	镇房堡	西路	弘治元年	—	—
31	柔远堡	西路	—	—	—
32	鸣沙州城	西路	正统九年	—	—

9

	聚落名称	所属	初建（设）	修筑（增筑）沿革	主持修筑人
			甘肃镇		
1	甘州城	镇城	洪武五年	洪武二十五年筑新城、嘉靖三十八年重修、万历二年砖包	宋晟、石茂华
2	庄浪卫城	庄浪路路城	洪武五年	—	冯胜
3	沙井儿堡	庄浪路	洪武年间	—	—
4	苦水湾堡	庄浪路	洪武十三年	—	—
5	野狐城堡	庄浪路	洪武年间	—	—
6	红城子堡	庄浪路	洪武二年	—	—
7	青寺儿堡	庄浪路	洪武年间	—	—
8	南大通山口堡	庄浪路	洪武年间	—	—
9	黑城子堡	庄浪路	洪武年间	—	—
10	大柳树堡	庄浪路	洪武年间	—	—
11	庄浪卫城	庄浪路	洪武十年	—	—
12	马厂沟堡	庄浪路	洪武年间	—	—
13	武胜驿	庄浪路	洪武年间	—	—
14	岔口堡	庄浪路	洪武年间	—	—
15	镇羌堡	庄浪路	万历二十六年	—	—
16	黑古城堡	庄浪路	万历年间	—	—
17	大靖营城	大靖路路城	万历二十七年	万历二十七年展筑	—
18	阿坝岭堡	大靖路	万历二十七年	—	—
19	裴家营堡	大靖路	万历年间	—	—
20	土门堡	大靖路	万历二十七年	—	罗亨信
21	凉州卫城	凉州路路城	洪武十年	万历二年砖包	濮英、廖逢节、石茂华
22	安远站堡	凉州路	洪武年间	—	—
23	黑松林堡	凉州路	洪武十一年	嘉靖、万历加固扩建	—
24	古浪所城	凉州路	洪武十年	—	—
25	高庙堡	凉州路	正德年间	—	—
26	泗水堡	凉州路	正德年间	—	—
27	高沟堡	凉州路	洪武初年	—	—
28	镇番卫城	凉州路	永乐元年	成化元年展筑	马昭
29	黑山堡	凉州路	天顺三年	万历三十三年重建	—
30	蔡旗堡	凉州路	嘉靖二十四年	—	—
31	永宁堡	凉州路	洪武年间	—	—

	聚落名称	所属	初建（设）	修筑（增筑）沿革	主持修筑人
			甘肃镇		
32	永安堡	凉州路	—	—	—
33	宁远堡	凉州路	洪武年间	—	—
34	牧羊川河西堡	凉州路	万历年间	—	—
35	真景堡	凉州路	洪武年间	—	—
36	永昌卫城	凉州路	洪武十五年	成化八年、万历二年、万历十四年增筑	张杰、高升、王廷政、赵希云
37	毛卜刺堡	凉州路	永乐年间	—	—
38	水磨川堡	凉州路	万历年间	—	—
39	水泉堡	凉州路	洪武十五年	—	—
40	定羌墩堡	凉州路	万历年间	—	—
41	重兴堡	凉州路	—	—	—
42	青松堡	凉州路	天顺三年	—	—
43	红沙堡	凉州路	万历九年	—	—
44	阜昌堡	镇域直辖	万历年间	—	—
45	新河堡	镇域直辖	万历年间	—	—
46	山丹卫城	镇域直辖	洪武二十三年	万历中增筑	庄得
47	大桥寨堡	镇域直辖	弘治十四年	—	彭清
48	东乐堡	镇域直辖	—	—	—
49	太平堡	镇域直辖	万历年间	—	—
50	瓦窑堡	镇域直辖	万历年间	—	—
51	靖安堡	镇域直辖	嘉靖二十八年	—	杨博
52	板桥堡	镇域直辖	嘉靖八年	—	唐泽
53	柳树堡	镇域直辖	万历年间	—	—
54	平川堡	镇域直辖	嘉靖年间	—	—
55	四坝堡	镇域直辖	嘉靖二十八年	—	杨博
56	高台所城	镇域直辖	天顺八年	—	蒙泰
57	八坝堡	镇域直辖	嘉靖二十六年	—	杨博
58	九坝堡	镇域直辖	嘉靖年间	—	—
59	黑泉堡	镇域直辖	万历年间	—	—
60	肃州卫城	肃州路路城	洪武二十七年	正德、嘉靖年间重修修边	冯胜、杨博、廖逢节
61	胭脂堡	肃州路	洪武年间	—	—
62	沙碗堡	肃州路	永乐年间	万历三十八年重修	—

续表

	聚落名称	所属	初建（设）	修筑（增筑）沿革	主持修筑人
			甘肃镇		
63	镇夷所城	肃州路	洪武五年	天顺八年新筑	马薄
64	河清堡	肃州路	洪武年间	—	—
65	深沟堡	肃州路	嘉靖年间	—	—
66	盐池堡	肃州路	嘉靖年间	—	—
67	双井堡	肃州路	万历二十九年	—	—
68	金塔寺堡	肃州路	嘉靖二十八年	—	杨博
69	临水堡	肃州路	弘治年间	—	—
70	下古城堡	肃州路	弘治年间	嘉靖年间重修、万历二年修完	彭清、杨博
71	两山口堡	肃州路	万历二十六年	—	霍鹏、邓荣祖
72	新城堡	肃州路	嘉靖二十八年	—	—
73	野麻湾堡	肃州路	万历四十四年	—	李应魁、祁秉忠
74	嘉峪关城	肃州路	洪武五年	弘治年间重修、正德修城楼、嘉靖十八年加固展筑	冯胜
75	卯来泉堡	肃州路	万历三十九年	—	王显忠、柴国栋

注：根据课题组编写《长城志》所有资料整理。

附录四 《明实录》载明九边重镇对蒙军事战事统计表

1

		辽东镇		
	战事发生时间	主要作战地点	主动出击方	出处
1	洪武五年十一月	牛家庄	纳哈出	《太祖实录》卷七十六
2	洪武七年十一月	辽阳	纳哈出	《太祖实录》卷九十四
3	洪武八年十二月	盖州金州	纳哈出	《太祖实录》卷一〇二
4	洪武三十五年九月	开原	蒙	《太宗实录》卷十三
5	洪武三十五年十一月	盘山驿	蒙	《太宗实录》卷十四
6	永乐元年二月	懿路寨	蒙	《太宗实录》卷十七
7	洪熙元年七月	骆驼岭	蒙	《宣宗实录》卷十四
8	宣德三年十一月	广宁后屯卫	鞑靼	《宣宗实录》卷四十八
9	宣德四年八月	辽东边境	蒙	《宣宗实录》卷五十七
10	宣德四年九月	辽东边境	蒙	《宣宗实录》卷五十九
11	宣德四年十二月	铁岭、广宁	蒙	《宣宗实录》卷六十
12	宣德五年六月	辽东边境	蒙	《宣宗实录》卷六十八
13	正统元年六月	三角山屯	蒙	《英宗实录》卷十八
14	正统七年十月	广宁、前屯	兀良哈、女直	《英宗实录》卷九十七
15	正统七年十一月	山马营	鞑靼	《英宗实录》卷九十八
16	正统七年十二月	辽东边境	兀良哈	《英宗实录》卷九十九
17	正统八年正月	曹庄驿	鞑靼	《英宗实录》卷一〇〇
18	正统九年三月	义州	鞑靼	《英宗实录》卷一一四
19	正统十四年二月	开原、广宁等	鞑靼	《英宗实录》卷一七五
20	正统十四年七月	辽东	脱脱不花、土木	《英宗实录》卷一八〇
21	正统十四年九月	驿、堡、屯、庄八十处	鞑靼	《英宗实录》卷一八三
22	景泰元年八月	连州等	蒙	《英宗实录》卷一九五
23	景泰三年四月	广宁、义州	鞑靼	《英宗实录》卷二一五
24	景泰三年九月	开原	鞑靼	《英宗实录》卷二二〇
25	天顺四年七月	开原	鞑靼	《英宗实录》卷三一七
26	天顺六年六月	密城寨	鞑靼	《英宗实录》卷三四二
27	天顺六年七月	广宁、义州	鞑靼	《英宗实录》卷三四二
28	成化元年二月	长岭山等	孛来、逢州三卫	《宪宗实录》卷十四
29	成化二年九月	黑岭等	福余卫	《宪宗实录》卷三十四
30	成化二年九月	庆云堡等	蒙	《宪宗实录》卷三十四
31	成化二年十月	开原	蒙	《宪宗实录》卷三十五

	战事发生时间	主要作战地点	主动出击方	出处
		辽东镇		
32	成化二年十一月	来凤	鞑靼	《宪宗实录》卷三十六
33	成化二年十一月	玉湖	女直	《宪宗实录》卷三十六
34	成化三年二月	鸦鹘关等处	海西建州等	《宪宗实录》卷三十九
35	成化三年三月	辽东边境	鞑靼	《宪宗实录》卷四十
36	成化三年三月	通远堡铁场、白家寨、靖安空等处	鞑靼	《宪宗实录》卷四十
37	成化三年四月	馒头山雪口站、威远堡金家寨、小尖山墩、靖远墩等	蒙	《宪宗实录》卷四十一
38	成化三年六月	辽东边境	蒙	《宪宗实录》卷四十三
39	成化四年二月	开原、铁岭、懿路	蒙	《宪宗实录》卷五十一
40	成化四年三月	开原等处	建州、朵颜三卫	《宪宗实录》卷五十二
41	成化五年六月	宁远灰山堡	蒙	《宪宗实录》卷六十八
42	成化五年十月	平项山墩	蒙	《宪宗实录》卷七十二
43	成化六年三月	辽河	鞑靼、阿赛奴者依等	《宪宗实录》卷七十七
44	成化七年三月	宁远	蒙	《宪宗实录》卷八十九
45	成化八年八月	懿路驿	蒙	《宪宗实录》卷一一〇
46	成化八年九月	定远堡	蒙	《宪宗实录》卷一一〇
47	成化九年四月	义州、广宁	福余三卫、海西女直	《宪宗实录》卷一一五
48	成化九年六月	义州、东长岭	蒙	《宪宗实录》卷一一七
49	成化九年八月	小黑山	鞑靼	《宪宗实录》卷一一九
50	成化十年二月	开原庆云墩	朵颜三卫	《宪宗实录》卷一二五
51	成化十年九月	抚顺	蒙	《宪宗实录》卷一三八
52	成化十三年十月	清河、瑷阳	建州	《宪宗实录》卷一七二
53	成化十四年一月	鸦鹘墩	蒙	《宪宗实录》卷一七八
54	成化十四年三月	深河	蒙	《宪宗实录》卷一七七
55	成化十四年五月	大水峪	蒙	《宪宗实录》卷一七九
56	成化十六年十月	开原	蒙	《宪宗实录》卷二〇八
57	成化十六年十月	抚顺	蒙	《宪宗实录》卷二〇八
58	成化十八年六月	开原镇北堡	蒙	《宪宗实录》卷二二八
59	成化十八年八月	铁岭古城墩	蒙	《宪宗实录》卷二二三
60	成化二十年十一月	宁远、锦义、懿路	蒙	《宪宗实录》卷二五八
61	成化二十二年六月	开原	蒙	《宪宗实录》卷二七九
62	成化二十三年六月	辽东	朵颜三卫	《宪宗实录》卷二九一

	辽东镇			
	战事发生时间	主要作战地点	主动出击方	出处
63	弘治元年二月	广宁	蒙	《孝宗实录》卷十一
64	弘治元年四月	开原	蒙	《孝宗实录》卷十三
65	弘治二年六月	广宁卫岐山台	蒙	《孝宗实录》卷二十七
66	弘治二年九月	淄水口	蒙	《孝宗实录》卷三十
67	弘治三年五月	镇北、威远二堡	蒙	《孝宗实录》卷三十八
68	弘治八年五月	镇北堡	蒙	《孝宗实录》卷一〇〇
69	弘治八年九月	开原	蒙	《孝宗实录》卷一〇四
70	弘治八年十一月	宁远	蒙	《孝宗实录》卷一〇六
71	弘治八年十二月	义州清河堡	蒙	《孝宗实录》卷一〇七
72	弘治八年十二月	铁岭	蒙	《孝宗实录》卷一〇七
73	弘治九年闰三月	东州堡、松山堡	蒙	《孝宗实录》卷一一一
74	弘治九年五月	三山营	蒙	《孝宗实录》卷一一三
75	弘治九年六月	广宁前屯卫	蒙	《孝宗实录》卷一一四
76	弘治十一年三月	宁远	蒙	《孝宗实录》卷一三五
77	弘治十一年八月	宁远	蒙	《孝宗实录》卷一四〇
78	弘治十一年十月	宁远、开原等处	朵颜三卫	《孝宗实录》卷一四二
79	弘治十一年闰十一月	懿路	蒙	《孝宗实录》卷一四四
80	弘治十一年十二月	长安堡等	蒙	《孝宗实录》卷一四五
81	弘治十二年正月	锦州	蒙	《孝宗实录》卷一四六
82	弘治十二年二月	义州、宁远	朵颜三卫	《孝宗实录》卷一四七
83	弘治十二年三月	开原	蒙	《孝宗实录》卷一四八
84	弘治十二年三月	宁远	蒙	《孝宗实录》卷一四八
85	弘治十二年四月	宁远、义州、广宁	蒙	《孝宗实录》卷一四九
86	弘治十二年四月	沈阳、铁岭	蒙	《孝宗实录》卷一四九
87	弘治十二年七月	广宁卫	蒙	《孝宗实录》卷一五二
88	弘治十二年八月	开原、沈阳中卫	蒙	《孝宗实录》卷一五三
89	弘治十二年十一月	宁远	蒙	《孝宗实录》卷一五六
90	弘治十二年十二月	义州	蒙	《孝宗实录》卷一五七
91	弘治十三年七月	义州	蒙	《孝宗实录》卷一六四
92	弘治十四年四月	开原、清阳	蒙	《孝宗实录》卷一七三
93	弘治十四年七月	辽阳、长胜诸屯堡	蒙	《孝宗实录》卷一七六
94	弘治十五年四月	清河等堡	蒙	《孝宗实录》卷一八六
95	弘治十五年九月	长安堡	蒙	《孝宗实录》卷一九一
96	弘治十五年十二月	瑞昌堡	泰宁三卫	《孝宗实录》卷一九五

	战事发生时间	主要作战地点	主动出击方	出处
		辽东镇		
97	弘治十六年六月	海州卫	蒙	《孝宗实录》卷二〇〇
98	弘治十六年八月	广宁前屯卫	蒙	《孝宗实录》卷二〇二
99	弘治十八年二月	清河堡	蒙	《孝宗实录》卷二二一
100	正德元年二月	威远堡	蒙	《武宗实录》卷二十三
101	正德二年十二月	定辽后卫长静堡	蒙	《武宗实录》卷三十三
102	正德五年四月	寺儿山台	蒙	《武宗实录》卷六十二
103	正德八年十月	开原	蒙	《武宗实录》卷一〇五
104	正德九年五月	开原、镇夷堡	蒙	《武宗实录》卷一一二
105	正德十一年十月	叆阳、清河等堡	蒙	《武宗实录》卷一四二
106	正德十四年三月	碱厂堡	蒙	《武宗实录》卷一七二
107	正德十六年二月	威远、松山堡	蒙	《武宗实录》卷一九六
108	正德十六年七月	开原	蒙	《世宗实录》卷四
109	嘉靖元年二月	铁岭卫	蒙	《世宗实录》卷十一
110	嘉靖二年八月	丁字堡	蒙	《世宗实录》卷三十
111	嘉靖二年九月	椴木山	蒙	《世宗实录》卷三十一
112	嘉靖七年正月	开原靖安堡	蒙	《世宗实录》卷八十四
113	嘉靖十七年十月	大清堡	泰宁卫把孙	《世宗实录》卷二一七
114	嘉靖二十年六月	开原	蒙	《世宗实录》卷二五〇
115	嘉靖二十一年十一月	凤凰城	建州鞑靼	《世宗实录》卷二六八
116	嘉靖二十四年十一月	松子岭	蒙	《世宗实录》卷三〇五
117	嘉靖二十五年九月	义州、清河、锦义	蒙	《世宗实录》卷三一六
118	嘉靖二十七年正月	长静等堡、镇静堡至广宁	孛只郎中者	《世宗实录》卷三三三
119	嘉靖二十八年十一月	沙河堡	三卫及花当部落、蒙	《世宗实录》卷三五四
120	嘉靖三十一年四月	前屯、新兴堡等	蒙	《世宗实录》卷三八四
121	嘉靖三十一年十月	锦州	小王子、打来孙等	《世宗实录》卷三九〇
122	嘉靖三十二年五月	上榆林堡	蒙	《世宗实录》卷三九八
123	嘉靖三十五年九月	平川、锦川等堡	蒙	《世宗实录》卷四三九
124	嘉靖三十五年十一月	广宁等处	打来孙	《世宗实录》卷四四一
125	嘉靖三十六年六月	沈阳静远堡	蒙	《世宗实录》卷四四八
126	嘉靖三十六年十月	义州、太平等堡	蒙	《世宗实录》卷四五二
127	嘉靖三十六年十二月	辽阳	蒙	《世宗实录》卷四五八
128	嘉靖三十七年闰七月	马根、单堡等处	蒙	《世宗实录》卷四六二
129	嘉靖三十七年十月	辽阳、清河等	蒙	《世宗实录》卷四六五

			辽东镇	
	战事发生时间	主要作战地点	主动出击方	出处
130	嘉靖三十九年三月	广宁中前所城	蒙	《世宗实录》卷四八二
131	嘉靖三十九年十二月	海州东胜堡、耀州堡、海盖、熊岳	蒙	《世宗实录》卷四九五
132	嘉靖四十年九月	海州新台	蒙	《世宗实录》卷五〇一
133	嘉靖四十年十二月	盖州熊岳驿	蒙	《世宗实录》卷五〇四
134	嘉靖四十一年四月	东关驿、锦川营	蒙	《世宗实录》卷五〇八
135	嘉靖四十一年五月	东州堡、抚顺核桃山	蒙	《世宗实录》卷五〇九
136	嘉靖四十二年二月	辽阳、长安堡	蒙	《世宗实录》卷五一八
137	嘉靖四十二年八月	广宁	蒙	《世宗实录》卷五二四
138	嘉靖四十三年正月	抚顺、暖阳、苇子谷等	蒙	《世宗实录》卷五三〇
139	嘉靖四十三年闰二月	果松谷	蒙	《世宗实录》卷五三一
140	嘉靖四十四年三月	宁前小团山	蒙	《世宗实录》卷五四七
141	嘉靖四十五年四月	西兴、西平二堡	蒙	《世宗实录》卷五五七
142	嘉靖四十五年五月	河东盐场、甜水站	蒙	《世宗实录》卷五五八
143	隆庆元年三月	长安堡	蒙	《穆宗实录》卷六
144	隆庆二年四月	清河等处	蒙	《穆宗实录》卷十九
145	隆庆三年正月	丁字泊堡等处	蒙	《穆宗实录》卷二十八
146	隆庆三年四月	碱厂、孤山等	中蒙张摆失、艾失哈等	《穆宗实录》卷三十一
147	隆庆四年八月	锦州	蒙	《穆宗实录》卷四十八
148	隆庆四年九月	锦州大胜堡	黄台吉、卜言兀等	《穆宗实录》卷四十九
149	隆庆五年十二月	辽东	蒙	《穆宗实录》卷六十四
150	隆庆六年三月	长胜堡	速把孩、互青等	《穆宗实录》卷六十八
151	隆庆六年八月	辽东	蒙	《神宗实录》卷四
152	隆庆六年九月	沙河驿	土蛮	《神宗实录》卷五
153	隆庆六年十一月	辽阳北河、镇远堡	土蛮	《神宗实录》卷七
154	万历元年四月	铁岭、镇西等堡	土蛮	《神宗实录》卷十二
155	万历二年十月	盖州、熊岳、金州、复州	蒙	《神宗实录》卷三十
156	万历三年二月	辽东	土蛮	《神宗实录》卷三十五
157	万历三年二月	袭土蛮营	李成梁	《神宗实录》卷三十五
158	万历三年十二月	平虏堡、平川堡	蒙	《神宗实录》卷四十五
159	万历四年四月	大清堡边外、河东、宁前	蒙黑石炭、大委正等营	《神宗实录》卷四十九

		辽东镇		
	战事发生时间	主要作战地点	主动出击方	出处
160	万历四年十一月	威远堡	蛮速	《神宗实录》卷五十六
161	万历五年六月	锦州	土蛮	《神宗实录》卷六十三
162	万历七年正月	东昌堡	速把亥、土蛮、黄台吉	《神宗实录》卷八十三
163	万历七年十月	前屯、锦川营	土蛮	《神宗实录》卷九十二
164	万历八年正月	辽河、锦义等处	土蛮速把亥	《神宗实录》卷九十五
165	万历八年十一月	锦义、大凌河、右屯	蒙	《神宗实录》卷一〇六
166	万历九年正月	大镇堡、锦州、小凌河、松山、杏山等处	蒙	《神宗实录》卷一〇八
167	万历九年二月	广宁	土蛮黑石炭	《神宗实录》卷一〇九
168	万历九年四月	长安堡	虏克石炭	《神宗实录》卷一一一
169	万历九年十一月	镇安、镇靖、广宁、义州、十三山等处	东蒙土蛮	《神宗实录》卷一一八
170	万历十年三月	义州	速把亥	《神宗实录》卷一二二
171	万历十一年十二月	辽东	逞、仰二奴、西蒙	《神宗实录》卷一四四
172	万历十二年正月	方寺堡等	蒙	《神宗实录》卷一四五
173	万历十二年七月	三山、三道沟、锦川	鞑靼	《神宗实录》卷一五一
174	万历十二年九月	刘家口、琵琶堡	鞑靼	《神宗实录》卷一五三
175	万历十三年二月	沈阳靖远堡、懿路、十方寺堡	蒙	《神宗实录》卷一五八
176	万历十三年三月	辽东边外	李成梁、胜	《神宗实录》卷一五九
177	万历十三年四月	辽东	东蒙哈不慎	《神宗实录》卷一六〇
178	万历十三年闰九月	蒲河、沈阳	东蒙银灯、西蒙以儿邓	《神宗实录》卷一六六
179	万历十四年四月	辽东	东蒙一克灰正等、土蛮	《神宗实录》卷一七三
180	万历十六年四月	辽左猛骨那林	明	《神宗实录》卷一九七
181	万历十七年三月	义州、井家沟、太平堡等	蒙	《神宗实录》卷二〇九
182	万历十七年九月	平房堡、镇边堡	东蒙脑毛、大合、西蒙洪大人	《神宗实录》卷二一五
183	万历十八年四月	辽东	东蒙土蛮男卜台周等、西蒙义汉塔塔儿	《神宗实录》卷二二二
184	万历十八年十月	宁前	东蒙土蛮、西蒙赤把都等	《神宗实录》卷二二八

		辽东镇		
	战事发生时间	主要作战地点	主动出击方	出处
185	万历十八年十月	鞍山、甘泉、土河等	鞑靼	《神宗实录》卷二二九
186	万历十九年四月	辽东	速酉男	《神宗实录》卷二三五
187	万历二十年三月	宁前	蒙	《神宗实录》卷二四六
188	万历二十年三月	锦州	鞑靼	《神宗实录》卷二九四
189	万历二十二年十月	中后所	长昂	《神宗实录》卷二七八
190	万历二十三年正月	广宁、大清堡	东蒙炒花等	《神宗实录》卷二八一
191	万历二十三年二月	镇武堡	杀房炒酋	《神宗实录》卷二八二
192	万历二十三年三月	辽东	狡酋	《神宗实录》卷二八三
193	万历二十四年八月	广宁	炒花、卜言、顾花大等	《神宗实录》卷三〇〇
194	万历二十五年三月	镇西堡出塞	明	《神宗实录》卷三〇八
195	万历二十五年十二月	辽阳	鞑靼炒花儿、土蛮罕部落	《神宗实录》卷三一七
196	万历二十六年四月	辽东	蒙	《神宗实录》卷三二一
197	万历二十七年闰四月	辽东	蒙	《神宗实录》卷三三四
198	万历二十九年三月	锦州	歹青等	《神宗实录》卷三五七
199	万历三十三年四月	庆云堡	东蒙酋首宰赛	《神宗实录》卷四〇八
200	万历三十三年五月	威家堡等处	东蒙	《神宗实录》卷四一一
201	万历三十三年六月	锦州大茂堡、威家堡	蒙	《神宗实录》卷四一一
202	万历三十四年八月	辽阳镇边堡	抄花、卜言顾等	《神宗实录》卷四二四
203	万历三十七年二月	连山驿、宁远中左所	东蒙黄酋	《神宗实录》卷四五五
204	万历三十七年三月	中右所、锦昌、大胜堡	蒙	《神宗实录》卷四五六
205	万历三十七年十二月	辽阳、长定堡	蒙	《神宗实录》卷四七二
206	万历三十九年七月	辽东	炒花	《神宗实录》卷四八七
207	万历四十年八月	镇远堡	蒙	《神宗实录》卷五〇〇
208	万历四十年九月	大清堡	东蒙炒花	《神宗实录》卷四九九
209	万历四十年十月	镇安堡等处	色特儿	《神宗实录》卷五〇〇
210	万历四十一年正月	长静堡南、北界	虎墩兔憨	《神宗实录》卷五〇一
211	万历四十一年四月	王文台	抄花、宰赛、暖兔	《神宗实录》卷五〇七
212	万历四十一年六月	平房、大宁	炒花、力蛮等	《神宗实录》卷五〇九
213	万历四十一年八月	中后所	克敖等	《神宗实录》卷五二九
214	万历四十三年八月	新寺、河西	虎墩兔憨、抄花	《神宗实录》卷五三五
215	万历四十三年闰八月	广宁、锦州、义州	虎墩兔憨	《神宗实录》卷五三七

续表

		辽东镇		
	战事发生时间	主要作战地点	主动出击方	出处
216	万历四十年春	穆家堡	蒙	《神宗实录》卷五四四
217	万历四十二年秋	中后所	昂轰、乃蛮各酋	《神宗实录》卷五四四
218	万历四十五年二月	开原、镇夷堡	宰赛	《神宗实录》卷五五四
219	万历四十六年闰四月	沈阳	鞑靼	《神宗实录》卷五六九
220	万历四十七年七月	十方寺	鞑靼	《神宗实录》卷五八四
221	万历四十七年七月	石家堡、鲍家冈墩台	鞑靼	《神宗实录》卷五八四
222	万历四十七年七月	开原	奴酋	《神宗实录》卷五八四
223	万历四十七年七月	大红螺山	哈剌庆营	《神宗实录》卷五八四
224	天启六年二月	平川、三山堡等处	西蒙乘奴	《熹宗实录》卷六十八

2

		蓟镇		
	战事发生时间	主要作战地点	主动出击方	出处
1	洪武元年闰七月	通州	明	《太祖实录》卷三十三
2	洪武元年八月	古北口	明	《太祖实录》卷三十四
3	洪武元年九月	真定（真保）	明	《太祖实录》卷三十五
4	洪武元年十一月	真定（真保）	明	《太祖实录》卷三十六上
5	洪武元年十一月	固关（真保）	明	《太祖实录》卷三十六上
6	洪武二年二月	通州	蒙	《太祖实录》卷三十九
7	洪武六年二月	迁安、董家口	蒙	《太祖实录》卷七十九
8	洪武七年九月	古北口	蒙	《太祖实录》卷九十三
9	洪武十三年十一月	桃林口	平章完者不花与乃儿不花	《太祖实录》卷一三四
10	洪熙元年四月	蓟州、山海关	蒙	《仁宗实录》卷九上
11	宣德元年七月	鲇鱼石关	蒙	《宣宗实录》卷十九
12	宣德三年九月	喜峰口	蒙	《宣宗实录》卷四十七
13	宣德四年十月	古北口东砖垛子口	蒙	《宣宗实录》卷五十九
14	正统十四年十月	紫荆关（真保）	蒙	《英宗实录》卷一八四
15	正统十四年十月	德胜门	蒙	《英宗实录》卷一八四
16	正统十四年十月	居庸关	蒙	《英宗实录》卷一八四
17	正统十四年十月	霸州	蒙	《英宗实录》卷一八四
18	正统十四年十月	景陵卫（昌镇）	鞑靼	《英宗实录》卷一八四
19	正统十四年十二月	驴鞍岭	鞑靼	《英宗实录》卷一八六

		蓟镇		
	战事发生时间	主要作战地点	主动出击方	出处
20	景泰元年六月	白羊口	蒙	《英宗实录》卷一九三
21	景泰二年七月	山海、永平	鞑靼	《英宗实录》卷二〇六
22	成化四年十一月	鸦鹘关、喜昌口	蒙	《宪宗实录》卷六十
23	成化十六年五月	界岭口关	蒙	《宪宗实录》卷二〇三
24	成化十八年闰八月	挐子谷关	蒙	《宪宗实录》卷二三一
25	弘治元年正月	古北口	蒙	《孝宗实录》卷九
26	弘治四年十一月	古北口	蒙	《孝宗实录》卷五十七
27	弘治五年七月	古北口羊儿谷	蒙	《孝宗实录》卷六十五
28	弘治六年九月	密云塘山	蒙	《孝宗实录》卷八十
29	弘治七年二月	古北口	蒙	《孝宗实录》卷八十五
30	弘治八年二月	密云古北口	朵颜三卫、鞑靼	《孝宗实录》卷九十七
31	弘治八年六月	密云	蒙	《孝宗实录》卷一〇一
32	弘治八年十二月	古北口	蒙	《孝宗实录》卷一〇七
33	弘治九年三月	黄花镇（昌镇）	蒙	《孝宗实录》卷一一〇
34	弘治九年闰三月	蓟州境	蒙	《孝宗实录》卷一一一
35	弘治九年四月	燕河营	蒙	《孝宗实录》卷一一二
36	弘治九年九月	古北口	蒙	《孝宗实录》卷一一七
37	弘治十年八月	古北口	蒙	《孝宗实录》卷一二八
38	弘治十年十一月	龙洞谷关	蒙	《孝宗实录》卷一三一
39	弘治十二年六月	密云	蒙	《孝宗实录》卷一五一
40	弘治十二年六月	苇子谷关	蒙	《孝宗实录》卷一五一
41	弘治十三年十一月	马兰谷	蒙	《孝宗实录》卷一六八
42	弘治十三年十二月	蓟州	蒙	《孝宗实录》卷一六九
43	弘治十四年二月	石匣口	蒙	《孝宗实录》卷一七一
44	弘治十四年四月	马兰谷、小毛山口	蒙	《孝宗实录》卷一七三
45	弘治十四年七月	马兰谷	蒙	《孝宗实录》卷一七六
46	弘治十四年闰七月	蓟州驻操营等	蒙	《孝宗实录》卷一七七
47	弘治十五年四月	密云大角谷	蒙	《孝宗实录》卷一八六
48	弘治十七年六月	潘家口	蒙	《孝宗实录》卷二一三
49	正德四年八月	鲇鱼石关、子谷关	蒙	《武宗实录》卷五十三
50	正德八年九月	大清河口	蒙	《武宗实录》卷一〇四
51	正德九年八月	白羊口、浮图峪（昌、真保）	蒙	《武宗实录》卷一一五
52	正德十年正月	潮河川、井连口	蒙	《武宗实录》卷一二〇

	战事发生时间	主要作战地点	主动出击方	出处
		蓟镇		
53	正德十年二月	小江口	蒙	《武宗实录》卷一二一
54	正德十年六月	鲇鱼石关、马兰谷	蒙	《武宗实录》卷一二六
55	正德十年七月	罗文谷、潘家口	蒙	《武宗实录》卷一二七
56	正德十一年七月	白羊口（昌镇）	蒙	《武宗实录》卷一三二
57	正德十三年八月	沙坡、椴木谷等寨	蒙	《武宗实录》卷一六五
58	嘉靖二年五月	密云石塘岭	蒙	《世宗实录》卷二十七
59	嘉靖二年八月	界岭口	蒙	《世宗实录》卷三十
60	嘉靖二年九月	密云白崖厂	蒙	《世宗实录》卷三十一
61	嘉靖八年六月	尖山墩	蒙	《世宗实录》卷一〇二
62	嘉靖十一年八月	渤海所、大峪关	蒙	《世宗实录》卷一四六
63	嘉靖十二年正月	昌平、怀柔、密云	蒙	《世宗实录》卷一四六
64	嘉靖十八年二月	马兰谷	蒙	《世宗实录》卷二二一
65	嘉靖十八年闰七月	李佳谷、铁门关	蒙	《世宗实录》卷二二七
66	嘉靖二十一年七月	故关（真保）	蒙	《世宗实录》卷二六四
67	嘉靖二十三年正月	黄崖口关	蒙	《世宗实录》卷二八四
68	嘉靖二十三年十月	浮图峪（真保）	蒙	《世宗实录》卷二九一
69	嘉靖二十九年八月	潮河川、古北口	蒙	《世宗实录》卷三六四
70	嘉靖二十九年八月	密云、怀柔、三河、昌平	蒙	《世宗实录》卷三六四
71	嘉靖二十九年八月	通州	蒙	《世宗实录》卷三六四
72	嘉靖二十九年八月	白羊口、横岭口（昌镇）	蒙	《世宗实录》卷三六四
73	嘉靖三十二年七月	紫荆关（真保）、广昌	蒙	《世宗实录》卷四〇〇
74	嘉靖三十二年七月	宁静庵口（真保）、大峪、南沟、浮图峪（真保）	蒙	《世宗实录》卷四〇〇
75	嘉靖三十二年九月	紫荆关、浮图峪	蒙	《世宗实录》卷四〇二
76	嘉靖三十三年九月	潮河川、龙王谷、砖垛子、沙岭儿、丫吉山	把都儿打来孙	《世宗实录》卷四一四
77	嘉靖三十三年九月	古北口	蒙	《世宗实录》卷四一四
78	嘉靖三十三年十月	古城川	蒙	《世宗实录》卷四一五
79	嘉靖三十四年三月	马兰谷、宽细谷关	蒙	《世宗实录》卷四二〇
80	嘉靖三十五年十一月	一片石、三道关、喜峰口等处	蒙	《世宗实录》卷四四一

续表

	蓟镇			
	战事发生时间	主要作战地点	主动出击方	出处
81	嘉靖三十六年四月	迁安等	把都儿	《世宗实录》卷四四六
82	嘉靖三十七年三月	蓟镇	蒙	《世宗实录》卷四五七
83	嘉靖三十七年十月	界岭口、黑峪墩	土蛮	《世宗实录》卷四六五
84	嘉靖三十八年二月	潘家口、三屯营	把都儿	《世宗实录》卷四六九
85	嘉靖三十八年三月	遵化至迁安、蓟州至玉田	蒙	《世宗实录》卷四七○
86	嘉靖三十九年三月	喜峰口	蒙	《世宗实录》卷四八二
87	嘉靖三十九年三月	一片石等关	把都儿辛爱等	《世宗实录》卷四八二
88	嘉靖三十九年七月	蓟西	把都儿	《世宗实录》卷四八六
89	嘉靖四十年九月	居庸岔道口	蒙	《世宗实录》卷五○一
90	嘉靖四十二年十月	墙子岭磨刀峪	蒙	《世宗实录》卷五二六
91	嘉靖四十二年十月	顺义、三河	蒙	《世宗实录》卷五二六
92	嘉靖四十二年十月	密云	蒙	《世宗实录》卷五二六
93	嘉靖四十三年正月	一片石、黄土岭、山海关	土蛮黑石炭	《世宗实录》卷五十二
94	隆庆元年九月	界岭口罗汉洞、昌黎等县	土蛮	《穆宗实录》卷十二
95	隆庆元年九月	永平、抚宁	蒙	《穆宗实录》卷十二
96	万历元年九月	义院口、窟窿台、大毛山、小河口等处	蒙	《神宗实录》卷十七
97	万历四年六月	古北口	炒蛮	《神宗实录》卷五十一
98	万历十一年六月	古北口	夷妇大嬖只	《神宗实录》卷一三八
99	万历十一年七月	大宁堡	鞑靼	《神宗实录》卷一三九
100	万历十一年十月	前屯至山海关中前所、高岭驿等处	西蒙哈不慎、北蒙大委正等	《神宗实录》卷一四二
101	万历十二年九月	蓟镇	东、西蒙	《神宗实录》卷一五三
102	万历十九年五月	石门路	蒙	《神宗实录》卷二三六
103	万历二十一年正月	大毛山堡	长昂	《神宗实录》卷二五六
104	万历二十四年九月	开连口等处	赶兔	《神宗实录》卷三○二
105	万历三十四年十一月	山海关东八里铺	长昂	《神宗实录》卷四二七
106	万历三十六年十二月	河流口	鞑靼	《神宗实录》卷四五三
107	万历四十年十一月	园山堡、曹庄	蟒金儿等酋	《神宗实录》卷五○三
108	万历四十一年六月	大宁	炒花、力蛮等	《神宗实录》卷五○九
109	万历四十一年九月	大宁	蒙	《神宗实录》卷五一二
110	万历四十四年三月	石门路大毛山	西蒙	《神宗实录》卷五四三

续表

	蓟镇			
	战事发生时间	主要作战地点	主动出击方	出处
111	万历四十四年六月	潘家口	鞑靼骆骆	《神宗实录》卷五四四
112	万历四十七年八月	高家堡、白马关、冯家堡等处	鞑靼	《神宗实录》卷五四七
113	泰昌元年八月	石塘路、白马关、高家堡、冯家堡	鞑靼	《光宗实录》卷三
114	天启七年三月	桃林口外大戚、谷岭一带	哈剌慎	《熹宗实录》卷八十二

3

	宣府镇			
	战事发生时间	主要作战地点	主动出击方	出处
1	宣德四年六月	赤城	蒙	《宣宗实录》卷五十五
2	宣德九年十月	独石城	蒙	《宣宗实录》卷一一三
3	正统三年正月	伯颜山	鞑靼	《英宗实录》卷三十八
4	正统六年十一月	伯颜山	蒙	《英宗实录》卷八十五
5	正统十四年七月	宣府、赤城	阿喇知院	《英宗实录》卷一八〇
6	正统十四年七月	宣府	鞑靼	《英宗实录》卷一八〇
7	正统十四年八月	宣府	蒙	《英宗实录》卷一八一
8	正统十四年十月	洪州堡	鞑靼	《英宗实录》卷一八四
9	正统十四年十一月	神峪	鞑靼	《英宗实录》卷一八五
10	景泰元年五月	隆门关、关子口	鞑靼	《英宗实录》卷一九二
11	景泰元年六月	贾家营屯	鞑靼	《英宗实录》卷一九三
12	景泰二年四月	马营	蒙	《英宗实录》卷二〇三
13	景泰三年三月	独石、马营	鞑靼	《英宗实录》卷二一四
14	景泰六年正月	龙王堂	兀良哈	《英宗实录》卷二四九
15	景泰七年九月	独石	蒙	《英宗实录》卷二七〇
16	天顺元年三月	段树梁	蒙	《英宗实录》卷二七六
17	天顺四年十月	宣府	蒙	《英宗实录》卷三二〇
18	天顺五年二月	万全	鞑靼	《英宗实录》卷三二五
19	天顺五年五月	新河口	鞑靼	《英宗实录》卷三二八
20	天顺五年六月	万全、柴沟等	鞑靼	《英宗实录》卷三二九
21	天顺六年八月	独石、马营	鞑靼	《英宗实录》卷三四三
22	成化十年八月	德胜口关	蒙	《宪宗实录》卷一三二
23	成化十年十二月	马营、齐家沟、赤城、袁家墩	蒙	《宪宗实录》卷一三六

宣府镇			
	战事发生时间	主要作战地点	主动出击方	出处
24	成化十四年七月	独石、瞭远墩	蒙	《宪宗实录》卷一八〇
25	成化十七年五月	独石、山泉墩	蒙	《宪宗实录》卷二一六
26	成化十七年五月	怀来、西路	蒙	《宪宗实录》卷二一五
27	成化十七年十月	马营、北山梁沟	蒙	《宪宗实录》卷二二〇
28	成化十九年七月	宣府	蒙	《宪宗实录》卷二四二
29	成化十九年八月	白腰山、兴宁口	蒙	《宪宗实录》卷二四三
30	成化十九年八月	顺圣川、镇门墩	蒙	《宪宗实录》卷二四三
31	成化二十年六月	张家口、野狐岭	蒙	《宪宗实录》卷二五三
32	成化二十年十二月	龙门卫、灵州堡	蒙	《宪宗实录》卷二五九
33	成化二十二年二月	西路、西阳和堡、龙门所	蒙	《宪宗实录》卷二七五
34	成化二十二年五月	独石、洗马林堡	蒙	《宪宗实录》卷二七八
35	弘治元年五月	永宁	蒙	《孝宗实录》卷十四
36	弘治元年八月	独石、万全	蒙	《孝宗实录》卷十七
37	弘治二年三月	独石、马营	蒙	《孝宗实录》卷二十四
38	弘治二年八月	赤城等墩	蒙	《孝宗实录》卷二十九
39	弘治二年十二月	云州、独石堡	蒙	《孝宗实录》卷三十三
40	弘治三年四月	独石、乱泉寺	蒙	《孝宗实录》卷三十七
41	弘治五年三月	西河口	蒙	《孝宗实录》卷六十一
42	弘治五年六月	小白阳堡	蒙	《孝宗实录》卷六十四
43	弘治五年七月	安门墩	虏	《孝宗实录》卷六十五
44	弘治五年十月	龙门所	蒙	《孝宗实录》卷六十八
45	弘治六年正月	西路	蒙	《孝宗实录》卷七十一
46	弘治六年三月	龙门所、乾儿营、横沟	蒙	《孝宗实录》卷七十三
47	弘治七年十二月	怀来、四海冶堡	蒙	《孝宗实录》卷九十五
48	弘治八年五月	龙门所	蒙	《孝宗实录》卷一〇〇
49	弘治八年七月	独石、马营	蒙	《孝宗实录》卷一〇二
50	弘治八年七月	永宁	蒙	《孝宗实录》卷一〇二
51	弘治九年三月	永宁	蒙	《孝宗实录》卷一一〇
52	弘治九年五月	马营堡	蒙	《孝宗实录》卷一一三
53	弘治九年七月	柴沟堡	蒙	《孝宗实录》卷一一五
54	弘治九年七月	云川堡	蒙	《孝宗实录》卷一一五
55	弘治九年八月	云州堡、龙门卫	蒙	《孝宗实录》卷一一六

		宣府镇		
	战事发生时间	主要作战地点	主动出击方	出处
56	弘治九年八月	独石、镇宁墩	蒙	《孝宗实录》卷一一六
57	弘治九年九月	柴沟堡	蒙	《孝宗实录》卷一一七
58	弘治九年十一月	四海冶堡	蒙	《孝宗实录》卷一一九
59	弘治九年十月	西阳堡	蒙	《孝宗实录》卷一一八
60	弘治十年九月	宣府	蒙	《孝宗实录》卷一二九
61	弘治十一年六月	独石、马营	蒙	《孝宗实录》卷一三八
62	弘治十一年七月	宣府	蒙	《孝宗实录》卷一三九
63	弘治十二年三月	中、西、北三路	蒙	《孝宗实录》卷一四八
64	弘治十二年五月	青边口	蒙	《孝宗实录》卷一五一
65	弘治十二年七月	新河口	蒙	《孝宗实录》卷一五二
66	弘治十四年七月	德胜关、张家口	蒙	《孝宗实录》卷一七六
67	弘治十七年六月	宣府	蒙	《孝宗实录》卷二一三
68	弘治十八年正月	东孤山	蒙	《孝宗实录》卷二二〇
69	弘治十八年五月	独石	蒙	《孝宗实录》卷二二四
70	弘治十八年五月	牛心山、黑柳林等处	蒙	《武宗实录》卷一
71	正德三年年初	大同	蒙	《武宗实录》卷四十一
72	正德四年三月	宣府三路	蒙	《武宗实录》卷四十八
73	正德六年十一月	龙门所	蒙	《武宗实录》卷八十一
74	正德八年六月	新河口堡	鞑靼	《武宗实录》卷一〇一
75	正德八年八月	万全卫沙河境	蒙	《武宗实录》卷一〇三
76	正德九年正月	龙门所	蒙	《武宗实录》卷一〇八
77	正德九年六月	西海子	鞑靼	《武宗实录》卷一一三
78	正德九年九月	万全右卫新开口	蒙	《武宗实录》卷一一六
79	正德十一年九月	龙门所	蒙	《武宗实录》卷一四一
80	正德十三年六月	四海冶堡	蒙	《武宗实录》卷一六三
81	正德十五年八月	西路把儿墩、朵銮嘴、牛心山	蒙	《武宗实录》卷一八九
82	嘉靖五年四月	宣府	蒙	《世宗实录》卷七十四
83	嘉靖六年二月	中路水地庄	蒙	《世宗实录》卷七十三
84	嘉靖六年三月	大白阳堡	蒙	《世宗实录》卷七十四
85	嘉靖七年十月	大白阳边	蒙	《世宗实录》卷九十三
86	嘉靖十二年三月	永宁城西石河墩	蒙	《世宗实录》卷一四八
87	嘉靖十六年六月	张家口	蒙	《世宗实录》卷二〇一
88	嘉靖十六年九月	宣府	蒙	《世宗实录》卷二〇四

		宣府镇		
	战事发生时间	主要作战地点	主动出击方	出处
89	嘉靖十八年二月	怀安、万全左卫	蒙	《世宗实录》卷二二一
90	嘉靖十八年七月	张家口	蒙	《世宗实录》卷二二六
91	嘉靖十八年八月	张家口	蒙	《世宗实录》卷二二八
92	嘉靖十八年九月	南路井深	蒙	《世宗实录》卷二二九
93	嘉靖十九年九月	万全右卫	蒙	《世宗实录》卷二四一
94	嘉靖二十年八月	旧平房等墩	蒙	《世宗实录》卷二五三
95	嘉靖二十二年十一月	新河口	蒙	《世宗实录》卷二八一
96	嘉靖二十三年三月	龙门所	蒙	《世宗实录》卷二八四
97	嘉靖二十三年十月	万全、膳房堡	蒙	《世宗实录》卷二九一
98	嘉靖二十三年十月	广昌土王沟	蒙	《世宗实录》卷二九一
99	嘉靖二十四年九月	阳和、膳房堡	蒙	《世宗实录》卷三〇三
100	嘉靖二十五年四月	桑树峪	蒙	《世宗实录》卷三一〇
101	嘉靖二十七年五月	四海冶堡、大、小白阳等	蒙	《世宗实录》卷三三八
102	嘉靖二十七年九月	镇安堡、云川、赤城、永宁、隆庆、怀来等	蒙	《世宗实录》卷三四五
103	嘉靖二十八年正月	宣府	俺答	《世宗实录》卷三四六
104	嘉靖二十八年九月	万全右卫	蒙	《世宗实录》卷三五二
105	嘉靖二十九年八月	独石、两河口	俺答	《世宗实录》卷三六四
106	嘉靖二十九年八月	怀来	蒙	《世宗实录》卷三六四
107	嘉靖三十二年二月	新开口	蒙	《世宗实录》卷三九四
108	嘉靖三十二年三月	青边口	蒙	《世宗实录》卷三九五
109	嘉靖三十二年八月	独石口、赤城、滴水崖	小王子	《世宗实录》卷四〇一
110	嘉靖三十二年九月	广昌	蒙	《世宗实录》卷四〇二
111	嘉靖三十三年四月	嵩峪堡、柴沟堡等	蒙	《世宗实录》卷四〇九
112	嘉靖三十三年六月	克虏台	蒙	《世宗实录》卷四一一
113	嘉靖三十三年八月	小白阳堡	蒙	《世宗实录》卷四一三
114	嘉靖三十二年七、八月	宣府	蒙	《世宗实录》卷四一四
115	嘉靖三十四年二月	怀来川、龙门城	蒙	《世宗实录》卷四一九
116	嘉靖三十四年五月	青边口堡	蒙	《世宗实录》卷四二二
117	嘉靖三十四年九月	瓦窑口、龙门、怀来、保安	蒙	《世宗实录》卷四二六
118	嘉靖三十四年十二月	白阳	蒙	《世宗实录》卷四三〇

续表

		宣府镇		
	战事发生时间	主要作战地点	主动出击方	出处
119	嘉靖三十五年六月	黄王梁等处	蒙	《世宗实录》卷四三六
120	嘉靖三十六年六月	马尾梁、李家梁	蒙	《世宗实录》卷四四八
121	嘉靖三十七年三月	滴水崖、永宁	蒙	《世宗实录》卷四五七
122	嘉靖三十七年八月	赤城	蒙	《世宗实录》卷四六三
123	嘉靖三十八年七月	西安驿	黄台吉	《世宗实录》卷四七四
124	嘉靖三十九年正月	洗马林等堡	蒙	《世宗实录》卷四八〇
125	嘉靖四十年七月	宣府	蒙	《世宗实录》卷四九九
126	嘉靖四十二年正月	滴水崖、黑汉岭、张家口、岔道等处	蒙	《世宗实录》卷五一七
127	嘉靖四十四年八月	洗马林	黄台吉	《世宗实录》卷五五一
128	嘉靖四十五年三月	龙门	蒙	《世宗实录》卷五五六
129	嘉靖四十五年七月	万全右卫	蒙	《世宗实录》卷五六〇
130	隆庆二年二月	柴沟堡、新庄儿等处	蒙	《穆宗实录》卷十七
131	隆庆二年十一月	出独石边外	明	《穆宗实录》卷二十六
132	隆庆三年三月	新河口堡	蒙	《穆宗实录》卷三十九
133	万历十九年五月	永宁	吉妹	《穆宗实录》卷二三六
134	万历十九年九月	大边常清墩台	以史酋、安兔	《穆宗实录》卷二四〇
135	万历四十四年春	芦沟墩	松酋	《神宗实录》卷五四八
136	天启六年九月	滴水崖	黄台吉	《熹宗实录》卷七十六
137	天启七年五月	新开口	七庆台吉	《熹宗实录》卷八十四
138	崇祯元年正月	宣、云边外	插部	《崇祯长编》卷五
139	崇祯元年七月	靖胡堡	七庆	《崇祯长编》卷十一
140	崇祯元年十二月	洗马林堡	插部	《崇祯长编》卷十六

4

		大同镇		
	战事发生时间	主要作战地点	主动出击方	出处
1	洪武元年闰七月	牛心寨	明	《太祖实录》卷三十三
2	洪武元年九月	大同	明	《太祖实录》卷三十五
3	洪武二年八月	大同	北元	《太祖实录》卷四十四
4	洪武三年三月	武州、朔州	明	《太祖实录》卷五十〇
5	洪武三年六月	大同北口	明	《太祖实录》卷五十三
6	洪武三年六月	大同武州	北元	《太祖实录》卷五十三
7	洪武五年正月	大同汾州	蒙	《太祖实录》卷七十一

		大同镇		
	战事发生时间	主要作战地点	主动出击方	出处
8	洪武六年五月	武州、朔州	蒙	《太祖实录》卷八十二
9	洪武六年七月	白登县	蒙	《太祖实录》卷八十三
10	洪武六年八月	蔚州、忻州	蒙	《太祖实录》卷八十三
11	洪武六年八月	神山寨	大同卫	《太祖实录》卷八十四
12	洪武六年十一月	大同	王保保	《太祖实录》卷八十六
13	洪武七年五月	丰州、云内	大同都卫	《太祖实录》卷八十八
14	洪武九年正月	朔州	北元	《太祖实录》卷一〇一
15	洪武十二年七月	阿兰溪口	蒙	《太祖实录》卷一二五
16	宣德八年七月	鸦儿崖	蒙	《宣宗实录》卷一〇三
17	宣德九年十二月	黄土山、沙岭北沟	蒙	《宣宗实录》卷一一五
18	宣德九年十二月	响水可及沙岭	蒙	《宣宗实录》卷一一五
19	宣德十年五月	桦皮沟	蒙	《英宗实录》卷五
20	宣德十年六月	大同	蒙	《英宗实录》卷六
21	正统元年二月	车房口	鞑靼	《英宗实录》卷十四
22	正统三年正月	黄河	鞑靼	《英宗实录》卷三十八
23	正统六年十月	大同	鞑靼	《英宗实录》卷八十四
24	正统十四年七月	大同至猫儿庄	也先	《英宗实录》卷一八〇
25	正统十四年十二月	大同	鞑靼	《英宗实录》卷一八六
26	景泰元年正月	威远卫	鞑靼	《英宗实录》卷一八七
27	景泰元年闰正月	沙窝	鞑靼	《英宗实录》卷一八八
28	景泰元年二月	威远卫	鞑靼	《英宗实录》卷一八九
29	景泰元年三月	天城	鞑靼	《英宗实录》卷一九〇
30	景泰元年四月	大同	瓦剌	《英宗实录》卷一九一
31	景泰元年五月	威远卫	鞑靼	《英宗实录》卷一九一
32	景泰元年六月	大同	鞑靼	《英宗实录》卷一九三
33	天顺元年正月	大同	鞑靼	《英宗实录》卷二七四
34	天顺元年五月	威远卫	鞑靼	《英宗实录》卷二七八
35	天顺元年六月	玉林卫	鞑靼	《英宗实录》卷二七九
36	天顺元年六月	威远卫	鞑靼	《英宗实录》卷二八〇
37	天顺五年正月	平房城	鞑靼	《英宗实录》卷三二四
38	天顺六年六月	高山卫	鞑靼	《英宗实录》卷三四一
39	天顺八年十一月	天池	蒙	《宪宗实录》卷十一
40	成化二年二月	烂泥沟、铁铸泉	蒙	《宪宗实录》卷二十六
41	成化二年四月	大同	蒙	《宪宗实录》卷二十九

	战事发生时间	主要作战地点	主动出击方	出处
		大同镇		
42	成化三年正月	水泉营	蒙	《宪宗实录》卷三十八
43	成化三年二月	大同朔州墩堡	蒙	《宪宗实录》卷三十九
44	成化三年三月	大盐房	鞑靼	《宪宗实录》卷四十
45	成化三年五月	大同	鞑靼	《宪宗实录》卷四十二
46	成化五年四月	大同	蒙	《宪宗实录》卷六十六
47	成化六年正月	胡柴沟	蒙	《宪宗实录》卷七十五
48	成化十一年三月	尖山墩西空、响水河	蒙	《宪宗实录》卷一三九
49	成化十五年四月	大同、玉林	蒙	《宪宗实录》卷一九〇
50	成化十六年正月	窑子沟	蒙	《宪宗实录》卷二〇〇
51	成化十六年十一月	大同西路、威远墩等	蒙	《宪宗实录》卷二〇九
52	成化十六年十二月	大同	蒙	《宪宗实录》卷二一〇
53	成化十八年闰八月	黄土坡墩	蒙	《宪宗实录》卷二三一
54	成化十九年五月	双山墩	蒙	《宪宗实录》卷二四〇
55	成化十九年五月	又入双山墩	蒙	《宪宗实录》卷二四〇
56	成化十九年七月	阳和	蒙	《宪宗实录》卷二四二
57	成化十九年七月	煤峪口、浑源、朔州、入内地	小王子	《宪宗实录》卷二四二
58	成化十九年九月	朔州	蒙	《宪宗实录》卷二四三
59	成化二十年三月	朔州至右卫城	蒙	《宪宗实录》卷二五〇
60	成化二十年四月	东路水泉营	蒙	《宪宗实录》卷二五一
61	成化二十年十二月	西路	蒙	《宪宗实录》卷二五九
62	成化二十二年五月	中分岭等墩	蒙	《宪宗实录》卷二七八
63	弘治元年五月	大同	小王子	《孝宗实录》卷十四
64	弘治二年九月	大同玖川岭、大尖山等墩	蒙	《孝宗实录》卷三十
65	弘治二年十二月	大同青山等墩	蒙	《孝宗实录》卷三十三
66	弘治三年六月	宁远墩	蒙	《孝宗实录》卷三十九
67	弘治五年二月	阳和卫	蒙	《孝宗实录》卷六十
68	弘治五年三月	大同南山墩	蒙	《孝宗实录》卷六十一
69	弘治五年十月	分水岭	蒙	《孝宗实录》卷六十八
70	弘治六年十月	大同商家庄	蒙	《孝宗实录》卷八十一
71	弘治七年十一月	镇房卫	蒙	《孝宗实录》卷九十四
72	弘治八年八月	大同	蒙	《孝宗实录》卷一〇三
73	弘治九年四月	平房卫	蒙	《孝宗实录》卷一一二
74	弘治九年六月	石门墩	蒙	《孝宗实录》卷一一四

	大同镇			
	战事发生时间	主要作战地点	主动出击方	出处
75	弘治九年十月	天城卫、潜入宣府	蒙	《孝宗实录》卷一一八
76	弘治十年四月	云川卫	蒙	《孝宗实录》卷一二四
77	弘治十年五月	大同	蒙	《孝宗实录》卷一二五
78	弘治十二年四月	大同左卫	蒙	《孝宗实录》卷一四九
79	弘治十二年七月	大同西路	蒙	《孝宗实录》卷一五二
80	弘治十二年九月	阳和	蒙	《孝宗实录》卷一五四
81	弘治十二年十二月	大同左卫	蒙	《孝宗实录》卷一五七
82	弘治十三年四月	大同左卫	蒙	《孝宗实录》卷一六二
83	弘治十三年六月	灭胡墩	蒙	《孝宗实录》卷一六三
84	弘治十三年十二月	大青山墩、威远、毛家岭、北坡岭	蒙	《孝宗实录》卷一六九
85	弘治十三年十二月	大同	蒙	《孝宗实录》卷一六九
86	弘治十七年六月	大同	小王子	《孝宗实录》卷二一三
87	弘治十八年三月	青松岭	蒙	《孝宗实录》卷二二二
88	弘治十八年七月	洪州顺圣川	蒙	《武宗实录》卷四
89	弘治十八年八月	大同	蒙	《武宗实录》卷四
90	正德二年四月	大同、会宁	蒙	《武宗实录》卷二十五
91	正德三年年初	大同	蒙	《武宗实录》卷四十一
92	正德四年三月	天城	蒙	《武宗实录》卷四十八
93	正德四年四月	西路威宁、海子、左卫	蒙	《武宗实录》卷四十九
94	正德四年六月	阳和卫双沟儿墩、猪槽墩等	蒙	《武宗实录》卷五十一
95	正德四年闰九月	团山沟墩	蒙	《武宗实录》卷五十五
96	正德六年十月	黄土坡	蒙	《武宗实录》卷八十
97	正德八年正月	大同	蒙	《武宗实录》卷九十六
98	正德八年三月	马铺山梁	蒙	《武宗实录》卷九十八
99	正德八年五月	平虏、井坪、乾河	蒙	《武宗实录》卷一〇〇
100	正德九年七月	阳和、天城	小王子	《武宗实录》卷一一四
101	正德九年八月	灭胡等墩	蒙	《武宗实录》卷一一七
102	正德十二年十月	玉林、暖泉沟、泥河	蒙	《武宗实录》卷一五四
103	正德十五年八月	大同	蒙	《武宗实录》卷一八九
104	正德十六年十一月	中路	蒙	《世宗实录》卷八
105	嘉靖二年正月	沙河堡	小王子	《世宗实录》卷二十二
106	嘉靖二年三月	大同	蒙	《世宗实录》卷二十四

		大同镇		
	战事发生时间	主要作战地点	主动出击方	出处
107	嘉靖四年正月	大同瓜园	蒙	《世宗实录》卷四十七
108	嘉靖五年四月	大同	蒙	《世宗实录》卷六十三
109	嘉靖七年六月	中路	蒙	《世宗实录》卷八十九
110	嘉靖七年十二月	阳和、天城、平虏	蒙	《世宗实录》卷九十六
111	嘉靖十年三月	辛庄墩	蒙	《世宗实录》卷一二三
112	嘉靖十四年六月	大同	蒙	《世宗实录》卷一七六
113	嘉靖十五年十一月	井坪堡	蒙	《世宗实录》卷一九三
114	嘉靖十六年三月	大同、红崖儿	蒙	《世宗实录》卷一九八
115	嘉靖十六年二月	牛心山、宣宁湾	蒙	《世宗实录》卷一九九
116	嘉靖十六年八月	大同	小王子、吉囊、俺答等	《世宗实录》卷二〇二
117	嘉靖十九年正月	大庙湾	蒙	《世宗实录》卷二三七
118	嘉靖二十年正月	平虏、井坪	蒙	《世宗实录》卷二四五
119	嘉靖二十年八月	长安岭	蒙	《世宗实录》卷二五三
120	嘉靖二十年九月	朔州	蒙	《世宗实录》卷二五三
121	嘉靖二十年十月	平虏卫	吉囊	《世宗实录》卷二五四
122	嘉靖二十一年六月	左卫双山墩	蒙	《世宗实录》卷二六三
123	嘉靖二十一年七月	朔州双山墩、屯营堡	蒙	《世宗实录》卷二六五
124	嘉靖二十三年十月	蔚州	蒙	《世宗实录》卷二九一
125	嘉靖二十三年十月	大同左卫	蒙	《世宗实录》卷二九一
126	嘉靖二十四年闰正月	大同前卫	蒙	《世宗实录》卷二九五
127	嘉靖二十四年九月	阳和	蒙	《世宗实录》卷三〇三
128	嘉靖二十四年八月	中路铁裹门、鹁鸽峪等	蒙	《世宗实录》卷三〇三
129	嘉靖二十七年八月	镇虏等堡	蒙	《世宗实录》卷三四六
130	嘉靖二十八年八月	大同左、右卫、平虏、威远	蒙	《世宗实录》卷三五一
131	嘉靖二十八年九月	沙岭堡	蒙	《世宗实录》卷三五二
132	嘉靖二十九年六月	小莺圪塔墩口	蒙	《世宗实录》卷三六一
133	嘉靖三十年六月	大同左卫	蒙	《世宗实录》卷三七四
134	嘉靖三十年十一月	入边	蒙	《世宗实录》卷三八一
135	嘉靖三十一年正月	威远城	蒙	《世宗实录》卷三八一
136	嘉靖三十一年正月	弘赐堡	蒙	《世宗实录》卷三八一
137	嘉靖三十一年二月	镇羌堡、得胜堡	蒙	《世宗实录》卷三八二
138	嘉靖三十一年二月	威虏等堡	蒙	《世宗实录》卷三八二

	战事发生时间	主要作战地点	主动出击方	出处
		大同镇		
139	嘉靖三十一年四月	镇川堡至猫儿庄	蒙	《世宗实录》卷三八四
140	嘉靖三十一年八月	凉城（出塞）	明	《世宗实录》卷三八八
141	嘉靖三十一年八月	平虏卫	蒙	《世宗实录》卷三八八
142	嘉靖三十一年九月	弘赐堡、平虏	蒙	《世宗实录》卷三八九
143	嘉靖三十二年七月	弘赐堡	俺答把都几等	《世宗实录》卷四〇〇
144	嘉靖三十二年八月	蔚州	蒙	《世宗实录》卷四〇一
145	嘉靖三十二年九月	平虏卫	蒙	《世宗实录》卷四〇二
146	嘉靖三十三年六月	五堡左卫威、宁等处	蒙	《世宗实录》卷四一一
147	嘉靖三十三年八月	平虏卫	蒙	《世宗实录》卷四一三
148	嘉靖三十二年七、八月	红井城等	蒙	《世宗实录》卷四一四
149	嘉靖三十三年九月	平虏卫	蒙	《世宗实录》卷四一四
150	嘉靖三十四年九月	朔州川	蒙	《世宗实录》卷四二六
151	嘉靖三十六年三月	二边、拒胡堡、威远、平虏、井坪、天城、沙沟等村堡三十二所	蒙	《世宗实录》卷四四五
152	嘉靖三十六年五月	中、西路	蒙	《世宗实录》卷四四七
153	嘉靖三十六年十月	应、朔、怀、马等七十余堡	俺答、脱脱、黄台吉	《世宗实录》卷四五二
154	嘉靖三十七年四月	大同右卫	蒙	《世宗实录》卷四五八
155	嘉靖三十八年七月	弘赐堡、镇川堡	黄台吉	《世宗实录》卷四七四
156	嘉靖三十九年三月	出塞至灰河	明	《世宗实录》卷四八二
157	嘉靖三十九年七月	蔚州	把都儿	《世宗实录》卷四八六
158	嘉靖三十九年九月	拒门堡大川墩等处	蒙	《世宗实录》卷四八八
159	嘉靖四十五年闰十月	威远等处	蒙	《世宗实录》卷五六四
160	隆庆元年五月	任达沟	蒙	《穆宗实录》卷八
161	隆庆元年六月	朔州	蒙	《穆宗实录》卷十
162	隆庆元年七月	得胜堡	蒙	《穆宗实录》卷十一
163	隆庆元年九月	井坪边	俺答	《穆宗实录》卷十二
164	隆庆二年三月	出边乱子山	明	《穆宗实录》卷十八
165	隆庆三年正月	弘赐堡	蒙	《穆宗实录》卷二十八
166	隆庆三年九月	大同右卫镇川堡	蒙	《穆宗实录》卷三十七
167	隆庆四年四月	平虏、阳和、威远	俺答	《穆宗实录》卷四十四
168	隆庆四年九月	嵩沟	蒙	《穆宗实录》卷四十九
169	隆庆四年十一月	平虏、大同	蒙	《穆宗实录》卷五十一
170	万历二十四年三月	沙嘴泉	蒙	《神宗实录》卷二九六

续表

		大同镇		
	战事发生时间	主要作战地点	主动出击方	出处
171	崇祯元年五月	镇川堡、弘赐堡、新平堡等	插部	《崇祯长编》卷九
172	崇祯元年六月	新平堡	插部	《崇祯长编》卷十

5

		山西镇		
	战事发生时间	主要作战地点	主动出击方	出处
1	洪武元年十二月	太原	明	《太祖实录》卷三十七
2	洪武元年十二月	平阳	明	《太祖实录》卷三十七
3	洪武二年正月	太原	明	《太祖实录》卷三十八
4	洪武五年二月	雁门关	明	《太祖实录》卷七十二
5	洪武五年八月	云内口	蒙	《太祖实录》卷七十五
6	洪武六年六月	雁门关	北元王保保	《太祖实录》卷八十三
7	洪武六年八月	太原卫天池山	北元	《太祖实录》卷八四
8	洪武八年九月	雁门关、应州	北元	《太祖实录》卷一〇一
9	宣德七年正月	入边	蒙	《宣宗实录》卷八十六
10	宣德八年十月	东沟	蒙	《宣宗实录》卷一一三
11	正统十四年八月	雁门、山西	鞑靼	《英宗实录》卷一八一
12	景泰元年四月	雁门关、偏头关	鞑靼	《英宗实录》卷一九一
13	景泰元年五月	代州	鞑靼	《英宗实录》卷一九二
14	天顺元年六月	偏头关	鞑靼	《英宗实录》卷二七九
15	成化元年十二月	偏头关	蒙	《宪宗实录》卷二十四
16	成化二年正月	偏头关白石	蒙	《宪宗实录》卷二十五
17	成化二年十月	老营	毛里孩	《宪宗实录》卷三十五
18	成化九年二月	偏头关	蒙	《宪宗实录》卷一一三
19	成化十七年六月	滑石涧堡	蒙	《宪宗实录》卷二一六
20	成化十九年八月	雁门等三关	蒙	《宪宗实录》卷二四三
21	成化十九年九月	马峪	蒙	《宪宗实录》卷二四四
22	成化二十年三月	滑石涧堡	蒙	《宪宗实录》卷二五一
23	成化二十年十二月	二边、青糜子沟、毛旗、庄窝	蒙	《宪宗实录》卷二五九
24	成化二十一年九月	偏头关	蒙	《宪宗实录》卷二七〇
25	弘治十五年五月	偏头关虎儿缠等处	蒙	《孝宗实录》卷一八七
26	正德八年五月	榆皮窑、草垛山堡	蒙	《武宗实录》卷一〇〇

	战事发生时间	主要作战地点	主动出击方	出处
		山西镇		
27	正德八年五月	宁武关、倒马关（真保）	蒙	《武宗实录》卷一〇〇
28	正德八年六月	偏头关、雁门	蒙	《武宗实录》卷一〇一
29	正德八年十一月	朔州响石沟等处	蒙	《武宗实录》卷一〇六
30	正德九年八月	宁武关、忻州、定襄、宁化	蒙	《武宗实录》卷一一五
31	正德十年十二月	应州、马色、威远、山阴等处	蒙	《武宗实录》卷一三二
32	正德十一年十月	偏头关	蒙	《武宗实录》卷一四二
33	嘉靖元年十二月	偏头关	蒙	《世宗实录》卷二十一
34	嘉靖八年十一月	山西	蒙	《世宗实录》卷一一七
35	嘉靖十三年二月	偏头关	蒙	《世宗实录》卷一六四
36	嘉靖十六年八月	偏头关	蒙	《世宗实录》卷二〇三
37	嘉靖十九年八月	平凉泉	蒙	《世宗实录》卷二四二
38	嘉靖二十年八月	石岭关、宁武关等	俺答阿不孩	《世宗实录》卷二五二
39	嘉靖二十年九月	赤壁岭至石州	蒙	《世宗实录》卷二五三
40	嘉靖二十年十月	山西三关	俺答阿不孩	《世宗实录》卷二五四
41	嘉靖二十一年正月	太原	蒙	《世宗实录》卷二五七
42	嘉靖二十一年六月	代州、雁门	蒙	《世宗实录》卷二六三
43	嘉靖二十一年七月	太原	蒙	《世宗实录》卷二六三
44	嘉靖二十一年七月	复回太原、忻、代、雁门	蒙	《世宗实录》卷二六四
45	嘉靖三十一年八月	盘道梁等口	蒙	《世宗实录》卷三八八
46	嘉靖三十一年九月	山西三关	蒙	《世宗实录》卷三八九
47	嘉靖三十一年正月	驴皮寨	蒙	《世宗实录》卷三九二
48	嘉靖三十一年九月	神池、利民	蒙	《世宗实录》卷三九二
49	嘉靖三十二年八月	代州、平型关	蒙	《世宗实录》卷四〇一
50	嘉靖三十二年九月	神池、利民、广武等	蒙	《世宗实录》卷四〇二
51	嘉靖三十二年九月	代州	蒙	《世宗实录》卷四〇二
52	嘉靖三十四年九月	平阳方口	蒙	《世宗实录》卷四二六
53	嘉靖三十五年十月	老营堡、红门隘	蒙	《世宗实录》卷四四〇
54	嘉靖三十九年九月	盘道梁、大关	蒙	《世宗实录》卷四八八
55	嘉靖三十九年九月	代州、五台、崞县	蒙	《世宗实录》卷四八八
56	嘉靖四十年正月	五花营	蒙	《世宗实录》卷四九二
57	嘉靖四十一年十一月	神池	蒙	《世宗实录》卷五一五
58	嘉靖四十五年十月	偏头关	蒙	《世宗实录》卷五六三

		山西镇		
	战事发生时间	主要作战地点	主动出击方	出处
59	隆庆元年九月	偏头关、老营堡、驴皮窖等处	俺答	《穆宗实录》卷十二
60	隆庆元年九月	石州	俺答	《穆宗实录》卷十二
61	隆庆四年四月	老营	俺答	《穆宗实录》卷四十四
62	隆庆四年九月	嵩沟老营堡	蒙	《穆宗实录》卷四十九

6

		延绥镇		
	战事发生时间	主要作战地点	主动出击方	出处
1	洪武元年四月	陕州	明	《太祖实录》卷三十一
2	洪武元年四月	潼关	明	《太祖实录》卷三十一
3	洪武二年三月	鄜城、栎阳	明	《太祖实录》卷四十
4	洪武二年三月	凤翔	明	《太祖实录》卷四十
5	洪武二年四月	巩昌、安州、惠州	明	《太祖实录》卷四十一
6	洪武二年八月	庆阳	明	《太祖实录》卷四十四
7	洪武六年二月	庆阳、保安	明	《太祖实录》卷七十九
8	洪武九年五月	塔滩之地	脱脱	《太祖实录》卷一〇六
9	洪武十年四月	庆阳	蒙	《太祖实录》卷一一一
10	洪武十一年五月	归德、三岔口	蒙	《太祖实录》卷一一八
11	正统二年十一月	绥德、金刚沟	鞑靼	《英宗实录》卷三十六
12	正统四年十一月	响水堡	蒙	《英宗实录》卷六十一
13	正统九年五月	金山	蒙	《英宗实录》卷一一六
14	正统十年五月	安化县	鞑靼	《英宗实录》卷一二九
15	天顺二年二月	青阳沟等处	鞑靼	《英宗实录》卷二八七
16	天顺二年闰二月	高家堡	鞑靼	《英宗实录》卷二八八
17	天顺三年正月	安边营	鞑靼	《英宗实录》卷二九九
18	天顺四年正月	榆林	鞑靼	《英宗实录》卷三一一
19	成化元年正月	府谷堡	鞑靼	《宪宗实录》卷十三
20	成化元年二月	府谷堡	蒙	《宪宗实录》卷十四
21	成化元年八月	西梁墩空	蒙	《宪宗实录》卷二十
22	成化元年十一月	柴关墩	蒙	《宪宗实录》卷二十三
23	成化元年十二月	延绥	蒙	《宪宗实录》卷二十四
24	成化元年十二月	高家堡	蒙	《宪宗实录》卷二十四
25	成化二年正月	环县	蒙	《宪宗实录》卷二十五

		延绥镇		
	战事发生时间	主要作战地点	主动出击方	出处
26	成化二年二月	神木堡、水磨川	蒙	《宪宗实录》卷二十六
27	成化二年五月	榆林城红山墩	蒙	《宪宗实录》卷三十
28	成化二年七月	黄甫川	蒙	《宪宗实录》卷三十二
29	成化二年九月	小龙州涧	蒙	《宪宗实录》卷三十四
30	成化二年十月	延绥东路	蒙	《宪宗实录》卷三十五
31	成化二年十月	红山儿墩、暖泉山墩等处	鞑靼	《宪宗实录》卷三十五
32	成化四年十二月	延绥	蒙	《宪宗实录》卷六十一
33	成化五年二月	西路西泥涧滩等处	蒙	《宪宗实录》卷六十三
34	成化五年闰二月	康家岔	蒙	《宪宗实录》卷六十四
35	成化五年十一月	焦家川	蒙	《宪宗实录》卷七十三
36	成化六年正月	延绥西、东、中三路	蒙	《宪宗实录》卷七十五
37	成化六年二月	马莲岘	蒙	《宪宗实录》卷七十六
38	成化六年三月	沙海子墩、沙河山墩等	蒙	《宪宗实录》卷七十七
39	成华六年四月	安边营等	蒙	《宪宗实录》卷七十八
40	成化六年五月	康家岔	毛那孩等	《宪宗实录》卷八十六
41	成化六年六月	双山堡、青草沟	蒙	《宪宗实录》卷八十六
42	成化六年七月	三角城、双山堡	蒙	《宪宗实录》卷八十六
43	成化六年七月	孤山堡	蒙	《宪宗实录》卷八十六
44	成化六年九月	平夷、波罗堡	蒙	《宪宗实录》卷八十六
45	成化六年八月	酸刺海子	蒙	《宪宗实录》卷八十六
46	成化七年正月	侵边	蒙	《宪宗实录》卷八十七
47	成化七年三月	红山墩	蒙	《宪宗实录》卷八十九
48	成化七年三月	怀远堡、威武堡等	蒙	《宪宗实录》卷八十九
49	成化七年闰九月	黑土圪塔	蒙	《宪宗实录》卷九十七
50	成化七年十月	孤山堡、木瓜山墩等	鞑靼	《宪宗实录》卷九十八
51	成化八年二月	安边营、定边营	蒙	《宪宗实录》卷一〇一
52	成化九年三月	清水、神木、孤山	蒙	《宪宗实录》卷一一四
53	成华九年七月	榆林涧	蒙	《宪宗实录》卷一一八
54	成化九年九月	西路	蒙	《宪宗实录》卷一二一
55	成化十年六月	秦州	蒙	《宪宗实录》卷一二九
56	成化十六年二月	府谷	蒙	《宪宗实录》卷二〇〇
57	成化十八年六月	河西清水营等	蒙	《宪宗实录》卷二二八
58	成化十九年二月	东路	蒙	《宪宗实录》卷二三七
59	成化二十年十二月	康家岔、入境	蒙	《宪宗实录》卷二六二

	战事发生时间	主要作战地点	主动出击方	出处
		延绥镇		
60	弘治八年八月	神木堡	蒙	《孝宗实录》卷一○三
61	弘治九年七月	东路	蒙	《孝宗实录》卷一一五
62	弘治十三年二月	红山儿等处	蒙	《孝宗实录》卷一五九
63	弘治十四年三月	神木堡	蒙	《孝宗实录》卷一七二
64	弘治十四年五月	乔家涧	蒙	《孝宗实录》卷七十四
65	弘治十四年六月	石涝池堡等	蒙	《孝宗实录》卷一七五
66	弘治十四年六月	清水堡	蒙	《孝宗实录》卷一七五
67	弘治十四年十月	柏林堡	蒙	《孝宗实录》卷一八○
68	弘治十四年春	波罗堡等	蒙	《孝宗实录》卷一九八
69	弘治十七年六月	黄甫川堡	小王子	《孝宗实录》卷二一三
70	弘治十八年二月	高家堡	蒙	《孝宗实录》卷二二一
71	正德四年三月	延绥	蒙	《武宗实录》卷四十八
72	正德四年五月	东、中、西三路	蒙	《武宗实录》卷五十
73	正德四年闰九月	新兴堡	蒙	《武宗实录》卷五十五
74	正德四年十二月	木瓜山	蒙	《武宗实录》卷五十八
75	正德六年三月	怀远、高家、新安边、神木、宁塞、镇靖等堡	蒙	《武宗实录》卷七十三
76	正德六年六月	定边营	蒙	《武宗实录》卷七十六
77	正德十年二月	延绥	蒙	《武宗实录》卷二十一
78	正德十年闰四月	守口墩	蒙	《武宗实录》卷一二四
79	正德十年七月	新兴保	蒙	《武宗实录》卷一二七
80	正德十六年二月	波罗堡、响水堡	蒙	《武宗实录》卷一九六
81	嘉靖元年二月	延绥、榆林	蒙	《世宗实录》卷十一
82	嘉靖元年八月	邠州	蒙	《世宗实录》卷十七
83	嘉靖三年十一月	永康诸堡	蒙	《世宗实录》卷四十五
84	嘉靖五年六月	甘沟寨	蒙	《世宗实录》卷六十五
85	嘉靖七年三月	乾沟墩	蒙	《世宗实录》卷八十六
86	嘉靖十二年三月	响水、波罗堡	套蒙	《世宗实录》卷一六一
87	嘉靖十三年二月	延绥	吉囊、俺答	《世宗实录》卷一六四
88	嘉靖十三年八月	乾沟	蒙	《世宗实录》卷一六六
89	嘉靖十五年闰十二月	黑河墩、蒺藜川	蒙	《世宗实录》卷一九五
90	嘉靖十八年十一月	红山墩	蒙	《世宗实录》卷二三一
91	嘉靖十九年三月	清平堡	吉囊	《世宗实录》卷二三五
92	嘉靖十九年十一月	定边营	吉囊	《世宗实录》卷二四三

	战事发生时间	主要作战地点	主动出击方	出处
	延绥镇			
93	嘉靖二十二年六月	红崖沟	蒙	《世宗实录》卷二七五
94	嘉靖二十二年九月	响水堡	蒙	《世宗实录》卷二七八
95	嘉靖二十五年正月	永靖墩、臭柏口、獾窝涧	蒙	《世宗实录》卷三〇七
96	嘉靖二十五年四月	定边营	狼台吉等	《世宗实录》卷三一〇
97	嘉靖二十五年七月	庆阳、环县	蒙	《世宗实录》卷三一六
98	嘉靖二十八年九月	榆林	蒙	《世宗实录》卷三五二
99	嘉靖三十二年闰三月	延绥	蒙	《世宗实录》卷三九六
100	嘉靖三十二年七月	米脂川、鄜州、甘泉等处	蒙	《世宗实录》卷四〇〇
101	嘉靖三十二年八月	鄜州、延绥	蒙	《世宗实录》卷四〇一
102	嘉靖三十五年十二月	神木、怀庆等处	蒙	《世宗实录》卷四二二
103	嘉靖三十六年五月	远墩、常乐堡	蒙	《世宗实录》卷四四七
104	嘉靖四十二年正月	神木、定边出塞	明	《世宗实录》卷五一七
105	嘉靖四十四年二月	白崖墩出边	明	《世宗实录》卷五四五
106	嘉靖四十四年五月	黄甫川关城	蒙	《世宗实录》卷五四六
107	嘉靖四十四年九月	镇靖堡	蒙	《世宗实录》卷五四七
108	嘉靖四十五年七月	平山墩等	蒙	《世宗实录》卷五六〇
109	嘉靖四十五年八月	平山墩、延安	蒙	《世宗实录》卷五六一
110	嘉靖四十五年十月	定边营轨井堡	蒙	《世宗实录》卷五六三
111	隆庆元年二月	小芹河	蒙	《穆宗实录》卷四
112	隆庆元年六月	威武堡榆科涧墩	蒙	《穆宗实录》卷九
113	隆庆元年九月	威武、常乐	蒙	《穆宗实录》卷十二
114	隆庆三年三月	出边	明	《穆宗实录》卷三十
115	万历十七年正月	镇羌、神木	蒙	《神宗实录》卷二〇七
116	万历十九年十二月	榆林、保宁、响水、波罗等堡	靰房明安、土昧等	《神宗实录》卷二四三
117	万历二十年五月	榆林	靰靼	《神宗实录》卷二四八
118	万历二十二年九月	定边张春井诸处	卜失兔	《神宗实录》卷二七七
119	万历二十三年正月	张春井等处	卜失兔	《神宗实录》卷二七八
120	万历二十三年九月	宁塞、靖安	套蒙	《神宗实录》卷二八九
121	万历二十四年二月	出边	明	《神宗实录》卷二九六
122	万历三十七年九月	神木蔡家沟	套蒙	《神宗实录》卷四六二
123	万历三十九年正月	延绥	沙酋	《神宗实录》卷四七八
124	万历四十年八月	保宁边	套蒙	《神宗实录》卷四九八
125	万历四十年闰十一月	高家堡	蒙	《神宗实录》卷五〇二

		延绥镇		
	战事发生时间	主要作战地点	主动出击方	出处
126	万历四十一年九月	榆林	旗牌撒勒台吉等	《神宗实录》卷五一二
127	万历四十二年十月	怀远、保宁	猛克什力	《神宗实录》卷五二五
128	万历四十三年三月	延绥	猛克什力与银、歹、海、火诸酋	《神宗实录》卷五三〇
129	万历四十三年九月	西路砖井、宁塞、中路波罗、东路大柏油、柏林、高家、神木一带	套蒙吉能	《神宗实录》卷五三七
130	万历四十四年二月	双山、建安	蒙	《神宗实录》卷五四二
131	万历四十四年七月	东路、高家堡	套蒙	《神宗实录》卷五四七
132	万历四十四年十月	波罗堡	猛克什力	《神宗实录》卷五五〇
133	万历四十五年正月	东路大柏油、西路定边等处	吉能	《神宗实录》卷五五三
134	万历四十六年三月	高家堡高建墩口、葭州神木等处	鞑靼	《神宗实录》卷五六七
135	天启元年十二月	延安	蒙	《熹宗实录》卷十七
136	天启二年正月	延安、黄花峪等处	套蒙	《熹宗实录》卷十八
137	天启四年五月	延绥	银定台吉、海西古六台吉	《熹宗实录》[梁本]卷四十二
138	天启七年七月	延绥	干儿骂	《熹宗实录》卷八十六

7

		固原镇		
	战事发生时间	主要作战地点	主动出击方	出处
1	洪武二年九月	兰州	北元	《太祖实录》卷四十五
2	洪武二年十二月	兰州	北元	《太祖实录》卷四十七
3	洪武三年四月	安定	明	《太祖实录》卷五十一
4	洪武六年二月	会宁	脱脱不花	《太祖实录》卷七十九
5	天顺五年四月	靖虏	鞑靼	《英宗实录》卷三二七
6	天顺六年二月	靖虏卫	鞑靼	《英宗实录》卷三三七
7	成化二年七月	固原、群牧营堡	毛里孩	《宪宗实录》卷三十二
8	成化二年十一月	安定	鞑靼	《宪宗实录》卷三十六
9	成化四年三月	洮州卫城、岷州卫城	土鲁番	《宪宗实录》卷五十二
10	成化七年十一月	海剌都至黄嵩坪	蒙	《宪宗实录》卷一〇一
11	成化八年正月	平凉、白水	蒙	《宪宗实录》卷一〇一
12	成化八年二月	会宁	蒙	《宪宗实录》卷一〇一

		固原镇		
	战事发生时间	主要作战地点	主动出击方	出处
13	成化八年八月	靖虏、平凉、会宁、静宁	蒙	《宪宗实录》卷一〇七
14	成化八年六月	靖虏、平凉	蒙	《宪宗实录》卷一一〇
15	成化八年九月	会宁	蒙	《宪宗实录》卷一〇八
16	成化九年	平凉、巩昌	蒙	《宪宗实录》卷一三二
17	成化十年六月	安定、会宁、通渭	蒙	《宪宗实录》卷一二九
18	成化十六年二月	靖虏、会宁	蒙	《宪宗实录》卷二〇〇
19	成化二十二年正月	临洮、金县	蒙	《宪宗实录》卷二七六
20	成化二十三年正月	锁黄川	蒙	《宪宗实录》卷二八六
21	弘治元年正月	兰州、靖虏	蒙	《孝宗实录》卷九
22	弘治元年三月	兰州、安会	蒙	《孝宗实录》卷十二
23	弘治五年十二月	兰州	蒙	《孝宗实录》卷七十
24	弘治十四年六月	清平、萌城	蒙	《孝宗实录》卷一七五
25	弘治十四年七月	平凉	蒙	《孝宗实录》卷一七六
26	弘治十四年八月	固原	小王子	《孝宗实录》卷一七八
27	弘治十五年正月	固原	蒙	《孝宗实录》卷一八三
28	正德元年正月	固原	蒙	《武宗实录》卷九
29	正德七年九月	北川	蒙	《武宗实录》卷九十二
30	正德十年七月	瓦亭、隆德	蒙	《武宗实录》卷一二七
31	正德十年七月	固原城	蒙	《武宗实录》卷一二七
32	正德十年九月	固原	蒙	《武宗实录》卷一二九
33	正德十年十月	临洮	亦卜剌	《武宗实录》卷一三〇
34	正德十三年十一月	兰州、渭源、狄道	蒙	《武宗实录》卷一六八
35	嘉靖元年十一月	岷州	蒙	《世宗实录》卷二十
36	嘉靖四年八月	洮州、岷州	西海蒙古	《世宗实录》卷五十四
37	嘉靖六年八月	青阳岭	蒙	《世宗实录》卷七十九
38	嘉靖十四年十月	安定、会宁	蒙	《世宗实录》卷一八〇
39	嘉靖二十一年闰五月	兰州	蒙	《世宗实录》卷二六二
40	嘉靖二十五年十月	清平堡	蒙	《世宗实录》卷三一八
41	嘉靖四十年十一月	固原	蒙	《世宗实录》卷五〇三
42	嘉靖四十三年十月	极桥响闸儿等处	蒙	《世宗实录》卷五四三
43	隆庆元年九月	靖虏、镇边、头墩	鞑靼	《穆宗实录》卷十二
44	隆庆元年十月	固原	蒙	《穆宗实录》卷十三
45	隆庆二年正月	靖虏城白草原等处	宾兔台吉	《穆宗实录》卷十六
46	万历十八年九月	洮河	火落赤等	《神宗实录》卷二二七

		固原镇		
	战事发生时间	主要作战地点	主动出击方	出处
47	万历二十三年四月	固原	蒙	《神宗实录》卷二八四
48	万历二十四年四月	洮州境外	蒙	《神宗实录》卷二九六
49	万历二十四年六月	洮、岷	蒙	《神宗实录》卷二九九
50	万历三十一年三月	洮、岷	蒙	《神宗实录》卷三八二
51	万历四十年三月	三眼井、得胜墩	银、歹等	《神宗实录》卷四九三

8

		宁夏镇		
	战事发生时间	主要作战地点	主动出击方	出处
1	正统元年正月	红寺儿堡	鞑靼	《英宗实录》卷十三
2	正统元年四月	宁夏	鞑靼	《英宗实录》卷十六
3	正统二年三月	贺兰山	鞑靼	《英宗实录》卷二十八
4	正统二年六月	唐来取、三塔墩	蒙	《英宗实录》卷三十一
5	正统八年十二月	入境	鞑靼	《英宗实录》卷一一一
6	景泰元年闰正月	中护等卫军屯、驿递等	鞑靼	《英宗实录》卷一八八
7	景泰元年三月	庆阳等处	鞑靼	《英宗实录》卷一九〇
8	景泰元年十一月	宁夏	鞑靼	《英宗实录》卷一九八
9	景泰四年十一月	哈麻木井	鞑靼	《英宗实录》卷二三五
10	天顺元年五月	洛阳川、羚羊角屯	鞑靼	《英宗实录》卷二七八
11	天顺二年十二月	归德口、暖泉儿口	鞑靼	《英宗实录》卷二九八
12	天顺四年八月	宁夏	鞑靼	《英宗实录》卷三一八
13	天顺四年十一月	花马池	鞑靼	《英宗实录》卷三二一
14	天顺四年十二月	花马池	鞑靼	《英宗实录》卷三二三
15	天顺六年正月	枣园堡	鞑靼	《英宗实录》卷三三六
16	成化二年二月	韦州	蒙	《宪宗实录》卷二十六
17	成化二年七月	花马池、伏羌等	蒙	《宪宗实录》卷三十二
18	成化二年八月	宁夏边	蒙	《宪宗实录》卷三十三
19	成化二年七月	花马池	蒙	《宪宗实录》卷三十七
20	成华七年十二月	花马池、兴武营、灵州	蒙	《宪宗实录》卷九十九
21	成化八年正月	花马池、定边营	蒙	《宪宗实录》卷一〇〇
22	成化八年八月	花马池、兴武	蒙	《宪宗实录》卷一〇九
23	成化八年十二月	兴武营等	蒙	《宪宗实录》卷一一三
24	成化九年十一月	花马池、静宁青家驿等处	蒙	《宪宗实录》卷一二一
25	成化十六年二月	宁夏中卫	蒙	《宪宗实录》卷二〇〇

		宁夏镇		
	战事发生时间	主要作战地点	主动出击方	出处
26	弘治五年十一月	威镇堡	蒙	《孝宗实录》卷六十九
27	弘治六年五月	庙山墩	蒙	《孝宗实录》卷七十五
28	弘治八年十二月	庙山墩	蒙	《孝宗实录》卷一〇七
29	弘治九年十一月	广武营	蒙	《孝宗实录》卷一一九
30	弘治十一年七月	贺兰山	明	《孝宗实录》卷一三九
31	弘治十二年九月	蒋鼎等堡	蒙	《孝宗实录》卷一五四
32	弘治十二年十一月	宁夏	蒙	《孝宗实录》卷一五六
33	弘治十四年闰七月	盐池	蒙	《孝宗实录》卷一七七
34	弘治十四年八月	东路、韦州、花马池	小王子	《孝宗实录》卷一七八
35	弘治十五年正月	宁夏	蒙	《孝宗实录》卷一八三
36	弘治十六年十二月	大关口	蒙	《孝宗实录》卷二〇六
37	弘治十七年十一月	宁朔	蒙	《孝宗实录》卷二一八
38	弘治十七年十二月	花马池、灵州	蒙	《孝宗实录》卷二一九
39	弘治十八年正月	清水营	蒙	《孝宗实录》卷二二〇
40	弘治十八年二月	灵州	蒙	《孝宗实录》卷二二一
41	弘治十八年三月	兴武营	蒙	《孝宗实录》卷二二一
42	正德元年正月	宁夏	蒙	《武宗实录》卷九
43	正德四年十一月	花马池	蒙	《武宗实录》卷五十八
44	正德六年六月	唐渠	蒙	《武宗实录》卷七十六
45	正德八年十月	宿嵬口	蒙	《武宗实录》卷一〇五
46	正德十年二月	宁夏	蒙	《武宗实录》卷一二一
47	正德十年闰四月	赤木口	蒙	《武宗实录》卷一二四
48	正德十年九月	花马池	蒙	《武宗实录》卷一二九
49	嘉靖八年正月	杨柳堡	蒙	《世宗实录》卷九十七
50	嘉靖八年三月	宁夏	蒙	《世宗实录》卷九十九
51	嘉靖八年十月	瓦窑墩南口	蒙	《世宗实录》卷一〇六
52	嘉靖九年九月	广武营、贺兰山、赤木口	蒙	《世宗实录》卷一一七
53	嘉靖十一年十月	宁夏	蒙	《世宗实录》卷一四三
54	嘉靖十二年二月	花马池	小王子	《世宗实录》卷一四七
55	嘉靖十二年十二月	远关	蒙	《世宗实录》卷一五七

	战事发生时间	主要作战地点	主动出击方	出处
		宁夏镇		
56	嘉靖十三年八月	花马池	蒙	《世宗实录》卷一六六
57	嘉靖十三年十一月	宁夏	蒙	《世宗实录》卷一六九
58	嘉靖十四年十月	花马池	蒙	《世宗实录》卷一八〇
59	嘉靖十七年八月	河西	蒙	《世宗实录》卷二一五
60	嘉靖十九年七月	平虏城	蒙	《世宗实录》卷二三九
61	嘉靖二十六年五月	近塞	套蒙	《世宗实录》卷二三二
62	嘉靖三十一年九月	蒋鼎、林皋等堡	蒙	《世宗实录》卷三九二
63	嘉靖三十三年五月	水沟墩	蒙	《世宗实录》卷四一〇
64	嘉靖三十三年九月	红井	蒙虏	《世宗实录》卷四一四
65	嘉靖三十九年四月	宁夏河东毛不剌等处	都剌免台吉等	《世宗实录》卷四八三
66	嘉靖三十九年九月	广武	蒙	《世宗实录》卷四八八
67	嘉靖四十年十一月	宁夏	蒙	《世宗实录》卷五〇三
68	嘉靖四十一年十一月	清水营	蒙	《世宗实录》卷五一五
69	嘉靖四十四年正月	清水营出边	明	《世宗实录》卷五四五
70	隆庆二年五月	半个城等处	蒙	《穆宗实录》卷二四
71	隆庆三年四月	宁夏河东	绰力兔、小黄台吉等	《穆宗实录》卷三十一
72	万历二十年四月	鹿台寺、赵家山寨等	庄秃赖等	《神宗实录》卷二四七
73	万历二十年九月	宁夏	著力兔、贼	《神宗实录》卷二五二
74	万历二十一年七月	井沟口	鞑靼	《神宗实录》卷二六二
75	万历二十三年正月	宁夏中卫	鞑靼	《神宗实录》卷二八一
76	万历二十三年四月	宁夏	蒙	《神宗实录》卷二八四
77	万历二十三年九月	枣园堡	蒙	《神宗实录》卷二八九
78	万历二十六年四月	水塘沟	蒙	《神宗实录》卷三二一
79	万历二十九年八月	平虏城兴武	著宰	《神宗实录》卷三六二
80	万历三十四年五月	中、西二路	火落赤	《神宗实录》卷四二一
81	万历三十六年十一月	广武	银、歹二酋	《神宗实录》卷四五二
82	万历三十七年三月	宁夏中卫	银、歹二酋	《神宗实录》卷四五六
83	万历三十七年十月	石空寺堡	银、歹	《神宗实录》卷四六三
84	万历四十一年十一月	宁夏	银定、歹成	《神宗实录》卷五一七
85	崇祯元年九月	宁川	敖庆	《崇祯长编》卷十三
86	崇祯二年十月	宁夏	套部	《崇祯长编》卷三十一
87	崇祯四年六月	宁夏	套部山旦、土等	《崇祯长编》卷四十七

9

	战事发生时间	主要作战地点	主动出击方	出处
		甘肃镇		
1	洪武二年四月	秦州、陇州、临洮等	明	《太祖实录》卷四十
2	洪武五年六月	甘肃	明	《太祖实录》卷四
3	洪武六年七月	西宁卫	蒙	《太祖实录》卷八十三
4	洪武十三年四月	西凉	明	《太祖实录》卷一三一
5	宣德九年十月	凉州、杂木口堡	朵儿只伯	《宣宗实录》卷一一三
6	宣德九年十一月	肃州卫	蒙	《宣宗实录》卷一一五
7	宣德十年六月	犯边	鞑靼	《英宗实录》卷六
8	宣德十年十二月	黑山	阿台朵儿只伯	《英宗实录》卷十二
9	正统元年正月	镇番城、山丹、红寺而关等处	蒙	《英宗实录》卷十三
10	正统元年三月	山丹卫	鞑靼	《英宗实录》卷十五
11	正统元年六月	肃州、临水	蒙	《英宗实录》卷十八
12	正统元年闰六月	肃州	蒙	《英宗实录》卷十九
13	正统二年四月	庄浪	鞑靼	《英宗实录》卷二十九
14	正统五年三月	庄浪卫	鞑靼	《英宗实录》卷六十五
15	正统十四年七月	甘州	蒙	《英宗实录》卷一八〇
16	正统十四年十月	肃州	鞑靼	《英宗实录》卷一八四
17	天顺元年四月	放羊台	鞑靼	《英宗实录》卷二七七
18	天顺元年八月	镇番	鞑靼	《英宗实录》卷二八一
19	天顺元年十一月	庄浪	鞑靼	《英宗实录》卷二八四
20	天顺二年六月	凉州	鞑靼	《英宗实录》卷二九二
21	天顺二年八月	镇番、凉州等处	虏酋孛来	《英宗实录》卷二九四
22	天顺二年十月	凉州、甘州等六处	鞑靼	《英宗实录》卷二九六
23	天顺四年八月	凉州	鞑靼	《英宗实录》卷三一八
24	天顺五年二月	凉州	虏酋孛来	《英宗实录》卷三二五
25	天顺五年四月	庄浪	鞑靼	《英宗实录》卷三二七
26	天顺五年五月	白塔儿等处	鞑靼	《英宗实录》卷三二八
27	天顺五年九月	西宁卫	鞑靼	《英宗实录》卷三三二
28	天顺五年九月	永昌卫	鞑靼	《英宗实录》卷三三二
29	天顺六年正月	庄浪、甘州、凉州等	虏酋孛来	《英宗实录》卷三三六
30	成化九年四月	哈密卫	土鲁番	《宪宗实录》卷一一五
31	成化十年六月	秦安、陇西、宁远伏羌、清水	蒙	《宪宗实录》卷一二九
32	成化十八年十一月	河清堡	蒙	《宪宗实录》卷二三四

	战事发生时间	主要作战地点	主动出击方	出处
		甘肃镇		
33	成化十八年十二月	狼心山黑河	蒙	《宪宗实录》卷二三五
34	成化二十一年冬	凉州、庄浪、镇番、永昌	蒙	《宪宗实录》卷二七四
35	成化二十二年三月	甘肃	赤斤、罕东二卫	《宪宗实录》卷二七九
36	成化二十二年六月	凉州等卫、柔远等墩	蒙	《宪宗实录》卷二七九
37	弘治元年八月	山丹、永昌	蒙	《孝宗实录》卷十七
38	弘治三年十二月	肃州、永昌卫、红沙沟	蒙	《孝宗实录》卷四十六
39	弘治四年三月	永昌破山口墩等	蒙	《孝宗实录》卷四十九
40	弘治四年七月	甘肃白石崖	蒙	《孝宗实录》卷五十三
41	弘治四年十月	甘肃	蒙	《孝宗实录》卷五十六
42	弘治五年三月	甘州乐善堡	蒙	《孝宗实录》卷六十一
43	弘治七年二月	甘州平房堡	蒙	《孝宗实录》卷八十五
44	弘治七年九月	庄浪、古浪、凉州、山丹、永昌卫	蒙	《孝宗实录》卷九十二
45	弘治七年十月	山丹	蒙	《孝宗实录》卷九十三
46	弘治七年十二月	甘州平房堡	蒙	《孝宗实录》卷九十五
47	弘治八年正月	凉州	蒙	《孝宗实录》卷九十六
48	弘治九年八月	庄浪卫、永昌卫、凉州	蒙	《孝宗实录》卷一一六
49	弘治十年三月	甘肃	蒙	《孝宗实录》卷一二三
50	弘治十年九月	肃州	蒙	《孝宗实录》卷一二九
51	弘治十年九月	庄浪红城子堡	蒙	《孝宗实录》卷一二九
52	弘治十年十二月	赤斤卫	蒙	《孝宗实录》卷一三二
53	弘治十一年三月	肃州	蒙	《孝宗实录》卷一三五
54	弘治十一年五月	肃州	蒙	《孝宗实录》卷一三七
55	弘治十一年六月	古浪、庄浪、凉州、永昌、山丹	蒙	《孝宗实录》卷一三八
56	弘治十二年四月	甘州	蒙	《孝宗实录》卷一四九
57	弘治十二年七月	甘州庄浪	蒙	《孝宗实录》卷一五二
58	弘治十二年十月	甘州	蒙	《孝宗实录》卷一五五
59	弘治十二年十二月	永昌、凉州	蒙	《孝宗实录》卷一五七
60	弘治十四年七月	甘州永昌、山丹	蒙	《孝宗实录》卷一七六
61	弘治十四年七月	靖安堡	蒙	《孝宗实录》卷一七六
62	弘治十四年七月	红城子	蒙	《孝宗实录》卷一七六
63	弘治十四年八月	永昌	蒙	《孝宗实录》卷一七八
64	弘治十四年十一月	甘州重冈等诸堡	蒙	《孝宗实录》卷一八一

<table>
<tr><td colspan="5" align="center">甘肃镇</td></tr>
<tr><td></td><td>战事发生时间</td><td>主要作战地点</td><td>主动出击方</td><td>出处</td></tr>
<tr><td>65</td><td>弘治十七年十一月</td><td>庄浪</td><td>蒙</td><td>《孝宗实录》卷二一八</td></tr>
<tr><td>66</td><td>弘治十七年十二月</td><td>甘州、凉州</td><td>蒙</td><td>《孝宗实录》卷二一九</td></tr>
<tr><td>67</td><td>正德元年正月</td><td>庄浪</td><td>蒙</td><td>《武宗实录》卷十一</td></tr>
<tr><td>68</td><td>正德二年八月</td><td>庄浪、镇羌</td><td>蒙</td><td>《武宗实录》卷二十八</td></tr>
<tr><td>69</td><td>正德二年九月</td><td>明水湖</td><td>明</td><td>《武宗实录》卷三十</td></tr>
<tr><td>70</td><td>正德二年十二月</td><td>凉州、永昌</td><td>蒙</td><td>《武宗实录》卷三十三</td></tr>
<tr><td>71</td><td>正德五年四月</td><td>庄浪</td><td>蒙</td><td>《武宗实录》卷六十二</td></tr>
<tr><td>72</td><td>正德五年七月</td><td>监水堡</td><td>蒙</td><td>《武宗实录》卷六十五</td></tr>
<tr><td>73</td><td>正德六年十月</td><td>山丹、甘州</td><td>蒙</td><td>《武宗实录》卷八十</td></tr>
<tr><td>74</td><td>正德六年十一月</td><td>观音山</td><td>蒙</td><td>《武宗实录》卷八十一</td></tr>
<tr><td>75</td><td>正德六年十一月</td><td>新河北山坡</td><td>蒙</td><td>《武宗实录》卷八十一</td></tr>
<tr><td>76</td><td>正德六年十一月</td><td>凉州、庄浪</td><td>亦卜刺阿尔秃厮</td><td>《武宗实录》卷八十一</td></tr>
<tr><td>77</td><td>正德七年正月</td><td>赤金番城</td><td>鞑靼</td><td>《武宗实录》卷八十三</td></tr>
<tr><td>78</td><td>正德七年四月</td><td>啰啰墩</td><td>蒙</td><td>《武宗实录》卷八十六</td></tr>
<tr><td>79</td><td>正德七年闰五月</td><td>甘肃丰稔渠</td><td>亦卜刺</td><td>《武宗实录》卷八十八</td></tr>
<tr><td>80</td><td>正德七年闰五月</td><td>嘉峪山关</td><td>阿尔秃厮</td><td>《武宗实录》卷八十八</td></tr>
<tr><td>81</td><td>正德七年六月</td><td>凉州</td><td>蒙</td><td>《武宗实录》卷八十九</td></tr>
<tr><td>82</td><td>正德七年六月</td><td>观音山、乾柴墩</td><td>蒙</td><td>《武宗实录》卷八十九</td></tr>
<tr><td>83</td><td>正德七年七月</td><td>甘州、山丹</td><td>蒙</td><td>《武宗实录》卷九十</td></tr>
<tr><td>84</td><td>正德九年七月</td><td>凉州、甘州、山丹、永昌、高台、镇夷、肃州等</td><td>亦卜刺阿尔秃厮</td><td>《武宗实录》卷一一四</td></tr>
<tr><td>85</td><td>正德十年九月</td><td>陇州</td><td>亦卜刺</td><td>《武宗实录》卷一二九</td></tr>
<tr><td>86</td><td>正德十二年正月</td><td>肃州</td><td>蒙</td><td>《武宗实录》卷一四五</td></tr>
<tr><td>87</td><td>正德十六年七月</td><td>庄浪马场沟、洮、岷</td><td>小王子</td><td>《世宗实录》卷四</td></tr>
<tr><td>88</td><td>嘉靖二年闰四月</td><td>甘州、凉州</td><td>蒙</td><td>《世宗实录》卷二十六</td></tr>
<tr><td>89</td><td>嘉靖二年六月</td><td>永昌</td><td>蒙</td><td>《世宗实录》卷二十八</td></tr>
<tr><td>90</td><td>嘉靖三年十二月</td><td>凉州</td><td>蒙</td><td>《世宗实录》卷四十六</td></tr>
<tr><td>91</td><td>嘉靖四年正月</td><td>苦水墩</td><td>西蒙</td><td>《世宗实录》卷四十七</td></tr>
<tr><td>92</td><td>嘉靖四年十月</td><td>肃州</td><td>土鲁番</td><td>《世宗实录》卷五十六</td></tr>
<tr><td>93</td><td>嘉靖七年十月</td><td>庄浪</td><td>蒙</td><td>《世宗实录》卷九十三</td></tr>
<tr><td>94</td><td>嘉靖七年闰十月</td><td>肃州、永昌</td><td>土鲁番</td><td>《世宗实录》卷九十四</td></tr>
<tr><td>95</td><td>嘉靖七年十二月</td><td>肃州</td><td>土鲁番、瓦剌</td><td>《世宗实录》卷九十六</td></tr>
<tr><td>96</td><td>嘉靖九年九月</td><td>庄浪</td><td>蒙、西海蒙古</td><td>《世宗实录》卷一一七</td></tr>
</table>

	战事发生时间	主要作战地点	主动出击方	出处
		甘肃镇		
97	嘉靖十年三月	庄浪至甘州	西海、套蒙	《世宗实录》卷一二三
98	嘉靖十五年八月	凉州、庄浪	蒙	《世宗实录》卷一九〇
99	嘉靖十六年三月	甘州	蒙	《世宗实录》卷一九八
100	嘉靖十六年四月	永昌	蒙	《世宗实录》卷二〇二
101	嘉靖二十三年十一月	永昌	蒙	《世宗实录》卷二九五
102	嘉靖二十六年正月	永昌	蒙	《世宗实录》卷三二三
103	嘉靖二十八年正月	永昌、镇羌	套蒙	《世宗实录》卷三五一
104	嘉靖二十八年四月	永昌、山丹、镇番	蒙	《世宗实录》卷三五一
105	嘉靖三十一年五月	红城子堡	蒙	《世宗实录》卷三八五
106	嘉靖三十四年正月	永昌、西宁	套蒙	《世宗实录》卷四一八
107	嘉靖三十四年正月	镇羌	岔口生番写尔等族	《世宗实录》卷四一八
108	嘉靖三十五年冬月	凉庄	套蒙	《世宗实录》卷四四七
109	嘉靖三十七年八月	永昌、凉州、甘州等处	蒙	《世宗实录》卷四六三
110	嘉靖三十九年二月	庙儿沟、庄凉、山丹、岔口、西宁等处	俺答、套蒙	《世宗实录》卷四八一
111	隆庆二年三月	红城子、石棚沟等处	蒙	《穆宗实录》卷十八
112	万历十六年正月	西宁	榆林套蒙庄酋	《神宗实录》卷一九四
113	万历十六年十一月	南川	海蒙瓦剌他不囊	《神宗实录》卷二〇五
114	万历十八年正月	生番	套蒙吉囊、火落赤	《神宗实录》卷二一九
115	万历十九年正月	甘肃之南	流蒙	《神宗实录》卷二三一
116	万历十九年四月	莽剌川	明	《神宗实录》卷二三五
117	万历十九年七月	镇羌一带	蒙	《神宗实录》卷二三八
118	万历二十年七月	甘肃	蒙	《神宗实录》卷二五〇
119	万历二十三年正月	靖房	鞑靼	《神宗实录》卷二八一
120	万历二十三年五月	甘镇	套蒙青把都儿	《神宗实录》卷二八五
121	万历二十三年七月	甘、凉	青酋	《神宗实录》卷二八七
122	万历二十三年十月	甘肃	海蒙	《神宗实录》卷二九〇
123	万历二十四年正月	半个山	蒙	《神宗实录》卷二九三
124	万历二十五年九月	甘镇	海蒙清永等	《神宗实录》卷三一四
125	万历二十六年十二月	川海	明	《神宗实录》卷三二九
126	万历二十八年正月	甘肃	房	《神宗实录》卷三四三
127	万历三十一年正月	番、汉	海蒙	《神宗实录》卷三八一

		甘肃镇		
	战事发生时间	主要作战地点	主动出击方	出处
128	万历三十三年正月	镇番卫	银定歹成	《神宗实录》卷四〇五
129	万历三十三年十月	凉州	艮歹诸酋	《神宗实录》卷四一七
130	万历三十四年九月	镇羌、古城等堡	蒙	《神宗实录》卷四二五
131	万历三十五年四月	凉州	银、歹二酋	《神宗实录》卷四三二
132	万历三十六年四月	甘肃	银、歹二酋	《神宗实录》卷四四五
133	万历三十六年十二月	昌宁湖	东蒙	《神宗实录》卷四五三
134	万历三十九年二月	红崖、青湖、讨来、河西等处	东、西各蒙	《神宗实录》卷四八〇
135	万历四十一年正月	镇番	蒙	《神宗实录》卷五〇四
136	万历四十三年三月	甘肃	猛克什力与银、歹、海、火诸酋	《神宗实录》卷五三〇
137	万历四十四年九月	镇番	银定、歹成	《神宗实录》卷五四九
138	万历四十四年十月	永昌	银、歹	《神宗实录》卷五五〇
139	万历四十六年四月	镇番	青上湖靰靶	《神宗实录》卷五七一
140	泰昌元年八月	甘肃	银定、歹青	《光宗实录》卷七
141	天启四年正月	松山	银定等	《熹宗实录》[梁本]卷三十八
142	天启四年五月	甘肃	银定台吉、海西古六台吉	《熹宗实录》[梁本]卷四十二
143	天启六年闰六月	牛心山	哈尔罕	《熹宗实录》卷七十三
144	天启七年正月	镇番威胜堡等处	银歹、土巴台吉	《熹宗实录》卷八十
145	天启七年四月	黑水河地	银定、矮木素、刺麻、宾兔、班记诸虏	《熹宗实录》卷八十三
146	天启七年五月	宁远	松套诸蒙	《熹宗实录》卷八十四

根据《〈明实录〉类撰·军事史料篇》整理

附录五 《明实录》载明九边重镇对女真军事战事统计表

1

	战事发生时间	主要作战地点	主动出击方	出处
		辽东镇（少部分为蓟镇）		
1	洪武二十八年正月	三万卫等处	明	《太宗实录》卷二三六
2	洪武二十八年六月	忽剌温戳卢口	明	《太宗实录》卷二三九
3	宣德四年九月	辽东境内	海西女直	《宣宗实录》卷五十八
4	景泰元年五月	开原、沈阳等处	建州海西女直	《英宗实录》卷一九二
5	天顺六年六月	开原	女直	《英宗实录》卷三四一
6	天顺七年四月	开原洪铁头屯	海西女直	《英宗实录》卷三五一
7	天顺七年五月	开原	海西女直	《英宗实录》卷三五二
8	成化三年正月	辽东	建州左卫	《宪宗实录》卷三十八
9	成化三年三月	连山关、通远堡、开原、抚顺等	建州海西女直	《宪宗实录》卷四十
10	成化三年六月	辽阳以东一带	建州女直、毛怜卫	《宪宗实录》卷四十三
11	成化三年十月	建州	明	《宪宗实录》卷四十七
12	成化十四年二月	建州三卫	明	《宪宗实录》卷一七五
13	成化十四年三月	辽东	建州女直	《宪宗实录》卷一七六
14	成化十五年十一月	建州	明	《宪宗实录》卷一九七
15	正德十三年五月	辽阳东堡等	建州	《武宗实录》卷一六二
16	嘉靖二十二年十月	石指挥山城、汤站堡	建州	《世宗实录》卷二七九
17	嘉靖二十三年五月	辽东	建州	《世宗实录》卷二八六
18	嘉靖二十四年八月	辽东	建州右卫	《世宗实录》卷三〇二
19	隆庆六年七月	辽东	建州女直王杲	《神宗实录》卷三
20	隆庆六年九月	辽东	建州女直王杲	《神宗实录》卷五
21	隆庆六年九月	抚顺、宁前、锦义	阿革、王杲	《神宗实录》卷五
22	万历二年十月	辽东	王杲	《神宗实录》卷三十
23	万历二年十一月	建州	李成梁	《神宗实录》卷三十一
24	万历八年十一月	宽甸堡	建州女直王兀堂	《神宗实录》卷一〇六
25	万历十年十一月	孤山堡	建州阿台	《神宗实录》卷一三〇
26	万历十一年二月	靖远、榆林	建州阿台	《神宗实录》卷一三三
27	万历四十一年四月	清河、北关	建州、西蒙	《神宗实录》卷五〇七
28	万历四十四年正月	辽东	满洲	《神宗实录》卷五四一
29	万历四十四年十二月	清河	建州	《神宗实录》卷五五二
30	万历四十六年四月	抚顺	建州奴儿哈赤	《神宗实录》卷五六八
31	万历四十六年五月	抚安、三岔儿、白家冲三堡	建州	《神宗实录》卷五七〇

		辽东镇（少部分为蓟镇）		
	战事发生时间	主要作战地点	主动出击方	出处
32	万历四十六年七月	清河	建州	《神宗实录》卷五七二
33	万历四十六年九月	抚顺	建州	《神宗实录》卷五七四
34	万历四十七年三月	抚顺关	奴儿哈赤	《神宗实录》卷五八〇
35	万历四十七年三月	开原、铁岭	奴儿哈赤	《神宗实录》卷五八〇
36	万历四十七年三月	马家寨口	女真	《神宗实录》卷五八〇
37	万历四十七年六月	靖安堡	女直	《神宗实录》卷五八三
38	万历四十七年七月	开原、沈阳	女直	《神宗实录》卷五八四
39	万历四十七年七月	辽阳、沈阳	女直	《神宗实录》卷五八四
40	万历四十七年七月	三岔儿堡	女直	《神宗实录》卷五八五
41	万历四十七年十月	海州	女直	《神宗实录》卷五八七
42	万历四十七年十二月	辽左、广宁	建州女直	《神宗实录》卷五八九
43	万历四十七年十二月	开原松山堡	女直	《神宗实录》卷五八九
44	万历四十八年正月	铁岭、北关、朝鲜	建州女直	《神宗实录》卷五九〇
45	万历四十八年六月	辽阳、沈阳	女直	《神宗实录》卷五九五
46	泰昌元年六月	抚顺关、奉集堡	女直	《光宗实录》卷四
47	泰昌元年九月	灰山	女直	《熹宗实录》卷一
48	泰昌元年十月	抚安堡	女直	《熹宗实录》卷二
49	泰昌元年十一月	抚顺	女直	《熹宗实录》卷三
50	天启元年二月	香炉山	女直	《熹宗实录》卷六
51	天启元年二月	奉集堡	女直	《熹宗实录》卷六
52	天启元年二月	虎皮驿	女直	《熹宗实录》卷六
53	天启元年三月	抚顺关	女直	《熹宗实录》卷八
54	天启元年三月	沈阳	女直	《熹宗实录》卷八
55	天启元年三月	辽阳	女直	《熹宗实录》卷八
56	天启元年六月	登州海防	女直	《熹宗实录》卷十一
57	天启元年七月	广宁	女直	《熹宗实录》卷十二
58	天启元年八月	镇江	明	《熹宗实录》卷十三
59	天启元年九月	盖州、辽阳	明	《熹宗实录》卷十四
60	天启元年十二月	海州、牛庄、河西	女直	《熹宗实录》卷十八
61	天启二年正月	西堡	女直	《熹宗实录》卷十八
62	天启三年十月	金州	女直	《熹宗实录》卷三十九
63	天启三年十二月	阎王寨	明	《熹宗实录》卷四十二
64	天启五年四月	鸭绿江	明	《熹宗实录》卷五十八
65	天启五年九月	锦州	明	《熹宗实录》卷六十三

续表

	战事发生时间	主要作战地点	主动出击方	出处
	辽东镇（少部分为蓟镇）			
66	天启六年正月	右屯	女直	《熹宗实录》卷六十七
67	天启六年正月	宁前各城堡	女直	《熹宗实录》卷六十七
68	天启六年正月	大凌河东西、松山	女直	《熹宗实录》卷六十七
69	天启六年正月	宁远、西曹庄	女直	《熹宗实录》卷六十七
70	天启六年二月	右屯卫	女直	《熹宗实录》卷六十八
71	天启六年二月	傅家庄、西宁堡三岔河	女直	《熹宗实录》卷六十八
72	天启六年四月	鞍山甘泉铺等处	明	《熹宗实录》卷七十
73	天启六年四月	威宁营	明	《熹宗实录》卷七十
74	天启六年四月	宁远	女直	《熹宗实录》卷七十
75	天启六年五月	金安堡	明	《熹宗实录》卷七十一
76	天启六年闰六月	宁远	女直	《熹宗实录》卷七十三
77	天启六年闰六月	凤凰城、宽奠、叆阳等处	明	《熹宗实录》卷七十三
78	天启七年正月	连云岛	女直	《熹宗实录》卷八十
79	天启七年二月	三岔河东岸	女直	《熹宗实录》卷八十一
80	天启七年二月	艾州、昌城、铁山	女直	《熹宗实录》卷八十一
81	天启七年四月	义州	女直	《熹宗实录》卷八十三
82	天启七年五月	高丽	女直	《熹宗实录》卷八四
83	天启七年五月	锦州、宁镇	女直	《熹宗实录》卷八四
84	天启七年五月	东江	女直	《熹宗实录》卷八四
85	天启七年七月	辽东	明	《熹宗实录》卷八十六
86	天启七年十月	极城	大清	《崇祯长篇》卷二
87	崇祯元年四月	大凌河	大清	《崇祯长篇》卷八
88	崇祯元年五月	大兴堡	大清	《崇祯长篇》卷九
89	崇祯元年八月	三岔河、宁远	大清	《崇祯长篇》卷十二
90	崇祯元年十月	撒儿湖城	明	《崇祯长篇》卷一四
91	崇祯二年四月	铁山	大清	《崇祯长篇》卷二十
92	崇祯二年十月	大安口	大清	《崇祯长篇》卷二十七
93	崇祯二年十一月	龙井关	大清	《崇祯长篇》卷二十七
94	崇祯二年十一月	三屯城、汉儿庄、遵化县（蓟镇）	大清	《崇祯长篇》卷二十八
95	崇祯二年十二月	通州（京师）	大清	《崇祯长篇》卷二十九
96	崇祯二年十二月	固安县、南海子、雷振口（蓟镇）	大清	《崇祯长篇》卷二十九

辽东镇（少部分为蓟镇）			
	战事发生时间	主要作战地点	主动出击方	出处
97	崇祯三年正月	沙河驿、永平、迁安、石门、昌黎县、遵化、抚宁、马兰（蓟镇）	大清	《崇祯长篇》卷三十
98	崇祯三年二月	马兰、遵化党峪（蓟镇）	大清	《崇祯长篇》卷三十一
99	崇祯三年二月	玉田、枯树、洪桥等处（蓟镇）	明	《崇祯长篇》卷三十一
100	崇祯三年二月	三屯、关山头、铁厂等处（蓟镇）	大清	《崇祯长篇》卷三十一
101	崇祯三年三月	古治乡、抚宁、牛门口、水门口、玉田城等（蓟镇）	大清	《崇祯长篇》卷三十二
102	崇祯三年四月	大安、鲇鱼关等（蓟镇）	明	《崇祯长篇》卷三十三
103	崇祯三年五月	房山县城（蓟镇）	大清	《崇祯长篇》卷三十四
104	崇祯三年五月	滦州（蓟镇）	明	《崇祯长篇》卷三十四
105	崇祯三年五月	永平西北（蓟镇）	大清	《崇祯长篇》卷三十四
106	崇祯三年八月	辽东海口	大清	《崇祯长篇》卷三十七
107	崇祯四年八月	辽东海上	大清	《崇祯长篇》卷四十九
108	崇祯四年九月	大凌、长山、小凌河	明	《崇祯长篇》卷五十
109	崇祯四年九月	锦州	大清	《崇祯长篇》卷五十
110	崇祯四年九月	小凌河东双堡	明	《崇祯长篇》卷五十
111	崇祯四年九月	五里庄	明	《崇祯长篇》卷五十
112	崇祯四年九月	长山	大清	《崇祯长篇》卷五十
113	崇祯四年十月	大清营	明	《崇祯长篇》卷五十一
114	崇祯四年十一月	大凌城	大清	《崇祯长篇》卷五十二
115	崇祯四年闰十一月	陵县	孔有德（叛）	《崇祯长篇》卷五十三
116	崇祯五年正月	宁、锦	大清	《崇祯长篇》卷五十五

根据《<明实录>类撰·军事史料篇》整理

参考文献

历史资料

[1]（战国）庄周. 庄子[M].

[2]（春秋）老子. 道德经[M].

[3] 周礼[M]. 影印清阮元校刻十三经注疏本. 北京：中华书局，1980.

[4]（春秋）管仲. 管子[M]. 诸子集成本. 北京：中华书局，2006.

[5]（西汉）戴圣. 礼记[M].

[6]（西汉）司马迁. 史记[M]. 中华书局校点本.

[7]（东汉）许慎. 说文解字[M]. 南京：江苏古籍出版社，2001.

[8]（东汉）王充. 论衡[M]. 诸子集成本. 北京：中华书局，2006.

[9]（东汉）班固. 汉书[M]. 中华书局校点本.

[10]（东汉）曹操. 曹操集：置屯田令[M].

[11]（三国）诸葛亮. 诸葛亮集[M]. 北京：中华书局，2014.

[12]（北齐）魏收. 魏书[M]. 北京：中华书局，2008.

[13]（元）脱脱. 宋史[M]. 北京：中华书局，2008.

[14]（元）脱脱，等. 辽史[M]. 北京：中华书局，2008.

[15] 明太祖实录[M]. 影印本，1962.

[16] 明太宗实录[M]. 影印本，1962.

[17] 明宣宗实录[M]. 影印本，1962.

[18] 明英宗实录[M]. 影印本，1962.

[19] 明宪宗实录[M]. 影印本，1962.

[20] 明孝宗实录[M]. 影印本，1962.

[21] 明武宗实录[M]. 影印本，1962.

[22] 明世宗实录[M]. 影印本，1962.

[23] 明穆宗实录[M]. 影印本，1962.

[24] 明神宗实录[M]. 影印本，1962.

[25] 明熹宗实录[M]. 影印本，1962.

[26]（明）于谦. 于忠肃集[M].

[27]（明）邱浚. 大学衍义补[M].

[28]（明）杨时乔. 皇朝马政记[M].

[29]（明）严从简. 殊域周咨录[M].

[30]（明）倪元璐. 倪文贞公奏疏[M].

[31]（明）顾炎武. 天下郡国利病书[M].

[32]（明）张雨. 边政考[M]. 明嘉靖刻本.

[33]（明）李辅. 全辽志[M]. 1565（嘉靖四十四年）.

[34]（明）兵部. 九边图说[M]. 明隆庆刻本.

［35］（明）茅元仪．武备志[M]．刻本．1621（明天启元年）．

［36］（明）熊廷弼．熊襄愍公集：修边举劾疏[M]．

［37］（明）程道生．九边图考[M]．石印本．1919（民国八年）．

［38］（明）谭纶．谭襄敏奏议[M]．文渊阁四库全书本．

［39］（明）刘效祖．四镇三关志[M]．刻本．1576（明万历四年）．

［40］（明）王圻．续文献通考[M]．文渊阁四库全书本．

［41］（明）徐学聚．国朝典汇[M]．文渊阁四库全书本．

［42］（明）杨时宁．宣大山西三镇图说[M]．明万历刻本．

［43］（明）魏焕．皇明九边考[M]．刻本．1542（明嘉靖二十一年）．

［44］（明）方逢时．大隐楼集[M]．刻本．1777（清乾隆四十二年）．

［45］（明）李贤，彭时．明一统志[M]．文渊阁四库全书本．

［46］（明）戚继光．练兵实纪杂集[M]．文渊阁四库全书本．

［47］（明）戚继光．戚少保年谱耆编[M]．文渊阁四库全书本．

［48］（明）戚继光．戚少保奏议[M]．北京：中华书局，2001．

［49］（明）李东阳．大明会典[M]．扬州：广陵书社，2007．

［50］（明）毕恭修．辽东志[M]．嘉靖版．民国辽海书社抄本．

［51］（明）瞿九思．万历武功录[M]．北京：中华书局，1962．

［52］（明）邓士龙．国朝典故[M]．北京大学出版社，1993．

［53］（明）王士琦．三云筹俎考[M]．台北：台北广文书局，1963．

［54］（明）张学颜．万历会计录[M]．上海：上海古籍出版社，1995．

［55］（明）陈建．皇明纪要[M]．台北：台湾商务印书馆，1973．

［56］（明）朱元璋．皇明祖训[M]．北京：北京图书馆出版社，2002．

［57］（明）杨守礼，管律．嘉靖宁夏新志[M]．刻本．1540（明嘉靖十九年）．

［58］（明）许论．九边图论[M]．虞山后知不足斋刊本影印本．1890（光绪十六年）．

［59］（明）陈继儒．宝颜堂秘籍[M]．石印本上海：上海文明书局，1922．

［60］（明）熊廷弼．务求战守长策疏[M]．

［61］（明）程开祐．筹辽硕画[M]．明万历年间刻本．

［62］（明）李维桢．山西通志[M]．明万历刻后印本排印．北京：中国书店，2002．

［63］（明）陈子龙．明经世文编[M]．明崇祯间平露堂刻本．中华书局影印本．北京：中华书局，1962．

［64］（明）张天复．皇舆考：九边[M]．1588（万历十六年）．

［65］（明）方孔炤．全边略记[M]．明崇祯刻本．

［66］（明）高拱．边略五种考[EB/OL]．长城文化网．

［67］（明）郑晓．皇明北虏考[EB/OL]．长城文化网．

［68］（明）冯瑷辑．开原图说[M]．万历刻本．

［69］（清）梁份．秦边纪略[M]．史料六编本．

［70］（清）阎若璩．四书释地[M]．文渊阁四库全书本．

［71］（清）张廷玉．明史[M]．北京：中华书局，1974．

［72］（清）夏燮．明通鉴[M]．北京：中华书局，1980．

［73］（清）谷应泰. 明史纪事本末[M]. 北京：中华书局，1977.

［74］（清）查继佐. 罪惟录[M]. 杭州：浙江古籍出版社，2012.

［75］（清）谭吉璁. 延绥镇志[M]. 西安：三秦出版社，2006.

［76］（清）顾祖禹. 读史方舆纪要[M]. 北京：中华书局，1955.

［77］（清）穆彰阿，等. 嘉庆重修一统志[M]. 影印本. 上海：商务印书馆，1934（民国二十三年）.

［78］（清）高弥高，李德魁，等. 肃镇志[M]. 顺治十四年抄本. 台北：成文出版社有限公司，1970.

［79］（清）黄宗羲. 明夷待访录：方镇[M]. 北京：古籍出版社，1955.

［80］（清）隋汝龄. 辽海志略[M]. 1852（咸丰二年）.

专著

［81］王国良. 中国长城沿革考[M]. 上海：商务印书馆，1930.

［82］姚从吾. 东北史论丛[M]. 台北：台北正中书局，1959.

［83］周振鹤. 中国地方行政制度史[M]. 上海：上海人民出版社，1972.

［84］谢国桢. 明代社会经济史料选编：下册[M]. 福州：福建人民出版社，1980.

［85］罗哲文. 长城[M]. 北京：北京出版社，1982.

［86］罗哲文，杨永生. 失去的建筑[M]. 北京：中国建筑工业出版社，1990.

［87］罗哲文，刘文渊. 世界奇迹——万里长城[M]. 北京：文物出版社，1992.

［88］华夏子. 明长城考实[M]. 北京：档案出版社，1988.

［89］董耀会. 瓦合集：长城研究文论[M]. 北京：科学出版社，2004.

［90］董耀会. 守望长城——董耀会谈长城保护[M]. 北京：文物出版社，2008.

［91］邓云特. 中国救荒史[M]. 北京：商务印书馆，1985.

［92］朱风. 汉译蒙古黄金史纲[M]. 贾敬颜，译. 呼和浩特：内蒙古人民出版社，1985.

［93］罗琨，张永山. 中国军事通史：第十五卷：明代军事史[M]. 北京：军事科学出版社，1998.

［94］刘谦. 明辽东镇长城及防御考[M]. 北京：文物出版社，1989.

［95］艾冲. 明代陕西四镇长城[M]. 西安：陕西师范大学出版社，1990.

［96］周振鹤. 体国经野之道——新角度下的中国行政区划沿革史[M]. 北京：中华书局，1990.

［97］曹永年. 蒙古民族通史：第三卷[M]. 呼和浩特：内蒙古大学出版社，1991.

［98］中国军事史编写组. 中国军事史：第六卷：兵垒[M]. 北京：解放军出版社，1991.

［99］中国军事史编写组. 中国军事史：第二卷：兵略[M]. 北京：解放军出版社，1986.

［100］中国军事史编写组. 中国军事史：历代战争年表：下[M]. 北京：解放军出版社，1986.

［101］文物编辑委员会. 中国长城遗迹调查报告集[M]. 北京：文物出版社，1981.

［102］国家文物局，中国文物地图集：山西分册：上、中、下册[M]. 北京：中国地图出版社，2006.

［103］廖盖隆. 马克思主义百科要览[M]. 北京：人民日报出版社，1993.

［104］中国长城学会. 长城百科全书[M]. 长春：吉林人民出版社，1994.

［105］刘广生. 中国古代邮驿史[M]. 北京：人民邮电出版社，1997.

［106］李国祥. 明实录类纂：军事史料卷[M]. 武汉：武汉出版社，1997.

［107］达力扎布. 明代漠南蒙古历史研究[M]. 呼和浩特：内蒙古文化出版社，1997.

［108］程素红. 中国历代兵书集成[M]. 北京：团结出版社，1999.

［109］薄音湖，王雄．明代蒙古汉籍史料汇编：第二辑[M]．呼和浩特：内蒙古大学出版社，2000．

［110］余爱水．军事与经济互动论[M]．北京：中国经济出版社，2005．

［111］乌兰．《蒙古源流》研究[M]．沈阳：辽宁民族出版社，2005．

［112］景爱．中国长城史[M]．上海：上海人民出版社，2006．

［113］金应熙．金应熙史学论文集[M]．广州：广东人民出版社，2006．

［114］饶胜文．布局天下——中国古代军事地理大势[M]．北京：解放军出版社，2006．

［115］肖爱民．中国古代北方游牧民族两翼制度研究[M]．北京：人民出版社，2007．

［116］郭红，靳润成．中国行政区划通史：明代卷[M]．上海：复旦大学出版社，2007．

［117］康宁．军事筑城体系与长城[M]//中国大百科全书•军事编委会．中国大百科全书：军事：军事工程分册．北京：中国大百科全书出版社，2007．

［118］糜振玉．中国军事学术史[M]．北京：解放军出版社，2008．

［119］千同和．兰州城关史话[M]．兰州：甘肃文化出版社，2008．

［120］陈直．居延汉简研究[M]．北京：中华书局，2009．

［121］王毓铨．明代的军屯[M]．北京：中华书局，2009．

［122］罗贤佑．中国民族关系史纲要[M]．北京：中国社会科学出版社，2009．

［123］边强．甘肃关隘史[M]．北京：科学出版社，2011．

［124］赵现海．明代九边军镇史——中国边疆假说视野下的长城制度史研究[M]．北京：社会科学文献出版社，2012．

［125］赵现海．明代九边长城军镇史[M]．北京：社会科学文献出版社，2012．

［126］杨正泰．明代驿站考[M]．上海市：上海古籍出版社，1994．

［127］王子今．中国文明史话——驿道驿站[M]．北京：中国大百科全书出版社，2000．

［128］彭勇．明代班军制度研究——以京操班军为中心[M]．北京：中央民族大学出版社，2006．

［129］林珲．空间综合人文学与社会科学研究[M]．北京市：科学出版社，2010．

［130］辽宁省文物局．辽宁省明长城资源调查报告[M]．北京：文物出版社，2011．

［131］董鉴泓．中国城市建设史[M]．北京：中国建筑工业出版社，2004．

［132］严文明．中国环壕聚落的演变[M]．北京：北京大学出版社，1994．

［133］中国建筑工业出版社．城池防御建筑[M]．北京：中国建筑工业出版社，2010．

［134］南炳文，汤纲．明史[M]．上海：上海人民出版社，1981．

［135］谭其骧．中国历史地图集：元、明时期[M]．北京：中国地图出版社，1982．

［136］程光裕．中国历史地图[M]．台北：中国文化大学华冈出版部，1983．

［137］中国军事史编写组．中国历代军事制度[M]．北京：解放军出版社，2006．

［138］施元龙．中国筑城史[M]．北京：军事谊文出版社，1999．

［139］姜国柱．中国军事思想通史[M]．北京：中国社会科学出版社，2006．

［140］中国兵书集成编委会．防守集成[M]．沈阳：辽沈书社，1992．

［141］侯丕勋，刘再聪．西北边疆历史地理概论[M]．兰州：甘肃人民出版社，2007．

［142］罗东阳．明代军镇镇守体制初探[M]．长春：东北师范大学出版社，1994．

［143］王春瑜．明史论丛[M]．北京：中国社会科学出版社，1997．

［144］张泽咸，郭松义．中国屯垦史[M]．台北：文津出版社印行，1997．

[145] 彭勇. 明代北边防御体制研究[M]. 北京：中央民族大学出版社，2009.

[146] 张士尊. 明代辽东边疆研究[M]. 长春：吉林人民出版社，2002.

[147] 何捷，邹经宇. 文化线路遗产原真性保护的GIS空间分析支持——以明长城为例[M]//林珲. 空间综合人文学与社会科学研究. 北京：科学出版社，2010.

[148] 马正林. 中国城市历史地理. 济南：山东教育出版社，1999.

[149] 毛佩琦，王莉. 中国明代军事史[M]. 北京：人民出版社，1994.

[150] 孟森. 明史讲义[M]. 上海：上海古籍出版社，2002.

[151] 严文明. 中国通史：二：远古时代[M]. 上海：上海人民出版社，1994.

[152] 汪之力. 中国传统民居建筑[M]. 济南：山东科学技术出版社，1994.

[153] 荆其敏. 中国传统民居[M]. 天津：天津大学出版社，1999.

[154] 陆元鼎. 中国传统民居与文化——中国民居学术会议论文集[M]. 北京：中国建筑工业出版社，1991.

[155] 吴庆洲. 中国军事建筑艺术[M]. 武汉：湖北教育出版社，2006.

[156]（苏联）符拉基米尔佐夫. 蒙古社会制度史[M]. 北京：中国社会科学出版社，1980.

[157]（英）弗里德里希·冯·哈耶克. 自由秩序原理[M]. 邓正来，译. 北京：生活·读书·新知三联书店，1997.

[158]（德）克劳塞维茨. 战争论[M]. 北京：中国人民解放军出版社，2005.

[159]（美）费正清. 美国与中国[M]. 北京：世界知识出版社，2008.

[160]（美）牟复礼，（英）崔瑞德. 张书生，等译. 剑桥中国明代史[M]. 北京：中国社会科学出版社，1992.

[161]（美）欧文·拉铁摩尔. 赵敏求，译. 中国的亚洲内陆边疆[M]. 南京：正中书局，1946.

[162]（法）勒尼·格鲁塞. 草原帝国[M]. 魏英邦，译. 西宁：青海人民出版社，1991.

[163] 彭曦. 十年来考察与研究长城的主要发现与思考[C]//中国长城学会. 长城国际学术研讨会论文集. 长春：吉林人民出版社，1995.

[164] 韩光辉，李新峰. 北京地区明长城沿线聚落的形成与发展[C]//中国长城协会. 长城国际学术研讨会论文集. 长春：吉林人民出版社，1995.

[165] 何宝善. 永乐至宣德时期的长城防御体系[C]//中国明史学会. 第十届明史国际学术讨论会论文集，北京：人民日报出版社，2005.

地方志

[166] 北京市地方志编纂委员会. 北京志：世界文化遗产卷：长城志[M]. 北京：北京出版社，2008.

[167] 甘肃省地方史志编纂委员会，甘肃省军区军事志领导小组. 甘肃省志[M]. 兰州：甘肃人民出版社，2001.

[168] 大同市地方志编纂委员会. 大同市志[M]. 北京：中华书局，2000.

[169] 大同地方志办公室. 大同今古[M]. 大同：《大同今古》杂志社，1998.

[170] 应县志编纂委员会. 应县志[M]. 太原：山西人民出版社，1992.

[171] 牛儒人. 偏关县志[M]. 太原：山西经济出版社，1994.

[172] 榆林市志编纂委员会. 榆林市志[M]. 西安：三秦出版社，1996.

[173] 榆林地区地方志指导小组. 榆林地区志[M]. 西安：西北大学出版社，1994.

［174］宁夏通志编纂委员会. 宁夏通志：十五：军事卷[M]. 北京：方志出版社，2004.

［175］高台县志纂委员会. 高台县志[M]. 兰州：兰州大学出版社，1993.

［176］辽宁省档案馆，辽宁省社会科学院历史研究所. 明代辽东档案汇编［G］. 沈阳：辽沈书社，1985.

［177］（清）吴廷华，等. 宣化府志[M]. 1757（清乾隆二十二年）.

［178］（清）黎中辅. 大同县志（道光）[M]. 太原：山西人民出版社，1992.

［179］（清）魏元枢，周景柱，董常保. 宁武府志注[M]. 北京：中国文史出版社，2006. 298.

［180］（清）陈日新. 平远县志：城池[M]. 1979（清光绪五年）. 刻本.

［181］（清）刘於义，等. 陕西通志[M]. 雍正文渊阁四库全书本.

［182］（清）陈坦，等. 宣化县志[M]. 1711（清康熙五十年）.

［183］（清）孙士芳. 宣府镇志[M]. 1561（嘉靖四十年）.

［184］（清）左承业. 万全县志[M]. 道光年间刻本.

［185］（清）汪嗣圣. 朔州志[M]. 太原：山西人民出版社，1993.

［186］（明）马理，等. 陕西通志[M]. 西安：三秦出版社，2006.

［187］（明）石茂华. 宁夏志[M]. 1577（明万历五年）抄本.

期刊

［188］谭其骧. 释明代都司卫所制度[J]. 禹贡（半月刊），1935，3（10）.

［189］寿鹏飞. 历代长城考[J]. 自刊（得天庐存稿之二），1941.

［190］王毓铨. 明代的军户——明代配户当差之一例[J]. 历史研究，1959（6）.

［191］陈梦家. 汉简所见居延边塞与防御组织[J]. 考古学报，1964（1）.

［192］南炳文. 明初军制初探[J]. 南开史学，1983（01）.

［193］单霁翔. 大型线性文化遗产保护初论：突破与压力[J]. 南方文物，2006（03）.

［194］史念海，论西北地区诸长城的分布及其历史军事地理：上篇[J]. 中国历史地理论丛，1994（02）.

［195］白翠琴. 明代大同马市与蒙汉关系刍议[J]. 中国蒙古史学会，1981.

［196］顾诚. 明前期耕地数新探[J]. 中国社会科学，1986（4）.

［197］顾诚. 明帝国的疆土管理体制[J]. 历史研究，1989（3）.

［198］余同元. 明代九边述论[J]. 安徽师范大学学报（人文社会科学版），1989（2）.

［199］（澳）费克光. 论嘉靖时期（1552—1567）的明蒙关系[J]. 许敏，译. 世界民族，1990（6）.

［200］董耀会. 长城学的概念、特征及分类[J]. 文史知识，1994.

［201］李三谋. 明代边防与边垦[J]. 中国边疆史地研究，1995（4）.

［202］范忠义. 明代九边形成的时间[J]. 大同高等专科学校学报（综合版），1995（4）.

［203］邹逸麟. 明清时期北部农牧过渡带的推移和气候寒暖变化[J]. 复旦大学学报，1995（01）.

［204］姚继荣. 明代西北马市述略[J]. 青海民族学院学报，1995（2）.

［205］余同元. 明后期长城沿线的民族贸易[J]. 历史研究，1995（5）.

［206］曹永年.《明后期长城沿线的民族贸易市场》考误[J]. 历史研究，1996（3）.

［207］李凤山. 长城带经济文化交流述略[J]. 中央民族大学学报，1997（4）.

［208］达力扎布. 明代蒙古社会组织新探[J]. 内蒙古社会科学（文史哲版），1997（2）.

［209］晚学，王兴明. 浅谈明长城墙台的几种类型[J]. 文物春秋，1998（2）.

[210] 韦占彬. 明代"九边"设置时间辨析[J]. 石家庄学院学报，2002，4（3）.

[211] 师悦菊. 明代大同镇长城的马市遗迹[J]. 文物世界，2003（1）.

[212] 谢国良. 中国古代军事思想概论[J]. 军事历史研究，2004（4）.

[213] 曹永年. 明万历间延绥中路边墙的沙壅问题[J]. 内蒙古师范大学学报，2004（01）.

[214] 李文君. 浅析西海蒙古与明朝的通贡互市[J]. 青海民族研究，2005（2）.

[215] 郭红，于翠艳. 明代都司卫所制度与军管型政区[J]. 军事历史研究，2005.

[216] 王兴周. 重建社会秩序的先秦思想[J]. 社会，2006（5）.

[217] 肖立军. 九边重镇与明之国运——兼析明末大起义首发于陕的原因[J]. 天津师大学报（社会科学版），1994（02）.

[218] 胡长春. 明朝名将谭纶的军事思想评析[J]. 江西社会科学，2008（03）.

[219] 张长海. 从考古材料谈长城的起源[J]. 文物世界，2009（2）.

[220] 张康之，张乾友. 论复杂社会的秩序[J]. 学海，2010（01）.

[221] 李海群，崔世平. 商朝军事防御体系的作用[J]. 边疆经济与文化，2011（10）.

[222] 高凤山. 长城关隘城堡选介[J]. 华中建筑，1992（04）.

[223] 高凤山. 长城关隘城堡选介续[J]. 华中建筑，1993（03）.

[224] 紫西. 戚继光与蓟镇长城防务[J]. 文物春秋，1998（2）.

[225] 肖立军. 明嘉靖九边营兵制考略[J]. 南开学报（哲学社会科学版），1994（02）.

[226] 张玉坤，李哲，李严. "封"——中国长城起源另说[J]. 天津大学学报，2009（04）.

[227] 李严，张玉坤，李哲. 军堡中的里坊制——一项建筑社会学的比较研究[J]. 哈尔滨工业大学学报，2012（07）.

[228] 李严，张玉坤，李哲. 长城并非线性——卫所制度下明长城军事聚落的层次体系研究[J]. 新建筑，2011（06）.

[229] 李严，张玉坤. 明长城军堡与明清村堡的比较研究[J]. 新建筑，2006（01）.

[230] 王绚，侯鑫. 围墙内的安居家园——例析传统民间堡寨防御性空间意匠[J]. 新建筑，2007（02）.

[231] 解丹，庞玉鹍. 内蒙古地区东周末期的赵北长城防御系统解析[J]. 天津大学学报（增刊），2009（12）.

[232] 王琳峰，张玉坤. 明宣府镇城的建置及其演变[J]. 史学月刊，2010（01）.

[233] 刘珊珊，张玉坤. 明辽东镇长城军事防御体系与聚落分布[J]. 哈尔滨工业大学学报，2011（01）.

[234] 范熙晅，张玉坤. 明代长城沿线明蒙互市贸易市场空间布局探析[J]. 城市规划，2016，350（07）.

[235] 王建华. 聚落考古综述[J]. 华夏考古，2003（02）.

[236] 张光直. 考古学中的聚落形态[J]. 华夏考古，2002（01）.

[237] 于占海，刘志波. 军事战略要塞——严密完整的军事防御体系[J]. 中国文化遗产，2009（05）.

[238] 罗隽. 攻击与防卫——关于建筑的防卫要求与防卫作用分析[J]. 新建筑，1993（04）.

[239] 王杰瑜. 明朝军事政策与晋冀沿边地区生态环境变迁[J]. 山西大学学报（哲学社会科学版），2006（03）.

[240] 刘景纯. 清前中期黄土高原地区沿边军事城镇及其功能的变迁[J]. 中国历史地理论丛，2003（02）.

[241] 韩光辉，李新峰. 明长城东段沿线聚落的形成和发展[J]. 文史知识，1995（03）.

[242] 郑孝燮. 长城沿线几个重镇城市论述——山海关、宣府、大同[C]//中国长城学会. 长城国际学术研

讨会论文集．长春：吉林人民出版社，1995．

［243］李鸿宾．关于长城保护与发展的几点看法[C]//中国长城学会．中国青山关长城学术研讨会论文集，北京：中国经济出版社，2004．

［244］马顺平．明代陕西行都司及其卫所建置考实[J]．中国历史地理丛论，2008（04）．

［245］关真付．明代长城屯田与冀东开发[J]．文物春秋，1998（02）．

［246］邓庆平．华北乡村的堡寨与明清边镇的社会变迁——以河北蔚县为中心的考察[J]．清史研究，2009（03）．

［247］刘景纯．明代前中期九边区域防御形态的演变[J]．中国边疆史地研究，2010（12）．

［248］田澍．明代甘肃镇边境保障体系述论[J]．中国边疆史地研究，1998（03）．

［249］田澍，毛雨辰．20世纪80年代以来明代西北边镇研究述评[J]．西域研究，2005（02）．

［250］陈喆，董明晋，戴俭．北京地区长城沿线戍边城堡形态特征与保护策略探析[J]．建筑学报，2008（03）．

［251］宋纯路．明代巡抚及明政府对它的控制[J]．长春师范学院学报，2001（06）．

［252］关文发．试论明代督抚[J]．武汉大学学报，1989（06）．

［253］魏楚雄．挑战传统史学观及研究方法——史学理论与中国城市史研究在美国及西方的发展[J]．史林，2008（01）．

［254］蔡云辉．战争与古代中国城市衰落的历史考察[J]．中华文化论坛，2005（03）．

［255］（日）松本隆晴．试论余子俊修筑万里长城[J]．南炳文，译．大同高等专科学校学报，1994（01）．

［256］（日）山崎清一．明代兵制的研究[J]．历史学研究，1940（93）．

［257］许嘉璐．立足中华大文化，尽快发展长城学的研究[J]．清华大学学报（哲学社会科学版），2002（1）．中国长城网．

学位论文

［258］张玉坤．聚落·住宅——居住空间论[D]．天津：天津大学，1997．

［259］李新峰．明前期兵制研究[D]．北京：北京大学，1999．

［260］肖爱民．北方游枚民族两翼制度研究——以匈奴、突放、契丹、蒙古为中心[D]．北京：中央民族大学，2004．

［261］王绚．传统堡寨聚落研究——兼以秦晋地区为例[D]．天津：天津大学，2004．

［262］赵现海．明代九边军镇体制研究[D]．长春：东北师范大学，2005．

［263］李严．明长城"九边"重镇军事防御性聚落研究[D]．天津：天津大学，2007．

［264］王琳峰．明长城蓟镇军事防御性聚落研究[D]．天津：天津大学，2011．

［265］谢丹．金长城军事防御体系及其空间规划布局研究[D]．天津：天津大学，2011．

［266］杨申茂．明长城宣府镇军事聚落体系研究[D]．天津：天津大学，2013．

［267］刘建军．基于空间分析的明甘肃镇长城防御体系研究[D]．天津：天津大学，2013．

［268］魏琰琰．分统举要，纲维秩序——明辽东镇军事聚落分布及防御变迁研究[D]．天津：天津大学，2014．

［269］范熙晅．明长城军事防御体系规划布局机制研究[D]．天津：天津大学，2015．

［270］李严．榆林地区明长城军事堡寨聚落研究[D]．天津：天津大学，2004．

[271] 薛原. 资源、经济角度下明代长城沿线军事聚落变迁研究——以晋陕地区为例[D]. 天津：天津大学，2007.

[272] 庄和锋. 明长城山海关防区防御体系与军事聚落研究[D]. 天津：天津大学，2011.

[273] 王力. 明长城大同镇军事聚落整体性研究[D]. 天津：天津大学，2011.

[274] 赵紫薇. 明长城山西镇防御性军事聚落研究[D]. 天津：天津大学，2012.

[275] 刘碧峤. 明长城肃州路嘉峪关防区军事防御体系研究[D]. 天津：天津大学，2004.

[276] 于默颖. 明蒙关系研究——以明蒙双边政策及明朝对蒙古的防御为中心[D]. 呼和浩特：内蒙古大学，2004.

[277] 李哲. 山西省雁北地区明代军事防御性聚落探析[D]. 天津：天津大学，2005.

[278] 李贞娥. 长城山西镇段沿线明代城堡建筑研究[D]. 北京：清华大学，2005.

[279] 郭睿. 北京地区长城军事防御体系系统特征与保护研究[D]. 北京：北京建筑工程学院硕，2006.

[280] 孙卫春. 明代西北战争与国防布局的互动关系研究[D]. 西安：陕西师范大学，2008.

[281] 汪涛. 明代大同镇长城与自然地理环境关系研究[D]. 南京：东南大学，2010.

[282] 赵鑫华. 明蒙关系研究——以使臣为中心[D]. 北京：中央民族大学，2011.

外文文献

[283] Lovell, Julia. The Great Wall: China Against the World, 1000 BC–AD 2000[M]. New York:Grove Press, 2006.

[284] Schwartz, Daniel. The Great Wall of China[M]. London, U.K.: Thames and Hudson, 1990.

[285] Fryer, Jonathan. The Great Wall of China[M]. New York: A. S. Bames and Company, 1975.

[286] Arthur N.Waldron. The Great Wall of China: From History to Myth[M]. Cambridge:Cambridge University Press, 1990.

[287] He J. GIS–based Cultural Route Heritage Authenticity Analysis and Conservation Support in Cost–surface and Visibility Study Approaches [D].Hong Kong：The Chinese University of Hong Kong, 2008.

[288] XiaoJuan Li, HuiLi Gong, Ou Zhang, WeiGuang Zhang, YongHua Sun. Research on the damage of the Great Wall of Ming Dynasty in Beijing byremote sensing[J]. Science in China Series E: Technological Sciences, 2008(04).

[289] Manfred Schuller. Monuments and Sites VII：Building Archaeology[M]. München: Edition Lipp, 2000.

[290] Aelius Spartians. The Life of Hadrian[EB/OL].(2002–10–11)[2002–11–12]. http://www.about. ancienthistory/classical history resource.

[291] S.A.Cock. The Cambridge Ancient History: Volume XI. Cambridge:Cambridge University Press, 1954.

[292] ICOMOS. International Charter for the Conservation and Restoration of Monuments and Sites (The Venice Charter)[EB/OL].(1964). http://www.international.icomos.org/charters/venice_e.pdf.

[293] UNESCO. Convention Concerning the Protection of the World Cultural and Natural Heritage[EB/ OL].(1972).whc.unesco.org/archive/convention-en.pdf.

[294] Hadrian's Wall Heritage Ltd. 2008. Hadrian's WallWorld Heritage Site Management Plan 2008-2014.

[295] Fredrik Barth. Ethnic Groups And Boundaries:The Social Organization of Culture Difference[M]. Boston: Little Brown & Co (T), 1998.

[296] Benjam in Schwartz: A Marxist Controversy on China [J]. The Far Eastern Quarterly, 1954. 143-53.

[297] Paul Cohen. DiscoveringHistory in China: AmericanHistoricalWriting on the Recent Chinese Past[M]. New York: ColumbiaUniversity Press, 1984.

[298] Susan Mann-Jones, Philip Kuhn. Dynastic Dec line and the Roots of Rebe llion[M]// John Fairbank. The Cambridge History of China. Cambridge: Cam bridge University Press, 1978.

[299] Mark S. Aldenderfer, Herbert D. G. Maschner. In Anthropology, space, and geographic information system [M].New York: Oxford University Press,1996.

[300] ACASIAN. Great Wall of China[EB/OL].(2008-3-3).http://ecaimaps.berkeley.edu/clearinghouse/html/search_results_detail.php?datasetid=22.

网络资料

[301] 山西省人民政府官网

[302] 中国长城网

[303] 北京记忆

[304] 长城小站网

[305] UNESCO

[306] CIIC